Deutsch-polnische Beziehungen

1939 – 1945 – 1949

EINZELVERÖFFENTLICHUNGEN DES

DEUTSCHEN HISTORISCHEN INSTITUTS WARSCHAU

5

Deutsch-polnische Beziehungen 1939 – 1945 – 1949

Eine Einführung

Herausgegeben von
Włodzimierz Borodziej und Klaus Ziemer

fibre

Titelabbildungen:

Deutsche Soldaten zerbrechen am 1. September 1939 bei Zoppot den Grenzschlagbaum (Archiwum Dokumentacji Mechanicznej, Warschau)

Deutsche Flüchtlinge, Niederschlesien 1945 (Archiwum Ministerstwa Spraw Zagranicznych, Warschau)

Sonderausgabe für die Bundeszentrale für politische Bildung
Bonn 2000

ISBN 3-89331-398-2

ISBN 3-929759-46-2

Redaktion der Reihe: Jürgen Heyde
Karten: Edward und Piotr Frącki, Warschau
Reihen- und Umschlaggestaltung: x7 - information & design, Ulrike Stehling, Trier
Herstellung: Druckerei Hubert & Co, Göttingen

Printed in Germany 2000

Inhalt

Einleitung (WŁODZIMIERZ BORODZIEJ/KLAUS ZIEMER) 9
1. Die Jahre 1939-1949 als Epoche der deutsch-polnischen Beziehungsgeschichte 10
2. Forschungstraditionen 12
3. Zielsetzung und Aufbau des Bandes 15

1. Der deutsche Überfall auf Polen. Vorgeschichte und Kampfhandlungen (BEATE KOSMALA) 19
1. Die Weimarer Republik und die deutsch-polnischen Beziehungen 21
2. Polen in Hitlers Kalkül und die polnische Politik gegenüber dem nationalsozialistischen Deutschland 25
3. Die Verschärfung der deutsch-polnischen Beziehungen und der deutsch-sowjetische Nichtangriffspakt 29
4. Der deutsche Überfall und die Kampfhandlungen im September 1939 33
5. Wehrmacht und Einsatzgruppen 37
Literaturhinweise 40

2. Die deutsche Besatzungspolitik in Polen 1939-1945 (HANS-JÜRGEN BÖMELBURG/BOGDAN MUSIAL) 43
1. Grundlagen der nationalsozialistischen Politik gegenüber Polen 44
2. Die deutsche Politik in den ins Reich eingegliederten polnischen Gebieten 48
2.1 Territoriale Aufteilung und politische Richtlinien 49
2.2 Ökonomische Ausbeutung 52
2.3 Terror und Völkermord 55

2.4 „Ethnische Säuberung“: Bevölkerungsverschiebungen und Deportationen . . . 61
2.5 Germanisierung der polnischen Bevölkerung . . . 63
2.6 Deutsche „Kulturpolitik“ im alltäglichen Leben . . . 68
2.7 Zwischenfazit . . . 71
3. Das Generalgouvernement . . . 71
3.1 Der deutsche Besatzungsapparat im Generalgouvernement . . . 73
3.2 Wirtschaftspolitik: Ausbeutung und Ausplünderung . . . 78
3.3 Zwangsarbeit . . . 84
3.4 Kultur- und Schulpolitik . . . 85
3.5 NS-Bevölkerungspolitik: Das Prinzip der „völkischen Dekomposition“ . . . 87
3.6 Deportationen, Vertreibungen und Umsiedlungen . . . 91
3.7 Terror und Völkermord . . . 93
3.8 Besonderheiten im 1939-1941 sowjetisch besetzten Ostpolen . . . 100
4. Polnische Verluste im Zweiten Weltkrieg: Versuch einer Bilanz . . . 102
Literaturhinweise . . . 105

3. Der Völkermord an den Juden (DIETER POHL) . . . 113
1. Die polnischen Juden bis 1939 . . . 113
2. Die Anfänge des Massenmordes . . . 115
3. Die Einrichtung erster Gettos . . . 118
4. Der Übergang zum systematischen Völkermord . . . 119
5. Reaktionen . . . 124
6. Die Endphase des Völkermords ab 1943 . . . 128
7. Zusammenfassende Bemerkungen . . . 130
Literaturhinweise . . . 131

4. Resistenz und Selbstbehauptung der polnischen Nation (TOMASZ SZAROTA) . . . 135
1. Polnische Besonderheiten . . . 138
2. Formen und Methoden des Kampfes . . . 142
2.1 Untergrundpresse . . . 143
2.2 Ziviler Widerstand . . . 145
2.3 Nachrichtenübermittlung und Spionage . . . 147
2.4 Bewaffneter Widerstand . . . 149
3. Der polnische Untergrundstaat . . . 154
Literaturhinweise . . . 159

5. Die polnische Politik gegenüber der deutschsprachigen Bevölkerung östlich von Oder und Neiße 1944-1950 (PIOTR MADAJCZYK) 163
1. „Anerkannte Deutsche" 165
2. „Volksdeutsche" 168
3. „Verifizierte" Polen mit ehemals deutscher Staatsbürgerschaft 171
4. Handlungsmechanismen und Bilanz 176
5. Die polnische Politik 1948-1950 180
Literaturhinweise 186

6. Bevölkerungsverschiebungen und Bevölkerungspolitik 1939-1950 (MICHAEL G. ESCH) 189
1. Die deutsche Bevölkerungspolitik im besetzten Polen 1939-1945 189
2. Die polnische Bevölkerungspolitik 1944-1949 199
Literaturhinweise 211

7. „Jeder lauscht ständig, ob die Deutschen nicht schon kommen". Die zentralpolnische Gesellschaft und der Völkermord (JAN TOMASZ GROSS) 215
1. Das gesellschaftliche Umfeld des Holocaust 217
2. Das Problem der Kollaboration 224

8. Vergangenheitspolitik in Polen 1945-1989 (EDMUND DMITRÓW) 235
1. Die deutsche Besatzungspolitik und das Deutschland-Bild in der polnischen Gesellschaft 235
2. Die juristische Verfolgung deutscher Kriegsverbrechen 238
3. Das heikle Problem der Kollaboration 240
4. Der doppelte Sieg der Kommunisten über Deutschland und die polnische Vorkriegsordnung 241
5. Das offizielle Bild von der Vergangenheit und die Konsolidierung der kommunistischen Herrschaft 246
6. Die Legitimierung der Eingliederung der ehemaligen deutschen Ostgebiete 250
7. Nichtkommunistische Interpretationen des deutsch-polnischen Verhältnisses 253
8. Nachlassende Intensität des negativen Deutschland-Bildes nach 1970 258
9. Zusammenfassende Bemerkungen 260

Literaturhinweise . . . 262

9. Vergangenheitspolitik in der SBZ/DDR 1945-1989 (JÜRGEN DANYEL) . . . 265
   1. Schuldfrage und Elitenaustausch . . . 266
   2. Erinnerungsarbeit in der VVN . . . 268
   3. „Kämpfer" versus „Opfer". Die Debatte um die Entschädigung . . . 271
   4. Die Oder-Neiße-Grenze und das Verhältnis zu den polnischen Nachbarn . . . 272
   5. Die Teilung der Vergangenheit. Konkurrenz und Abgrenzung zur Bundesrepublik . . . 277
   6. Die Integration der ehemaligen NS-Anhänger . . . 280
   7. Verlust an innerer Differenzierung: Antifaschismus als verordnete Minderheitserfahrung . . . 282
   8. Geschichtsmythen, Symbole und Rituale . . . 286
   9. Die „besseren Deutschen" und die deutsch-polnische Freundschaft . . . 288
   10. Antifaschismus als Legitimationsersatz . . . 290
   Literaturhinweise . . . 294

10. Vergangenheitspolitik in der Bundesrepublik Deutschland und das Verhältnis zu Polen (JÖRG HACKMANN) . . . 297
   1. Nach Kriegsende . . . 300
   2. Die Zeit des „Kalten Krieges" . . . 306
   3. Die sechziger Jahre . . . 313
   4. Im Zeichen der „Neuen Ostpolitik" . . . 316
   5. Die achtziger Jahre . . . 319
   6. Die Wende 1989 . . . 321
   Literaturhinweise . . . 324

Abkürzungsverzeichnis . . . 329
Karten . . . 333
Personenregister . . . 337
Ortsregister . . . 341
Autorinnen und Autoren . . . 347

Włodzimierz Borodziej/Klaus Ziemer

Einleitung

Deutsche und Polen verbindet eine tausendjährige Beziehungsgeschichte. Dabei hat Polen als Nachbar deutscher Staaten die unterschiedlichsten Erfahrungen gemacht. Im Mittelalter gab es mehrere Wellen deutscher Migrationen in das Königreich Polen, daneben Kriege, vor allem gegen den Deutschen Orden, dessen Gebiete später als Herzogtum Preußen polnisches Lehensgebiet wurden. Die Grenze zum Deutschen Reich gehörte hingegen über Jahrhunderte zu den stablisten und friedlichsten in Europa, im 18. Jahrhundert herrschten in Warschau jahrzehntelang die sächsischen Wettiner – insgesamt gab es also ein wechselvolles, jedoch durchaus normaleuropäisches Nebeneinander der Adelsrepublik Polen-Litauen mit Preußen, Sachsen und dem Haus Habsburg.

Dieser längste Abschnitt der deutsch-polnischen Beziehungsgeschichte endete mit dem Aufstieg Preußens zur Großmacht, der „negativen Polenpolitik“ (Klaus Zernack) der Hohenzollern und der Teilnahme Preußens und Österreichs an dem größten politischen Skandal des 18. Jahrhunderts, den Teilungen Polens. Zwar riss Russland die meisten Provinzen des Königreichs an sich. Die Tatsache jedoch, dass zwei deutsche Staaten von den Teilungen profitiert hatten – besonders wichtig waren die neuerworbenen Provinzen für Preußen –, sollte von nun an das Verhältnis der Polen zu ihren deutschen Nachbarn prägen. In einem 1797 geschlossenen Vertrag einigten sich die drei Teilungsmächte, dass der Staatsbegriff des „Königreiches Polen“ für immer ausgelöscht sei.

Im Verlauf des 19. Jahrhunderts zementierte das gemeinsame Ziel der Unterdrückung der polnischen Unabhängigkeitsbestrebungen die Allianz zwischen der preußischen, russischen und der österreichischen Monarchie. Da Wien 1867 im Zuge der Umgestaltung der Monarchie „seinen“ polnischen Untertanen weitgehende Autonomie gewährte, belastete das Erbe der Teilungen nach der Entstehung des deutschen Nationalstaates nur noch die polnisch-russischen und polnisch-deutschen Beziehungen. Zugleich verwandelte die Entstehung der modernen Nationen den ursprünglichen Konflikt zwischen polnischem Adel und kaiserlichen Behörden in einen strukturellen, von den Zeitgenossen oft als unüberwindbar empfundenen Gegensatz zwischen Polen und Deutschen.

Die erste grundsätzliche Wende im deutsch-polnischen Verhältnis kam mit der gleichzeitigen Niederlage aller drei Teilungsmächte im Ersten Weltkrieg und der Wiedergründung der Republik Polen im Jahre 1918. Geburts- und Staatsfeiertag des neu entstandenen Polen wurde dabei der 11. November, zwei Tage nach jenem 9. November, der im Gedächtnis der Deutschen als Sinnbild des „Dolchstosses" seinen Platz fand. Dies war Zufall, zugleich aber auch Symbol für die unheilvolle Verkettung der polnischen und der deutschen Frage: Bis 1989 sollte als Konstante europäischer Politik der Grundsatz gelten, dass die eine Frage nur auf Kosten der anderen gelöst werden könne. Folglich musste jedes wichtige Ereignis – ob 1871, 1918 oder 1945 –, das beide Nationen betraf, mit umgekehrtem Vorzeichen in die jeweilige Nationaltradition eingehen.

Die Jahrzehnte zwischen den Weltkriegen brachten keine Veränderung, eher eine Verhärtung des Gegensatzes. Die Weimarer Republik wollte sich mit ihrer Ostgrenze nicht abfinden, die Warschauer Nationalitätenpolitik isolierte die – ohnehin latent antipolnische – deutsche Minderheit in der wiederentstandenen Polnischen Republik. Der am 1. September 1939 entfesselte Krieg brachte freilich in den alten Konflikt eine neue Dimension: die physische Vernichtung des Gegners als Grundlage der Bevölkerungspolitik, gekoppelt mit Massenmord und Vertreibungen, Umsiedlungen und Zwangsassimilierung – das alles hatte es vor dem Nationalsozialismus selbst in den spannungsreichen deutsch-polnischen Beziehungen nicht gegeben.

1. Die Jahre 1939-1949 als Epoche der deutsch-polnischen Beziehungsgeschichte

Die folgenden Beiträge sind beileibe nicht der erste Versuch, diesen singulären Charakter der Jahre nach dem 1. September 1939 in den Blick zu bekommen. Neuland wird aber insofern betreten, als wir versuchen, nicht nur die Zeit des Krieges, sondern das ganze Jahrzehnt nach 1939 zusammenzufassen und die Folgen des Weltkriegs vor dem Hintergrund der Ursachen, im Vergleich bzw. in direkter kausaler Verbindung zu behandeln. Bisher wurden die Jahre zwischen 1939 und 1949 selten als eine Epoche betrachtet; im Regelfall teilt man die erste und die zweite Hälfte der vierziger Jahre in zwei separate Zeitabschnitte. Dass mit dem deutschen Überfall am 1. September 1939 ein Weltkrieg begann, der zuerst die Polen an den Rand des Abgrunds gebracht hat und später, 1944/45 – mit durch Krieg und Besatzung angestauter Wucht – auf die Deutschen zurückschlug, hält sich noch im Rahmen der üblichen Betrachtungsweise. Gewöhnlich gilt aber diese Darstellung mit dem 8. Mai 1945 als abgeschlossen, die Zeit danach wird bestenfalls als Epilog mitgedacht. Die ersten Nachkriegsjahre werden viel eher als Prolog der fünfziger Jahre, d.h. als Vorgeschichte von stalinistischer Gleichschaltung entlang der Oder bzw. Inkubationsphase der westdeutschen Demokratie gesehen.

Der vorliegende Band greift den ganzen Zeitraum 1939-1949 auf, weil unseres Erachtens durch das Abgehen von der herkömmlichen Periodisierung die Brüche der deutsch-polnischen Beziehungsgeschichte besser erfasst werden können. In der Tat schienen diese Beziehungen 1945, nachdem sechs Jahre Krieg und Besatzung die Substanz der deutsch-polnischen Begegnungen ausgemacht hatten, erstmals gänzlich unterbrochen. Infolge der Kapitulation der deutschen Truppen und der Übernahme der Bewachung der beiden Ufer von Oder und Lausitzer Neiße durch sowjetische Truppen kamen so gut wie all jene deutsch-polnischen Kontakte zum Erliegen, die normalerweise die zwischenstaatlichen Beziehungen ausmachen und später von Historikern untersucht werden können. Ob in Wirtschaft, in Kultur oder in der Diplomatie: Die späten vierziger Jahre stellen in den deutsch-polnischen Beziehungen tatsächlich eine Art schwarzes Loch dar. Dennoch hat es nach dem 8. Mai 1945 kein „Ende der Geschichte" und nicht einmal eine Unterbrechung gegeben. In dem neuen Polen, das fast die Hälfte seines Staatsterritoriums im Osten (180.000 km^2) an die Sowjetunion abtreten musste und in Potsdam mit 103.000 km^2 deutscher Ostprovinzen entschädigt wurde, lebten im Sommer 1945 wahrscheinlich etwa fünf Millionen Deutsche bzw. deutsche Staatsbürger. Die Geschichte der Verdrängung der Mehrheit dieser Menschen aus ihrer bisherigen Heimat, die nun zum Westen und Nordosten Polens geworden war, stellte eine Konsequenz des Zweiten Weltkriegs dar. Sie gehört daher ebenso in den Rahmen der Darstellung der Folgen dieses Krieges wie der damalige und spätere Umgang mit dieser traumatischen Vergangenheit, der heute zutreffend als „Vergangenheitspolitik"

(Norbert Frei) bezeichnet wird. Das Schlussdatum 1949 dürfte wenig verwundern: die Entstehung zweier deutscher Staaten und die Stalinisierung des künftigen Volkspolen bildeten einen logischen Schlusspunkt des Provisoriums der ersten Nachkriegsjahre.

2. Forschungstraditionen

Die Erforschung des auf den 1. September 1939 folgenden Jahrzehnts vollzog sich in Polen wie in Deutschland (hier unterschiedlich in Ost und West) entsprechend den jeweiligen politischen Möglichkeiten bzw. dem politischen Klima. So stellte die polnische Historiographie über den Zweiten Weltkrieg ein getreues Spiegelbild der politischen Rahmenbedingungen dar, innerhalb derer Historiker arbeiten durften – oder auch nicht durften. In der gesamten Geschichte Volkspolens, d.h. bis 1989, waren nämlich die polnisch-sowjetischen Beziehungen ein tabuisiertes Thema, was in einem ganz besonderen Maße für die sowjetische Besatzungspolitik im alten Ostpolen 1939-1941 mit dem Symbol Katyn galt. Mit Zensurgeboten und -verboten belegt war ferner das Thema der kommunistischen Machtübernahme nach 1944. Dies galt auch und besonders für Repressalien der neuen Staatsmacht – nicht zuletzt gegenüber den Deutschen. In diesem Falle wurde das staatliche Tabu durch ein gesellschaftliches verstärkt – man wollte sich an die in Deutschland als Vertreibung bekannten Vorgänge nicht erinnern. Erst in den achtziger Jahren begann mit der Entstehung einer „zweiten Öffentlichkeit“, vor allem mit einem Verlagswesen im Untergrund, die Aufarbeitung dieser Themenkomplexe, die bisher nur im Exil und von westlichen Historikern angegangen werden konnten, die freilich in der Regel zu den meisten relevanten Archivquellen kaum Zugang hatten.[1]

Anders entwickelte sich die Forschung über die deutsche Besatzung in Polen 1939-1945. In der Blütezeit des polnischen Stalinismus 1948-1955 gab es so gut wie keine Zeitgeschichtsschreibung, erschienen sind in diesem ersten Nachkriegsjahrzehnt nur einige wenige Quelleneditionen.

---

1 Siehe als Beispiel: Dokumentation der Vertreibung der Deutschen aus Ost-Mitteleuropa. In Verbindung mit WERNER CONZE, ADOLF DIESTELKAMP, RUDOLF LAUN, PETER RASSOW und HANS ROTHFELS bearbeitet von THEODOR SCHIEDER, hrsg. vom Bundesministerium für Vertriebene, Flüchtlinge und Kriegsgeschädigte, Bonn 1953-1962. Auf den bis heute kontroversen Charakter dieser Publikation im Kontext nicht nur methodischer Fragen, sondern auch des politischen Auftrags geht Jörg Hackmann in seinem Beitrag ein.

Nach 1956 begannen mehrere damals jüngere Historiker mit der Aufarbeitung der NS-Herrschaft in Polen. Wenngleich das erste Standardwerk von einem Deutschen vorgelegt wurde[2], überließen in den nächsten Jahrzehnten deutsche Historiker dieses Arbeitsfeld weitgehend polnischen Kollegen – aus sprachlichen Gründen, vermutlich auch deswegen, weil die Resonanz der polenbezogenen Forschung selbst innerhalb der zeithistorischen Zunft – von der Öffentlichkeit gar nicht zu sprechen – gering war.[3] Die Historiographie der DDR zur nationalsozialistischen Besatzung spielte zu keinem Zeitpunkt eine führende Rolle. Die Zentren der Forschung befanden sich damit in Polen: Czesław Łuczak, Czesław Madajczyk und Wacław Długoborski[4] seien hier nur stellvertretend für eine ganze Generation genannt, welche die deutsche Besatzungsherrschaft zu einem der am besten bekannten Themen der polnischen Zeitgeschichte gemacht haben.

Der oben erwähnte Wandel der achtziger Jahre veränderte die Wissenschaftslandschaft noch einmal. Neue Impulse erhielt die Forschung u.a. durch die Thesen des Berliner Historikers Götz Aly von einer „Ökonomie der Vernichtung“ und von dem Zusammenhang zwischen „Völkerverschiebungen“ und Holocaust.[5] Auf deutscher Seite beschäftigten sich nun mehrere jüngere Historiker mit der deutschen Besatzung in Polen

---

2 MARTIN BROSZAT, Nationalsozialistische Polenpolitik, Stuttgart 1961.

3 Als wichtigste Ausnahmen seien erwähnt: GERHARD EISENBLÄTTER, Grundlinien der Politik des Reiches gegenüber dem Generalgouvernement 1939-1944, Frankfurt/Main (Diss.) 1969; CHRISTOPH KLESSMANN, Die Selbstbehauptung einer Nation. Nationalsozialistische Kulturpolitik und polnische Widerstandsbewegung im Generalgouvrnement 1939-1945, Düsseldorf 1971; WOLFGANG JACOBMEYER, Heimat und Exil. Die Anfänge der polnischen Untergrundbewegung im Zweiten Weltkrieg, Hamburg 1973; das monumentale Diensttagebuch des deutschen Generalgouverneurs in Polen 1939-1945, hrsg. von WERNER PRÄG und WOLFGANG JACOBMEYER, Stuttgart 1975.

4 Es gehört zu den spezifischen Zügen dieser Forschungsgeschichte, dass nur im Fall von CZESŁAW MADAJCZYK größere Teile seines Werkes – mit erheblicher Verspätung – ins Deutsche übersetzt worden sind (Vom Generalplan Ost zum Generalsiedlungsplan, hrsg. von CZESŁAW MADAJCZYK unter Mitarbeit von STANISŁAW BIERNACKI, München 1994. Zuvor nur MADAJCZYKS Vortrag: Die deutsche Besatzungspolitik in Polen (1939-45), Wiesbaden 1967). Von ŁUCZAK, DŁUGOBORSKI und vielen anderen, hier nicht genannten Autoren sind – ebenfalls spät – einige Aufsätze in Zeitschriften und Sammelbäden in deutscher Sprache zugänglich.

5 Zur Forschungsgeschichte vgl. ULRICH HERBERT, Vernichtungspolitik. Neue Antworten und Fragen zur Geschichte des „Holocaust“, in: Nationalsozialistische Vernichtungspolitik 1939-1945. Neue Forschungen und Kontroversen, hrsg. von dems., Frankfurt/M. 1998, S. 9-66.

und östlich seiner heutigen Grenzen.[6] Die polnische zeitgeschichtliche Forschung konzentrierte sich zur selben Zeit – von Ausnahmen abgesehen – vornehmlich auf die Aufgabe, den Wissensrückstand hinsichtlich der sowjetischen Besatzungspolitik, der polnisch-sowjetischen Beziehungen und der Nachkriegsgeschichte Polens aufzuholen.[7] Im Ergebnis dieser Schwerpunktsetzung bzw. indirekten Arbeitsteilung waren polnische Historiker, die noch am „Historikerstreit“ und den Anfängen der Holocaust-Diskussion in den achtziger Jahren teilgenommen hatten, weder an der Goldhagen-Kontroverse noch an den Auseinandersetzungen um die Thesen Alys beteiligt.

Die unterschiedlichen Wege und Interessen der beiden Historiographien bleiben unverständlich ohne Berücksichtigung der Rahmenbedingungen – gestern wie heute. In der Bundesrepublik genießt die Erforschung des Holocaust seit jeher Priorität. Die eigentlich unerklärbare Tatsache, warum die bekannte „Wehrmachtsausstellung“ die Darstellung der Verbrechen mit dem Sommer 1941 beginnen ließ – als ob es in diesem Zusammenhang nicht genug über den „Polenfeldzug“ im September 1939 zu zeigen gegeben hätte –, mag hierfür als Beispiel dienen. In Polen wiederum, wo erst seit zehn Jahren die Leiden unter dem Stalinismus offiziell thematisiert werden, scheinen wir es seither manchmal, überspitzt formuliert, mit einem makabren Wettstreit der Opfer zu tun zu haben, in dem die Toten von Katyn die Toten von Auschwitz verdrängen. Die Opfer des Nationalsozialismus, jahrzehntelang die einzigen, an deren Leiden offiziell gedacht wurde, weichen nun in der Erinnerungskultur den Opfern des Stalinismus, an deren Leiden Film, Schulbuch und Politik im letzten Jahrzehnt so oft erinnern, als ob sie den Nachlass Volkspolens posthum ausradieren wollten.

---

6 DIETER POHL, Von der „Judenpolitik“ zum Judenmord: der Distrikt Lublin des Generalgouvernements 1939-1944, Frankfurt a.M. 1993; ders., Nationalsozialistische Judenverfolgung in Ostgalizien 1941-1944: Organisation und Durchführung eines staatlichen Massenverbrechens, München 1996; THOMAS SANDKÜHLER, „Endlösung“ in Galizien: der Judenmord in Ostpolen und die Rettungsinitiativen von Berthold Beitz 1941 bis 1944, Bonn 1996; BOGDAN MUSIAL, Deutsche Zivilverwaltung und Judenverfolgung im Generalgouvernement: eine Fallstudie zum Distrikt Lublin 1939-1944, Wiesbaden 1999; BERNHARD CHIARI, Alltag hinter der Front: Besatzung, Kollaboration und Widerstand in Weißrußland 1941-1944, Düsseldorf 1998; CHRISTIAN GERLACH, Kalkulierte Morde: die deutsche Wirtschafts- und Vernichtungspolitik in Weißrußland 1941 bis 1944, Hamburg 1999.

7 Vgl. die Beiträge polnischer Autoren in: Lager, Zwangsarbeit, Vertreibung und Deportation. Dimensionen der Massenverbrechen in der Sowjetunion und in Deutschland 1933 bis 1945, hrsg. von DITTMAR DAHLMANN und GERHARD HIRSCHFELD, Essen 1999 (Schriften der Bibliothek für Zeitgeschichte; N.F. Bd. 10).

3. Zielsetzung und Aufbau des Bandes

Vor diesem Hintergrund des wechselnden öffentlichen und historiographischen Interesses ist das Konzept des vorliegenden Bandes zu betrachten. Das Leitmotiv bilden die deutsch-polnischen Beziehungen im engeren Sinne; verzichtet wurde daher u.a. auf eine Darstellung der gesamten nationalsozialistischen „Ostpolitik" oder der polnischen und deutschen Frage in der internationalen Politik 1939-1947, die selbstverständlich als Auslöser und Hintergrund erst der Vertreibung der Polen, dann der Westverschiebung des Landes und letztlich der Vertreibung der Deutschen nicht wegzudenken sind.[8] Weitgehend ausgeblendet wurde auch der soziale Wandel der Kriegs- und unmittelbaren Nachkriegsjahre, nur in Teilen der polnische Widerstand gegen das NS-Regime und vor allem der Warschauer Aufstand von 1944 behandelt, dessen Folgen weit über den militärischen Bereich hinausgingen, der aber unlängst Gegenstand einer gemeinsamen deutsch-polnischen Veröffentlichung gewesen ist.[9]

Die folgenden Beiträge konzentrieren sich auf unterschiedliche Aspekte der Jahre 1939-1949. Beate Kosmala geht auf die Vorgeschichte des deutschen Überfalls auf Polen ein. Hans-Jürgen Bömelburg, Michael G. Esch, Piotr Madajczyk, Bogdan Musial und Dieter Pohl beschäftigen sich mit Aus- und Umsiedlungen, Vertreibungen, Zwangsarbeit und Zwangsassimilierung, schließlich mit Massenmord. Teils geht es dabei um die Zusammenfassung des Forschungsstands, teils – wie im vergleichenden Beitrag von Esch – um eine Gewichtung bzw. Einordnung von oft verwechselten Motiven und Handlungssträngen, die künftiger Forschung als wichtiger Hinweis gelten dürften. Tomasz Szarota zeigt, wie sich die polnische Nation gegen die nationalsozialistische Unterdrückung zur Wehr setzte, im Alltagsleben, über die Exilregierung, durch

---

8 Zur polnischen Frage siehe zuletzt Historia dyplomacji polskiej [Geschichte der polnischen Diplomatie], Bd. V: 1939-1945, hrsg. von WALDEMAR MICHOWICZ, Warszawa 1999; zu den ersten Nachkriegsjahren: WŁODZIMIERZ BORODZIEJ, Od Poczdamu do Szklarskiej Poręby. Polska w stosunkach międzynarodowych 1945-1947 [Von Potsdam bis Schreiberhau. Polen in den internationalen Beziehungen 1945-1947], Londyn 1990. Zur deutschen Frage: Die deutsche Frage in der Nachkriegszeit, hrsg. von WILFRIED LOTH, Berlin 1994; ders., Stalins ungeliebtes Kind: warum Moskau die DDR nicht wollte, München 1996; Adenauer und die deutsche Frage, hrsg. von JOSEF FOSCHEPOTH, Göttingen ²1990; LOTHAR KETTENACKER, Krieg zur Friedenssicherung: die Deutschlandplanung der britischen Regierung während des Zweiten Weltkrieges, Göttingen 1989; ANDREAS HILLGRUBER, Deutsche Geschichte 1945-1972: die „deutsche Frage" in der Weltpolitik, Frankfurt a.M. 1974.

9 Siehe dazu Der Warschauer Aufstand 1944, hrsg. von BERND MARTIN und STANISŁAWA LEWANDOWSKA, Warschau 1999.

die Organisation eines Untergrundstaates. Jan T. Gross thematisiert den heute emotional vielleicht noch immer schwierigsten Ausschnitt der Jahre 1939-1949: das polnisch-jüdische Verhältnis im Schatten des Holocaust. Es handelt sich um ein in der polnischen und jüdischen Öffentlichkeit höchst kontroverses Thema, das nicht zuletzt durch das Fehlen, oft auch durch die Einseitigkeit der Quellen immer wieder Anlass zu widersprüchlichen Interpretationen gibt. Nebenbei sei bemerkt, dass ähnliche Schwierigkeiten dazu beigetragen haben, dass wir bis heute über keine Darstellung der Lebenswelten der zivilen Deutschen im besetzten Polen, d.h. einer Personengruppe von über eine Million Menschen, verfügen. Dies ist umso auffallender, als wir mit Christopher R. Brownings Darstellung der „ganz normalen Männer" aus dem Polizeibataillon 101[10] schon seit Jahren über ein eindrucksvolles Bild der wesentlich kleineren Tätergruppe verfügen.

Jürgen Danyel, Edmund Dmitrów und Jörg Hackmann beschäftigen sich im letzten Teil mit Vergangenheitspolitik in den beiden deutschen Staaten bzw. in der Volksrepublik Polen. Alle drei zeigen, wie ergiebig das Feld für künftige Forschung ist, zumal wir nur punktuell darüber informiert sind, wie sich die allgemeinen Richtlinien für die „Entsorgung der Vergangenheit" auf das deutsch-polnische Verhältnis niedergeschlagen haben.

In einem Punkt wird die künftige Forschung, wie auch aus den einzelnen Beiträgen im vorliegenden Band abzulesen ist, auf eine besonders hohe Hürde stoßen: auf das Problem der Zahlen. Wo es um die Entwurzelung und Ermordung von Hunderttausenden oder gar Millionen geht, stellt auch der moderne Staat keine verlässlichen Angaben zur Verfügung, zumal er selbst nur sektoral an einer genauen Erfassung der Menschenmengen interessiert ist. Der Rest sind Schätzungen, die auf der Basis mehr oder minder komplizierter Additionen und Substraktionen entstehen, oft mit mehreren Unbekannten und Variablen. Hinzu kommen politische Interessen: die eigenen Opfer werden in der Regel so hoch wie möglich angegeben, die Opfer eigener Taten – so niedrig wie möglich. Im Ergebnis klaffen die (manchmal exakt und zuverlässig scheinenden) Daten, auf die Historiker auch nach 50 Jahren Forschung zurückgreifen können, erheblich auseinander; siebenstellige Unterschiede sind keine Rarität, sechsstellige – gang und gäbe. Wenn daher in einzelnen Beiträ-

10 CHRISTOPHER R. BROWNING, Ganz normale Männer: das Reservebatallion 101 und die „Endlösung" in Polen, Reinbek 1993.

gen dieses Bandes bisweilen unterschiedliche Zahlenangaben für denselben Vorgang gemacht werden, spiegelt dies nur den Stand der Forschung wider. In den deutsch-polnischen Kontroversen der vergangenen Jahrzehnte haben gerade die Zahlenvergleiche immer wieder eine große Rolle gespielt. Oft dienten sie als Rechtfertigung der „eigenen" Seite, denn das Aufrechnen gehörte zu den Lieblingsbeschäftigungen vieler Beteiligter. Heute hoffen wir aus diesem Missbrauch der Geschichte herausgewachsen zu sein.

Dieser Band wendet sich nicht nur an Fachhistoriker im engeren Sinne, sondern an ein breiteres, zeitgeschichtlich interessiertes Publikum. Er will keine neuen Forschungsergebnisse präsentieren, sondern den heutigen Wissensstand – auch die offenen und strittigen Fragen – in notgedrungen geraffter, d.h. lesbarer Form vor Augen führen. Der Anmerkungsapparat ist daher fast durchweg auf ein Minimum beschränkt worden. Weiterführende Hinweise finden sich in dem in der Regel kommentierten Literaturverzeichnis, das jedem Beitrag beigegeben ist. Etliche Arbeiten der letzten Jahre und Jahrzehnte sind in Büchern oder Zeitschriften publiziert worden, die für den durchschnittlichen Interessierten nur schwer zugänglich sind. Einige grundlegende Werke wie etwa die Monographie von Martin Broszat[11] sind seit Jahren vergriffen. Das Deutsche Historische Institut Warschau hat daher polnische und deutsche Historikerinnen und Historiker eingeladen, einen einführenden Überblick über wichtige Themenbereiche und Fragestellungen dieses traumatischsten Abschnitts der deutsch-polnischen Beziehungen überhaupt zu geben.

Unser Dank gilt den polnischen und deutschen Kolleginnen und Kollegen, die 1999 in einem Workshop am Collegium Polonicum der Europa-Universität Frankfurt/Oder in Słubice zwei Tage lang über den Inhalt der geplanten Monographie diskutiert haben. Besondere Verdienste hat sich dabei Hans-Jürgen Bömelburg erworben, der diese Tagung inhaltlich und organisatorisch vorbereitet und dann zusammen mit Jürgen Heyde auch maßgeblich die Redaktion und zum Teil die Übersetzung etlicher Beiträge übernommen hat. Der Bundeszentrale für politische Bildung danken wir, dass sie den Band mit einem Zudruck an Exemplaren gefördert hat.

---

11 Vgl. oben Anm. 2.

Beate Kosmala

Der deutsche Überfall auf Polen. Vorgeschichte und Kampfhandlungen

Nach dem Ersten Weltkrieg brachte der Friedensvertrag von Versailles, der nach dem Willen der Alliierten einen wirtschaftlich lebensfähigen polnischen Staat mit direktem Zugang zur Ostsee schaffen sollte, einschneidende Veränderungen für das Deutsche Reich. Diese wurden von den deutschen Eliten nicht akzeptiert und führten in den folgenden beiden Jahrzehnten zu Belastungen des deutsch-polnischen Verhältnisses.[1] Die Hauptbestimmungen des Vertragswerks, die am 10.1.1920 in Kraft traten, betrafen neben militärischen Fragen und die Verpflichtung zu Reparationsleistungen die Deutschland auferlegten Gebietsabtretungen, durch die das Deutsche Reich insgesamt 13% seines vormaligen Staatsgebiets verlor. Die bedeutendsten territorialen Verluste erfolgten im Osten, wo der größte Teil Westpreußens, die Provinz Posen (=Großpolen) und Teile von Oberschlesien an den wiedererstandenen polnischen Staat fielen. Besonders der polnische Zugang zur Ostsee, der gleichzeitig Ostpreußen vom übrigen Reichsgebiet abschnitt und propagandistisch zum „Korridor" verkleinert wurde (immerhin handelte es sich um ein Territorium von ca. 80 km Breite!), galt als diskriminierende „Zerstückelung". Auch die Tatsache, dass die überwiegend deutschsprachige, aber historisch polnische Stadt Danzig als „Freie Stadt" unter das Mandat des Völkerbunds gestellt wurde, erwies sich für das deutsch-polnische Verhältnis wegen der beiderseitigen unerbittlichen Verteidigung vermeintlicher Rechtspositionen als konfliktträchtige Belastung. Für die strittigen Gebiete im Ermland und in Masuren sowie für Oberschlesien waren Volksabstimmungen angeordnet worden. Am 11. Juli

1 Heinrich August Winkler, Im Schatten von Versailles. Das deutsch-polnische Verhältnis während der Weimarer Republik, in: Deutsche und Polen. 100 Schlüsselbegriffe, Hrsg. von Ewa Kobylińska, Andreas Lawaty und Rüdiger Stephan, München/Zürich 1992, S. 95-103.

1920 musste Polen im südlichen Ermland und in Masuren eine Abstimmungsniederlage hinnehmen.[2]

Im August 1919, wenige Wochen nach Unterzeichnung des Versailler Vertrags, brach in Oberschlesien ein Aufstand aus, im August 1920 folgte der zweite Schlesische Aufstand als Protest gegen die Vorbereitungsmaßnahmen der deutschen Verwaltung für das Plebiszit, was die antipolnische Stimmung im Deutschen Reich anheizte. Die Aufstände wurden von Warschau aus vorbereitet und sollten vollendete Tatsachen für die Angliederung Oberschlesiens an Polen schaffen. Es entwickelte sich ein Kleinkrieg zwischen polnischen und deutschen paramilitärischen Organisationen. Nachdem im März 1921 bei der Volksabstimmung 59,7% der Stimmen in Oberschlesien für den Verbleib bei Deutschland und 40,3% für den Anschluss an Polen abgegeben worden waren, kam es vom Frühjahr bis Sommer 1921 zu erneuten, besonders heftigen deutsch-polnischen Freikorpskämpfen. Am 20.10.1921 nahm der Völkerbundsrat die Aufteilung Oberschlesiens unter Berücksichtigung der lokalen Abstimmungsergebnisse vor. Polen erhielt 29% des Territoriums zugesprochen, darunter jedoch 89% des oberschlesischen Industriegebiets. Auf beiden Seiten der Grenze verblieben erhebliche Minderheiten. Besonders die Folgen des jahrelangen Bürgerkriegs vergifteten auf beiden Seiten die Beziehungen vor Ort wie auf der politischen Ebene.

Auch nach der konfliktreichen Regelung der Grenz- und Abstimmungsfragen kam das deutsch-polnische Verhältnis nicht zur Ruhe. Für fortgesetzte Auseinandersetzungen sorgte die Situation der in etwa gleichgroßen Minderheiten in beiden Staaten, wobei die in Polen verbliebenen Deutschen – bisher vielfach als staatsnahe Eliten vor Ort tätig – sich als schikaniert und ausgegrenzt betrachteten. Die rechtliche Lage der in Polen verbliebenen Deutschen wurde durch den Versailler Vertrag und den gemäß Artikel 93 von Polen unterzeichneten Minderheitenschutzvertrag geregelt, der für alle Minderheiten galt. Ein zentrales Problem wurde für die Deutschen die Frage der „Option", d. h. der Annahme der polnischen oder das Aussprechen für die deutsche Staatsbürgerschaft, was mit dem Zwang zum Abzug aus dem polnischen Staate verbunden war. Die komplizierten rechtlichen Regelungen führten zu unterschiedlichen Interpretationen in Berlin und Warschau. Berlin wollte

2 Zu Masuren liegt jetzt die Dissertation von ANDREAS KOSSERT (Berlin) vor; vgl. ders., Zwischen Preußen, Deutschland und Polen. Die Masuren im Spannungsfeld nationaler Interessen 1870-1956, [Diss.] Berlin 2000. Die Arbeit wird in der Reihe „Deutsches Historisches Institut Warschau, Quellen und Studien" erscheinen.

die Welle der „Entdeutschung“ aufhalten, Polen erstrebte das Gegenteil. Der Streit endete mit der Wiener Konvention am 30. August 1923, wobei jedoch die Frage der Abzugsmodalitäten für die „Optanten“ noch jahrelang weiter schwelte. Zur weiteren Belastung für das deutsch-polnische Verhältnis in den zwanziger Jahren wurden Konflikte, die den ehemals deutschen staatlichen und privaten Immobilienbesitz betrafen, die erst am 31. Oktober 1929 durch den in Warschau unterzeichneten Liquidierungsvertrag beendet werden konnten.[3]

Die Zahl der Deutschen in Polen bewegte sich nach 1926 um etwa eine Million, davon lebten ca. 50% auf dem ehemaligen preußischen Gebiet (mit Oberschlesien), die in den ersten Jahren nach dem Krieg vielfältige enge Bindungen zum Deutschen Reich unterhielten. Ihre Haltung gegenüber dem polnischen Staat war oft ablehnend, wenn nicht feindselig, und die polnische Politik gegenüber dieser Minderheit war auf den Abbruch der direkten Beziehungen zum Mutterland gerichtet. Die etwa gleich große polnische Minderheit in Deutschland lebte in Oberschlesien, den verbliebenen Teilen Westpreußens, im Ermland und im Ruhrgebiet. Sie organisierte sich im „Bund der Polen“, hatte infolge ihrer gesellschaftlichen Zusammensetzung und der durch keine internationalen Verträge eingeschränkten deutschen Minderheitenpolitik aber auf die bilateralen Beziehungen weniger Einfluss.[4] Von Anfang an war die Lage beider Minderheiten eine Funktion der deutsch-polnischen Beziehungen auf Regierungsebene.

1. Die Weimarer Republik und die deutsch-polnischen Beziehungen

In Deutschland wurde die Forderung nach einer Revision der deutsch-polnischen Grenze zum obersten Gebot der deutschen Außenpolitik und blieb während der gesamten Weimarer Republik unverändertes Ziel, das

---

3 MARIAN WOJCIECHOWSKI, Die deutsche Minderheit in Polen (1920-1939), in: Deutsche und Polen zwischen den Kriegen. Minderheitenstatus und „Volkstumskampf“ im Grenzgebiet, 2 Bde, hrsg. v. RUDOLF JAWORSKI und MARIAN WOJCIECHOWSKI. München [u.a.] 1997, Bd. 1, S. 1-26, hier S. 11.

4 ANNA PONIATOWSKA/STEFAN LIMAN/IWONA KRĘŻAŁEK, Związek Polaków w Niemczech w latach 1922-1982 [Der Bund der Polen in Deutschland in den Jahren 1922-1982], Warszawa 1987; WOJCIECH WRZESIŃSKI, Polski ruch narodowy w Niemczech w latach 1922-1939 [Die polnische Nationalbewegung in Deutschland in den Jahren 1922-1939]. Wrocław / Warszawa / Kraków [2]1993; deutschsprachige Einführung: RUDOLF JAWORSKI, Die polnische Grenzminderheit in Deutschland 1920-1939, in: Deutsche und Polen zwischen den Kriegen (wie Anm. 3), Bd. 1, S. 49-69.

von allen Parteien und politischen Organisationen vertreten wurde. Das wiedererstandene Polen galt als Teil des verhassten „Systems von Versailles", welches notfalls mit Hilfe der Sowjetunion aus den Angeln gehoben werden sollte (Rapallo-Gedanke).[5]

Als mit der Neuregelung der deutschen Reparationszahlungen durch den Dawes-Plan eine Phase der Entspannung in der internationalen Politik eingeleitet wurde, ergriff Außenminister Gustav Stresemann Anfang 1925 die Initiative, Frankreichs Sicherheitsbedürfnis Rechnung zu tragen und zu einer Aussöhnungs- und Verständigungspolitik zu kommen. Darüber hinaus hatte die britische Regierung im April 1925 in Aussicht gestellt, dass unter der Bedingung der Wahrung des Status quo im Westen eine friedliche Grenzrevision im Osten möglich werden könnte. Stresemanns Initiative mündete im Oktober 1925 in die Verträge von Locarno, welche die Sicherheitsfrage in Westeuropa durch einen Gewaltverzicht und eine Garantieerklärung für die bestehende deutsch-französische und deutsch-belgische Grenze lösten. Einem von den östlichen Nachbarn des Deutschen Reiches, aber auch von Frankreich geforderten „Ost-Locarno", d. h. einer formalen Garantie auch für die deutsch-tschechoslowakische und die deutsch-polnische Grenze, verstand Stresemann auszuweichen. Zwar verpflichtete sich Deutschland ausdrücklich, die Grenzen mit Polen und der Tschechoslowakei nicht gewaltsam zu ändern, aber diese Schiedsabkommen hatten in keiner Weise den Rang des mit Frankreich geschlossenen Garantievertrags. Dahinter stand der Wille, einen Revisionsanspruch aufrechtzuerhalten. Die Versuche Stresemanns, Polen zu isolieren und aus einer substantiellen Garantie auszuklammern, sollten das Grenzproblem offen halten.

Der polnische Staat wurde im Auswärtigen Amt der zwanziger Jahre stets als „Saisonstaat", als nicht lebensfähig, eingeschätzt.[6] In Erwartung des ökonomischen Zusammenbruchs und inneren Verfalls in Polen kam es im Juni 1925 zum Abbruch der Wirtschaftsverhandlungen und zur Eröffnung eines ruinösen „Zollkriegs", wie der Begriff der zeitgenössischen Presse lautete. Vor allem die Einfuhr polnischer Kohle wurde mit hohen Zöllen belegte. Gerade nach dem Erfolg von Locarno war Deutschland nicht bereit, auf den Wirtschaftskrieg als Druckmittel zur

---

5 RUDOLF JAWORSKI, Deutsch-Polnische Feindbilder 1919-1932, in: Die deutsch-polnischen Beziehungen 1919-1932. Gemeinsame deutsch-polnische Schulbuchkommission, Braunschweig 1985, S. 177-183, hier S. 178.

6 GERHARD WAGNER, DieWeimarer Republik und die Republik Polen 1919-1932: Probleme ihrer politischen Beziehungen, in: Die deutsch-polnischen Beziehungen 1919-1932 (wie Anm. 5), S. 35-47, hier S. 40f.

Verwirklichung der Revisionsvorstellungen zu verzichten. Doch die Hoffnungen auf den Zusammenbruch des polnischen Staates wurden schon im Mai 1926 nach Piłsudskis Staatsstreich zunichte; die handels- und finanzpolitische Einflussnahme Deutschlands war damit beendet. Stresemann und das Auswärtige Amt mussten erkennen, dass die Strategie der finanziellen Pressionen gescheitert war; sie hatte weder wirtschaftliche noch politische Erfolge gebracht, Polen wurde im Gegenteil international aufgewertet.

Im Zuge eines durch die Weltwirtschaftskrise verschärften ökonomischen Nationalismus wurden unter Reichskanzler Brüning außenpolitische Zielvorstellungen entwickelt, in denen Ost- und Südosteuropa als Rohstoff- und Absatzmärkte in den Vordergrund traten. Mit Polen wurde in langwierigen Verhandlungen bis März 1930 ein Handelsabkommen ausgearbeitet, mit dessen Wirkung alle gegenseitigen Zollkampfmaßnahmen ihre Geltung verlieren sollten; die Ratifizierung scheiterte aber in der Endphase der Weimarer Republik. Die prohibitive Zollpolitik von beiden Seiten wurde erst mit dem Protokoll vom 7.3.1934 über die Beendigung des Zollkriegs aufgegeben.[7]

Bis zum Ende der Weimarer Republik lief die deutsche Taktik darauf hinaus, Polen ökonomisch zu schwächen und die deutsche Position im Zuge der Minderheitenpolitik zu festigen.[8] Polen und die deutsch-polnischen Beziehungen wurden in der Weimarer Republik bevorzugtes Gebiet für eine den deutschen Faktor in der Region betonende „Ostforschung“. In zahlreichen einschlägigen Instituten stellten die dort tätigen Historiker, Geographen, Volkskundler und andere Wissenschaftler ihre Forschung in den Dienst der revisionistischen Außenpolitik. Zu Beginn der dreißiger Jahre verstärkte sich mit dem zunehmenden innenpolitischen Verfall der Weimarer Republik die Revisionspropaganda, so dass das „Ostproblem“ und die deutsch-polnische Grenzrevision in der Öffentlichkeit allseitig präsent waren.[9]

Die polnische Außenpolitik gegenüber Deutschland blieb in der ersten Hälfte der zwanziger Jahre eher defensiv und zielte auf eine Einbettung

---

7 GEORG W. STROBEL, Die Wirtschaftsbeziehungen Deutschlands und Polens 1919-1932, in: Die deutsch-polnischen Beziehungen 1919-1932 (wie Anm. 5), S. 109-124.

8 RALPH SCHATTKOWSKY, Deutschland und Polen von 1918/19 bis 1925. Deutsch-polnische Beziehungen zwischen Versailles und Locarno, Frankfurt am Main et al. 1994; NORBERT KREKELER, Revisionsanspruch und geheime Ostpolitik der Weimarer Republik. Die Subventionierung der deutschen Minderheit in Polen, Stuttgart 1973.

9 PETER FISCHER, Die deutsche Publizistik als Faktor der deutsch-polnischen Beziehungen, 1919-1939. Wiesbaden 1991 (Studien der Forschungsstelle Ostmitteleuropa an der Universität Dortmund, 7).

Polens in ein internationales Sicherheitssystem unter Führung der Westalliierten. Erst als im Oktober 1925 offenbar wurde, dass Frankreich in Locarno nicht auf eine Garantie des deutsch-polnischen Schiedsvertrages bestand, verlor Polen sein Vertrauen in internationale Garantien als zuverlässigen Schutz vor deutschen Revisionsforderungen. Die deutsch-polnische Grenze erschien als eine „Grenze zweiter Klasse", und aus polnischer Sicht wurde Polen die gleichberechtigte Aufnahme in die europäische Politik verwehrt, während Deutschland als Kriegsverlierer weitgehend rehabilitiert worden war.

Nach der für Polen deprimierenden Erfahrung von Locarno erstrebte Piłsudski anstelle der Bindung an Frankreich einen selbständigeren außenpolitischen Kurs, der die Voraussetzung für eine Normalisierung des deutsch-polnischen Verhältnisses seit 1926/27 schaffen sollte. In der Folgezeit versuchte Piłsudski vergeblich, mit der Reichsregierung zu einvernehmlichen Lösungen der Probleme des „Zollkriegs" und der Revisionsforderungen zu kommen.

Seit 1930 nahm die polnische Außenpolitik eine offensivere Haltung gegenüber Deutschland an, Polen sondierte nun mit einer „Kombination von Kraftdemonstrationen und Verhandlungsbereitschaft". Als Reichsminister Gottfried Treviranus im August 1930 eine im Rundfunk übertragene Rede hielt, in der er sich offen für eine Revision der deutsch-polnischen Grenze aussprach, – aktueller Anlass war der zehnte Jahrestag der Abstimmungen in Ost- und Westpreußen –,[10] kam es in polnischen Städten zu Demonstrationen, die sich örtlich auch gegen die deutsche Minderheit richteten.[11]

Im Juli 1932 schloss Polen mit der Sowjetunion einen Nichtangriffspakt ab, der nach der deutsch-polnischen Nichtangriffserklärung vom Januar 1934 um zehn Jahre verlängert wurde. Als Józef Beck am 2.10.1932 das Amt des polnischen Außenministers übernahm, war er mit der feindseligen Haltung Deutschlands konfrontiert, die wegen des gleichzeitigen Klimas von Wohlwollens und Aufgeschlossenheit der Westmächte gegenüber einer künftigen Grenzrevision im Osten besonders bedrohlich wirkte. Beck sah zwei Wege offen: eine weitere Verbesserung der seit Juli 1932 korrekten polnisch-sowjetischen Beziehun-

---

10 Ebd., S. 149.

11 PRZEMYSŁAW HAUSER, Die deutsche Minderheit in Polen 1918-1939 und der Stand der Historiographie, in: Anerkannt als Minderheit. Vergangenheit und Zukunft der Deutschen in Polen, hrsg. von HANS VAN DER MEULEN, Baden-Baden 1994, S. 21-37, hier S. 33.

gen und eine Anknüpfung an die seit 1926 unternommenen Versuche, Polen an Deutschland anzunähern. Beck suchte beide Wege zu gehen.[12]

2. Polen in Hitlers Kalkül und die polnische Politik gegenüber dem nationalsozialistischen Deutschland

In den Wochen nach Hitlers Machtübernahme schien sich der deutsch-polnische Konflikt zunächst noch zu verschärfen. Terroristisches Auftreten der SA in Ostpreußen, Schlesien und Danzig sowie antipolnische Demonstrationen entlang der Ostgrenze deuteten im Februar 1933 auf eine Radikalisierung der deutschen Revisionspolitik hin. Der in Fragen der Polenpolitik besonders extreme Deutsche Ostbund appellierte an die neue Reichsregierung, die Forderung nach „Rückgabe des uns geraubten Gebietes" offensiv zu vertreten, und in der Sitzung des Reichskabinetts vom 7.4.1933 trug Hitlers parteiloser Außenminister von Neurath einen verschärften Kurs der traditionellen Revisionspolitik vor. Wenige Wochen später zeichnete sich eine Veränderung ab: In Hitlers ostpolitischer Konzeption spielte die Revision der Ostgrenze als Nahziel keine Rolle mehr. Das Ziel bestand in der macht- und militärpolitischen Erstarkung Deutschlands, um die Vision vom „Lebensraum im Osten" – wie bereits in „Mein Kampf" deutlich formuliert – verwirklichen zu können. In einer Serie von „Fühlungnahmen" Hitlers mit dem polnischen Botschafter in Berlin vom Mai 1933 bis Januar 1934 vollzog sich eine völlige Umorientierung der deutschen Polen-Politik.

Eine erste bedeutsame Begegnung war der von Warschau initiierte Besuch seines Gesandten in Berlin beim neuen Reichskanzler am 3. Mai 1933. Bei der taktischen Annäherung Berlins an Warschau sollten wirtschaftliche Kontakte Vorreiterfunktion übernehmen. Um das in hohem Maße rohstoff- und ernährungswirtschaftlich abhängige Deutschland, dessen Außenwirtschaftsbeziehungen durch Weltwirtschaftskrise, Zollkriege und durch internationale Boykottmaßnahmen gegen das NS-Regime zerrüttet waren, möglichst schnell neu zu ordnen, sollte die Aufrüstung und der rüstungswirtschaftliche Aufschwung in Gang gesetzt wer-

---

12 Marian Wojciechowski, Die deutsch-polnischen Beziehungen 1933-1938, Leiden 1971 (Studien zur Geschichte Osteuropas, 12), S. 2.; Ders., Der historische Ort der polnischen Politik in der Genesis des Zweiten Weltkrieges, in: 1939 – an der Schwelle zum Weltkrieg. Die Entfesselung des Zweiten Weltkrieges und das internationale System, hrsg. von Klaus Hildebrand, Jürgen Schmädeke und Klaus Zernack, Berlin / New York 1990, S. 259-275, hier S. 266.

den.[13] Ein neuer polnischer Zolltarif, der im Oktober 1933 in Kraft treten sollte, wirkte initiierend für die Aufnahme von Wirtschaftsverhandlungen mit der polnischen Regierung, die sich jedoch vor Abschluss eines Wirtschaftsabkommens in Berlin politisch rückversichern wollte. Dies veranlasste das NS-Regime, den dann im Januar 1934 abgeschlossenen Nichtangriffs- und Freundschaftspakt vorzuschlagen, der den Bruch mit der Tradition der Weimarer Revisionspolitik besiegelte. Ihm folgte das Ende des Zollkriegs im Frühjahr 1934. Polen wurde in das wirtschaftspolitische Kalkül des „Neuen Plans" als deutscher Ergänzungsmarkt einbezogen. Anfang November wurde als Höhepunkt des Normalisierungsprozesses ein regulärer deutsch-polnischer Wirtschaftsvertrag abgeschlossen. Der deutsch-polnische Warenaustausch erreichte 1936/37 eine beachtliche Höhe.

Auf der Herbstsitzung des Völkerbundrates im September 1933 in Genf kamen Propagandaminister Goebbels und der polnische Außenminister Beck überein, beiderseitig die Pressepropaganda zu beenden, was schließlich im Februar 1934 mit der deutsch-polnischen Pressevereinbarung besiegelt wurde. Dieser außenpolitische Kurswechsel rief unter den diversen Aktivisten der Revisionspropaganda in Deutschland erhebliche Irritation hervor.[14]

Die im Mai 1933 einsetzende Annäherung an das nationalsozialistische Deutschland bedeutete auch für Polen ein Kehrtwende. Im März 1933 hatte Piłsudski mit einer demonstrativen Truppenverstärkung auf der Danziger Westerplatte, der Landzunge gegenüber von Danzig-Neufahrwasser, die seit 1924 polnisches Depot für Kriegsbedarf war, reagiert; gleichzeitig fanden im ganzen Lande Protestdemonstrationen gegen die „nationale Revolution" in Deutschland statt, im Verlauf derer es auch zu Ausschreitungen gegen Einrichtungen der deutschen Minderheit kam. Im April wurden die Demonstrationen gegen Hitler-Deutschland, zu denen Vertreter jüdischer Parteien und nichtjüdischer patriotischer Organisationen aufgerufen hatten, fortgesetzt, um gegen die antijüdischen Boykottmaßnahmen am 1. April 1933 in Deutschland und die Verfolgung polnischer Staatsbürger zu protestieren.[15]

---

13 HANS-ERICH VOLKMANN, Polen im politisch-wirtschaftlichen Kalkül des Dritten Reiches 1933-1939, in: Der Zweite Weltkrieg. Analysen, Grundzüge, Forschungsbilanz, hrsg. von WOLFGANG MICHALKA, München / Zürich 1989, S. 74-92, hier S. 75f.

14 FISCHER, Die deutsche Publizistik (wie Anm. 9), S. 188.

15 ALFRED WISLICKI, The Jewish Boykott Campaign against Nazi Germany and its Culmination in the Halbersztadt Trial, in: Polin 8 (1994), S. 282-289.

Die polnischen Regierungen legten nach Piłsudskis Tod im Mai 1935, nachdem es im April 1935 zu einer autoritären Umgestaltung der Verfassung gekommen war, einen immer unverhüllteren Rechtskurs an den Tag, der den Parlamentarismus und die Minderheiten im polnischen Staat bekämpfte. Die zahlenmäßige Stärke und der Machtumfang faschistischer Organisationen waren in Polen gering, aber die Wirkung der faschistischen Ideologie reichte über die Bewegung hinaus. Nach Auflösung des BBWR (Parteiloser Block für die Zusammenarbeit mit der Regierung), der Piłsudskis Politik unterstützt hatte (1928-1935), konnte das so entstandene Vakuum 1937 mit der Gründung des Lagers der nationalen Einigung (Obóz Zjednoczenia Narodowego) ausgefüllt werden, das mit der traditionellen Politik gegenüber den Juden brach und als „Lösung der jüdischen Frage" eine Massenemigration anstrebte. Im Jahr 1936 kam es mit Unterstützung der katholischen Kirche zu einem antijüdischen Wirtschaftsboykott. Die Hierarchie der katholischen Kirche und Kardinal Hlond unterstützten die Außenpolitik Józef Becks und dessen Versuch, eine möglichst eigenständige Politik zwischen den großen Nachbarn im Osten und Westen zu verfechten. Der Nationalsozialismus erschien dabei als Verbündeter im Kampf gegen den Bolschewismus.[16]

Der Nichtangriffspakt mit Deutschland vom Januar 1934 bildete die Grundlage für die in den folgenden Jahren von Außenminister Jozef Beck praktizierte Politik des Gleichgewichts zwischen dem Deutschen Reich und der Sowjetunion. Beck blieb bis Januar 1939 Hauptverfechter der Annäherung Polens an das Dritte Reich, die von den oppositionellen Parteien kritisiert wurde. Die polnische Außenpolitik tolerierte im Interesse guter Beziehungen mit Deutschland auch die deutsche Wiederaufrüstung (Einführung der allgemeinen Wehrpflicht am 16.3.1935 und Aufkündigung der entmilitarisierten Zone im Rheinland am 7.3.1936).

Auch die größten außenpolitischen Erfolge des Dritten Reiches im Sinne einer Revision des Versailler Vertrages, der „Anschluss" Österreichs am 11. März 1938 und die Ausgliederung der Siedlungsgebiete der deutschen Minderheit („Sudetenland") aus der Tschechoslowakei, wurden von Polen mit wohl wollender Neutralität beobachtet, wenn auch die Beck'sche Politik zunehmend unpopulärer wurde. Der polnische Außenminister war über die deutschen Absichten bereits während seines Berlin-Aufenthalts im Januar 1938 informiert worden. Im Februar betonte Göring anlässlich seines Besuchs in Warschau, dass eine Lösung des „tschechoslowakischen Problems" in Beratung mit Polen erreicht werden

---

16 RONALD MODRAS, Catholic Church and Antisemitism in Poland, 1933-1939, Chur 1995.

solle. In Warschau erwartete man von der im Voraus erteilten Zustimmung zum „Anschluss“ und der Zusammenarbeit mit Deutschland beim Verteilen der tschechischen Beute günstige Bedingungen für die endgültige Bestätigung der Grenze mit Deutschland. Im Verlauf der von Berlin forcierten Sudetenkrise kam am 29. September 1938 in München eine Viermächtekonferenz zustande (Deutschland, Italien, Großbritannien und Frankreich, ohne Beteiligung der Tschechoslowakei und der Sowjetunion), die im „Münchener Abkommen“ der Wehrmacht den Einmarsch in die Tschechoslowakei und die Besetzung des „Sudetenlandes“ bis zum 10. Oktober gestattete.

Im September 1938 schwamm die polnische Außenpolitik noch einmal im Kielwasser Berlins. Am 28. September, einen Tag vor der Münchener Konferenz, wurde zwischen Warschau und Berlin eine Demarkationslinie zur Abgrenzung polnischer und deutscher Interessengebiete festgesetzt. Unmittelbar nach der Münchener Konferenz stellte Beck ein Ultimatum an Prag. Einen Tag nach dem deutschen Einmarsch am 1. Oktober 1938 besetzte Polen das teilweise von polnischer Bevölkerung bewohnte Teschener Gebiet an der Südgrenze Ostoberschlesiens. Polen hatte sich bei der Zerschlagung der Tschechoslowakei zum Komplizen von Hitlers Aggressionspolitik gemacht. Warschau erkannte zu spät, dass sich Polens politische und geopolitische Lage durch die Zerschlagung der Tschechoslowakei entscheidend verschlechtert hatte.

Innenpolitisch bedeutete die deutsch-polnische Zusammenarbeit 1934-1938, dass die in beiden Staaten gelenkte Presse und die Kulturpolitik die Aufgabe erhielten, die Beziehungen positiv darzustellen, wobei insbesondere auf deutscher Seite die negativen Stereotype unterschwellig weiterbestanden, aber nicht offen artikuliert wurden. Beide Seiten gestanden sich einen wachsenden Zugriff auf die jeweiligen Minderheiten im Nachbarland zu, was in Polen zur Duldung der mit dem Nationalsozialismus sympathisierenden Organisationen und Parteien, der Jungdeutschen Partei und des Deutschen Volksverbands (DVV) führte, die wachsende Unterstützung bei den Deutschen in Polen fanden.[17]

---

17 Zur Publizistik der deutschen Minderheit und insbesondere kritischen Stimmen zum Nationalsozialismus vgl. PIA NORDBLOM, Für Glaube und Volkstum. Die katholische Wochenzeitung „Der Deutsche in Polen“ (1934-1939) in der Auseinandersetzung mit dem Nationalsozialismus, Paderborn 2000 (Veröffentlichungen der Kommission für Zeitgeschichte, B 87).

3. Die Verschärfung der deutsch-polnischen Beziehungen und der deutsch-sowjetische Nichtangriffspakt

Nach „München" zielte Hitler darauf ab, mit Polen zu einem Arrangement zu deutschen Bedingungen zu gelangen und den östlichen Nachbarn zum Satellitenstaat Berlins zu machen. Am 24. Oktober 1938, wenige Wochen nach dem gemeinsamen Vorgehen gegen die Tschechoslowakei, setzten die Gespräche, die Polen auf den gewünschten Kurs bringen sollten, zwischen dem neuen Außenminister Joachim von Ribbentrop und dem polnischen Botschafter Lipski in Berchtesgaden ein. Die zentralen deutschen Forderungen beinhalteten die „Heimkehr" Danzigs ins Reich, den Bau einer exterritorialen Eisenbahnlinie und Autobahn durch den „Korridor" nach Ostpreußen und Polens Beitritt zum Antikominternpakt. Hitlers Postulate waren Becks Plänen diametral entgegengesetzt. Nach dem Münchner Erfolg hatte er eine Erklärung Deutschlands zur Anerkennung des territorialen Status quo sowie des Status quo Danzigs als Freie Stadt und die Verlängerung des deutsch-polnischen Nichtangriffspakts vorbereitet. Polen war weder in Bezug auf Danzig zum Nachgeben bereit, noch wollte es in direkten Gegensatz zur Sowjetunion geraten. Am 26. November 1938, wenige Tage nach Ribbentrops zweitem Versuch, wurde der polnisch-sowjetische Nichtangriffspakt bekräftigt.

Am 5. Januar 1939 trug Hitler persönlich dem polnischen Außenminister auf dem Obersalzberg seinen Vorschlag zur „endgültigen Bereinigung" der deutsch-polnischen Beziehungen bezüglich Danzigs und des Korridors vor und betonte die Bedeutung dieses territorialen Ausgleichs für die künftige gemeinsame Politik. Drei Wochen später tat es Ribbentrop bei seinem Besuch in Warschau anlässlich des 5. Jahrestags der deutsch-polnischen Nichtangriffserklärung. Beide Male war die polnische Reaktion ablehnend. Hitlers Versuch, noch vor der „Erledigung der Rest-Tschechei" Polen auf ein Arrangement zu den deutschen Bedingungen festzulegen, war gescheitert.

Am 14. März marschierten Truppen der Wehrmacht in die Tschechoslowakei ein, am 16. März verkündete Hitler die Errichtung des an das Dritte Reich angeschlossenen Protektorats Böhmen und Mähren und schuf den Satellitenstaat Slowakei. Als mit der Angliederung des Memelgebiets am 22. März und dem Wirtschaftsabkommen mit Rumänien vom 23. März die hegemoniale deutsche Machtausweitung noch bedrohlicher wurde, führte das Zusammentreffen dieser Erfolge der aggressiven deutschen Außenpolitik zu einem Schock in Europa, zur endgültigen Beendigung der englischen Appeasement-Politik und zur Erklärung des französischen Ministerpräsidenten Daladier, auf einen Zusammenschluss aller sich von Deutschland bedroht fühlenden Nationen hinzuwirken.

Als Ribbentrop am 21. März erneut und ultimativ die deutschen Forderungen wiederholte, lehnte Polen im Vertrauen auf die Mobilisierung der westlichen Diplomatie wegen des deutschen Vorgehens gegen Prag definitiv ab. Hitlers „Globallösung" scheiterte an der entschlossenen Weigerung Polens, sich den deutschen Wünschen zu unterwerfen. Am 25. März 1939 forderte Hitler den Oberbefehlhaber des Heeres auf, den „Fall Weiß" (Angriff auf Polen) so vorzubereiten, dass er ab dem 1. September jederzeit zur Durchführung kommen könne.

Unter dem Eindruck der wachsenden deutsch-polnischen Spannungen gab Großbritannien am 31. März 1939 eine Garantieerklärung für Polen ab, die zunächst einen unmittelbaren Abschreckungseffekt im Auge hatte, als langfristiges Ziel aber eine starke Grenzlinie in Ostmitteleuropa errichten wollte, um Hitler mit der Gefahr eines Zweifrontenkrieges zu konfrontieren. Als Reaktion auf die Weigerung Polens, sich den deutschen Plänen zu unterwerfen, und auf die britische Garantieerklärung für Polen kündigte Hitler am 28. April 1939 sowohl den deutsch-polnischen Nichtangriffspakt von 1934 mit dem Vorwurf, Polen habe ihn einseitig gebrochen, als auch den Flottenvertag mit Großbritannien.

Seit Mai 1939 rückte das Ziel einer gewaltsamen Ausschaltung Polens immer mehr in den Mittelpunkt von Hitlers Überlegungen. Am 23. Mai 1939 äußerte er unmissverständlich: „Danzig ist nicht das Objekt, um das es geht. Es handelt sich für uns um die Erweiterung des Lebensraums im Osten."[18] Am 15. Juni erhielt Hitler vom Oberbefehlshaber des Heeres den Invasionsplan für den „Fall Weiß". Deutschland sollte im Falle eines Krieges mit den Westmächten den Rücken frei haben, Polen als ideales Aufmarsch- und Durchzugsgebiet für einen Krieg mit der Sowjetunion frei sein. Am 15. August wurden die deutschen Mobilmachungspläne in Gang gesetzt.

Dem deutschen Überfall auf Polen ging ein monatelanger „Propagandakrieg" voraus. Mit der Kündigung der Nichtangriffserklärung am 28. April wurde die seit 1934 geübte Zurückhaltung in den deutschen Medien aufgegeben. Die antipolnische Propaganda-Offensive konzentrierte sich zunächst auf die aktuellen Forderungen der deutschen Außenpolitik, die Danzig- und die „Korridor"-Frage. Spätestens seit Anfang

---

[18] Nürnberger Dok. L-79, IMG XXVIII, zit. nach MARTIN BROSZAT, Zweihundert Jahre deutsche Polenpolitik, Frankfurt a.M. 1972 [[1]München 1963], S. 262.

August erschienen in der reichsdeutschen Presse neben Berichten über angebliche Aggressions- und Annexionsabsichten Polens Gräuelnachrichten über Repressionen gegen Deutsche, die sich in den letzten Augusttagen zu großaufgemachten Meldungen über Gewaltakte gegenüber der deutschen Minderheit steigerten.[19] Auch in Polen wurde die antideutsche Publizistik 1939 von Monat zu Monat schärfer. Im Frühjahr 1939 verstärkte sich die antideutsche Stimmung durch Berichte in der polnischen Presse über den in Deutschland und Danzig gegen polnische Gruppen angewandten Terror.

International liefen seit April 1939 sich hinziehende Verhandlungen zwischen Großbritannien, Frankreich und der Sowjetunion über ein Defensivbündnis, das die deutsche Expansion stoppen sollte. Zugleich sondierte die sowjetische Außenpolitik, ob nicht mit Deutschland eine direkte Verständigung möglich sei. Es spricht vieles dafür, dass dies keineswegs nur unter dem Eindruck des Scheiterns der Dreiergespräche geschah, sondern einer in der Zeit nach „München" entstandenen Umorientierung in Stalins Außenpolitik entsprach, als die Westmächte versucht hatten, die Sowjetunion vom europäischen Geschehen zu isolieren. Hinzu kam, dass die konkreten politischen, ökonomischen und territorialen Angebote Hitlers Stalin mehr reizten als die sich hinziehenden Verhandlungen mit Großbritannien und Frankreich.[20] Erste deutsche Angebote, Streitfragen gemeinsam zu verhandeln, wurden am 26. Juli und 2. August übermittelt. Am 23. August verhandelte Ribbentrop in Moskau, und bereits an diesem Tag wurde das Geheime Zusatzprotokoll zum deutsch-sowjetischen Nichtangriffspakt, das beiderseitig die Grenzen künftiger Expansion in Osteuropa abgrenzte (siehe auch Karte 1: Die Aufteilung Polens 1939, S. 333), unterzeichnet.[21] Zu Polen hieß es in dem Zusatzprotokoll:

> „Für den Fall einer territorial-politischen Umgestaltung der zum polnischen Staate gehörenden Gebiete werden die Interessensphären Deutschlands und der UdSSR ungefähr durch die Linie der Flüsse Narew, Weichsel und San abgegrenzt. Die Frage, ob die beiderseitigen Interessen die Erhaltung eines unabhängigen polnischen Staates erwünscht erscheinen lassen und wie dieser Staat

---

19 FISCHER, Die deutsche Publizistik (wie Anm. 9), S. 214f.

20 MICHAIL SEMIRJAGA, Die sowjetisch-deutschen Verträge im System der internationalen Beziehungen des Jahres 1939, in: 1939 – an der Schwelle zum Weltkrieg (wie Anm. 12), S. 293-301, hier S. 294f.

21 Umfassende Darstellung: Hitler-Stalin-Pakt 1939. Das Ende Ostmitteleuropas?, hrsg. v. ERWIN OBERLÄNDER, Frankfurt a.M. 1989.

> abzugrenzen wäre, kann endgültig erst im Laufe der weiteren politischen Entwicklung geklärt werden."[22]

Mit dem Hitler-Stalin-Pakt war die zweite Grundannahme der Beck'schen Außenpolitik – die Auffassung von der prinzipiellen Unmöglichkeit einer Verständigung des Dritten Reichs mit der Sowjetunion – hinfällig geworden.[23] Der deutsch-sowjetische Vertrag gab für die deutsche Aggression gegen Polen grünes Licht und war der Auftakt für die Aufteilung Europas unter den totalitären Mächten. Im Geheimen Zusatzprotokoll, dessen Existenz von den sowjetischen Regierungen bis Anfang der neunziger Jahre bestritten wurde,[24] sicherte sich die Sowjetunion weit mehr als die Hälfte des polnischen Staatsgebietes. Stalin hatte damit den deutschen Überfall auf Polen zu dem von Hitler geplanten Termin ermöglicht und die imperialen sowjetischen Eroberungen vorbereitet.

Als am 25. August 1939 bekannt wurde, dass London seine Garantie für Polen zum förmlichen Beistandspakt umgewandelt hatte, und Mussolini erklärte, Italien sei für einen Krieg an Deutschlands Seite noch nicht vorbereitet, zog Hitler im letzten Augenblick die Entscheidung zum Angriff auf Polen, der für den 26. August vorgesehen war, noch einmal zurück. Am 31. August gab er schließlich den Befehl für den „Fall Weiß".

Wie hatte es geschehen können, dass die Warschauer Regierung die langfristigen politischen und wirtschaftlichen Absichten des Dritten Reichs nicht erkannte? Weshalb war Warschau von der Möglichkeit dauerhafter normaler Beziehungen zum nationalsozialistischen Deutschland ausgegangen? Sicher spielte für die polnischen Beziehungen zum Dritten Reich nicht zuletzt eine Rolle, dass Deutschland der polnischen Führung suggerierte, man werde ihr im gemeinsamen Kampf gegen das bolschewistische Russland eine dominante politische Rolle in Ostmitteleuropa zugestehen. Hätte die polnische Außenpolitik der dreißiger Jahre eine andere Chance, eine andere Wahl gehabt? Józef Beck, dessen Politik sowohl von der linken als auch der rechten Opposition heftig angegriffen wurde, signalisierte im Jahr 1939 mehrfach Entspannungsbereitschaft gegenüber der Sowjetunion. Mehr konnte er nicht tun. Keine einzige annähernd bedeutende politische Gruppierung in Polen hätte 1939 eine

---

22 Ebd., S. 127f.

23 WOJCIECHOWSKI, Der historische Ort (wie Anm. 12), S. 274.

24 WACŁAW DŁUGOBORSKI, Der Hitler-Stalin-Pakt als „lebendige Vergangenheit", in: 1939 – an der Schwelle zum Weltkrieg (wie Anm. 12), S. 161-170.

Allianz mit der Sowjetunion unterstützt. Auch ein „Ja" zu Hitlers Plänen wäre weder innenpolitisch tragbar noch ein Sicherheitsgarant für Polens Integrität gewesen. Seit Ende der achtziger Jahre zeichnet sich in der polnischen Historiographie eine Neubewertung der Beck'schen Politik ab, die stärker hervorhebt, dass Beck im Frühjahr 1939 zum einen die Triebkräfte und Motive der britischen Politik verkannt habe und andererseits den Antagonismus zwischen dem Nationalsozialismus und dem Kommunismus für so absolut hielt, dass er die Möglichkeit einer Einigung des Dritten Reiches mit der Sowjetunion gar nicht erst in Erwägung zog.[25]

Zentral war jedoch etwas anderes: Die Politik Polens orientierte sich an der Politik der Westmächte gegenüber dem nationalsozialistischen Deutschland und suchte, ähnlich wie die französische und britische Politik, einen modus vivendi mit Hitler zu finden. Die Entscheidung fiel jedoch durch den Pakt zwischen Nationalsozialismus und Kommunismus, der die europäische Mittelmacht Polen als erstes Kriegsopfer bestimmte.

4. Der deutsche Überfall und die Kampfhandlungen im September 1939

Seit Anfang August 1939 war Reinhard Heydrich auf Befehl Heinrich Himmlers mit der Ausarbeitung von Plänen für „Zwischenfälle" betraut, die Hitler den Vorwand zum Krieg liefern sollten. Am 22. August kündigte Hitler vor Oberbefehlshabern der Wehrmacht an:

> „Ich werde propagandistischen Anlaß zur Auslösung des Krieges geben, gleichgültig, ob glaubhaft. Der Sieger wird später nicht danach gefragt, ob er die Wahrheit gesagt hat oder nicht."[26]

SS-Leute aus dem schlesischen Grenzgebiet wurden eigens geschult, um in verschiedenen Grenzorten geplante Grenzzwischenfälle zu provozieren. Besondere Publizität verschaffte die nationalsozialistische Presse dem angeblichen Überfall polnischer Aufständischer auf den Sender Gleiwitz, einen Nebensender der Schlesischen Funkstelle in Breslau, der

---

25 WŁODZIMIERZ BORODZIEJ, Die Alternative Warschaus, in: 1939 – an der Schwelle zum Weltkrieg (wie Anm. 12), S. 321-326. Der Autor gibt einen Überblick über Ende der achtziger Jahre erschienene Aufsätze mit Neubewertungen der Beck'schen Außenpolitik.

26 Nach ALFRED SPIESS/HEINER LICHTENSTEIN, Unternehmen Tannenberg. Der Anlaß zum Zweiten Weltkrieg, Berlin 1989, S. 13.

bezeichnenderweise bereits Ende der zwanziger und Anfang der dreißiger Jahre im Mittelpunkt eines deutsch-polnischen „Ätherkriegs" gestanden hatte.[27] Am Abend des 31. August 1939 fingierte der Standartenführer Alfred Naujocks nach gründlicher Vorbereitung mit sechs in Zivil gekleideten SS-Leuten einen Überfall auf den Radiosender, ließ die laufende Nachrichtensendung unterbrechen und in polnischer Sprache die „Stunde der Befreiung aller Polen" ansagen. Es handelte sich um eine Aktion von wenigen Minuten, zwei Ermordete wurden zurückgelassen. Dieser inszenierte Überfall wurde in den nationalsozialistischen Medien groß herausgestellt, um Polen die Schuld am Kriegsausbruch zu geben.[28]

Am 1. September 1939 um 4.45 Uhr begann der deutsche Überfall auf Polen. In breiter Front stießen die deutschen Verbände aus Hinterpommern und Ostpreußen, aus dem nördlichen Schlesien sowie vom Süden aus dem „Schutzstaat Slowakei" in Richtung Lodz-Warschau vor. Bedingt durch die wehrgeographische Benachteiligung Polens, das von drei Seiten angegriffen werden konnte und dank ihrer waffentechnischen Überlegenheit, vor allem durch den rücksichtslosen und völkerrechtswidrigen Einsatz der Luftwaffe, konnten die deutschen Truppen schnelle Erfolge erzielen. 1,5 Millionen deutschen Soldaten standen 1,3 Millionen polnische Soldaten gegenüber; das Übergewicht der deutschen Panzer- und motorisierten Divisionen und der Luftwaffe war erdrückend.[29] Von Anfang an errang die deutsche Luftwaffe die Luftüberlegenheit gegenüber Polen.[30] Ziele im Landesinneren wurden angegriffen, vor allem Städte und Verkehrsverbindungen, was zu großen Verlusten in der Zivilbevölkerung führte.

Der polnische Generalstab hatte mit einer schnellen Offensive der Streitkräfte der verbündeten Mächte im Westen gerechnet, welche die deutsche Führung zwingen würde, einen Teil der Kräfte aus dem Osten abzuziehen. Am 3. September 1939 erklärten Großbritannien und Frankreich dem Deutschen Reich den Krieg, griffen aber nicht in die Kampfhandlungen in Polen ein, und auch die Offensive im Westen blieb aus.

---

27 FISCHER, Die deutsche Publizistik (wie Anm. 9), S. 144 u. 233.

28 JÜRGEN RUNZHEIMER, Die Grenzzwischenfälle am Abend vor dem deutschen Angriff auf Polen, in: Sommer 1939. Die Großmächte und der Europäische Krieg, hrsg. von WOLFGANG BENZ und HERMANN GRAML, Stuttgart 1979, S. 107-147.

29 Zum deutsch-polnischen Krieg 1939 liegt keine moderne wissenschaftliche Gesamtdarstellung vor; eine populäre Einführung mit weiterer Literatur liefert JANUSZ PIEKALKIEWICZ, Polenfeldzug. Hitler und Stalin zerschlagen die Polnische Republik, Augsburg 1997.

30 WOLFGANG JAKOBMEYER, Der Überfall auf Polen und der neue Charakter des Krieges, in: September 1939. Krieg, Besatzung, Widerstand in Polen, hrsg. von CHRISTOPH KLESSMANN, Göttingen 1989, S. 16-37, hier S. 19.

Bis zum 3. September wurde mit der Vernichtung einer sich bei Tschenstochau verteidigenden polnischen Infanteriedivision die polnische Hauptverteidigungslinie durchbrochen, am 5./6. September hatte die 10. Armee bereits den halben Weg nach Warschau zurückgelegt. In der Nacht vom 5. auf den 6. September gab der polnische Oberbefehlshaber Rydz-Śmigły den Befehl zum Rückzug aller Armeen hinter die Weichsel, in dessen Verlauf ein beträchtlicher Teil der polnischen Streitkräfte aufgerieben wurde.

Nachdem das OKH am 9. September die Zangenbewegung der Heeresgruppen Nord und Süd nach Osten ausgeweitet hatte, eroberte die Heeresgruppe Nord bis zum 17. September Brest, und gleichzeitig traf General Guderian bei Włodawa am Bug auf die Panzerspitzen der Heeresgruppe Süd. An diesem Tag überschritten Einheiten der Roten Armee die polnische Grenze vom Osten her und rückten in die ukrainischen und weißruthenischen Provinzen Ostpolens ein; die deutschen Truppen mussten nun auf die im Hitler-Stalin-Pakt vereinbarten Demarkationslinie zurückgenommen werden.

Am 17. September, dem Tag des sowjetischen Angriffs, versuchten die Mitglieder der polnischen Regierung, der Gefangennahme durch den Übertritt auf rumänisches Gebiet zu entgehen. Am Abend des 19. September gab Rydz-Śmigły seinen letzten Einsatzbefehl zum Rückzug aller polnischen Armeen nach Ungarn und Rumänien; nur Warschau und die 35 km nordwestlich der Hauptstadt gelegene Festung Modlin, die seit dem 14. September eingeschlossen war, sollten weiterhin verteidigt werden. Noch am selben Tag begaben sich Staatspräsident Ignacy Mościcki sowie die Regierung mit Premierminister Felicjan Sławoj-Składkowski nach Rumänien, wo sie interniert wurden.

Bis zum 19. September hatte die Wehrmacht Warschau eingekesselt, am 24. September wurde mit Luftangriffen auf die eingeschlossene Stadt begonnen. Nach drei Tagen unaufhörlicher Bombardierung kapitulierten die Verteidiger der polnischen Hauptstadt am 27. September 1939.[31] Die Festung Modlin, gegen die am 26. und 27. September schwere Angriffe geflogen worden waren, wurde von der polnischen Verteidigung bis zum 28. September gehalten.

---

[31] Zur Kriegführung: HERBERT DRESCHER, Warschau und Modlin im Polenfeldzug 1939. Berichte und Dokumente, Pforzheim 1991; polnische Darstellung: LUDWIK GŁOWACKI, Obrona Warszawy i Modlina na tle kampanii wrześniowej 1939 [Die Verteidigung von Warschau und Modlin während des Septemberkrieges 1939], Warszawa ^{5}1985.

Am 1. Oktober rückten die deutschen Truppen in Warschau ein, am 6. Oktober wurde die deutsche Machtübernahme durch den Einzug Hitlers bekräftigt. Warschau bot ein grauenvolles Bild der Verwüstung, ganze Stadtteile lagen in Trümmern. Zur Darstellung des deutschen Triumphes wurden die von Propagandakompanien aufgenommenen Bilder der Zerstörung – Alfred Rosenberg nannte sie „Symbole der Tat" – unter dem Titel „Polenfeldzug in Bildern und Bildnissen" im Februar 1940 im Berliner Künstlerhaus ausgestellt.[32]

Während des Polenfeldzugs kam es zu einer weitgehenden Kooperation zwischen der Wehrmacht und der Roten Armee; die Sowjetunion verhielt sich wie eine verbündete Militärmacht. Seit dem 3. September hatte die Spitze des Dritten Reiches zunehmend Druck auf die vom Tempo des Wehrmacht-Vorstoßes überraschte sowjetische Führung ausgeübt, um den Einfall der Roten Armee im Osten zu beschleunigen. Nach Beginn der Kampfhandlungen durch die sowjetischen Truppen intensivierte sich das militärische Zusammenwirken beider Aggressorstaaten, das Vorgehen an den „Nahtstellen" wurde abgestimmt. Die Zerschlagung und Gefangennahme einer Gruppierung der polnischen Streitkräfte bei Hrubieszów war das Resultat eines im Kreml gebilligten direkten Zusammenwirkens zwischen Wehrmacht und Roter Armee.

In dem am 28.9. geschlossenen „Grenz- und Freundschaftsvertrag" (vgl. Karte 1: Die Aufteilung Polens 1939, S. 333) schnitten Deutschland und die Sowjetunion gegenüber dem Geheimen Zusatzprotokoll ihre Einflusssphären neu zu: Anstelle der polnischen Gebiete zwischen Weichsel und Bug, die Deutschland zufielen, erhielt die Sowjetunion Litauen zugesprochen. Diese Veränderungen ermöglichten der Sowjetunion, den eigenen Anteil an der polnischen „Beute" auf 52% zu vermindern und boten später der Sowjetunion eine günstige Ausgangsbasis, den so erreichten Status quo auch gegenüber den Westmächten zu rechtfertigen (Berufung auf die sog. „Curzonlinie" – eine von den Westmächten 1919/20 vorgeschlagene provisorische Demarkationslinie – und die weißrussischen bzw. ukrainischen Bevölkerungsmehrheiten östlich des Bugs). Dagegen fielen Deutschland nun alle zentralpolnischen Gebiete zu, so dass ca. 80% der ethnisch polnischen Bevölkerung unter deutsche Besatzungsherrschaft gerieten.

Am Tag der Kapitulation von Warschau trat Staatspräsident Mościcki zurück und ernannte Senatspräsident Władysław Raczkiewicz, der sich in

[32] NIELS GUTSCHOW/BARBARA KLEIN, Vernichtung und Utopie. Stadtplanung Warschau 1939-1945, Hamburg 1994, S. 21.

Paris befand, zu seinem Nachfolger. Am 30. September beauftragte dieser General Władysław Sikorski mit der Bildung einer Exilregierung. Die polnische Staatlichkeit bestand im Exil weiter, so dass ein Ziel des deutschen Angriffs – die Zerschlagung des polnischen Staates – nicht vollständig erreicht wurde. Von der deutschen Propaganda wurde der polnische Feldzug, ungeachtet der deutschen Verluste in Höhe von 15.000 Soldaten,[33] als erster „Blitzkrieg" dargestellt und in zahlreichen Schriften, die das negative Polenbild zementierten, glorifiziert.

5. Wehrmacht und Einsatzgruppen

Unter dem Decknamen „Unternehmen Tannenberg" wurde Polen zum ersten großen Operationsfeld der „Einsatzgruppen der Sicherheitspolizei", die bis zur Ablösung der Militärverwaltung am 26. Oktober 1939 dem Heer als Träger der vollziehenden Gewalt unterstellt waren. Mit einer Gesamtstärke von etwa 2.700 Mann, die der kämpfenden Truppe „dichtauf folgen" sollten, rückten sieben Einsatzgruppen und ein Einsatzkommando der Sicherheitspolizei und des SD in Polen ein, um alle „reichs- und deutschfeindlichen Elemente rückwärts der kämpfenden Truppe", wie die stereotyp wiederkehrende Formel lautete, zu „beseitigen". Die Mannschaften der Einsatzgruppen entfalteten Terror gegen „Judentum, Intelligenz, Geistlichkeit und Adel".[34] Sie waren mit Richtlinien und konkreten Fahndungslisten versehen und hatten Weisungen zur systematischen Ermordung der polnischen Führungsschicht. Ihre Direktiven und deren Durchführung verschärften sich während des Feldzugs bzw. unmittelbar nach seinem Abschluss. Am 7. September teilte Reinhard Heydrich seinem Amtschef mit, „die führende Bevölkerungsschicht in Polen soll(e) so gut wie möglich unschädlich gemacht werden." Admiral Canaris, Chef der Abwehr, erfuhr am folgenden Tag: „Die kleinen Leute wollen wir schonen, der Adel, die Popen und Juden müssen aber vernichtet werden." Heydrich sprach rückwirkend vom „Liquidierungsbefehl für zahlreiche polnische Führungskreise, der in die Tausende ging."[35]

---

33 Das Deutsche Reich und der Zweite Weltkrieg. Bd. 2: Die Errichtung der Hegemonie auf dem europäischen Kontinent, Stuttgart 1979, S. 133 (deutsche, polnische und sowjetische Verluste im Polenfeldzug).

34 HELMUT KRAUSNICK, Hitlers Einsatzgruppen. Die Truppen des Weltanschauungskrieges 1938-1942, Frankfurt a.M. 1985, S. 13-278, hier S. 35-64.

35 Ebd., S. 51.

Im Herbst 1939 hing es fast nur noch von der Haltung des deutsches Heeres ab, ob diese Ziele in vollem Umfang realisiert werden konnten. Noch beim Einmarsch der Wehrmacht hatte der Oberbefehlshaber des Heeres, Walther v. Brauchitsch, feierlich erklärt, die Wehrmacht (also sämtliche ihr angehörenden und unterstellten Einheiten) sehe in der Bevölkerung nicht ihren Feind, alle völkerrechtlichen Bestimmungen würden beachtet werden. In einer Besprechung mit Hitler am 12. September erhob er keine grundsätzlichen Einwände gegen die Tatsache, dass SS und Gestapo neben der Wehrmacht eigene Ziele verfolgten. Er fand sich damit ab, dass die Einsatzgruppen „nach Weisung des Führers" gewisse „volkspolitische Aufgaben" in eigener Verantwortlichkeit durchzuführen hätten, und begnügte sich damit, vorherige Kenntnis ihrer Weisungen zu verlangen und die Durchführung der Maßnahmen mit Hinweis auf außenpolitische Rücksichten zu verzögern. Prinzipielle Einwände gegen die „ethnische Flurbereinigung" erhob er nicht. Gegen das völkisch-politische Mordprogramm regte sich von Seiten der Wehrmacht nur zaghafter Widerstand.

Bereits im Septemberfeldzug kam es zu gezielten Morden durch Einsatzgruppen der SS, aber auch durch reguläre Wehrmachtseinheiten. Einzelne Mordaktionen wurden dokumentiert, weil die Rivalität zwischen Wehrmacht und SS dazu führte, dass einzelne Wehrmachtsstellen gezielte Angaben über SS-Massaker sammelten, um den Rivalen zu belasten.[36] Das größte Verbrechen dieser Art geschah in Będzin im Dąbrowa-Revier, wo am 9. September die Synagoge und 56 Häuser niedergebrannt wurden. Dabei sollen etwa 500 jüdische Einwohner umgekommen sein.[37] Es gab kaum ein Gebiet in Polen, wo keine vereinzelten Mordaktionen stattgefunden hätten.[38] Die Durchführung des Mordprogramms der Einsatzgruppen wurde erleichtert, indem das Heer auf eine „Säuberung" des rückwärtigen Gebiets drängte und außer den Bataillonen der Ordnungspolizei sowie des volksdeutschen „Selbstschutzes" auch Wehrmachtsangehörige an den Verbrechen der SS beteiligt waren.

Für die Beteiligung von Wehrmachtsangehörigen an Verbrechen gegen die Zivilbevölkerung machte Helmuth Groscurth, Verbindungs-

---

36 FRANK GOLCZEWSKI, Polen, in: Dimension des Völkermords. Die Zahl der jüdischen Opfer des Nationalsozialismus, hrsg. von WOLFGANG BENZ, München 1991, S. 411-497, siehe Abschnitt „Polenfeldzug und Militärverwaltung", S. 419-426, hier S. 421.

37 Ebd., S. 422.

38 SZYMON DATNER, 55 dni Wehrmachtu w Polsce. Zbrodnie dokonane na polskiej ludności cywilnej w okresie 1.IX.-25.X.1939 roku [55 Tage der Wehrmacht in Polen. An der Zivilbevölkerung begangene Verbrechen vom 1.9.-25.10.1939], Warszawa 1976.

offizier der Abwehr zum Oberkommando des Heeres, der mit wachsendem Entsetzen die Vorgänge im besetzten Polen beobachtete, die „jahrelange (weltanschauliche) Erziehung" verantwortlich. Wiederholt brachte er seine Empörung zum Ausdruck und wurde bei der Heeresführung vorstellig.[39]

Zwar schritten immer wieder einzelne Befehlshaber kriegsgerichtlich gegen Verbrechen an der Zivilbevölkerung ein, aber Hitlers Gnadenerlass vom 4.10. und die Einführung einer Sondergerichtsbarkeit für die SS im Felde am 17.10.1939 machten eine Ahndung unmöglich. Die Wehrmacht rief das Modell einer Schnelljustiz ins Leben, die künftig im besetzten Gebiet in Form der Standgerichte der SS und Polizei eine Brutalisierung der Strafjustiz herbeiführte. Sie diente künftig den Einsatzgruppen, die bald ebenfalls ermächtigt wurden, solche „Standgerichte" zu bilden. Nach der Ablösung der Militärverwaltung blieben den Kommandeuren nur Proteste gegen die anhaltenden Mordaktionen an vorgesetzter Stelle, die jedoch vom Oberbefehlshaber des Heeres nicht aufgegriffen wurden. Er verteidigte die staatliche „Volkstumspolitik" als notwendig für die Sicherung des „deutschen Lebensraums im Osten"; d. h. der Heeresführung missfiel das harte Vorgehen der SS nicht prinzipiell, ihre Besorgnis galt dem „Blutrausch" der Beteiligten sowie der Gefahr, dass auch die Soldaten verrohten.[40] Insgesamt setzten die nachgeordneten Dienststellen des Oberkommandos des Heeres und die höheren Kommandostellen der Truppe im September 1939 der SS noch erheblich stärkeren Widerstand entgegen als in späteren Kriegsjahren.

Bei der Eroberung und Besetzung Polens konnte Hitler an die Ressentiments aus der preußisch-deutschen Geschichte gegenüber dem Nachbarvolk anknüpfen, die nach dem Ersten Weltkrieg in die Revisionspropaganda der Weimarer Republik einmündeten und in der antipolnischen Vorkriegskampagne von 1939 wieder aufgeladen wurden. Mit der Hybris des Herrenmenschentums wurden Polen und Angehörige der „Ostvölker" als „rassisch minderwertig" erklärt. Der Krieg gegen Polen, der von der Propaganda als Verteidigungs- und Präventivkrieg dargestellt wurde, war vor allem ein völkisch-weltanschaulich bestimmter Krieg, der Beginn eines rassenideologischen Vernichtungskrieges, der von Anfang an mit bisher beispielloser Brutalität geführt wurde. Es ging nicht nur um

---

39 JÜRGEN FÖRSTER, Wehrmacht, Krieg und Holocaust, in: Die Wehrmacht. Mythos und Realität, hrsg. von ROLF-DIETER MÜLLER und HANS-ERICH VOLKMANN, München 1999, S. 948-963, hier S. 950.

40 Ebd., S. 952.

europäische Vorherrschaft oder Beteiligung an der Weltherrschaft, sondern um den Umbau Europas, die Verschiebung ganzer Völker und um „ethnische Säuberung“ im großen Maßstab.

Literaturhinweise

Die deutsch-polnischen Beziehungen 1919-1932, XVII. deutsch-polnische Schulbuchkonferenz der Historiker. Braunschweig 1985 (Schriftenreihe des Georg-Eckert-Instituts für Internationale Schulbuchforschung, 22/VIII) (Beiträge von polnischen und deutschen Historikern zur Beziehungsgeschichte).

Deutsche und Polen zwischen den Kriegen. Minderheitenstatus und „Volkstumskampf“ im Grenzgebiet. Amtliche Berichterstattung aus beiden Ländern 1920-1939. Hrsg. v. Rudolf Jaworski u. Marian Wojciechowski. Bearb. v. Mathias Niendorf u. Przemysław Hauser. 2 Bde. München [u.a.] 1997 (Texte und Materialien zur Zeitgeschichte, 9) (umfangreiche Quellenedition in den Orginalsprachen mit Materialien zur Minderheitenpolitik und zur deutsch-polnischen Perzeption).

Bogusław Drewniak, Polen und Deutschland 1919-1939. Wege und Irrwege kultureller Zusammenarbeit. Düsseldorf 1999 (Überblick über die deutsch-polnischen kulturellen Kontakte).

Peter Fischer, Die deutsche Publizistik als Faktor der deutsch-polnischen Beziehungen 1919-1939. Wiesbaden 1991 (Studien der Forschungsstelle Ostmitteleuropa an der Universität Dortmund, 7) (materialreiche Studie zur Kommunikationspolitik und zur Rolle der öffentlichen Kommunikation).

Frank Golczewski, Das Deutschlandbild der Polen 1918-1939. Eine Untersuchung der Historiographie und der Publizistik. Düsseldorf 1974 (Geschichtliche Studien zu Politik und Gesellschaft, 7) .

Lars Jockheck, Der „Völkische Beobachter“ über Polen 1932-1934. Eine Fallstudie vom Übergang vom „Kampfblatt“ zur „Regierungszeitung“. Hamburg 1999 (zur Presselenkung gegenüber Polen im Nationalsozialismus).

Helmut Krausnick, Hitlers Einsatzgruppen. Die Truppen des Weltanschauungskrieges 1938-1942. Frankfurt a.M. 1985 (Ausgabe des Teil I der im Jahre 1981 erschienenen Studie mit einem Abschnitt über die Operationen in Polen).

Norbert Krekeler, Revisionsanspruch und geheime Ostpolitik der Weimarer Republik. Die Subventionierung der deutschen Minderheit in

Polen. Stuttgart 1973 (Schriftenreihe der Vierteljahrshefte für Zeitgeschichte, 27).

1939. An der Schwelle zum Weltkrieg. Die Entfesselung des Zweiten Weltkrieges und das internationale System. Hrsg. von Klaus Hildebrand, Jürgen Schmädeke, Klaus Zernack. München, Berlin New York 1990.

Mathias Niendorf, Minderheiten an der Grenze. Deutsche und Polen in den Kreisen Flatow (Złotów) und Zempelburg (Sępólno Krajeńskie) 1900-1939. Wiesbaden 1997 (DHI Warschau Quellen und Studien, 6) (Mikrostudie zu den deutsch-polnischen Beziehungen).

September 1939. Krieg, Besatzung, Widerstand in Polen. Hrsg. v. Christoph Kleßmann. Göttingen 1989 (Studien zum deutsch-polnischen Krieg und zur deutschen Besatzungspolitik).

Ralph Schattkowsky, Deutschland und Polen von 1918/19 bis 1925. Deutsch-polnische Beziehungen zwischen Versailles und Locarno. Frankfurt am Main 1994.

Studien zur Kulturgeschichte des deutschen Polenbildes. Hrsg. v. Hendrik Feindt. Wiesbaden 1995 (Veröffentlichungen des Deutschen Polen-Instituts Darmstadt, 9) (Sammlung von Einzelstudien zum – negativen – deutschen Polenbild).

Marian Wojciechowski, Die deutsch-polnischen Beziehungen 1933-1938. Leiden 1971 (Studien zur Geschichte Osteuropas, 12) (maßgebliche polnische Darstellung zur Außenpolitik beider Staaten).

Stanisław Żerko, Stosunki polsko-niemieckie 1938-1939 [Deutsch-polnische Beziehungen 1938-1939]. Poznań 1998 (Studia niemcoznawcze Instytutu Zachodniego, 75) (neue aus den Quellen gearbeitete Darstellung zur Beziehungsgeschichte).

Hans-Jürgen Bömelburg/Bogdan Musial

Die deutsche Besatzungspolitik in Polen 1939-1945

Die deutsche Besatzungsherrschaft kontrollierte im Zweiten Weltkrieg den überwiegenden Teil der polnischen Territorien vom September 1939 bis zum Jahresanfang 1945; mit 5 1/2 Jahren war die deutsche Besatzung erheblich länger als in allen anderen europäischen Staaten. Einsetzend mit dem Zeitpunkt der Eroberung setzte die nationalsozialistische Politik eine radikale Umgestaltung des bis 1939 polnischen Territoriums durch. Dieser Prozess formte durch neue Grenzziehungen, Wirtschafts- und Bevölkerungspolitik sowie die physische Vernichtung ganzer Bevölkerungsgruppen die polnische Gesellschaft um und bedeutete den radikalsten Bruch der polnischen Geschichte überhaupt.

Die Forschung zum Nationalsozialismus hat in den letzten 20 Jahren mehrfach die eigentümliche Widersprüchlichkeit der Politik des Nationalsozialismus betont. Einerseits folgte sie klaren ideologischen Vorgaben, die in ihrer Reichweite gegenüber Polen in Kapitel 1 skizziert werden. Zugleich bildete die NS-Politik jedoch keine monolithische Einheit, sondern wurde in den einzelnen territorialen Einheiten, in die der polnische Staat zerlegt wurde, unterschiedlich unter erheblichen internen Konflikten umgesetzt. Die in das Deutsche Reich eingegliederten Gebiete sollten in kürzester Zeit germanisiert werden, während das Generalgouvernement ein „Polenreservat" auf Widerruf darstellte (vgl. Karte 2: Deutsche Besatzungsgrenzen in Polen 1939-1945, S. 334). Dieser geographischen Differenzierung trägt die Darstellung Rechnung, indem in Kapitel 2 die eingegliederten Gebiete und in Kapitel 3 das Generalgouvernement behandelt werden. Abschließend wird eine Bilanz der deutschen Besatzungspolitik gezogen, in der die Kriegesverluste und Zerstörungen 1939-1945, welche die deutsch-polnischen Beziehungen in der Nachkriegszeit dauerhaft belasteten, beziffert werden.[1]

1. Grundlagen der nationalsozialistischen Politik gegenüber Polen

Die nationalsozialistische Politik vollzog erst kurz vor der Auslösung des Zweiten Weltkriegs eine abrupte Kurswende in ihrer Politik gegenüber Polen, in dem das Deutsche Reich zwischen 1934 und Anfang 1939 offiziell ein befreundeter Staat und potentieller Bündnispartner gesehen hatte. Vor 1939 liegen deshalb keine programmatischen Aussagen zu eventuellen Zielen einer nationalsozialistischen Besatzungspolitik in Polen vor. Dennoch konnte 1939 in kurzer Zeit ein erhebliche Teile der deutschen Bevölkerung überzeugendes Feindbild „Polen" geschaffen werden, das auf mehrere langfristig wirkende Faktoren zurückgreifen konnte: 1) Einen Konsens unter den deutschen Eliten über die Ablehnung des polnischen „Saisonstaates", der auf Kosten der preußischen Ostprovinzen errichtet worden sei, und 2) eine in der deutschen Bevölkerung weit verbreitete negativ-abschätzige Vorstellung von den polnischen Nachbarn, die – in Anlehnung an die Redewendung von der „polnischen Wirtschaft" – als unterentwickelt und zivilisatorisch rückständig abqualifiziert wurden.[2]

Auf diese Grundlage konnte der Nationalsozialismus aufbauen, indem er sein rassistisch fundiertes negatives Slavenbild hinzufügte und seit 1939 offen die These vom „minderwertigen polnischen Volk" propagierte.[3] Hitler selbst entwickelte am 22. August 1939 programmatisch seine

---

[1] Kapitel 1 und 2 wurden von Hans-Jürgen Bömelburg, Kapitel 3 und 4 von Bogdan Musial erstellt. Die annotierte Literaturübersicht am Ende der Darstellung stützt sich auf Recherchen beider Autoren.

[2] Vgl. HUBERT ORŁOWSKI, „Polnische Wirtschaft". Zum deutschen Polendiskurs der Neuzeit, Wiesbaden 1996 (Studien der Forschungsstelle Ostmitteleuropa an der Universität Dortmund, 21), insbesondere die Kapitel „Weg, Schmutz, Öde... Dimensionen polnischer Wirtschaft" und „Die Ordnung der Taxonomie im Nationalsozialismus", S. 319-369.

[3] Allgemein: Das Rußlandbild im Dritten Reich, hrsg. v. HANS-ERICH VOLKMANN, Köln / Weimar / Wien 1994 mit Beiträgen zum Slavenbild des Nationalsozialismus. – Programmatisch wurde diese Perspektive gegenüber Polen in der Denkschrift „Behandlung der Bevölkerung der ehemaligen polnischen Gebiete nach rassenpolitischen Gesichtspunkten" vom 25.11.1939, in: Documenta Occupationis (s. Literaturhinweise, S. 106f.), Bd. 5, S. 1-28 ausgeführt.

biologistische Weltsicht und forderte vor den Oberbefehlshabern der Wehrmacht:

> „Vernichtung Polens im Vordergrund. Ziel ist die Beseitigung der lebendigen Kräfte, nicht die Erreichung einer bestimmten Linie. [...] Herz verschließen gegen Mitleid. Brutales Vorgehen.“[4]

Hier wurde nicht nur die Vernichtung der staatlichen Existenz Polens, sondern der polnischen Nation propagiert.

Die Konsequenz aus dieser Forderung, nämlich die Ermordung der polnischen Eliten, wurde von Hitler bereits einen Monat später am 2. Oktober 1939 im kleinen Kreis angeordnet:

> „Noch einmal müsse der Führer betonen, dass es für die Polen nur einen Herren geben dürfe und das sei der Deutsche, zwei Herren nebeneinander könne es nicht geben und dürfe es nicht geben, daher seien alle Vertreter der polnischen Intelligenz umzubringen. Dies klinge hart, aber es sei nun einmal das Lebensgesetz.“[5]

Im weiteren führte Hitler aus, das Generalgouvernement müsse ein Reservoir für billige polnische Arbeitskräfte darstellen, die sich den deutschen Herren jederzeit unterzuordnen hätten.

Programmatisch wurde die deutsche Besatzungspolitik in Polen somit im Oktober 1939 festgelegt. Neben den „deutschen Herrenmenschen“ sollte die „rassisch minderwertige“ polnische Bevölkerung stehen, unter der noch eine Stufe tiefer die in Gettos gänzlich zu isolierende jüdische Bevölkerung angesiedelt war. Aus der deutschen Propaganda der Jahre 1939/40 lässt sich ein Feindbild des polnischen Staates und der polnischen Bevölkerung filtern, das sich aus vier Komponenten zusammensetzte: 1) staatlich: Der polnische Staat sei eine künstliche Schöpfung der Ordnung von Versailles, unfähig zu einer eigenen Existenz und störe die europäische Staatenordnung, 2) national: Die Polen seien eine verant-

---

4 Akten zur Deutschen Auswärtigen Politik 1918-1945, Serie D, Bd. 7, Baden-Baden 1956, Nr. 192 und Nr. 193, S. 167-172. Quellenkritische Untersuchung: WINFRIED BAUMGART, Zur Ansprache Hitlers vor den Führern der Wehrmacht am 22. August 1939, in: Vierteljahrshefte für Zeitgeschichte 16 (1968), S. 120-149; Interpretation und Einordnung: WOLFGANG JACOBMEYER, Der Überfall auf Polen und der neue Charakter des Krieges, in: Der Warschauer Aufstand. 1. August – 2. Oktober 1944. Ursachen – Verlauf – Folgen, Warszawa / Hannover 1996, S. 7-29.

5 Aktenvermerk Martin Bormanns über ein Gespräch bei Hitler, an dem auch Hans Frank und Erich Koch teilnahmen, abgedruckt in: Der Prozeß gegen die Hauptkriegsverbrecher vor dem Internationalen Militärgerichtshof, Nürnberg 1949, Bd. 39, S. 425-429. – Unter „Intelligenz“ wird hier und im folgenden die Gesamtheit der polnischen gesellschaftlichen, kulturellen und politischen Eliten verstanden.

wortungslose, unschöpferische Nation, die durch ihre Ansprüche Deutschland bedrohten und einen Herren benötigten, der sie führe, 3) ethnisch-rassisch: die Bevölkerung sei „rassisch minderwertig", „verjudet" und verkörpere „asiatischen Geist" und 4) biologistisch: die polnische Überbevölkerung bedrohe den deutschen Nachbarn und müsse wegen ihres minderwertigen Charakters zurückgedrängt, deportiert und ihre Eliten vernichtet werden.[6]

Mit der Entfesselung des Krieges bauten die deutschen Besatzer im besetzten Polen ein Terrorsystem auf, das bis dahin für europäische Verhältnisse beispiellos war. Eine vergleichbare NS-Gewaltherrschaft gab es ab 1941 lediglich in Serbien und in den besetzten Gebieten der UdSSR. Die deutschen Besatzer wandten in Polen Terror an, um das Land zu „befrieden" (den Widerstandswillen zu brechen) und um eine bestimmte Gesellschaftsschicht (die polnische Intelligenz) oder Bevölkerungsgruppe (die Juden) zu vernichten. An geltende völkerrechtliche Normen hielt man sich nicht, und wollte man sich auch nicht halten.

Der deutsche Massenterror in Polen begann am 1. September 1939, zunächst als Methode der psychologischen Kriegführung. Die deutsche Luftwaffe bombardierte von Anfang an nicht nur militärische Anlagen und polnische Truppen, sondern auch gezielt zivile Objekte, Städte, Dörfer und Straßen, auf denen Flüchtlingszüge unterwegs waren. Der Luftterror sollte allgemein Panik und Chaos im Rücken der polnischen Streitkräfte hervorrufen und so die Durchführung militärischer Operationen erschweren, was auch Erfolge zeitigte. Während des Feldzuges beging die Wehrmacht zahlreiche Verbrechen an kriegsgefangenen polnischen Soldaten. Es wird geschätzt, dass insgesamt über 1.000 polnische Soldaten als Kriegsgefangene durch die Wehrmacht ermordet wurden. Ferner erschoss die Wehrmacht in Polen über 1.200 Personen, die sich wirklich oder angeblich am Widerstand gegen den deutschen Angriff beteiligt hatten. Darüber hinaus kam es unmittelbar bei oder kurz nach der Besetzung Polens durch die deutschen Truppen in vielen Orten zu Übergriffen und Ausschreitungen gegen die Zivilbevölkerung und zum Niederbrennen von Dörfern und Siedlungen. Schließlich erfolgten zahllose Ausschreitungen, die sich speziell gegen Juden richteten und

---

6 Nach EUGENIUSZ CEZARY KRÓL, Propaganda i indoktrynacja narodowego socjalizmu w Niemczech 1919-1945. Studium organizacji, treści, metod i technik masowego oddziaływania [Die Propaganda und Indoktrination des Nationalsozialismus in Deutschland 1919-1945. Organisation, Inhalte, Methoden und Techniken der Massenbeeinflussung], Warszawa 1999, S. 511-577, zum Polenbild des Nationalsozialismus hier S. 574-577.

einen die Bevölkerung erniedrigenden Charakter besaßen. Sie reichten vom Abschneiden der Bärte orthodoxer Juden und dem Absingen von verhöhnenden Liedern bis hin zum Niederbrennen von Synagogen und zu Morden.[7] Insgesamt wird die Zahl der von Wehrmacht, SS und Polizei bis zum Ende der Militärverwaltung am 25. Oktober 1939 Ermordeten auf 12.000-20.000 Personen geschätzt.[8]

Diese Terrorakte hingen teilweise direkt oder indirekt mit den kriegerischen Auseinandersetzungen zusammen und hatten – außer den Luftangriffen – nicht in allen Fällen systematischen Charakter. Sie waren begründet in der vorhergegangenen und parallel laufenden antipolnischen und antijüdischen Hetze. Bald nach dem Abschluss der Kampfhandlungen ging der Terror aus den Reihen der Wehrmacht zurück, zumal sich die Wehrmachtsführung bemühte, ihn einzudämmen.[9] In der deutschen Forschung zum Zweiten Weltkrieg sind diese Gewalttaten – gegenüber den Morden im Krieg gegen die Sowjetunion – wenig behandelt worden, so dass beispielsweise in der Diskussion um die Verbrechen der deutschen Wehrmacht fälschlicherweise der Eindruck entstehen konnte, als habe ein „Vernichtungskrieg" von deutscher Seite erst 1941 begonnen.

Außer diesen Terrorakten sind systematische Morde zu verzeichnen, welche die Einsatzgruppen durchführten und welche in dem neuen Charakter des Krieges gegen Polen begründet waren. Hitler erklärte vor den versammelten Generälen am 22. August 1939:

> „So habe ich, einstweilen nur im Osten, meine Totenkopfverbände [Einsatzgruppen] bereitgestellt mit dem Befehl, unbarmherzig und mitleidlos Mann, Weib und Kind polnischer Abstammung und Sprache in den Tod zu schicken. [...] Seien Sie hart, seien Sie

---

7 CZESŁAW ŁUCZAK, Polityka ludnościowa i ekonomiczna hitlerowskich Niemiec w okupowanej Polsce [Bevölkerungs- und Wirtschaftspolitik NS-Deutschlands im besetzten Polen], Poznań 1979, S. 68-71; ALEXANDER B. ROSSINO, September 1939: The German Army and the Invasion of Poland, Syracuse [Diss. Manuskript] 1999, S. 172-286.

8 SZYMON DATNER, Crimes Committed by the Wehrmacht during the Septeber Campaign and the Period of Military Government, in: Polish Western Affairs 3 (1962), 294-338 (12.000 Ermordete); CZESŁAW MADAJCZYK, Die Okkupationspolitik Nazideutschlands in Polen 1939-1945, Berlin 1987, S. 28 (20.000 Ermordete); RICHARD LUKAS, Zapomniany Holocaust. Polacy pod okupacją niemiecką 1939-1944 [Der vergessene Holocaust. Die Polen unter deutscher Besatzung 1939-1944], Kielce 1995, S. 3 (16.376 Ermordete) (amerik. Originalausgabe: The Forgotten Holocaust: The Poles under German Occupation, 1939-1945, Kentucky 1986).

9 HELMUT KRAUSNICK, Hitlers Einsatzgruppen. Die Truppen des Weltanschauungskrieges 1938-1942, Frankfurt a.M. 1985, S. 77-80.

> schonungslos, handeln Sie schneller und brutaler als die anderen. Die Bürger Westeuropas müssen vor Entsetzen erbeben.“[10]

Die insgesamt sieben Einsatzgruppen, die sich aus Angehörigen des SD, der Polizei und der SS rekrutierten, hatten die Aufgabe, alle „reichs- und deutschfeindlichen Elemente im Feindesland rückwärts der fechtenden Truppe“ zu bekämpfen. Darunter verstanden die Nazis Angehörige polnischer Eliten im weiteren Sinne, d.h. alle politisch und sozialgesellschaftlich aktiven Personen und die Intelligenz, mit einem Wort, die staatstragenden Schichten Polens. Die Namenslisten der Personen, die ermordet werden sollten, hatte man weitgehend vor September 1939 mit Hilfe von in Polen lebenden Deutschen, die über die notwendigen Ortskenntnisse verfügten, zusammengestellt.

Die Juden als ethnische Gruppe waren im Allgemeinen 1939 nicht das erklärte Ziel dieser systematischen Erschießungen, sie galten ja nicht als Führungselite des polnischen Staates, es sei denn, es handelte sich um polonisierte Juden. Wenn im Herbst 1939 Juden ermordet wurden, dann meistens bei pogromartigen Ausschreitungen oder bei sog. „Vergeltungsaktionen“. So tötete beispielsweise am 11. November 1939 die deutsche Polizei in der Stadt Ostrów Mazowiecki in der Nähe von Warschau 355 jüdische Männer, Frauen und Kinder als „Vergeltung“ für einen Brand in der Stadt, für den Juden verantwortlich gemacht wurden. Schätzungen zufolge fielen in ganz Polen bis zur Jahreswende 1939 mindestens 7.000 Juden der deutschen Gewaltherrschaft zum Opfer.[11]

2. Die deutsche Politik in den ins Reich eingegliederten polnischen Gebieten

Der grundsätzliche Beschluss über die Aufteilung des polnischen Territoriums in verschiedene administrative Einheiten fiel in den nationalsozialistischen Planungen im Sommer 1939 im Umfeld des Hitler-Stalin-Paktes. Konkrete Überlegungen auf verschiedenen Ebenen blieben jedoch unkoordiniert. Nach Kriegsbeginn wurde am 8. September die Einrichtung der Militärbezirke für Westpreußen, Posen, Lodz und Krakau sowie der Abschnitte Südostpreußen und Oberschlesien festgelegt, ohne

---

10 Zit. nach JACOBMEYER, Überfall (wie Anm. 4), S. 7f.

11 KRAUSNICK, Hitlers Einsatzgruppen (wie Anm. 9), S. 76; ŁUCZAK, Polityka (wie Anm. 7), S. 90.

dass dies eine präjudizierende Wirkung für die spätere territoriale Aufteilung besessen hätte. In Hitlers Weisung Nr. 4 vom 25.9. war „die endgültige politische Gestaltung des ehemaligen polnischen Gebietes" aus außenpolitischen Erwägungen noch unklar. Grundsätzlich standen sich in den internen Auseinandersetzungen die Anhänger einer Wiederherstellung der deutschen Ostgrenze von 1914 und die Befürworter weitergehender Annexionsforderungen gegenüber, die vor allem wehrwirtschaftlich und geopolitisch begründet wurden. Die Idee eines „polnischen Reststaates" wurde auf deutscher Seite seit Anfang Oktober 1939 nicht weiterverfolgt, womit jede Möglichkeit einer Verständigung mit einem Teil der polnischen Eliten ausgeschlossen wurde.[12] Die Ziele der deutschen Besatzung lagen seitdem in der Verhinderung jeglicher Form polnischer Staatlichkeit.

2.1 Territoriale Aufteilung und politische Richtlinien

Die Entscheidungen zur territorialen Aufteilung vom 8. Oktober beinhalteten die Annexion von 91.974 km² – fast 50% des dem Deutschen Reich zufallenden polnischen Territoriums – mit rund 10 Millionen Einwohnern, die sich zu über 90% nicht als Deutsche fühlten. Dabei wurden vier Verwaltungseinheiten geschaffen, die bis 1945 Bestand hatten und die deutsche Politik gegenüber Polen mit prägten: 1) der Reichsgau Danzig-Westpreußen (21.237 km², 1939 ca. 2,15 Mill. Einwohner), der die bis 1918 preußische Provinz Westpreußen und Teile Großpolens mit Bromberg bzw. die Wojewodschaft Pommerellen von 1938 umfasste, 2) der Reichsgau Wartheland (43.943 km², ca. 4,2 Mill. Einwohner), der den überwiegenden Teil Großpolens und größere zentralpolnische Gebiete mit Kutno, Kalisz und Lodz darstellte, 3) die nach Ostpreußen eingegliederten „südostpreußischen" Gebiete, der sog. „Regierungsbezirk Zichenau" (Ciechanów), ein erheblicher Teil des historischen Masowiens, der (ehemals ostpreußische) Kreis Soldau und das Suwałkigebiet, insgesamt 16.144 km² und 4) die nach Schlesien eingegliederten „ostoberschlesischen" Gebiete (10.578 km², ca. 2,5 Mill. Einwohner), die jedoch nicht nur aus dem bis 1914 deutschen Ostober-

---

12 Detaillierte Darstellung der verschiedenen Etappen der deutschen Militärverwaltung bei HANS UMBREIT, Deutsche Militärverwaltungen 1938/39. Die militärische Besetzung der Tschechoslowakei und Polens, Stuttgart 1977, S. 85-272; zum polnischen Reststaat MARTIN BROSZAT, Nationalsozialistische Polenpolitik 1939-1945. [Stuttgart [1]1961] Frankfurt a.M. 1965, S. 13-18.

schlesien, sondern auch aus weiteren Territorien wie dem Teschener Land, Żywiec (dt. Saybusch) und dem Dąbrowabecken bestanden.

Vom Altreich unterschied sich die Zivilverwaltungsstruktur in den eingegliederten Gebieten vor allem dadurch, dass die Parallelstrukturen von Territorial- und Parteiverwaltung weitgehend aufgehoben wurden. Die beiden „Reichsgaue" verbanden Merkmale einer preußischen Provinz bzw. eines Landes mit denen eines Parteibezirks der NSDAP („Gau"). Das Oberhaupt dieser Einheiten war regionaler Reichsbeamter (Reichsstatthalter) und Parteifunktionär (Gauleiter) zugleich und auch auf niedrigerer Ebene waren Verwaltungs- und Parteiämter wie NSDAP-Kreisleiter und Landrat in einer Hand vereint. Bei der Besetzung kamen fast ausschließlich Parteigenossen zum Zuge, so dass noch stärker als im Altreich NSDAP- und SS-Funktionäre einen direkten Zugriff auf die Zivilbevölkerung besaßen. Sowohl unter den obersten Verwaltungsbeamten (die Reichsstatthalter Albert Forster und Arthur Greiser, Gauleiter Erich Koch) wie auch auf der Landratsebene dominierten durchweg nationalsozialistisch eingestellte Personen. Eine demonstrativ zur Schau getragene Unerbittlichkeit stellte den Schlüssel zur Karriere im Besatzungsregime dar. Lediglich in Ostoberschlesien scheinen unter Oberpräsident Josef Wagner und dessen Stellvertreter Fritz-Dietlof von der Schulenburg bis 1940 auch konservative Kandidaten zum Zuge gekommen zu sein.[13]

Bei den annektierten Territorien handelte es sich um die wirtschaftlich am höchsten entwickelten Gebiete Polens. Im Verlauf der Grenzziehung wurde keinerlei Rücksicht auf historische Grenzen oder die Wohnsitze der deutschen Minderheit genommen.[14] In Zentralpolen wurde die deutsche Grenze um 100-200 km über die Grenzen von 1918 hinaus nach Osten geschoben. Die Annexion eines großen Teils des polnischen Staatsgebiets besaß sowohl wirtschaftliche wie volkstumspolitisch-geopolitische Gründe. In diesen beiden Feldern wurde in den eingegliederten

---

13 Prosopographische Studien zum Beamtenapparat eines Territoriums liegen bisher nur in Einzelfällen vor, vgl. RYSZARD KACZMAREK, Pod rządami gauleiterów. Elity i instancje władzy w rejencji katowickiej w latach 1939-1945 [Unter der Regierung der Gauleiter. Eliten und Regierungsinstanzen im Regierungsbezirk Kattowitz 1939-45], Katowice 1998.

14 Erlaß des Führers über Gliederung und Verwaltung der Ostgebiete vom 8.10.1939; abgedruckt in Documenta Occupationis (s. Literaturhinweise, S. 106f.), Bd. 5, S. 84-88; zu den wirtschaftlichen Kriterien: WERNER RÖHR, Zur Wirtschaftspolitik der deutschen Okkupanten in Polen 1939-1945, in: Krieg und Wirtschaft. Studien zur deutschen Wirtschaftsgeschichte 1939-1945, hrsg. v. DIETRICH EICHHOLTZ, Berlin 1999, S. 221-251, hier S. 223-224 mit Zahlenangaben.

Gebieten eine andere Politik als im Generalgouvernement verfolgt: Wirtschaftlich wurden die wichtigsten Industriegebiete Polens (Ostoberschlesien, Lodz) wie auch die landwirtschaftlich am weitesten entwickelten Regionen (Großpolen) eingegliedert. Die bestehenden Industrieanlagen, insbesondere die Berg- und Stahlwerke Ostoberschlesiens, sollten sofort übernommen, für die deutsche Kriegsführung genutzt und nach Möglichkeit ausgebaut werden. Die landwirtschaftliche Produktion sollte für die Versorgung des Reichs intensiviert und das Arbeitskräftepotential zum Nutzen der deutschen Wirtschaft ausgebeutet werden. Solche Ziele waren mit den Mitteln einer herkömmlichen Besatzungspolitik nicht zu erreichen, da Kriegs- und Völkerrecht Eigentumsveränderungen und einer schrankenlosen Ausbeutung der Zivilbevölkerung einen Riegel vorschoben. Bereits seit den ersten Kriegstagen im September 1939 wurden systematisch die Bestimmungen des Kriegs- und Völkerrechts gebrochen, indem Betriebe jeglicher Art in „wilden Enteignungen" deutschen Eigentümern übertragen wurden.

Noch stärker galt die völlige Missachtung des Kriegs- und Völkerrechts für das zweite Hauptziel der nationalsozialistischen Politik, nämlich deren möglichst rasche und rücksichtslose Germanisierung. Grundsätzlich belegt Hitlers Bemerkung vom 17. Oktober 1939, „harter Volkstumskampf gestattet keine gesetzlichen Bindungen",[15] den sich über rechtliche Normen hinwegsetzenden Charakter der Besatzungspolitik. Seit Herbst 1939 wurde Terror gegen die ortsansässige Bevölkerung als zentrales Mittel der Politikdurchsetzung genutzt (willkürliche Vertreibung und Deportationen, Verhaftungen, Ermordung angeblich antideutsch eingestellter Personen und Teile der polnischen Intelligenz). Administrative Regelungen wurden im Laufe des Jahres 1940 umgesetzt, bildeten jedoch lediglich eine Systematisierung des Terrors.

Strukturell standen die beiden Hauptziele der Besatzungspolitik, wirtschaftliche Ausbeutung und rücksichtslose Germanisierung, in einem Spannungsverhältnis zueinander. Wirtschaftliche Ausbeutung setzte ein Belassen der Bevölkerung an deren Wohnort und eine Mindestversorgung mit Lebensmitteln und sonstigen Gütern voraus, während Germanisierung je nach Radikalität des Ansatzes eine Eindeutschung, Deportation oder Ermordung der nichtdeutschen Bevölkerung forderte. Aus diesem Spannungsverhältnis ist die unterschiedliche Besatzungspolitik in

---

[15] Zit. nach GERHARD EISENBLÄTTER, Grundlinien der Politik des Reiches gegenüber dem Generalgouvernement 1939-1944, [Diss.] Frankfurt a.M. 1969, S. 71.

den einzelnen eingegliederten Territorien zu verstehen; die Umsetzung der Politik konnte zwischen einer völligen Ausgrenzung und Entrechtung der ortsansässigen Bevölkerung wie im Wartheland und einer breiten Eindeutschung und Ausbeutung wie in Ostoberschlesien schwanken.

Wie instrumentell die neu ins Reich eingegliederten Gebiete während des gesamten Zweiten Weltkrieges von deutscher Seite behandelt wurden, belegt die Behandlung der Grenzfrage von deutscher Seite seit dem November 1939: Während die Zoll- und Währungsgrenze an die Ostgrenze der eingegliederten Gebiete verlegt wurde, hielt man die Polizeigrenze an der alten Reichsgrenze aufrecht; die eingegliederten Ostgebiete blieben passrechtlich Ausland und konnten während des gesamten Zweiten Weltkriegs als Experimentierfeld für eine nationalsozialistische Besatzungspolitik dienen.

2.2 Ökonomische Ausbeutung

In den eingegliederten Gebieten waren ca. vier Fünftel der polnischen Industrie angesiedelt. So befand sich im eingegliederten Ostoberschlesien die gesamte polnische Steinkohle- und über 90% der Stahlproduktion.[16] Am 19. Oktober wurde zwecks „Erfassung des Vermögens des polnischen Staates [...] und Privatvermögen polnischer und jüdischer Hand" die Haupttreuhandstelle Ost (HTO) gegründet, die das alleinige Recht erhielt, Beschlagnahmen und Enteignungen polnischen Vermögens jeglicher Art durchzuführen.[17] Die HTO übernahm mit der Verordnung vom 15.1.1940 das gesamte Staatsvermögen, Enteignungen des Vermögens polnischer Staatsbürger wurden mit der „Polenvermögensordnung" vom 17.9.1940 problemlos umsetzbar.

In ihrer Aufgabenstellung und Struktur war die HTO eine neue Form wirtschaftlicher Lenkung, welche die Erfassung, Verteilung und Ausnutzung des polnischen Eigentums steuerte. Zweigstellen in Danzig, Posen, Kattowitz und Ciechanów/Zichenau lenkten die Arbeit in den jeweiligen eingegliederten Gebieten. Dabei erreichte die Tätigkeit der Beschlagnahme und Umverteilung gigantische Ausmaße: Bis Ende 1941 hatte die HTO 214.000 Immobilien, 38.000 Industrieobjekte sowie Wertpapiere beschlagnahmen lassen, Ende Februar 1942 waren in der Landwirtschaft

---

16 Zahlen nach RÖHR, Zur Wirtschaftspolitik (wie Anm. 14).

17 Gründungserlaß abgedruckt in: Die faschistische Okkupationspolitik in Polen 1939-1945, hrsg. v. WERNER RÖHR, Berlin 1989 (Europa unterm Hakenkreuz, 2), S. 132-133. Eine Monographie zur HTO bildet ein Desiderat.

897.000 Wirtschaften mit einer Gesamtfläche von 8,1 Mill. ha enteignet worden.[18] Nutznießer bzw. Begünstigte dieser Enteignungen waren deutsche Unternehmen, reichsdeutsche Neusiedler, volksdeutsche Aktivisten wie auch – oft ohne eigenes Dazutun – die volksdeutschen Umsiedler, die aus dem Baltikum oder aus Osteuropa in den ins Reich eingegliederten Gebieten angesiedelt wurden.

Besonderes Gewicht für die Wirtschaftspolitik des Deutschen Reiches besaß Ostoberschlesien, wo der Bergbau und die Metall verarbeitende Industrie Polens konzentriert waren. Im Verlaufe des Krieges wurde nach der Eingliederung in deutsche Konzerne (Hermann-Göring-Werke, Preussag) die Produktion deutlich gesteigert: 1940 wurden in Oberschlesien 36,5% der Steinkohleproduktion des Deutschen Reichs erzielt, 1943/44 übertraf das ostoberschlesische Revier deutlich die Kohleproduktion des Ruhrgebiets. Erzielt wurden diese Ergebnisse durch eine extensive Ausbeutung der Arbeiter und massiven Einsatz von Zwangsarbeitern und sowjetischen Kriegsgefangenen unter schwierigsten Lebensbedingungen in den Industriebetrieben und Zechen.[19]

Dagegen besaß die NS-Wirtschaftspolitik an Handwerk und Handel wenig Interesse, da die Versorgung der polnischen Bevölkerung drastisch reduziert werden sollte. Durch die Ausgrenzung und Vernichtung der jüdischen Betriebe 1939/40 wurde insbesondere im Reichsgau Wartheland und in Südostpreußen ein erheblicher Teil der Betriebe geschlossen; an ihre Stelle traten wenige Betriebe in der Hand deutscher Inhaber, wobei Einzelhandelsgeschäfte mit der Kennzeichnung „Nur für Deutsche“ für die polnische Bevölkerung nicht zugänglich waren. Insgesamt wurden ca. 75% der Handwerksbetriebe und Einzelhandelsgeschäfte geschlossen, so dass die ortsansässige polnische Bevölkerung auf Selbstversorgung und Tauschhandel angewiesen war.

---

18 Zahlen nach RÖHR, Zur Wirtschaftspolitik (wie Anm. 14), S. 235.

19 ALFRED SULIK, Przemysł ciężki rejencji katowickiej w gospodarce Trzeciej Rzeszy (1939-1945) [Die Schwerindustrie des Regierungsbezirks Kattowitz in der Wirtschaft des Dritten Reichs], Katowice 1984; Fallstudie zur oberschlesischen Großchemie: KARL HEINZ ROTH, IG Auschwitz. Normalität oder Anomalie eines kapitalistischen Entwicklungssprungs, in: 1999. Zeitschrift für Sozialgeschichte des 20. und 21. Jahrhunderts 4 (1989), S. 11-28 – Der Einsatz von Zwangsarbeitern in Ostoberschlesien ist wenig erforscht, grundlegend ALFRED SUŁIK, Volkstumspolitik und Arbeitseinsatz. Zwangsarbeiter in der Großindustrie Oberschlesiens, in: Europa und der „Reichseinsatz“. Ausländische Zivilarbeiter, Kriegsgefangene und KZ-Häftlinge in Deutschland 1938-1945, hrsg. v. ULRICH HERBERT, Essen 1991, S. 106-126.

Die zweite Säule der NS-Wirtschaftspolitik bestand in einer intensiven Ausbeutung der Landwirtschaft, da aus den eingegliederten Gebieten die Versorgung der deutschen Bevölkerung im Westen aufrechterhalten werden sollte. Eine drastische Politik wurde in dieser Hinsicht im Wartheland praktiziert, da Großpolen als Agrarüberschussgebiet galt: Die vorhandenen agrarischen Großbetriebe wurden durchweg an NS-Eliten und hohe Offiziere vergeben, die mittelbäuerlichen Betriebe erhielten volksdeutsche Umsiedler und auf den schlechtesten Böden in sog. „Polenreservaten" wurde die polnische Landbevölkerung konzentriert. In Danzig-Westpreußen und Südostpreußen erfolgte die Abschöpfung der Agrarproduktion in erster Linie durch vorgeschriebene Ablieferungen landwirtschaftlicher Produkte; diese mildere Form der Ausbeutung gab der polnischen Bevölkerung größere Spielräume zur Sicherung der eigenen Existenz. Die Politik der Ausbeutung und des Hungers gegenüber der ortsansässigen Bevölkerung erwies sich als durchaus erfolgreich: 1942/43 erbrachte allein das Wartheland drei Mill. t Getreide (13% des Solls für das Deutsche Reich) und 30% der Zuckerproduktion.[20] Die Ausbeutung der polnischen Landbevölkerung trug in erheblichem Maße dazu bei, dass im Deutschen Reich bis 1945 die Lebensmittelversorgung gesichert blieb, während die Völker im besetzten Ostmittel- und Osteuropa für die Deutschen hungerten.

Einen zentralen Bereich der wirtschaftlichen Ausbeutung bildeten schließlich die Zwangsaushebungen und Deportationen von Männern, Frauen und ganzen Familien zur Zwangsarbeit ins Deutsche Reich. Nach Schätzungen wurden ca. 730.000 Zwangsarbeiter aus den eingegliederten Gebieten – bei insgesamt 2,82 Mill. aus allen polnischen Territorien – d.h. über 7% der polnischen und ca. 15% der arbeitsfähigen Bevölkerung zur Zwangsarbeit herangezogen. Dabei gestaltete sich die Intensität der Deportationen in den einzelnen Territorien unterschiedlich: So wurden aus dem Wartheland 12,2% der Bevölkerung deportiert, da hier die deutsche Verwaltung die „überflüssige" polnische Bevölkerung loswerden wollte. Aus Südostpreußen wurden Zwangsarbeiter insbesondere zur Arbeit auf ostpreußische Bauernhöfe verschickt.[21] Dagegen lag der Anteil der deportierten Polen in Ostoberschlesien und Danzig-Westpreußen bei

---

[20] Zahlen nach RÖHR, Zur Wirtschaftspolitik (wie Anm. 14), S. 243.

[21] BOHDAN KOZIEŁŁO-POKLEWSKI, Zagraniczni robotnicy przymusowi w Prusach Wschodnich w latach II wojny światowej [Ausländische Zwangsarbeiter in Ostpreußen im Zweiten Weltkrieg], Warszawa 1977.

nur 3,5%, da der Eigenbedarf an Arbeitern sehr hoch bzw. ein großer Teil der Bevölkerung in die „Deutsche Volksliste" aufgenommen worden war (vgl. *2. 4 „Ethnische Säuberung": Bevölkerungsverschiebungen und Deportationen*).[22]

2.3 Terror und Völkermord

Mit dem Einmarsch der deutschen Wehrmacht im September 1939 setzte eine Kette von Gewalttaten und Terrorakten an der Zivilbevölkerung ein, für die Einheiten von SS und Einsatzgruppen, einige Einheiten der Wehrmacht, Gruppen der deutschen Minderheit, die als Hilfspolizei in „Selbstschutzverbänden" unter SS-Anleitung organisiert wurden, und die neu eingesetzte NS-Verwaltung vor Ort verantwortlich waren. Willkürliche Erschießungen und öffentliche Hinrichtungen von Geiseln zeigten der Bevölkerung, dass es sich um keine Besetzung traditionellen Typs handelte, sondern ein ideologisch geführter Vernichtungskrieg bevorstand.

In den eingegliederten Gebieten können einzelne Wellen des Terrors unterschieden werden, wobei Abweichungen beim Grad der Brutalität und im Zeitpunkt der Maßnahmen zu verzeichnen sind. Besonders verlustreich für die Zivilbevölkerung gestaltete sich die Terrorwelle in Danzig-Westpreußen, wo Kommandos der Sicherheitspolizei, der Danziger NSDAP und des „Selbstschutzes" Jagd auf angebliche „Deutschenfeinde", Angehörige der polnischen Intelligenz und Juden machten.[23] Allein bei Bromberg führten Standgerichte ca. 5.000 Hinrichtungen als Rache für propagandistisch ausgenutzte Ausschreitungen gegen Deutsche Anfang September 1939 (sog. „Bromberger Blutsonntag") durch und in der ganzen Region mordeten Standgerichte und Erschießungskommmandos. Razzien, willkürliche Einweisungen in Lager aufgrund „schwarzer Listen", Prügelstrafen und Misshandlungen sollten die Bevölkerung weiter einschüchtern.

---

22 Überblicksdarstellung in deutscher Sprache mit polnischer Literatur: CZESŁAW ŁUCZAK, Polnische Arbeiter im nationalsozialistischen Deutschland während des Zweiten Weltkrieges, in: Europa und der Reichseinsatz (wie Anm. 19), S. 90-105.

23 Überblick mit Schwerpunkt auf Danzig-Westpreußen bei CHRISTIAN JANSEN/ARNO WECKBECKER, Der „Volksdeutsche Selbstschutz" in Polen 1939/40, München 1992 (Schriftenreihe der Vierteljahrshefte für Zeitgeschichte, 64) sowie DIETER SCHENK, Hitlers Mann in Danzig. Gauleiter Forster und die NS-Verbrechen in Danzig-Westpreußen, Bonn 2000, S. 145-170. Dort S. 150 Abdruck einer handschriftlichen Aufzeichnung Forsters vom Herbst 1939: „Juden und Pollaken raus; Widerstand brutal brechen; ab 1. Januar alle Todesurteile durch meine Hand".

In Ostoberschlesien wurden im September und Oktober 1939 insbesondere die Mitglieder der schlesischen Aufstandsverbände und politischer und gesellschaftlicher Eliten verhaftet und ohne Gerichtsverfahren exekutiert.[24] Im Wartheland erfolgten im Rahmen einer als „politische Flurbereinigung" oder „Intelligenzaktion" bezeichneten Terrorwelle im Oktober und November 1939 zahlreiche Festnahmen und öffentliche Exekutionen. In Südostpreußen, wo eine deutsche Minderheit fast völlig fehlte und die Verwaltungsstrukturen erst allmählich aufgebaut wurden, fand eine Terrorwelle gegen Angehörige der polnischen Intelligenz im April/Mai 1940 statt.

Im Umfeld dieser ersten Terrorwelle erfolgten in Danzig-Westpreußen und im Wartheland Mordaktionen an geistig und körperlich Behinderten, in denen die deutsche Besatzungsmacht nur „überflüssige Esser" sah. So wurden in Massenhinrichtungen die Insassen der psychiatrischen Krankenhäuser von Conradstein (Kocborowo, 22.9.-8.12.1939, ca. 1.750 Tote) und Schwetz ermordet. Weitere Morde fanden in anderen pommerellischen Krankenhäusern statt.[25] Im Wartheland wurden in Owinsk (Owińska) vom 15.10. bis zum 20.12. ca. 1.000, in Dziekanka b. Gnesen über 1.000 Insassen getötet. Neuere Forschungen haben ergeben, dass insgesamt über 7.700 Menschen bereits zwischen September 1939 und Frühjahr 1940 im Rahmen dieser „Euthanasie"-Morde erschossen oder durch Gas ermordet wurden.[26]

Die Bilanz bereits der ersten Monate deutscher Besatzung spricht für sich: Allein für Danzig-Westpreußen gehen Forschungen für den Zeitraum September-Dezember 1939 von über 50.000 Ermordeten aus.[27] Im

---

24 ALFRED KONIECZNY, W sprawie policyjnych grup operacyjnych Streckenbacha i von Woyrscha na Górnym Śląsku we wrześniu i październiku 1939 [In der Angelegenheit der polizeilichen Operationsgruppen Streckenbach und von Woyrsch in Oberschlesien im September und Oktober 1939], in: Studia Śląskie 10 (1966), S. 225-270.

25 BARBARA BOJARSKA, Eksterminacja inteligencji polskiej na Pomorzu Gdańskim (wrzesień – grudzień 1939) [Die Ausrottung der polnischen Intelligenz in Pommerellen (September – Dezember 1939], Poznań 1972 (Badania nad okupacją niemiecką w Polsce,12), S. 71, S. 119-122; VOLKER RIESS, Die Anfänge der Vernichtung „lebensunwerten Lebens" in den Reichsgauen Danzig-Westpreußen und Wartheland 1939/40, Frankfurt a.M. 1995, S. 29-53, 119-242 mit detaillierten Angaben zu weiteren Orten. In Schwetz schwanken die Zahlenangaben über die Opfer zwischen 600 und 1.350 Menschen.

26 Ebd., S. 355.

27 BOJARSKA, Eksterminacja (wie Anm. 25), S. 121/122 spricht auf der Basis von polnischen Untersuchungen von mindestens 20.000-30.000 Opfern bis Dezember 1939; die von der Zentralen Stelle der Justizverwaltungen in Ludwigsburg erstellte Statistik über NS-Verbrechen im Reichsgau Danzig-Westpreußen beziffert 52.794-60.750 Opfer (mit wenigen Ausnahmen im ersten halben Jahr der deutschen Besatzung), abgedruckt bei SCHENK, Hitlers

Wartheland wurden bis zum 26.10. ca. 10.000 Ermordete[28] registriert, während in Ostoberschlesien in 58 Massenexekutionen mehr als 1.500 Menschen hingerichtet wurden.[29] Betroffen waren neben den bereits erwähnten „Euthanasie"-Opfern insbesondere zwei Gruppen: Juden und die polnischen Eliten einschließlich Geistlichkeit und Adel. Zwei Beispiele können dieses verdeutlichen: In Bromberg wurde die Mehrheit der jüdischen Gemeinde bereits im Herbst 1939 ermordet und die verbliebenen Menschen ins Generalgouvernement deportiert. Die Verwaltung Danzig-Westpreußens verkündete mit Stolz, ihre Provinz als erste „judenfrei" gemacht zu haben. Von 634 katholischen Priestern in der Diözese Kulm wurde mehr als die Hälfte im Herbst 1939 ermordet.[30]

Auch über die Täter liegen genauere Kenntnisse vor: Die relativ geringe Zahl der Morde in der ersten Septemberhälfte und das Einsetzen der Terrorwelle ab Mitte September 1939 spricht dafür, dass die durch ethnische Konflikte bedingten Gewalttaten nur eine geringere Rolle spielten.[31] Größere Bedeutung besaß die Anstiftung und Aufhetzung durch reichsdeutsche SS-Führer und Sicherheitspolizei, denen dann allerdings von manchen Volksdeutschen bereitwillig gefolgt wurde. Bei der Aufhetzung spielte die Presse eine Rolle, wie das folgende Beispiel aus dem „Ostdeutschen Beobachter" aus Posen zeigt:

> „Jetzt bekommen [die Volksdeutschen] eine schlichte weiße Armbinde mit dem Wort ‚Selbstschutz' darauf, sie bekommen ein Gewehr in die Hand, Patronen dazu in die Tasche und schon beginnen sie, sich aufzurichten und sich als die deutschen Herren des Landes zu fühlen. [...] Sie wissen, sie sind der verlängerte Arm der deutschen Polizei. Der Pole muß niedergehalten werden."[32]

Mann (wie Anm. 23), S. 293-295.

28 CZESŁAW ŁUCZAK, Pod niemieckim jarzmem (Kraj Warty 1939-1945) [Unter dem deutschen Joch (Wartheland 1939-1945)], Poznań 1996, S. 16-19.

29 IRENA SROKA, Górny Śląsk i Zagłebie Dąbroweckie pod okupacyjnym zarządem wojskowym [Oberschlesien und das Dąbrowagebiet unter der Militärverwaltung der Besatzung], Katowice 1975, S. 198; PAWEŁ DUBIEL, Wrzesień na Śląsku [Der September (1939 - Anm. d. Red.) in Schlesien]. Katowice 1963.

30 JANSEN/WECKBECKER, Der „volksdeutsche Selbstschutz" (wie Anm. 23), S. 155.

31 Dies zeigt in einer Fallstudie MATHIAS NIENDORF, Minderheiten an der Grenze. Deutsche und Polen in den Kreisen Flatow (Złotów) und Zempelburg (Sępolno Krajeńskie) 1900-1939, Wiesbaden 1997 (Deutsches Historisches Institut Warschau, Quellen und Studien, 6); ders., „So ein Hass war nicht". Zeitzeugenbefragung zum deutsch-polnischen Grenzgebiet der Zwischenkriegszeit, in: Bios 10 (1997), S. 17-33.

32 Ostdeutscher Beobachter vom 30.1.1940, zit. nach JANSEN/WECKBECKER, Der „Volksdeutsche Selbstschutz" (wie Anm. 23), S. 70.

Im volksdeutschen „Selbstschutz“, der in Danzig-Westpreußen und im Wartheland für zahlreiche Morde verantwortlich war, waren regional unterschiedlich 80% (Danzig-Westpreußen), 65% (westliches Wartheland) oder 5% (Lodz) der wehrfähigen männlichen Angehörigen der Minderheit organisiert. Die Mitgliedschaft in einer Organisation, die Massenerschießungen ausführte bzw. daran Anteil (Gefangenentransporte, Gefängnisaufsicht, Absperrdienste, Denunziationen) hatte, zerstörte bereits im Herbst 1939 das deutsch-polnisch-jüdische Zusammenleben unwiderruflich.

Nach dieser Terrorwelle richtete sich die deutsche Besatzungspolitik im Winter 1939/40 vor allem gegen die jüdische Bevölkerung, die als „Erbfeind“ und wichtigstes Hindernis für die Eindeutschung der Gebiete angesehen wurde. Seit dem 26.11.1939 bestand im Wartheland eine Kennzeichnungspflicht für alle Juden, die als Vorbild für den später reichsweit eingeführten „gelben Stern“ diente. Das Wartheland spielte in der Judenpolitik eine Vorreiterrolle, da in den östlichen Kreisen der jüdische Bevölkerungsanteil besonders hoch war (über 400.000 Menschen, in den östlichen Kreisen bis zu 20% der Bevölkerung) und andererseits die deutsche Zivilverwaltung alles daran setzte, die Region zu einem NS-Mustergau zu machen.[33]

Die jüdische Bevölkerung wurde seit Ende 1939 unter erniedrigenden Umständen in nur für Juden vorgesehene Arbeitslager und in Kleingettos (insgesamt mindestens 173 im Wartheland) konzentriert. In den Lagern und Gettos leistete sie Zwangsarbeit für deutsche Betriebe und die Zivilverwaltung. Die Unterbringungs- und Ernährungsbedingungen sowie die Behandlung durch die deutschen Wachmannschaften gestalteten sich so katastrophal, dass Schätzungen von Zehntausenden jüdischer Opfer allein in den Lagern im Wartheland ausgehen.[34] Seit 1940 wurde die jüdische Bevölkerung in größeren Gettos in einigen Städten, insbesondere in Lodz (das dortige Getto bestand fast 4 ½ Jahre vom April 1940 bis zum Sommer 1944) konzentriert. Da einerseits die Gettos immer stärker überfüllt wurden, Abschiebungen in das Generalgouvernement seit März 1941 nicht mehr möglich waren und andererseits SS und Zivilverwaltung ihren Ehrgeiz daran setzten, die Region möglichst schnell „judenfrei“ zu machen, entstanden im Wartheland 1941 Konzepte zum Völkermord an den

---

33 IAN KERSHAW, Improvised genocide? The emergence of the „final solution“ in the „Warthegau“, in: Transactions of the Royal Historical Society 2 (1992), S. 51-78.

34 ŁUCZAK, Pod niemieckim (wie Anm. 28), S. 41-51.

noch in der Region lebenden Juden. In der zweiten Jahreshälfte führten SS- und Polizeieinheiten Massenerschießungen durch, seit Sommer 1941 liefen die Planungen für das 70 km westlich von Lodz gelegene Vernichtungslager Kulmhof (Chełmno), in dem ab dem 8.12.1941 bis zum März 1943 Juden sowie 5.000 Sinti und Roma in LKWs mit Autoabgasen ermordet wurden. Insgesamt wurden in Kulmhof ca. 250.000 Menschen, vor allem die jüdische Bevölkerung aus dem Wartheland, ermordet.[35] Im Reichsgau Wartheland wurden während der NS-Besatzung 1939-45 ca. 380.000 Juden ermordet (bei insgesamt ca. 460.000 Toten in der Region).

In den anderen eingegliederten Gebieten fanden Judenverfolgung und -mord in abweichender Weise statt. Im Suwałkigebiet wurde die jüdische Bevölkerung im Oktober/November 1939 nach Litauen und ins Generalgouvernement deportiert. In Südostpreußen und in Ostoberschlesien richtete die deutsche Verwaltung ab Ende 1939 Gettos ein. Die dort zusammengepferchten Juden wurden 1942/43 in den Vernichtungslagern im Generalgouvernement ermordet.[36]

Der Völkermord an den Juden muss auch im Kontext des deutsch-polnischen Verhältnisses berücksichtigt werden, denn in den eingegliederten Gebieten fand die brutale Enteignung, Ausgrenzung, Verfolgung und Ermordung der Juden vor den Augen der deutschen und polnischen Zivilbevölkerung statt. Die Konsequenzen für das alltägliche Zusammenleben können nur thesenhaft nachgezeichnet werden: Die Vernichtung einer ganzen Bevölkerungsgruppe mit Männern, Frauen und Kindern bewirkte eine Brutalisierung der Täter, zu der als mittelbare Zuarbeiter, Profiteure und Mitwisser die Masse der in der Region lebenden Deutschen zählten, wie auch eine Abstumpfung der Mehrheit der polnischen Bevölkerung, welche die Vernichtung der jüdischen Nachbarn sah, ohne etwas dagegen unternehmen zu können. Schließlich herrschte in der ebenfalls verfolgten und in ihrer Existenz bedrohten polnische Bevölke-

---

35 Die Geschichte des Vernichtungslagers wurde erst in den letzten Jahren u.a. durch archäologische Ausgrabungen näher erforscht, vgl. JANUSZ GULCZYŃSKI, Obóz śmierci w Chełmnie nad Nerem [Das Todeslager in Kulmhof], Konin 1991; Mówią świadkowie Chełmna [Die Zeugen von Kulmhof sprechen], hrsg. v. SHMUEL KRAKOWSKI, Konin / Łódź 1996; Dokumentation mit Aussagen von den an der Ermordung beteiligten Wachmännern und Zeugen vor Ort in: Nationalsozialistische Massentötungen durch Giftgas. Eine Dokumentation, Frankfurt a.M. 1983, S. 110-145; Niemiecki nadleśniczy o zagładzie żydów w Chełmnie nad Nerem [Ein deutscher Forstbeamter über die Judenvernichtung in Kulmhof], in: Przegląd Zachodni (1962), H. 3, S. 85-105 (wenig bekannter Bericht).

36 Regionalstudie zur Judenpolitik im Regierungsbezirk Zichenau: MICHAŁ GRYNBERG, Żydzi w Rejencji Ciechanowskiej 1939-1942, Warszawa 1984.

rung die Überzeugung vor, nach der Vernichtung der Juden käme die Reihe an sie.

Zu solchen Vermutungen hatte diese allen Anlass, denn parallel zum Mord an den Juden liefen die Verfolgung und Vernichtung insbesondere der polnischen Eliten weiter. Im Wartheland und in Südostpreußen wurden im April und Mai 1940 verdächtige Polen verhaftet und in KZs eingeliefert. Allein im Wartheland waren davon ca. 5.000 Personen betroffen, die mehrheitlich in den Lagern umkamen.[37] In Ostoberschlesien betraf diese Verhaftungswelle insbesondere polnische Geistliche. Öffentliche Geiselerschießungen als Vergeltungsmaßnahmen und Todesurteile auch bei geringen Vergehen hielten die Bevölkerung in Atem.[38] Solche Terrormaßnahmen wurden durch eine Sondergerichtsbarkeit („Polenstrafrecht“ seit dem 6.6.1940) und die „Verordnung über die Strafrechtspflege gegen Polen und Juden in den eingegliederten Ostgebieten“ vom 4.12.1941[39] als geltendes Recht anerkannt. Die Gerichtsurteile wurden in der Presse abgedruckt, wobei in zahlreichen Fällen eine Anzeige bzw. Denunziation durch Deutsche zum Auslöser des Verfahrens wurde.[40]

Diese Atmosphäre der Bedrohung verschärfte sich erneut mit dem sowjetischen Vormarsch im Sommer 1944, als die deutsche Verwaltung auf den wachsenden Widerstand mit Standgerichten und Lynchjustiz reagierte. Kurz vor dem Einmarsch der sowjetischen Truppen wurden die in den Lagern einsitzenden Gefangenen teilweise ermordet: So wurden in Radogoszcz bei Lodz am 17./18. Januar 1945 über 900 Insassen des dortigen Gefängnisses hingerichtet.[41] Andere Lager wurden in „Todesmärschen“ evakuiert, bei denen ein großer Teil der Häftlinge umkam.[42]

---

37 ŁUCZAK, Pod niemieckim (wie Anm. 28), S. 38/39.

38 Documenta Occupationis (s. Literaturhinweise, S. 106f.), Bd. 13, S. 2-3, S. 24/25 (Gostyń/Gąbin, 15.6.1941) u. öfter.

39 Abdruck: Documenta Occupationis (s. Literaturhinweise, S. 106f.) Bd. 5, S. 336-339; Fallstudie: ELISABETH KINDER, Das „Stammlager Sosnowitz“. Eine Fallstudie zum Strafvollzug nach dem „Polenstrafrecht“, in: Aus der Arbeit der Archive. Beiträge zum Archivwesen, zur Quellenkunde und zur Geschichte. Festschrift für Hanns Booms, hrsg. v. FRIEDRICH P. KAHLENBERG, Boppard 1989 (Schriften des Bundesarchivs, 36), S. 603-623.

40 Documenta Occupationis (s. Literaturhinweise, S. 106f.), Bd. 5, S. 351-413.

41 ANTONI GALIŃSKI, Zbrodnicza likwidacja więżenia w Radogoszczu 17-18 I 1945 r. [Die verbrecherische Auflösung des Gefängnisses in Radogoszcz], in: Biuletyn Głownej Komisji, (1989), H. 1, S. 64-70.

42 Im Regierungsbezirk Zichenau z.B. bei der Evakuierung des Lagers in Soldau, vgl. ALEKSANDER DRWĘCKI/RYSZARD JUSZKIEWICZ: Zbrodnie hitlerowskie w powiecie przasnyskim w latach 1939-1945 [Die NS-Verbrechen im Kreis Przasnysz 1939-1945], in: Eksterminacja

2.4 „Ethnische Säuberung": Bevölkerungsverschiebungen und Deportationen

Eine zentrale Erfahrung der Bevölkerung der ins Reich eingegliederten Gebiete bildete die dauernde Bedrohung durch Umsiedlungen und Vertreibungen. Da diese Gebiete ausschließlich als „Heimstätte für Deutsche" vorgesehen waren, war die gesamte nichtdeutsche Bevölkerung von der Aussiedlung bedroht. In der Umsetzung der Bevölkerungspolitik verbinden sich Germanisierung, Judenmord und Bevölkerungsverschiebungen, wobei an dieser Stelle die regionale Perspektive gewahrt werden soll und nur die Umsetzung der Bevölkerungsverschiebungen in den einzelnen eingegliederten Gebieten skizziert werden kann.[43]

Bereits im Zuge der ersten NS-Maßnahmen im Herbst 1939 kam es zu wilden Austreibungen insbesondere in Danzig-Westpreußen. Ausgesiedelt wurden vor allem polnische Zuwanderer aus der Zwischenkriegszeit. Die erste „planmäßige" Massendeportation fand in der ersten Dezemberhälfte 1939 im Wartheland statt: Innerhalb von 17 Tagen wurden 87.838 Polen und Juden ins Generalgouvernement ausgesiedelt. In den Anweisungen über mitzunehmende persönliche Habe hieß es:

> „Pro Pole ein Koffer mit Ausrüstungsstücken (kein sperrendes Gut), vollständige Bekleidung, pro Pole eine Decke (keine Betten), Verpflegung für 14 Tage [...] Es können pro Person 20 Złoty mit in das Generalgouvernement genommen werden."[44]

In der Realität fanden wilde Austreibungen statt, ganze Straßenzüge und Dörfer wurden von Polizeieinheiten umstellt und die Bevölkerung musste binnen einer Stunde ihre Wohnungen räumen.

Im Wartheland liefen diese Aussiedlungen 1940 in Abhängigkeit von den Transportkapazitäten der Reichsbahn weiter, um Platz für deutsche Umsiedler zu schaffen. Im Herbst 1940 kamen Vertreibungen aus anderen Territorien hinzu: In Ostoberschlesien wurden vom 23.9. bis zum 14.12.1940 im Rahmen der sog. „Saybusch-Aktion" 17.413 Polen depor-

---

ludności polskiej w okresie okupacji hitlerowskiej: wyniki badań ośrodków terenowych [Ausrottung der polnischen Bevölkerung unter der NS-Besatzung: Ergebnisse der regionalen Forschungszentren]. Warszawa 1979, S. 5-63, hier S. 17-22. Eine Einführung mit Verweisen auf die umfangreiche polnische Literatur liefert DANIEL BLATMAN, Die Todesmärsche – Entscheidungsträger, Mörder und Opfer, in: Die nationalsozialistischen Konzentrationslager – Entwicklung und Struktur, hrsg. v. ULRICH HERBERT, KARIN ORTH u. CHRISTOPH DIECKMANN, Göttingen 1998, Bd. 2, S. 1063-1092.

43 Übersicht über Basisliteratur im Anhang; vgl. auch den Beitrag von MICHAEL G. ESCH in diesem Band, S. 189-213.

44 Zit. nach BROSZAT, Nationalsozialistische Polenpolitik (wie Anm. 12), S. 94.

tiert.[45] Im Regierungsbezirk Zichenau fanden erste Umsiedlungen im November und Dezember 1940 innerhalb des Regierungsbezirks statt; an Stelle der 36.900 „verdrängten“ Polen wurden 7.460 Volksdeutsche angesiedelt. Hinter dem beschönigenden Terminus der „Verdrängung“ verbarg sich eine Vertreibung aus Häusern und Wohnungen, wobei die Betroffenen ohne Unterstützung auf die Straße gesetzt wurden.

Insgesamt wurden bis zum 15.3.1941, als es der Verwaltung des Generalgouvernements und der Wehrmacht angesichts fehlender Unterbringungsmöglichkeiten und Transportkapazitäten gelang, die Vertreibungen vorläufig zu stoppen, mindestens 365.000 Einwohner der eingegliederten Gebiete ins Generalgouvernement deportiert. Dort fanden die Vertriebenen zumeist keine Versorgung vor, so dass viele zur Zwangsarbeit ins Reich verbracht wurden oder unter katastrophalen Bedingungen lebten. Da ab dem Frühjahr 1941 Abschiebungen nach Osten nicht mehr möglich waren, wandte die deutsche Zivilverwaltung nun andere Methoden an: Polnische Bauern wurden enteignet und verblieben als Landarbeiter auf ihrem ehemaligen eigenen Hof oder in der Nachbarschaft. Teilweise wurden sie auch in Regionen mit schlechteren Böden ausgesiedelt, die als „fremdvölkische Reservate“ noch eine begrenzte Zeit bestehen sollten, bzw. wurden in Wohnungen eingewiesen, in der zuvor die jüdische Bevölkerung gelebt hatte. Deutsche wurden als „Treuhänder“ für die enteigneten Immobilien eingesetzt, wobei diese erhebliche Spielräume besaßen: Sie konnten die enteignete polnische Bevölkerung auf deren ehemaligen Gütern belassen oder für deren rasche Deportation sorgen.

Im Wartheland wurden zwischen dem 1.4.1941 und dem 31.12.1943 ca. 280.000 Menschen innerhalb des Warthegaus umgesiedelt und 180.000 zur Zwangsarbeit ins Reich verschickt. Teilweise wurden die enteigneten Polen in Industriegebieten auch in Arbeitslager oder „Polenlager“ eingewiesen: Bis 1942 wurden in Ostoberschlesien 21 Lager errichtet, wo 9.000 Polen geschlossen Zwangsarbeit leisten mussten. Zahlen über Lagerinsassen liegen zum Wartheland vor, wo in Polizeigefängnissen, Arbeitserziehungs- und Jugendverwahrlagern 50.000 Personen bei niedrigsten Lebensmittelrationen festgehalten wurden.

---

45 ALFRED KONIECZNY, Wysiedlenia ludności polskiej powiatu żywieckiego w 1940 r. (Saybusch-Aktion) [Die Aussiedlung der polnischen Bevölkerung des Kreises Żywiec 1940], in: Studia Śląskie 20 (1971), S. 231-249.

Insgesamt sah die Umsetzung der Bevölkerungsverschiebungen in den eingegliederten Gebieten typologisch sehr unterschiedlich aus. Als ein Extremfall kann das Wartheland gelten, wo 1939-1945 von den Aussiedlungen, Lagereinweisungen, Deportationen und „Verdrängungen" über 50% der Bevölkerung betroffen waren. Am wenigsten von den Bevölkerungsverschiebungen berührt war Südostpreußen, wo infolge der kleinbäuerlichen Struktur und der schlechten Böden nur wenige Deutsche angesiedelt wurden und Deportationen vor allem zur Zwangsarbeit nach Ostpreußen erfolgten. Weniger stark war auch die Bevölkerung des ostoberschlesischen Industriegebiets von den Aussiedlungen betroffen, da diese als Arbeitskräfte in der Schwerindustrie benötigt wurde. Eine Mittelstellung nimmt Danzig-Westpreußen ein, wo nach der ersten Ausweisungswelle die verbliebene Bevölkerung zwangsweise eingedeutscht wurde.

2.5 Germanisierung der polnischen Bevölkerung

Unter „Germanisierung" wird die durch Zwangsmaßnahmen begleitete und oft von materiellen Vorteilen unterstützte Eindeutschung eines erheblichen Teils der polnischen Bevölkerung verstanden. Dieser Prozess verlief in einer Grauzone zwischen Freiwilligkeit, Opportunismus und massivem Druck von Seiten der deutschen Verwaltung mit deutlichen regionalen Abweichungen und entzieht sich einer Schwarz-Weiß-Darstellung, da die individuelle Situation der Betroffenen berücksichtigt werden muss. Grundsätzlich nötigte die nationalsozialistische Bevölkerungspolitik allen Bewohnern der eingegliederten Gebiete ein ethnisches Bekenntnis ab, womit besonders die Angehörigen gemischter Familien und ein größerer Personenkreis, der sowohl Bezüge zur deutschen wie zur polnischen Kultur aufwies, unter Druck gesetzt wurden. Bei den Selektionskriterien für die Germanisierung wurden „rassische" mit psychologischen, sozialen, politischen und wirtschaftlichen Kriterien verbunden. Da dieses Kriterienbündel äußerst unscharf war, verfolgten die Regionalverwaltungen je nach Situation in den eingegliederten Gebieten und Tagesbedürfnissen eine unterschiedliche Politik. Ausgeschlossen blieb nur die jüdische Bevölkerung, die allein nach rassischen Kriterien eingestuft wurde.

Die NS-Ideologie einer „rassisch minderwertigen" polnischen Bevölkerung, in der lediglich „hochwertige" deutsche Bevölkerungsreste aufgegangen seien, schlug in einigen Feldern konkret auf das Handeln der Besatzungsbehörden durch. So wurden aufgrund von Untersuchungen als „rassisch wertvoll“ angesehene polnische Kinder den Eltern weggenommen und der „Eindeutschung zugeführt“.[46] Rasseuntersuchungen wurden in Danzig-Westpreußen und im Wartheland auch zur Ermittlung der „höherwertigen“ Bevölkerungsgruppen, die zur „Eindeutschung“ vorgesehen waren, durchgeführt.

Als Beispiel für ein erzwungenes politisches Bekenntnis kann die Einwohnererfassung vom 17. bis 23.12.1939 in Ostoberschlesien gelten, wo unter Androhung der Aussiedlung für diejenigen, die nicht die deutsche Staatsangehörigkeit annahmen, 95% der Bevölkerung sich bereit erklärten, diese anzunehmen. Bei der Planung der Erfassung spielte in Kreisen der NS-Verwaltung auch die Vorstellung eine Rolle, „Wasserpolen und Schlonsaken“ seien „abstammungsmäßig polonisierte Deutsche“, die für das Deutschtum zurückgewonnen werden müssten. Die oberschlesische Regionalverwaltung schlug deshalb vor, diese Bevölkerung als deutsche Staatsangehörige anzusehen.[47]

Dagegen bildete im Wartheland die erste Einrichtung einer „Deutschen Volksliste“ im Oktober 1939 vor allem eine Konsequenz der dortigen Nationalitätenpolitik, die von den Volkstumskampfprinzipien der „Polenabwehr“ geleitet war: Das Privileg der Aufnahme in die „Deutsche Volksliste“ sollten nur diejenigen erhalten, die sich aktiv für das Deutschtum eingesetzt hatten bzw. unzweifelhaft eine deutsche Herkunft nachweisen konnten. Kontingente der Aufzunehmenden wurden auf der Basis von „geheimen Volkszählungen“ durch die deutsche Minderheit im Zwischenkriegspolen festgelegt. Bis Mai 1940 enthielt die „Deutsche Volksliste“ im Wartheland deshalb nur zwei Gruppen: „Bekenntnisdeutsche“ und „Deutschstämmige“. Eine Ausdehnung der Eindeutschung war nicht vorgesehen, da damit eine „Unterminierung der Position des Deutschtums und Gefahr für die Partei“[48] verbunden sei.

---

46 Verbrechen an polnischen Kindern 1939-1945, hrsg. von der Hauptkommission, München / Salzburg 1973; Documenta Occupationis (s. Literaturhinweise, S. 106f.), Bd. 11, S. 171-178.

47 „Ich schlage deshalb vor, alle Oberschlesier als deutsche Volkszugehörige und damit als deutsche Staatsangehörige anzusehen, die sich jetzt zum Deutschtum bekennen, sofern im Einzelfalle keine besonderen Bedenken dagegen bestehen.“ Brief des Polizeipräsidenten in Kattowitz an den Oberpräsidenten Wagner v. 16.1.1940, abgedruckt in Documenta Occupationis (s. Literaturhinweise, S. 106f.), Bd. 11, S. 10-11.

48 BROSZAT, Nationalsozialistische Polenpolitik (wie Anm. 12), S. 122-123. – Zur Entstehung der „Deutschen Volksliste“ im Wartheland: Documenta Occupationis (s. Literaturhinweise, S. 106f.), Bd. 4, S. 15-130 sowie mit neuerer Literatur MICHAEL G. ESCH, „Gesunde Verhältnisse“. Deutsche und polnische Bevölkerungspolitik in Ostmitteleuropa 1939-1950. Marburg 1998 (Materialien und Studien zur Ostmitteleuropa-Forschung, 2), S. 229-246.

Solche differierenden Vorstellungen erforderten eine Abstimmung auf der Ebene der für die „Festigung des deutschen Volkstums" zuständigen Zentralbehörden, die durch Heinrich Himmlers „Erlaß für die Überprüfung und Aussonderung der Bevölkerung in den eingegliederten Ostgebieten"[49] vom 12.9.1940 und endgültig durch die „Verordnung über die Deutsche Volksliste und die deutsche Staatsangehörigkeit in den eingegliederten Ostgebieten"[50] vom 4.3.1941 erfolgte. Es wurden vier Gruppen der „Deutschen Volksliste" unterschieden, in die jeweils definierte Gruppen von Personen, die vor 1939 die polnische Staatsangehörigkeit besessen hatten, aufgenommen werden sollten. Grundsätzlich war die Volkslistenzugehörigkeit nicht mit deutscher Staatsangehörigkeit gleichzusetzen, da die nationalsozialistische Gesetzgebung zwischen „Reichsbürgerrecht" (welches nur die Personen besaßen, die am 1.9.1939 auf dem Reichsterritorium lebten) und „Deutscher Staatsangehörigkeit" unterschied. Nur die Gruppen 1 und 2 der „Deutschen Volksliste" erhielten automatisch die deutsche Staatsangehörigkeit, Gruppe 3 erhielt diese bis zum 31.1.1942 nur auf individuellen Antrag, anschließend automatisch mit einer 10-jährigen Widerrufsfrist.[51]

In die Gruppe 1 sollten „Volksdeutsche" aufgenommen werden, die in Polen vor 1939 ansässig waren, sich durch „Bekenntnis zum Deutschtum" hervorgetan hatten bzw. aus dem Baltikum, der Sowjetunion und Südosteuropa ausgesiedelt worden waren. Gruppe 2 umfasste deutschsprachige Staatsbürger Polens, die sich vor 1939 nicht aktiv zum „Deutschtum" bekannt hatten. Die Gruppe 3 sollte „deutschstämmige" und „eindeutschungsfähige" Staatsbürger Polens umfassen. Mitglieder dieser Gruppe waren aus führenden Lebensbereichen des Dritten Reichs ausgeschlossen und konnten keine NSDAP-Mitgliedschaft, kein Beamtenverhältnis und keine leitenden Positionen einnehmen, erhielten jedoch steuerliche Privilegien und Zulagen. Männliche Mitglieder der Gruppe 3 wurden ab Mai 1941 wehrpflichtig. In Gruppe 4 sollten „deutschstämmige Personen [..], die politisch im Polentum aufgegangen sind" eingetra-

---

49 RFSS und RKF[dV] v. 12.9.1940, abgedruckt in Documenta Occupationis (s. Literaturhinweise, S. 106f.), Bd. 11, S. 21-25.

50 Documenta Occupationis (s. Literaturhinweise, S. 106f.), Bd. 5, S. 119-122. Zusätzlich heranzuziehen ist: „Grundsätze und Ausführungsbestimmungen zum Erwerb der deutschen Staatsangehörigkeit durch ehemalige polnische und Danziger Staatsangehörige" vom 13.3.1941, in: Documenta Occupationis (s. Literaturhinweise, S. 106f.), Bd. 11, S. 38-49.

51 MAREK ROMANIUK, Podzwonne okupacji. Deutsche Volksliste w Bydgoszczy (1945-1950) [Grabgeläut der Besatzung. Die deutsche Volksliste in Bromberg], Bydgoszcz 1993, S. 47-50.

gen werden; diese Gruppe, die auch als „Renegaten" bezeichnet wurde, besaß kein Recht auf Urlaub, erhielt niedrigere Lebensmittelrationen und wurde mit der sog. „Polenabgabe" belastet; für Kinder war nur der Besuch der Grundschule vorgesehen. Allen Angehörigen der Volksliste waren Eheschließungen mit Polen untersagt, eine „rassische Überprüfung" der Kandidaten sollte stattfinden. Zur besseren Unterscheidung durch die deutschen Behörden erhielten die Angehörigen der Gruppen 1 und 2 einen blauen Ausweis, während Gruppe 3 ein grüner und Gruppe 4 ein roter Ausweis zugeteilt wurde. Ausgeschlossen blieben „fremdvölkische Nicht-Polen" und „schutzangehörige Polen", die eigene Gruppen bildeten.

Bereits aus diesem kurzen Durchgang wird sichtbar, wie sehr bei Rekrutierung zur „Deutschen Volksliste" politische („Bekenntnis zum deutschen Volkstum"), ethnische und soziale (Abstammung, „rassische Eignung") Kriterien miteinander vermischt wurden, die in detaillierten Fragebögen überprüft werden sollten. In der Praxis handhabte die Verwaltung in den einzelnen Gebieten die Richtlinien entsprechend den eigenen ideologischen Vorstellungen und den politischen und wirtschaftlichen Bedürfnissen. Im Reichsgau Wartheland diente die „Deutsche Volksliste" einer strikten Ausgrenzung, so dass die Zahl der aufgenommenen Personen klein blieb und sich auf die „volksdeutsche" Bevölkerung beschränkte (s. Tabelle 1). Die Masse der polnischen Bevölkerung wurde diskriminiert, und begrenzte Vergünstigungen für die doch benötigten polnischen Arbeitskräfte – wie die Gründung eines „Verbands der Leistungspolen" im Wartheland (22.12.1942) – fanden keinen Anklang.

Dagegen wurden in Danzig-Westpreußen und insbesondere in Ostoberschlesien unter Druck (Androhung der Ausweisung und Enteignung) große Gruppen der polnischsprachigen Bevölkerung sowie die von der NS-Bevölkerungspolitik als eigenständige Gruppen erachteten Kaschuben und Oberschlesier in die „Deutsche Volksliste" aufgenommen.

Diese Bevölkerungspolitik bedeutete eine Aufspaltung der Gesellschaft in strikt getrennte Gruppen, die im gesellschaftlichen Leben, in Einkommen und Lebensmittelversorgung privilegiert oder diskriminiert wurden. Bei der Übernahme in die „Deutsche Volksliste" machte sich die NS-Politik das ureigene Bestreben der einheimischen Bevölkerung zunutze, in ihrer angestammten Umgebung leben und arbeiten zu können, womöglich ihre eigene Position zu verbessern, ohne Rücksicht auf ihnen übergestülpte Vorstellungen von „Nationalität", „Volkstum" und „Rasse".

Tabelle 1: *Bevölkerung der „eingegliederten polnischen Gebiete" (Stand: Januar 1944, Angaben in 1.000)*[52]

	Angehörige der Volksliste				Reichsdeutsche	Volksdeutsche Umsiedler	Polnische Schutzangehörige/ Sonstige	Bevölkerung insgesamt
	Gr. 1	Gr. 2	Gr. 3	Gr. 4				
Wartheland	230	190	65	25	195	245	3.450	4.400
Danzig-Westpreußen (ohne Danzig)	115	95	725	2	50	58	605	1.650
Ostoberschlesien	130	210	875	55	100	40	1.040	2.450
Südostpreußen	9	22	13	1	25	10	920	1.000
Insgesamt	484	517	1.678	83	370	353	6.015	9.500

Im alltäglichen Zusammenleben führte die Praxis der „Deutschen Volksliste" zu lang anhaltenden Konflikten zwischen denen, die sie – oft im Gefühl der Bedrohung – unterzeichneten, und denen, die unter Inkaufnahme persönlicher Nachteile eine Unterzeichnung ablehnten. Letztere sahen in Volkslisten-Angehörigen Opportunisten oder Verräter, erste verwiesen nach 1945 auf den Druck durch die NS-Verwaltung, wurden jedoch von der kommunistischen Lokalverwaltung als „unzuverlässige Elemente" angesehen.[53]

---

52 Nach BROSZAT, Nationalsozialistische Polenpolitik (wie Anm. 12), S. 134.

53 Diesem Komplex sind zuletzt für Oberschlesien mehrere Arbeiten gewidmet, vgl. BERNHARD LINEK, „Odniemczanie" województwa śląskiego w latach 1945-1950 (w świetle materiałów wojewódzkich) [Die „Entdeutschung" der schlesischen Wojewodschaft 1945-1950 (auf Basis von Wojewodschaftsakten)], Opole 1997; ADAM DZIUROK, Ślązacy w organizacjach nazistowskich w czasie II Wojny Światowej – rozwiązanie problemu przez władze komunistyczne w latach 1945-1956 [Schlesier in nationalsozialistischen Organisationen im Zweiten Weltkrieg – die Lösung des Problems durch die kommunistische Regierung 1945-1956], [Diss.] Warszawa 2000.

2.6 Deutsche „Kulturpolitik“ im alltäglichen Leben

Die Gesellschafts- und Kulturpolitik in den ins Reich eingegliederten Gebieten zielte darauf ab, deren polnischen Charakter durch Ausrottung oder Deportation der Intelligenz, durch die Auflösung oder Germanisierung aller Universitäten und Schulen, durch die Konfiszierung der polnischen Bibliotheken und die Einstellung der polnischen Presse zu vernichten. Diese umfassende „kulturpolitische“ Zielsetzung griff kontinuierlich in das Alltagsleben der gesamten Bevölkerung und die zwischenmenschlichen Beziehungen ein und löste Veränderungen in den Einstellungen der polnischen Mehrheitsbevölkerung zu der als dominant auftretenden deutschen Bevölkerung und Kultur aus.

Kulturelle Entwurzelung der polnischen Bevölkerung: Die Zerstörung der polnischen Bibliotheken, Denkmäler und Museen und aller Objekte, die an die polnische Vergangenheit der Territorien erinnerte, die Entfernung aller polnischen Inschriften, das Verbot sämtlicher polnischen Zeitungen und aller polnischen Vereine sollte die Bevölkerung ihrer Ausdrucksmöglichkeiten berauben und atomisiert dem Zugriff der deutschen Verwaltung aussetzen. Intensiviert wurde dieser Prozess noch durch die Einschränkung des gesamten Schulwesens („Polenschulen“ nur vom 9.-14. Lebensjahr, die jedoch mangels des – teilweise ermordeten oder deportierten – Lehrerpersonals nur selten funktionierten) und die weitgehende Einstellung katholischer Seelsorge insbesondere in Danzig-Westpreußen und im Wartheland, wo nur einzelne katholische Geistliche ihr Amt ausüben konnten.

Eine besondere Bedeutung kam der nationalsozialistischen Kirchenpolitik zu, die in den eingegliederten Gebieten radikale Züge annahm. Hier spielten zwei Faktoren eine Rolle: Erstens galt die katholische Mehrheitskirche in den Augen der Zivilverwaltung als „Stütze des Polentums“, die beseitigt werden musste. Zweitens konnte die prinzipiell kirchenfeindliche Einstellung des Nationalsozialismus in den polnischen Territorien ohne Einschränkungen und Rücksicht auf die Bevölkerung durchgesetzt werden. Züge einer grundsätzlichen Bekämpfung aller christlichen Konfessionen nahm die Besatzungspolitik besonders im Wartheland an, wo neben der katholischen Mehrheitskirche sogar die evangelisch-unierte Kirche der deutschen Minderheit unter der 1941 verordneten generellen Trennung von Staat und Kirche zu leiden hatte, die auf eine „Ausmerzung des Christentums" hinauslief.[54] Wesentlich kompromissbereiter sah dagegen die Kirchenpolitik in Oberschlesien aus, wo dank taktischer Anpassung die Mehrheit des katholischen Klerus vor Ort bleiben konnte.

In eine ähnliche Richtung wies das Verbot der polnischen Sprache in der Öffentlichkeit. Schilder mit Aufschriften wie „Hier wird nur deutsch gesprochen"[55] und die Androhung der Einweisung in ein KZ bei Gebrauch der polnischen Sprache sorgten für einen klaren Ausschluss der polnischen Bevölkerung. Bei den Betroffenen führten diese radikalen Eingriffe zu einer Abschließung nach außen und zu einer Beschränkung auf die familiäre Lebenswelt, die ein gewisses Resistenzpotential bot.

Lebensweltliche Trennung zwischen Deutschen und Polen: Die Politik einer kulturellen Germanisierung vertrat den „Grundsatz der klaren Trennung von deutschem und polnischem Volkstum". In allen Lebensbereichen wurden deutsche und polnische Bevölkerung „entmischt":

Die Benutzung öffentlicher Verkehrsmittel für Polen war nur mit Genehmigung zulässig, Geschäfte wurden in – mit hochwertigerem Angebot ausgestattete – „Deutsche Geschäfte" und „Polnische Geschäfte" unterteilt, auf den öffentlichen Märkten herrschten getrennte Marktzeiten für deutsche und polnische Nutzer, bei den Gaststätten eine Trennung in solche, die „Für Polen verboten" und solche, die „Nur für Polen zugelassen" waren, und in manchen Orten bestanden Polizeistunden nur für die polnische Bevölkerung. Mit Flugblättern wurden Maßregeln zur strikten Trennung von Deutschen und Polen der deutschen Bevölkerung eingeimpft.[56]

Die Ausgrenzung und Marginalisierung der polnischen Bevölkerung mündete vielerorts in eine schikanöse Verwaltungspraxis: So bestand im Wartheland eine Grußpflicht der polnischen Bevölkerung gegenüber deutschen Uniformträgern; erstere hatten „durch Abnehmen der Kopfbe-

---

54 BERNHARD STASIEWSKI, Die Kirchenpolitik der Nationalsozialisten im Wartheland 1939-1945, in: Vierteljahrshefte für Zeitgeschichte 7 (1959), S. 46-74.

55 Vgl. die Stellungnahme des Regierungspräsidenten von Hohensalza (Inowrocław) v. 15.10.1940, abgedruckt in Dyskryminacja Polaków w Wielkopolsce w okresie okupacji hitlerowskiej. Wybór źródeł [Die Diskriminierung der Polen in Großpolen während der nationalsozialistischen Besatzung. Eine Quellenauswahl], hrsg. v. CZESŁAW ŁUCZAK. Poznań 1966, S. 316-320.

56 Abdruck eines solchen NS-Merkblatts bei SCHENK, Hitlers Mann (wie Anm. 23), S. 186.

deckung bzw. durch Verbeugung zu grüßen".[57] In einigen Kreisen wurde die Ausgrenzung öffentlich sichtbar gemacht. Am 15.11.1940 wurde zur „Kennzeichnung der Bevölkerung in Stadt und Kreis Leslau" (Włocławek) im Wartheland und „um eine vollständige Trennung zwischen dem deutschen und dem polnischen Bevölkerungsteil herbeizuführen", folgende Kennzeichnung verordnet: „deutsche Uniformträger", „deutsche Abzeichenträger" („Wer im Stadt- und Landkreis Leslau künftig ohne Abzeichen angetroffen wird, gilt als Pole"), „fremdvölkische Abzeichenträger" (=Ukrainer), „Zivilisten ohne Erkennungszeichen" (=Polen), „gelber Fleck" (=Juden).[58]

Bei der neu angesiedelten deutschen Bevölkerung führte die systematische Eindeutschung von Orts-, Straßen-, Landschafts- und Flurnamen zu der Suggestion, man befände sich auf deutschem Siedlungsgebiet. Die polnische Bevölkerung wurde – auch zur eigenen Beruhigung – nicht als solche wahrgenommen. Wie wirkungsmächtig solche Vorstellungen waren, zeigt sich daran, dass in Deutschland bis heute Landsmannschaften die in nationalsozialistischer Zeit eingeführten Ortsnamen benutzen.

Regionale Differenzierungen: An dem skizzierten allgemeinen Bild sind regionale Differenzierungen vorzunehmen: In Ostoberschlesien verhielt sich die deutsche Verwaltung aus pragmatischen Gründen gegenüber der polnischen Bevölkerung zurückhaltender, da diese als Arbeitskräfte benötigt wurden. Eine flexiblere Politik gegenüber der polnischen Bevölkerung, die als eindeutschungsfähig angesehen wurde, führte dazu, dass auf eine „Grußpflicht der Polen gegenüber Hoheitsträgern von Staat und Partei" wie in den anderen eingegliederten Gebieten verzichtet wurde. Der Gebrauch der polnischen Sprache im halböffentlichen Bereich wurde toleriert.[59] Besonders drastische Züge nahm die Ausgrenzung dagegen im Wartheland an, wo die polnische Bevölkerung bis 1945 ca. 80% der Bevölkerung stellte. Hier formulierte 1943 Arthur Greiser in einem Rundschreiben an alle Behörden die Konsequenz der lebensweltlichen

---

57 Verordnung Kreisleiter Konin, Margull, abgedruckt in Documenta Occupationis (s. Literaturhinweise, S. 106f.) Bd. 5, S. 301-302.

58 Schulpolitik als Volkstumspolitik. Quellen zur Schulpolitik der Besatzer in Polen 1939-1945, hrsg. v. GEORG HANSEN. Münster / New York 1994 (Quellensammlung zur Germanisierung des Bildungswesens), S. 38-40.

59 KACZMAREK, Pod rządami (wie Anm. 13), S. 46-75.

Aufspaltung der Gesellschaft: „Es gibt zwischen dem Deutschen und dem Polen keine Gemeinschaft.“[60]

2.7 Zwischenfazit

In der deutsch-polnischen Kontaktzone zerstörte die Besatzungspolitik bereits in den Herbstmonaten des Jahres 1939 durch eine Welle von Terror und Massenmorden jegliche Basis des Zusammenlebens zwischen Deutschen und Polen. Langfristig wurde eine Politik der Vernichtung der polnischen Eliten und Eindeutschung der Gebiete verfolgt, indem Teile der polnischen Bevölkerung ins Generalgouvernement deportiert und als „eindeutschungsfähig“ angesehene Bevölkerungsgruppen in die „Deutsche Volksliste“ aufgenommen wurden. Im Alltag führte die Aufspaltung der Bevölkerung entlang nationaler Grenzen zu einer Trennung der deutschen und polnischen Bevölkerung in strikt abgegrenzten Lebenswelten insbesondere im Wartheland sowie eine Verschärfung der gesellschaftlichen Konflikte im Streit um das erlaubte Maß an Anpassung in Oberschlesien und Danzig-Westpreußen.

Die deutsche Politik in den eingegliederten Gebieten vergiftete auf Dauer die Beziehungen zwischen den einzelnen nationalen Gruppen, so dass eine Koexistenz von Deutschen und Polen in diesen Gebieten kaum möglich erschien. Schließlich mündete der massenhafte Terror und die in Gegenwart von größeren Gruppen der deutschen und polnischen Bevölkerung vollzogene Ausgrenzung und schließliche Ermordung der jüdischen Bevölkerung zu einer Abstumpfung der Gefühle und einer Brutalisierung bei Deutschen wie Polen.

3. Das Generalgouvernement

Am 17. Oktober 1939 fand in der Reichskanzlei eine für die Zukunft des Generalgouvernements (GG) entscheidende Besprechung statt. In dieser Besprechung teilte Hitler Wilhelm Keitel das Ende der Militärverwaltung im besetzten Polen mit. Er erläuterte in groben Zügen die Zielsetzung, die mit der Errichtung des GGs beabsichtigt sei. Gemäß den ideologischen Vorstellungen Hitlers hatte dabei die Volkstumspolitik entscheidenden Vorrang; erst danach folgten die militärischen Aufgaben und die

---

60 Reichsstatthalter im Wartheland Greiser an alle Behörden, 23.2.1943, abgedruckt in Schulpolitik (wie Anm. 38), S. 83-84.

wirtschaftliche Ausbeutung. So sollte die Errichtung des GGs dem Reich ermöglichen, eine „aktive" Volkstumspolitik einzuleiten, d.h. aus dem Reich und den eingegliederten Gebieten sollten „unerwünschte Elemente" dorthin deportiert werden. Hitler führte dazu aus: „Die Führung dieses Gebietes muß es uns ermöglichen, auch das Reichsgebiet von Juden und Polacken zu reinigen" – die sog. „ethnische Flurbereinigung". Gleichzeitig sollte aber verhindert werden, „daß eine polnische Intelligenz sich als Führungsschicht aufmacht". Polen sollten zwar zur Verwaltung des Landes eingesetzt werden, „eine nationale Zellenbildung darf aber nicht zugelassen werden".

Militärisch hatte das GG die Funktion eines „vorgeschobenen Glacis" zu erfüllen, das für einen möglichen Aufmarsch gegen die Sowjetunion benutzt werden konnte. In wirtschaftlicher Hinsicht maß Hitler dem GG keine größere Bedeutung zu. Die einzige Funktion sah er darin, dass dieses Gebiet dem Reich als Reservoir billiger Arbeitskräfte dienen sollte: „Wir wollen dort nur Arbeitskräfte schöpfen." Daher sollte im GG ein niederer Lebensstandard bestehen. „Alle Ansätze einer Konsolidierung der Verhältnisse in Polen müssen beseitigt werden. Die ‚polnische Wirtschaft' muß zur Blüte kommen."[61]

Das Gebiet, auf dem die von Hitler am 17.10.1939 in groben Zügen umrissene Besatzungspolitik realisiert werden sollte, umfasste 95.743 km², d.h. 24,6% des polnischen Vorkriegsterritoriums. Es handelte sich dabei um die ehemaligen Wojewodschaften Kielce, Warschau Stadt, Warschau Land, Lublin, Krakau und Teile der Wojewodschaften Lodz und Lemberg. Dieses Territorium wurde in die vier Distrikte Warschau, Lublin, Radom und Krakau aufgeteilt. Nach dem Überfall auf die UdSSR wurde dem GG der Distrikt Galizien (heute Westukraine) zugeschlagen, so dass die Gesamtfläche 145.180 km² erreichte. Die Einwohnerzahl betrug im März 1941: 12,1 Millionen, im Februar 1942: 17,7 Millionen (mit dem Distrikt Galizien), und im März 1943: 15,4 Millionen (nach der Ermordung der Juden). Die Bevölkerung setzte sich überwiegend aus Polen (etwa 80% im Alt-GG), Juden (um 12%) und Ukrainern (5,7% im Alt-GG) zusammen. Die Übrigen waren Deutsche, Weißrussen und andere.[62]

---

61 Aufzeichnungen vom 17.10.1939 u.a. in: Faschistische Okkupationspolitik (wie Anm. 17), S. 133f.; Documenta Occupationis (s. Literaturhinweise, S. 106f.), Bd. 6, S. 27-29.

62 ŁUCZAK, Polityka (wie Anm. 7), S. 209.

3.1 Der deutsche Besatzungsapparat im Generalgouvernement

Der deutsche Besatzungsapparat im GG setzte sich aus drei Bestandteilen zusammen: der Zivilverwaltung, dem SS- und Polizeiapparat und der Wehrmacht. Der wichtigste Träger der Besatzungspolitik war die Zivilverwaltung. Sie war unabhängig von den zentralen Behörden im Reich und trug Verantwortung für die kulturelle Unterdrückung (Schul- und Kulturpolitik), wirtschaftliche Ausbeutung und Ausplünderung, die „Erfassung" der Zwangsarbeiter, die „Sicherheitspolitik" (mitverantwortlich) und die „Judenpolitik" (weitgehend selbständig bis zum Ende 1941). Der von Hitler vorgegebene Grundsatz, keine polnische Elitenbildung zuzulassen, schloss von vornherein die Option aus, eine Aufsichtsverwaltung zu errichten, wie dies später im westlichen Europa praktiziert wurde. Polen durften keine leitenden Positionen bekleiden, und es durfte auch keine polnische Autonomie geben. Daher baute man im GG eine rein deutsche Verwaltung im klassischen Sinne auf, die dreistufig, durchorganisiert und personell umfangreich war. Unterhalb dieser gab es die so genannte polnische Selbstverwaltung mit Gemeindevorstehern und Bürgermeistern in kleineren Städten sowie Dorfschulzen.

An der Spitze dieses Verwaltungsapparates stand der Generalgouverneur Dr. Hans Frank, der Hitler unmittelbar unterstellt war. Sein Stellvertreter war bis zu seiner Ernennung zum Reichskommissar für die besetzten Niederlande im Mai 1940 Arthur Seyß-Inquart. An seine Stelle als Stellvertreter rückte Josef Bühler, ein alter Mitarbeiter Franks. Bühler leitete auch das Amt des Generalgouverneurs, das in Fachabteilungen und Ämter gegliedert war, die sachlich den Reichsressorts entsprachen. Im Sommer 1940 wurde das Amt zur Regierung des Generalgouvernements aufgewertet. Die mittlere Instanz bildeten Distriktsverwaltungen, an deren Spitze jeweils ein Gouverneur (Distriktschef) stand, der dem Generalgouverneur direkt unterstand. Das wesentliche Instrument der Machtausübung auf mittlerer Ebene war das Amt des Distrikts, das sich in Fachabteilungen gliederte, ähnlich dem Amt des Generalgouverneurs. Die dritte Instanz stellten Kreis- und Stadthauptmannschaften dar. Diese hatten die Kreis- bzw. Stadthauptleute zu führen, die wiederum dem jeweiligen Gouverneur unterstanden. Die Kreisverwaltung war, entsprechend der Aufteilung in der zentralen und mittleren Instanz, in Ämter und Referate gegliedert. Die Kreishauptleute mit ihren Ämtern waren das Rückgrat der deutschen Zivilverwaltung und die Vollstrecker der deutschen Besatzungspolitik vor Ort.

Das Personal rekrutierte sich zum Teil aus abgeordneten Beamten; die meisten waren jedoch freiwillig ins GG gegangen, angelockt von günstigen Tarifen, der Befreiung vom Militärdienst und fast unbegrenzten kriminellen Möglichkeiten: Das GG war geradezu ein Paradies für Glücksritter und Kriminelle aus dem Reich. Es gab auch politische Eiferer, die davon träumten, im Osten die NS-Vision vom „slawischen Untermenschen" und „germanischen Herrenmenschen" zu verwirklichen.

SS- und Polizeiapparat: Auf dem Gebiet des GGs setzte Heinrich Himmler, der Reichsführer der SS (RFSS) und Chef der Deutschen Polizei, einen Höheren SS- und Polizeiführer Ost (HSSPF Ost), den SS-Obergruppenführer Friedrich-Wilhelm Krüger, ein. Krüger wurde im Herbst 1943 von dem Obergruppenführer Wilhelm Koppe abgelöst. Dem HSSPF waren der Befehlshaber der Sicherheitspolizei und des SD (BdS), der Befehlshaber der Ordnungspolizei (BdO) sowie SS- und Polizeiführer (SSPF) in den jeweiligen Distrikten unterstellt. Die Aufgabe des HSSPF war es, die Tätigkeit der Polizei im GG zu koordinieren und zu steuern. Formal gesehen war der HSSPF dem Generalgouverneur „persönlich und unmittelbar" untergeordnet, zugleich war er aber dem RFSS unterstellt, dessen gesamten Befehlsbereich er im GG vertrat. Himmlers Befehle als RFSS hatten für den HSSPF Ost Vorrang. Folglich entwickelte sich der SS- und Polizeiapparat im GG zu einer Sonderbehörde, die enge Bindungen an Himmler und seinen Apparat hatte und deren Politik im GG zu realisieren versuchte.

Analog zur Institution des HSSPF richtete Himmler die Institution der SSPF in den Distrikten ein, welche die verschiedenen Polizeisparten in ihrer Dienststelle zusammenfassten. Die SSPF unterstanden direkt dem HSSPF und waren den zivilen Distriktschefs als Berater beigegeben. An deren Weisungen waren sie nur insoweit gebunden, wie diese nicht denen des HSSPF entgegenstanden.

In den ersten Wochen der Besatzung kam es zu keinen größeren Konflikten zwischen Frank und dem SS- und Polizeiapparat. Frank akzeptierte das brutale Vorgehen der SS und Polizei gegen die polnische Intelligenz als notwendig, um das Land zu „befrieden". So unterschrieb er die Verordnung vom 31.10.1939 über die „Bekämpfung von Gewalttaten im Generalgouvernement", die SS und Polizei durch die Einrichtung der Polizeistandgerichte die „gesetzliche Grundlage" zum Mord lieferte.[63] Diese relative Harmonie ging aber bald zu Ende. Entscheidend dafür war die Tatsache, dass Frank eine Änderung der bisherigen Politik im GG anvisierte und teilweise auch durchsetzte. Es ging hierbei vor allem um die Wirtschaftspolitik (Wechsel von kurzfristiger Plünderung zu allseitiger und langfristiger Ausbeutung, bessere Behandlung der arbeitenden Polen), um Kulturpolitik, aber auch „Sicherheitspolitik" (Methoden der „Befriedung" des GGs). Frank vertrat eine im Vergleich zu Himmler und dem SS- und Polizeiapparat gemäßigtere Linie. Bis zum Ende der Besatzung lag in diesen Bereichen Stoff für dauernde Konflikte zwischen Zivilverwaltung einerseits sowie SS und Polizei andererseits.[64]

Wehrmacht: Nach der Ablösung der Militärverwaltung spielte die Wehrmacht bei der Gestaltung der Besatzungspolitik im GG eine untergeordnete Rolle. Direkte Einflussmöglichkeiten hatte sie im Bereich der Rüstungswirtschaft, da alle wichtigen Rüstungsbetriebe von der Rüstungsinspektion beim Oberbefehlshaber Ost erfasst wurden. Ein Teil dieser Betriebe wurde zu Wehrmachtsbetrieben erklärt. Arbeit in einem Wehrmachtbetrieb bedeutete für polnische und jüdische Arbeiter im GG ein relatives Maximum an Schutz. Insgesamt versuchte die Wehrmacht, mäßigend auf die Besatzungspolitik im GG einzuwirken.

Bis 1942 wurden die im GG stationierten Wehrmachtstruppen eher selten bei Repressionen gegen die Zivilbevölkerung eingesetzt. Ab 1942 zeichnete sich insofern eine neue Entwicklung ab, als Wehrmachtssoldaten immer häufiger bei „Aktionen" gegen die einheimische Bevölkerung herangezogen wurden, wie z.B. bei „Befriedungsaktionen", Razzien, oder etwa der „Erfassung" von Kontingenten. Im Sommer 1943 waren beispielsweise etwa 10.000 Wehrmachtssoldaten im Distrikt Lublin an der sog. „Befriedungsaktion Werwolf" eingesetzt. Dabei wurden Zehntausende von Polen vertrieben, Tausende verhaftet und Hunderte erschossen. In den Jahren 1943-1944 nahmen Wehrmachtseinheiten an insgesamt 1.106 „Befriedungsaktionen" teil.[65]

---

63 Verordnungsblatt für das Generalgouvernement vom 30.10.1939.

64 BOGDAN MUSIAL, Deutsche Zivilverwaltung und Judenverfolgung im Generalgouvernement. Eine Fallstudie zum Distrikt Lublin 1939-1944, Wiesbaden 1999 (Deutsches Historisches Institut Warschau, Quellen und Studien, 10), S. 23-100, EISENBLÄTTER, Grundlinien (wie Anm. 15), S. 178-194.

65 CZESŁAW MADAJCZYK, Polityka III Rzeszy w okupowanej Polsce [Die Politik des Dritten Reichs im besetzten Polen], 2 Bde, Warszawa 1970, Bd. 1, S. 501f., Bd. 2, S. 265f.

Polnische Selbstverwaltung: Unter der Aufsicht der deutschen Kreisverwaltung arbeitete die polnische bzw. ukrainische Kommunalverwaltung. Ihre organisatorische Struktur wurde weitgehend aus der polnischen Zeit übernommen. Der Begriff „Selbstverwaltung" hierfür ist ein Euphemismus und irreführend, denn ihre Mitarbeiter waren Handlanger des deutschen Besatzungsapparates. Sie hatten die Aufgabe, Informationen zusammenzutragen, deutsche Befehle entgegenzunehmen und auszuführen. Die unterste Stufe dieser Verwaltung waren Dorfschulzen. Ihre Aufgabe war es, dafür zu sorgen, dass alle Anordnungen der deutschen Behörden in ihren Dörfern erfüllt wurden. Sie hatten z.B. Kontingente einzutreiben, Dorfstraßen zu unterhalten, Gespanndienste aufzuteilen oder Zwangsarbeiter auszuheben. Mehrere Dörfer waren zu Sammelgemeinden zusammengefasst, an deren Spitze ein Woit oder Vogt (Gemeindevorsteher) stand. Die Aufgaben der Vögte bestanden vor allem darin, die Arbeit der Dorfschulzen zu leiten und zu beaufsichtigen, Steuern zu erheben, Lebensmittelzuteilungen zu verteilen, Vertriebene aus den eingegliederten Gebieten unterzubringen, bei der Eintreibung von Kontingenten, der Gespanngestellung und der Aushebung von Zwangsarbeitern mitzuwirken. Ähnliche Aufgaben hatten Bürgermeister in kleineren Städten.

Angesichts des Zieles der deutschen Verwaltung im GG, so viel wie möglich aus dem Land herauszupressen, war die Stellung der Angehörigen der polnischen „Selbstverwaltung" prekär: Sie standen zwischen zwei Fronten, auf der einen Seite standen die deutschen Besatzungsbehörden mit ihren Forderungen, auf der anderen die polnische Bevölkerung. Im Interesse der Besatzer lag es, Vögte, Bürgermeister und Dorfschulzen für die deutschen Belange zu gewinnen. Dies versuchte man durch eine Mischung aus entsprechender Personalpolitik, Strafen und Erpressungen sowie Belohnungen zu erreichen. Diese Politik führte nicht selten zu Korruption, Vetternwirtschaft und Kollaboration unter den Angehörigen der „Selbstverwaltung". Anfangs war man in der Regel auf die alten Dorfschulzen, Vögte und Bürgermeister angewiesen. Erst nach und nach wurden die alten, die sich aus deutscher Sicht nicht bewährten, durch neue ersetzt, und zwar vornehmlich durch zugereiste oder einheimische Volksdeutsche, Ukrainer oder polnische Kollaborateure.

Mit dem Anwachsen der polnischen Widerstandsbewegung ab 1942 wurden die eifrigsten und rücksichtslosesten Exekutoren der deutschen Unterdrückungsmaßnahmen unter den Dorfschulzen, Vögten und Bürgermeistern und den anderen polnischen Mitarbeitern der Besatzungsbehörden zum bevorzugten Angriffsziel des polnischen Widerstandes. Es ist nicht verwunderlich, dass bei ihnen der Wille zur Zusammenarbeit mit den deutschen Behörden ab 1942 merklich nachließ.[66]

Deutsche im GG: Alle Deutschen im GG wurden aufgrund ihrer Rassenzugehörigkeit auf die höchste Stufe der Sozialhierarchie gehoben. Viele im GG eingesetzte Deutschen kosteten das „Lebens- und Allmachtgefühl des Herrenmenschen" aus. Deutsche Beamte schickten willkürlich Polen und Juden in Zwangsarbeitslager, die sie eigenmächtig errichtet hatten, führten Enteignungen durch, verhängten Prügel- und sogar Todesstrafen, obwohl sie dazu rein formal nicht ermächtigt waren. Die im GG herrschenden Verhältnisse verleiteten viele Deutsche dazu, sich persönlich an Polen und Juden zu bereichern. Es wurden eigenmächtig Kontributionen auferlegt, „schwarze Kassen" angelegt, die Korruption blühte. Polen und erst recht Juden hatten keine Möglichkeit, sich gegen diese Willkürakte zu wehren, denn erstere waren rechtlos und die Letzteren spätestens ab Ende 1941 vogelfrei. Die Tötung eines Juden galt nicht als Verbrechen, diejenige eines Polen höchstens als Vergehen. Man konnte immer einen Vorwand finden, der diese Tötung „legitimierte". Später wurde die Ermordung von Juden für viele im GG eingesetzte Deutsche zu einer Art „Volkssport", an dem sich jeder, sei es als Zuschauer, sei es aktiv, beteiligen konnte.[67]

Praktisch alle im GG eingesetzten Deutschen lebten auf Kosten der einheimischen Bevölkerung oft unter relativ luxuriösen Bedingungen. Die totale Rechtlosigkeit der Polen und Juden und die Allmacht der Besatzer ermöglichten dies; die NS-Ideologie und der primitive Rassismus lieferten die Legitimation hierfür. Nur eine Minderheit hielt der Versuchung stand und verhielt sich für Besatzungsverhältnisse „anständig". Das besetzte Polen war ein Gebiet, auf dem teilweise kriminell oder sadistisch veranlagte Reichs- und Volksdeutsche ihre niederen Instinkte praktisch straflos ausleben konnten, und nicht wenige nahmen diese „Gelegenheit" wahr. Das Verhalten dieser keineswegs kleinen Gruppe unter den im GG eingesetzten Deutschen intensivierte antideutsche Hassgefühle bei den Polen, die ohnehin durch den staatlich organisierten Massenterror geschürt wurden.

---

66 MUSIAL, Deutsche Zivilverwaltung (wie Anm. 64), S. 64-66.

67 Ebd., S. 331f.

3.2 Wirtschaftspolitik: Ausbeutung und Ausplünderung

Vorkriegspolen war für westeuropäische Verhältnisse ein armes, landwirtschaftlich geprägtes Land, dessen Industrie in den westlichen Teilen und in den Großstädten wie Warschau oder Lodz konzentriert war. Bei der Errichtung des GGs wurden die wichtigsten Zentren der Schwerindustrie, des Bergbaus und der Textilindustrie sowie die landwirtschaftlichen Überschussgebiete abgetrennt und in das Reich eingegliedert. Im GG blieben lediglich Warschau mit seiner Industrie und einige moderne Betriebe, die in den dreißiger Jahren im Rahmen des Zentralen Industriereviers aufgebaut worden waren.

Frank erhielt Anfang Oktober 1939 von Hitler Richtlinien, nach denen er die Wirtschaftspolitik im späteren GG zu führen hatte:

> „Danach kam nur eine Ausnutzung des Landes durch rücksichtslose Ausschlachtung, Abtransport aller für die deutsche Kriegswirtschaft wichtigen Vorräte, Rohstoffe, Maschinen, Fabrikationseinrichtungen usw., Heranziehung der Arbeitskräfte zum Einsatz im Reich, Drosselung der gesamten Wirtschaft Polens auf das für die notdürftigste Lebenshaltung der Bevölkerung unbedingt notwendige Minimum [...] in Frage. ‚Polen soll wie eine Kolonie behandelt werden, die Polen werden die Sklaven des Großdeutschen Weltreichs werden.'"[68]

Dieses Vorgehen hatte zum Ziel, die Wirtschaft des besetzten Landes zu zerstören, es zu einem Agrarland zu reduzieren, das nur Arbeitskräfte zu liefern hatte.

Die Umsetzung dieser Richtlinien begann unmittelbar nach der Besetzung. Die Folgen waren katastrophal und von Anfang an sichtbar: Massenarbeitslosigkeit, Inflation, Verschwinden der Waren vom Markt. Die deutsche Rüstungswirtschaft und Franks Apparat stellten schnell fest, dass diese Verhältnisse negative Folgen auch für das Reich haben würden. Ab Ende 1939 zeichnete sich eine neue Entwicklung ab, die den ursprünglichen Plänen Hitlers zuwiderlief. In der Zivilverwaltung setzte sich die Ansicht durch, dass die im GG bleibenden Industriebetriebe für die Stärkung der deutschen Rüstungswirtschaft vor Ort viel effektiver produzieren könnten. Folglich ging man ab Dezember 1939 dazu über, die Rüstungsbetriebe – ab Januar 1940 auch die übrigen Betriebe – in Gang zu setzen. Zeitgleich stoppte man den wilden Abtransport von

---

68 EISENBLÄTTER, Grundlinien (wie Anm. 15), S. 112.

Maschinen, schränkte die Ausfuhr von Rohstoffen ein und erstellte Pläne für den Wiederaufbau der Wirtschaft im GG, die darauf abzielten, die deutsche Kriegswirtschaft zu stärken.[69]

Ab 1940/41 erfolgte dann die immer stärkere Einbeziehung des GGs in die Kriegswirtschaft des Reiches. Die Zahl der Betriebe, die direkt für die Kriegswirtschaft produzierten, wuchs von 186 im September 1940 auf 299 im Oktober 1941, 358 im September 1942, bis zu 404 im Juni 1944. Der Wert der Lieferungen für die deutsche Kriegswirtschaft stieg von 12.550.000 RM im Oktober 1940 auf 26.860.000 im Oktober 1941, 42.686.000 im Oktober 1942, 58.950.000 im Oktober 1943, bis zu 86.084.000 im Mai 1944.[70]

Die wirtschaftliche Ausbeutung des GGs erfolgte auch durch finanzpolitische Manipulationen. Beispielsweise mussten von der Notenbank enorme Mittel für die Bedürfnisse der deutschen Besatzer bereitgestellt werden. Ferner wurden der Bevölkerung hohe Steuern und Kriegsabgaben auferlegt. Damit finanzierte man beispielsweise Straßen- und Bauprogramme für den Aufmarsch gegen die UdSSR (1940-41) oder Verteidigungsanlagen gegen die vordringende Rote Armee an der Weichsel (1944). Ebenso wurde auf diese Weise die Besoldung und Sachausgaben der im GG stationierten Wehrmacht, der SS- und Polizei sowie der Angehörigen der Verwaltung getragen.[71]

Auch die Landwirtschaft war von Ausbeutung und Raubwirtschaft geprägt. Das Territorium des GGs war ein agrarisches Zuschussgebiet. Die Überschussgebiete waren entweder ins Reich eingegliedert oder von der Sowjetunion annektiert worden. Zudem hatte die Landwirtschaft stark gelitten (Vernichtung durch Kriegsereignisse, Beschlagnahmen). Eines der wichtigsten Ziele der deutschen Besatzung im GG war es daher zunächst, die Eigenversorgung mit Lebensmittel zu erreichen. In den ersten Monaten der Besatzung musste nämlich Getreide ins GG eingeführt werden.[72] Ab 1940/41 ging man bereits dazu über, Lebensmittel ins Reich auszuführen. Diese Ausfuhren hielten sich bis 1941/42 in Grenzen, um ab 1942/43 enorm zu steigen, wie die folgende Aufstellung zeigt.

---

69 Ebd., S. 110-130.

70 Ebd., S. 313.

71 Ebd., S. 306-312.

72 Das Diensttagebuch des deutschen Generalgouverneurs in Polen 1939 bis 1945, hrsg. v. WERNER PRÄG u. WOLFGANG JACOBMEYER, Stuttgart 1975 (Quellen und Darstellungen zur Zeitgeschichte, 20), S. 89.

Tabelle 2: *Ausfuhr von ausgewählten Lebensmitteln aus dem GG ins Reich in den Jahren 1940-1944 (in Tonnen)*[73]

	1940/41	1941/42	1942/43	1943/44
Getreide	55.000	51.000	633.500	571.700
Kartoffeln	122.000	139.000	434.400	387.700
Zucker	5.000	4.500	28.700	27.500
Vieh	9.000	22.000	54.300	53.800
Fett	800	900	7.200	1.400

Hinzu kamen noch Leistungen an die im GG stationierten Wehrmachts- (durchschnittlich etwa 500.000 Soldaten), SS- und Polizeieinheiten (etwa 50.000 Mann) sowie an sowjetische Kriegsgefangene (um 400.000 Personen).[74] Wie hoch diese Leistungen waren, ist bei dem gegenwärtigen Stand der Forschung nicht zu ermitteln.

Den Wandel von einem Einfuhr- zum Ausfuhrgebiet für Lebensmittel erreichten die deutschen Besatzer auf Kosten der einheimischen Bevölkerung, und zwar teils durch gezieltes Aushungern von Polen und Juden, teils durch den systematischen Massenmord an den Juden ab 1942. Bis 1942 versuchten zwar die deutschen Stellen, die Steigerung der Erträge durch eine rationelle Bewirtschaftung zu erreichen, dies blieb aber ohne Erfolg. Die Erträge waren in den Jahren 1940-1944 sogar niedriger als vor 1939/40, u.a. wegen ungünstiger Witterungsbedingungen. Ab 1942 kann im GG im Agrarsektor nur von Raubwirtschaft und Plünderung gesprochen werden.[75]

Die Eintreibung dieser für die Verhältnisse im GG enormen Abgaben war nur dadurch möglich, dass die deutschen Besatzer die polnischen Bauern durch individuellen und Massenterror (Kollektivbestrafungen) einschüchterten. Einweisungen in Zwangsarbeitslager oder KZ, Prügelstrafen, Enteignungen und Niederbrennen einzelner Bauernhöfe und ganzer Dörfer, Strafexpeditionen und Erschießungen wurden dabei wiederholt angewandt.

73 ŁUCZAK, Polityka (wie Anm. 7), S. 402.
74 MADAJCZYK, Polityka (wie Anm. 65), Bd. 1, S. 242.
75 ŁUCZAK, Polityka (wie Anm. 7), S. 258-277.

Als besonders wirksam erwiesen sich Strafexpeditionen. Am 2. März 1944 organisierten beispielsweise der Kreishauptmann von Lublin Land, Ziegenmayer, und sein Kreislandwirt, Traue, eine Strafexpedition ins Dorf Palikije, wobei die Dorfbewohner zur Zwangsarbeit ins Reich verschleppt wurden. Bei der Aktion kamen sechs Dorfbewohner um, fünf von ihnen wurden erschossen und einer lebendig im eigenen Haus verbrannt. Insgesamt ließen Ziegenmayer und Traue 12 Häuser und 3 Wirtschaftsgebäude niederbrennen. Die Zahl der Strafexpeditionen, bei denen Gebäude verbrannt, Eigentum geplündert und Bewohner ermordet wurden, belief sich im Alt-GG (ohne den Distrikt Galizien) auf mehr als 500. Die Zahl der Todesopfer wird auf 11.500 geschätzt. Darüber hinaus gab es Tausende von Strafexpeditionen, bei denen „nur" geplündert, gebrandschatzt und geprügelt wurde. Die polnischen Bauern waren einem wachsenden Terror ausgesetzt, der sich als wirksam erwies, denn die eingetriebenen Getreidekontingente im Alt-GG wuchsen von 100% im Jahre 1940/41 auf 219,6% im Jahre 1943/44.[76]

Außer der staatlich organisierten Ausbeutung und Plünderung gab es Deutsche, die in das GG zogen, um sich hier an Juden und Polen schnellstens zu bereichern. Die Methoden, welcher sich dieser Personenkreis bediente, waren Betrug, Erpressung, Nötigung, Bestechung, Schieberei en gros, Unterschlagung, Diebstahl und sogar schlichter Raub. Diese Glücksritter, die entweder als Treuhänder von beschlagnahmten staatlichen, jüdischen und polnischen Betrieben als selbständige „Unternehmer" oder als Angehörige der Besatzungsbehörden auftraten, nutzten die Gunst der Stunde und raubten sowohl Juden als auch Polen regelrecht aus. Sie bemächtigten sich polnischer oder jüdischer Unternehmen durch Erpressung oder Nötigung und zwangen oft ihre Opfer, diese Unternehmen weiterhin als Angestellte zu leiten, da sie selber dazu nicht fähig waren. Viele im GG eingesetzte Deutsche betrachteten das Land als Selbstbedienungsladen und die dort lebenden Menschen als Freiwild.[77]

Angesichts der strukturell und kriegsbedingten Knappheit an Nahrungsmitteln im GG führten die deutschen Stellen die Rationierung von Lebensmitteln ein. Die Bevölkerung des GGs wurde entsprechend der NS-Ideologie in verschiedene Gruppen aufgeteilt, denen unterschiedliche

---

76 CZESŁAW RAJCA, Walka o chleb 1939-1944. Eksploatacja rolnictwa w Generalnym Gubernatorstwie [Kampf ums Brot 1939-1944. Die Ausbeutung der Landwirtschaft im Generalgouvernement], Lublin 1980, S. 140-151; MUSIAL, Deutsche Zivilverwaltung (wie Anm. 64), S. 58f., 350.

77 MUSIAL, Deutsche Zivilverwaltung (wie Anm. 64), S. 191f.

Rationen zustanden. Die Grundsätze, nach denen die Rationen zugeteilt oder auch nicht zugeteilt wurden, erläuterte Hans Frank am 30.4.1940:

> „[Die] Polen werde ich so ernähren, dass an sie dasjenige, was übrig bleibt und was wir zur Verfügung haben, verteilt wird. [...] Da sind die Ukrainer, die wir einigermaßen gut behandeln müssen. [...] Da wären die Polen, die in unseren Diensten stehen, die Polen im weitesten Sinne, von deren Arbeitsleistung wir etwas haben. [...] Die unterste Stufe ist die der Juden, die höchste die des Militärs und der [deutschen] Beamten. [...] Wir haben nun nur für die Wehrmacht, die Beamtenschaft, für die Reichsdeutschen und Volksdeutschen eine absolut totale Versorgungsgarantie [...] zu übernehmen."[78]

Im Jahre 1941 erhielten die einzelnen Bevölkerungsgruppen folgende Rationen in Kalorien pro Tag zugeteilt: Deutsche 2.310, Ukrainer 930, Polen 654, Juden 184. Als Norm, die der Völkerbund im Jahre 1932 festgelegt hatte, galten 2.400 Kalorien pro Tag und pro erwachsene Person. Die vorgesehenen Rationen für Nichtdeutsche – insbesondere für Juden – waren so niedrig, dass sie in der Theorie den Hungertod in kürzester Zeit bedeuteten. Hinzu kam, dass große Teile der polnischen und jüdischen Bevölkerung aus der reglementierten Lebensmittelversorgung ausgeschlossen wurden, weil sie in Kleinstädten und auf dem Land lebten. Sie wurden als „Selbstversorger" eingestuft, ohne Rücksicht darauf, ob sie Land besaßen oder nicht. Im Jahre 1943, als die meisten Juden bereits ermordet worden waren, gab es nach deutschen Angaben 8 Millionen „Selbstversorger" und 6-7 Millionen „Normalverbraucher", die Anspruch auf rationierte Lebensmittel hatten.[79]

Angesicht dessen entwickelte sich die Versorgung mit Lebensmitteln für jüdische wie auch für polnische „Normalverbraucher", sofern sie kein Land besaßen, zur Überlebensfrage. Die meisten Ukrainer dagegen waren Bauern und somit tatsächlich Selbstversorger. Um zu überleben, waren alle Juden und ein Teil der Polen gezwungen, sich ihre Nahrungsmittel auf dem Schwarzmarkt zu beschaffen. Infolgedessen blühten Schwarzmarkt und „Schleichhandel". Die „Schleichhändler" gingen in die Dörfer und kauften zu Schwarzmarktpreisen Lebensmittel von den Bauern, um sie dann in der Stadt zu verkaufen oder selbst zu verzehren.

---

78 Diensttagebuch (wie Anm. 72), S. 186-188.

79 MADAJCZYK, Polityka (wie Anm. 65), Bd. 2, S. 226; ŁUCZAK, Polityka (wie Anm. 7), S. 535-556, besonders S. 539.

Die deutschen Stellen bekämpften den „Schleichhandel“, der die einzige Chance für Nichtdeutsche war, sich ausreichend mit Lebensmitteln zu versorgen, mit drakonischen Mitteln. „Schleichhändler“ bestrafte man mit Einweisung in Zwangsarbeitslager, KZ und nicht selten mit dem Tode, man organisierte Razzien und regelrechte Jagden auf sie. Auf diese Weise wurde gewissermaßen das Überleben von Nichtdeutschen illegal. Die immer höheren Abgabekontingente und die schlechten Ernten führten dazu, dass weniger Agrarprodukte auf dem Schwarzmarkt verkauft werden konnten. Folglich stiegen die Preise für die Lebensmittel und der Hunger wurde immer größer, denn nicht alle konnten sich auf dem Schwarzmarkt behaupten. In Warschau stiegen die Preise für Nahrungsmittel von 100% im August 1939 auf 537% im Februar 1941 und 1.652% im Februar 1942. Die Löhne für polnische Arbeiter blieben dagegen auf dem Vorkriegsniveau. Jüdische Arbeiter verdienten 80% dessen, was die polnischen verdienten, falls sie überhaupt bezahlt wurden.[80]

Um die immer größer werdenden Massen von Polen und Juden, die hilfsbedürftig waren, zu versorgen, ließen deutsche Behörden in Krakau im Jahre 1940 den Hauptthilfsausschuss und die Jüdische Soziale Selbsthilfe gründen. Diese richteten u.a. Gemeinschaftsküchen ein, in denen Hilfsbedürftige warme Mahlzeiten (meistens Suppen) bekamen. Auch Industriebetriebe richteten Betriebsküchen ein, in denen ihre Arbeiter zusätzliche Mahlzeiten erhielten. Dies alles war aber unzureichend, um die Stadtbevölkerung ausreichend mit Nahrungsmitteln zu versorgen. In einer besonders tragischen Lage waren jüdische Bewohner in großen abgeschlossenen Gettos wie in Warschau. Für sie war es besonders schwierig, Nahrung zu besorgen; in den Gettos waren auch die Preise am höchsten. Bevor der systematische Massenmord an Juden begann, starben Zehntausende an Hunger, Unterernährung und an den dadurch verursachten Krankheiten.

Nicht nur die Lebensmittel waren knapp und rationiert, sondern auch die elementaren Bedarfsartikel, wie Schuhe (Leder), Textilien, Seife oder Brennstoff (Kohle), die der Kriegsbewirtschaftung unterlagen. Für die meisten Polen und Juden waren diese Artikel legal nicht zu bekommen. Es blieb der Schwarzmarkt, auf denen sich wegen der horrenden Preise

---

80 Documenta Occupationis (s. Literaturhinweise, S. 106f.), Bd. 6, S. 465; ŁUCZAK, Polityka (wie Anm. 7), S. 535-556; MUSIAL, Deutsche Zivilverwaltung (wie Anm. 64), 115-118.

und der allgemeinen Verarmung der Bevölkerung nur Wenige behaupten konnten. [81]

3.3 Zwangsarbeit

Nach Hitlers volkspolitischer Konzeption hatte das GG als „Ausleihzentrale" vornehmlich für landwirtschaftliche Saisonarbeiter zu dienen. Insgesamt verschleppte man aus dem GG etwa 1.2 Millionen Arbeiter ins Reich, die in der Landwirtschaft und der Industrie Zwangsarbeit leisten mussten.[82] In den ersten Wochen der Besatzung gingen etwa 40.000 polnische Arbeiter mehr oder weniger freiwillig ins Reich. Der Bedarf war viel höher, bald meldeten sich aber kaum noch Freiwillige. Dies war vor allem durch die sehr schlechte Behandlung der polnischen Arbeiter im Reich bedingt: Sie waren rechtlos und den jeweiligen Arbeitgebern ausgeliefert, mussten Polenabzeichen tragen, verdienten wenig und erhielten keinen Urlaub, um die Familien in der Heimat zu besuchen. Jeder gesellschaftliche Kontakt mit Deutschen war verboten. Polnische Zwangsarbeiter unterlagen drakonischer Bestrafung bei Überschreitung geltender Vorschriften und anderen Vergehen. Angewandt wurden Prügelstrafen, Einweisung in ein Straflager oder KZ, Gefängnis- oder die Todesstrafe, die teilweise durch öffentliches Erhängen vollstreckt wurde. Diese Fakten sickerten bald ins GG durch und schreckten potentielle Freiwillige ab. Die deutschen Besatzer gingen daher zu administrativem Zwang und zu blanker Gewalt über, um den steigenden Bedarf an Arbeitskräften im Reich zu befriedigen. Dabei wandte man folgende Methoden an: Arbeitsämter verpflichteten junge Polen zum Arbeitseinsatz im Reich. Falls sich diese weigerten, wurden sie verhaftet und ins Reich verschleppt. Wenn der/die Betroffene flüchtig war, nahm man Familienangehörige als Geiseln, bis sich die betreffende Person „freiwillig" stellte. Bald artete die „Arbeitererfassung" in regelrechte Menschenjagden aus. Man führte Razzien in den Städten (beispielsweise auf den Straßen, in Kinos) und auf dem Lande durch. Jede junge Polin und jeder junger Pole musste damit rechnen, zur Zwangsarbeit ins Reich verschleppt zu werden. Es kam sogar dazu, dass sich im Frühjahr 1940 in Lublin junge Polen Armbinden mit dem Judenstern anlegten, um sich damit vor Raz-

---

81 ŁUCZAK, Polityka (wie Anm. 7), S. 535-566.

82 EISENBLÄTTER, Grundlinien (wie Anm. 15), S. 324-340; MADAJCZYK, Polityka (wie Anm. 65), Bd. 1, S. 250-260.

zien zu schützen. Juden wurden nicht ins Reich deportiert, sie mussten Zwangsarbeit vor Ort leisten.[83]

Zwangsarbeit musste auch im GG geleistet werden. Im Jahre 1944 wurden im GG nach offiziellen Angaben 250.000 Polen gezwungen, Verteidigungsanlagen entlang der Weichsel gegen die vorrückende Rote Armee zu bauen.[84] Eine andere Methode, polnische Arbeitskräfte auszubeuten, war die Rekrutierung zum Baudienst, vergleichbar der Arbeitsfront im Reich. Junge Männer von 17-18 Jahren wurden zwangsrekrutiert (ab 1942 Todesstrafe für die Verweigerung) und kaserniert. Sie mussten Arbeiten wie Flussregulierungen oder Erdarbeiten verrichten; es kam auch vor, dass sie bei „Judenaktionen", z.B. zum Ausheben von Massengräbern, eingesetzt wurden.

Von der Zwangsarbeit waren auch Juden betroffen. Sie wurden von Anfang an erbarmungslos ausgebeutet. Deutsche Institutionen, Behörden und einzelne Deutsche zwangen die rechtlosen Juden, Arbeiten wie Aufräumen, Putzen, individuelle Leistungen für sie zu verrichten, ohne sie dafür zu entlohnen. Ab Sommer 1940 suchte die deutsche Zivilverwaltung die jüdische Arbeitskraft systematisch auszubeuten. Die Juden im Distrikt Lublin wurden in Arbeitslagern untergebracht und bei verschiedenen Projekten (Flussregulierungen, Straßenbau) eingesetzt. In den Gettos richtete man Werkstätten ein, in denen Arbeiten für die Kriegswirtschaft verrichtet wurden. Nach der Ermordung der meisten Juden im GG (1942-43), wurden die wenigen am Leben gebliebenen arbeitsfähigen Juden in Arbeitslagern zusammengefasst, wo sie für die Besatzer arbeiteten, in der Hoffnung, so überleben zu können. Viele von ihnen wurden später erschossen, ein Teil konnte jedoch tatsächlich überleben.[85]

3.4 Kultur- und Schulpolitik

Die physische Vernichtung der Führungseliten und die Zerstörung der polnischen Kultur waren die Mittel, die eingesetzt wurden, um das Land und die Menschen beherrschen und ausbeuten zu können. Parallel dazu musste aber verhindert werden, dass sich neue polnische Führungseliten

---

83 Polizei Bataillon 104, Lagebericht vom 6.5.1940: Archiwum Państwowe w Lublinie, Polizei Bataillon Zamość 104, Bl. 41-43; Vgl. VALENTINA MARIA STEFANSKI, Zwangsarbeit in Leverkusen. Polnische Jugendliche im I.G. Farbenwerk, Osnabrück 2000 (Einzelveröffentlichungen des Deutschen Historischen Instituts Warschau, 2), S. 71-105.

84 ŁUCZAK, Polityka (wie Anm. 7), S. 493; EISENBLÄTTER, Grundlinien (wie Anm. 15), S. 324-340; MADAJCZYK, Polityka (wie Anm. 65), Bd. 1, S. 250-260.

85 MUSIAL, Deutsche Zivilverwaltung (wie Anm. 64), S. 115-118, 164-170.

bildeten, welche die alten ersetzen würden. Eine entsprechende Kultur- und Schulpolitik, die weitgehend den allgemeinpolitischen Direktiven angepasst wurde, sollte dies verhindern. Die Richtlinien für den polnischen Schulbetrieb im GG sahen eine generelle siebenjährige Schulpflicht vor, ab dem 16. Lebensjahr Arbeitspflicht für die polnische Jugend. Religionsunterricht sollte generell auf eine Stunde beschränkt werden. Alle nichtdeutschen Privatschulen sollten geschlossen bleiben, ebenso polnische Lehrerbildungsanstalten. Diese Richtlinien wurden weitgehend eingehalten. Darüber hinaus galt ein generelles Unterrichtsverbot für alle Fächer, die Kenntnisse über Polen vermittelten, wie Geschichte, Geographie, Literatur und Literaturgeschichte. Die Besatzungsbehörden zogen daher Ende 1939 die entsprechenden Schulbücher ein. Es ging darum, die Kontinuität der polnischen historischen Tradition abzubrechen, und so die kollektive Erinnerung manipulieren zu können.

Berufsschulen, vor allem technische und landwirtschaftliche, in denen Arbeiter für die deutsche Wirtschaft herangebildet werden sollten, wurden zugelassen. Alle Oberschulen wurden dagegen aufgelöst. Ebenso radikal ging man in der Wissenschaft und im Hochschulbereich vor: 1939/40 wurden alle Hochschulen, Laboratorien, Institute und wissenschaftlichen Vereinigungen geschlossen, ihre Ausstattung beschlagnahmt und – falls hochwertig – ins Reich abtransportiert. Alle wissenschaftlichen Bibliotheken waren für Polen, mit wenigen Ausnahmen, geschlossen. Die Besatzung zerstörte das gesamte öffentliche wissenschaftliche Leben Polens.

Ähnlich ging man mit der Presse um. Die Behörden legten das Zeitungs- und Zeitschriftenwesen still und bauten eine auf NS-Propaganda abgestellte Einheitspresse mit lokalen Varianten auf. Diese Blätter hatten die Aufgabe, die Anordnungen der deutschen Behörden bekannt zu machen und die polnische Bevölkerung im Sinne der Besatzer zu indoktrinieren. Mit ihrer Hilfe wurde u.a. pro-deutsche und antisemitische Propaganda betrieben. Um zu verhindern, dass Polen und Juden an unabhängige Nachrichten gelangen, wurden die Radiogeräte eingezogen.

Die NS-Ideologie sah für die Polen lediglich ein dem „primitiven Unterhaltungs- und Zerstreuungsbedürfnis" dienendes „kulturelles Eigenleben" vor. Daher wurden alle polnischen Museen geschlossen, ihre Bestände „erfasst" und „sichergestellt". Die wertvollsten Exponate wurden ins Reich überführt, d.h. geraubt. Theater und Opern wurden zwar nicht geschlossen, sie durften aber keine gehobene Unterhaltung anbieten. Man führte dort seichte Stücke, Schwänke u. Ä. auf, die unpolitisch, ohne nationalpolnische Akzente und deutschfreundlich zu sein hatten. Ein ähnliches „Repertoire“ bot man in den Kinos an.[86]

Die Gesamtheit der Maßnahmen im Kultur- und Schulbereich zielte darauf ab, die Heranbildung einer polnischen Intelligenz zu verhindern und das polnische Volk auf die Stufe einer kulturlosen Nation herabzudrücken. Der polnische Untergrundstaat (vgl. den Beitrag von Tomasz Szarota, bes. S. 154-159) versuchte dem entgegenzusteuern. Er richtete illegale Hochschulen und Gymnasien ein, an denen Hochschulabschlüsse und das Abitur abgelegt werden konnten. Durch illegales Abhören von westlichen Sendern, den Druck und Vertrieb von illegalen Nachrichten- und Flugblättern suchte die Widerstandsbewegung, das Informationsmonopol der deutschen Besatzer zu brechen. Alle diesen Aktivitäten unterlagen drakonischer Bestrafung, die Regel war die Einweisung in ein KZ oder die Todesstrafe.

3.5 NS-Bevölkerungspolitik: Das Prinzip der „völkischen Dekomposition“

Im GG gab es vier größere Bevölkerungsgruppen: Polen, Juden, Ukrainer sowie Reichs- und Volksdeutsche. Die NS-Politik gegenüber den einzelnen Gruppen war differenziert und unterlag im Laufe der Besatzung Veränderungen, die durch die Besatzungsziele und die allgemeine Kriegslage bedingt waren. Eine Konstante dieser Politik blieb jedoch das Bestreben, die einzelnen Gruppen zu isolieren und gegeneinander auszuspielen. Es ging darum, die Bevölkerung in möglichst kleine Teile zu zerlegen („völkische Dekomposition“), um so die deutsche Herrschaft zu festigen.

Volksdeutsche: Der Anteil der polnischen Bürger, die sich zum Deutschtum bekannten, war im GG relativ gering, etwa 100.000 Personen, weniger als 1% der Gesamtbevölkerung. Sie erhielten dieselben Rechte wie Reichsdeutsche: Entlohnung, Lebensmittelzuteilungen, soziale Leistungen, Schulen, obwohl sie nicht die reichsdeutsche Staatsangehörigkeit erhielten. Privilegien und eine bevorzugte Behandlung gegenüber den Polen waren ein großer Anreiz für viele, wenn sie die formalen Anforderungen erfüllten, sich als Volksdeutsche registrieren zu lassen, obwohl sie sich früher keineswegs zum Deutschtum bekannt hatten.

---

86 CHRISTOPH KLESSMANN, Die Selbstbehauptung einer Nation. Nationalsozialistische Kulturpolitik und polnische Widerstandsbewegung im Generalgouvernement 1939-1945, Düsseldorf 1971, S. 48-107.

In der ersten Phase der Besatzung, bis zum Frühjahr 1941, verfolgten die deutschen Stellen das Ziel, die Volksdeutschen aus dem GG ins Reichsgebiet oder in die eingegliederten Gebiete umzusiedeln. So siedelte man im Sommer 1940 aus dem Distrikt Lublin etwa 25.000 Volksdeutsche (Cholmerdeutsche) in die eingegliederten Gebiete um.

Einen Paradigmenwechsel in der Politik gegenüber den Volksdeutschen brachten Pläne, die im Umfeld der Kriegsvorbereitungen gegen die UdSSR entstanden. Bereits im März 1941 erklärte Hitler Frank, dass aus dem GG „im Laufe von 15 bis 20 Jahren ein rein deutsches Land" gemacht werden solle.[87] Diese Absicht, das GG zu germanisieren, war ein Bestandteil der Pläne zur Eroberung des „Lebensraums" im Osten, die man im „Generalplan Ost" zusammenfasste. Vor diesem Hintergrund ist es verständlich, dass die Aussiedlung von Volksdeutschen aus dem GG gestoppt wurde. Vielmehr traf SS- und Polizeiführer Globocnik mit seinem Stab im Sommer 1941 Vorbereitungen, Volksdeutsche im GG anzusiedeln („Zamość-Aktion", vgl. unten S. 92f.). Zeitgleich wurde im GG eine neue Kategorie von Volksdeutschen eingeführt, diejenige der „Deutschstämmigen", die der 3. und der 4. Gruppe der Volksliste in den eingegliederten Gebieten entsprach. Hier reichte es aus, dass ein Großelternteil deutsche Abstammung vorweisen konnte. Die Besatzungsmacht lockte mit höheren Lebensmittelzuteilungen und verschiedenen Privilegien, drohte mit Aussiedlung oder gab zu verstehen, dass den Polen dasselbe Schicksal bevorstehe, wie den Juden, d.h. die Ermordung, und dass die einzige Chance sich zu retten sei, sich als Deutschstämmiger registrieren zu lassen. Im Sommer 1943 waren im GG etwa 100.000 Deutschstämmige registriert, 25.000 von ihnen wurden als „eindeutschungsfähig" anerkannt.[88]

Die Volksdeutschen im GG spielten eine wichtige Rolle im Besatzungsapparat, in dem sie bevorzugt eingestellt wurden, weil sie über Sprach- und Landeskenntnisse verfügten. Unmittelbar nach der Besetzung bildete man aus ihnen Hilfspolizeieinheiten, deren Angehörige sich an der „Befriedung" des Landes (Repressionen gegen Polen und Juden) aktiv beteiligten. Aus diesen Einheiten wurde im Sommer 1940 auch der „Sonderdienst" eingerichtet. Seine Angehörigen wurden bei Verhaftungen, Razzien, verschiedenen Strafmaßnahmen (z.B. bei öffentlichen Exekutionen oder Strafexpeditionen) eingesetzt, und auch bei Deporta-

87 Diensttagebuch (wie Anm. 72), S. 335.
88 MADAJCZYK, Polityka (wie Anm. 65), Bd. 1, S. 453-457.

tionen von Juden in die Vernichtungslager. Außer „einheimischen" Volksdeutschen wurden auch Volksdeutsche aus den eingegliederten Ostgebieten (z.B. Oberschlesien) im GG bevorzugt eingesetzt, und zwar oft als Angehörige des SS- und Polizeiapparates, d.h. sie beteiligten sich direkt und aktiv am NS-Terror. Für die meisten Polen galten Volksdeutsche deshalb als Verräter und Renegaten, die noch mehr verachtet und gehasst waren als Reichsdeutsche. Aber auch von den Letzteren wurden sie trotz ihrer „Nützlichkeit" nicht besonders hoch geachtet.

Polen: Die Prinzipien der „völkischen Dekomposition" suchten die Nazis auch gegenüber dem polnischen Volk anzuwenden. So gab es Versuche, dieses nach ethnischen und sozialen Kriterien „aufzusplittern". Exemplarisch war der Versuch mit dem „Goralenvolk". Polnische Bergbewohner um Zakopane sollten sich als „Goralenvolk" eintragen, weil sie rassisch angeblich keine Polen seien. Im Gegenzug sollten die „Goralen" besser behandelt werden. Ferner gab es Pläne, eine Gruppe von privilegierten Polen (Vorzugspolen) zu schaffen, die später in die Volksliste übernommen werden konnte. Diese Absichten blieben aber im Planungsstadium. Im Großen und Ganzen wurden alle Polen gleich schlecht behandelt, außer denjenigen, die mit den deutschen Besatzern freiwillig oder gezwungenermaßen kollaborierten.[89]

Ukrainer: Die etwa 500.000 im Alt-GG (ohne Distrikt Galizien) lebenden Ukrainer wurden im Vergleich zu den Polen oder Juden besser behandelt, da sie als Verbündete des Dritten Reiches galten. Ihnen wurde eine Kultur- und Verwaltungsautonomie gewährt. In den Jahren 1939-41 flüchteten Tausende von Ukrainern aus Ostpolen vor dem sowjetischen Terror ins GG, viele von ihnen beteiligten sich an dem Überfall auf die UdSSR auf der deutschen Seite. Die Eingliederung des Distrikts Galizien am 1. August 1941 erhöhte die Zahl der Ukrainer im GG auf 3,9 Millionen.[90]

Die deutschen Besatzer suchten die Ukrainer gegen die polnische Mehrheit auszuspielen. So wurden Ukrainer bevorzugt in der Verwaltung eingestellt; dies war allerdings nicht einfach, da nur relativ wenige ukrainische Fachkräfte vorhanden waren. Aus Ukrainern wurde eine Hilfspolizei gebildet, die im GG zur Bewachung von Industrieanlagen und

---

89 Ebd., S. 457-463; ŁUCZAK, Polityka (wie Anm. 7), S. 187-190.

90 MADAJCZYK, Polityka (wie Anm. 65), Bd. 1, S. 241; Diensttagebuch (wie Anm. 72), S. 700.

Lagern, zu Razzien und „Befriedungsaktionen"eingesetzt wurde. Später setzten die Nazis ukrainische Hilfspolizisten auch bei Deportationen von Juden in die Vernichtungslager und bei Massenerschießungen ein. Im Jahre 1944 wurde die SS-Division Galizien zusammengestellt, die gegen die Sowjets kämpfen sollte.

Die nationalsozialistische Ukrainerpolitik zielte darauf ab, die bestehenden Spannungen zwischen Ukrainern, Polen und Juden zu verschärfen und zu instrumentalisieren, und die Einen gegen die Anderen einzusetzen. Man dachte aber nie daran, einen unabhängigen Staat, das erklärte Ziel der ukrainischen Nationalbewegung, zu errichten. Im Gegenteil, es war geplant, die Ukraine zu germanisieren. Die Erwartungen der Nationalbewegung wurden schnell enttäuscht. Ab Sommer 1941 gab es eine ukrainische Widerstandsbewegung, die sowohl gegen die deutschen Besatzer als auch gegen die sowjetischen Partisanen kämpfte.

Juden: Das Endergebnis der antijüdischen Politik im GG war die Ermordung der meisten dort lebenden Juden, wofür es im Herbst 1939 noch keine Anzeichen gab. Die Judenpolitik im GG lässt sich grob in zwei Phasen unterteilen: Die erste dauerte vom Herbst 1939 bis Ende 1941, und die zweite ist ab Frühjahr 1942 zu datieren. Beide Phasen unterschieden sich durch Zielsetzung und Kompetenzträger.

In der ersten Phase bestimmte die Zivilverwaltung weitgehend selbständig die antijüdische Politik im GG. Ihre erklärten kurzfristigen Ziele waren es, die jüdische Bevölkerung zu isolieren, sie aus der Wirtschaft auszuschalten und gleichzeitig zur Zwangsarbeit heranzuziehen. Als Endziel galt, die Juden aus dem GG wie aus dem gesamten Machtbereich des Reiches im Rahmen der „territorialen Lösung" endgültig und restlos zu „entfernen". So entstanden der Plan des „Judenreservats" im Distrikt Lublin und später der sog. „Madagaskar-Plan", d.h. die Deportation aller Juden auf die afrikanische Insel.

Schon die frühen antijüdischen Maßnahmen wirkten sich katastrophal auf die Lage der jüdischen Bevölkerung aus. Durch den Ausschluss der Juden aus der Wirtschaft, die durch eine gezielte „Entjudung" erreicht wurde, verloren die meisten Juden ihre Existenzgrundlage und wurden gleichzeitig faktisch aus der Lebensmittelversorgung ausgeschlossen. Hinzu kamen Vertreibungen und Umsiedlungen, die zur Überfüllung der Gettos führten, mangelnde medizinische Versorgung und katastrophale hygienische Verhältnisse. Die Folgen waren Verelendung, Hunger, Krankheiten und Seuchen. Um zu überleben, waren die Juden auf den

Schwarzmarkt angewiesen. Andererseits waren immer mehr Juden, die sich auf dem Schwarzmarkt nicht behaupten konnten, auf Fürsorge angewiesen. Die „Judenfrage", die im Herbst 1939 für die deutschen Besatzer ein rassenideologisches Problem war, wurde im Laufe der Besatzung zu einem tatsächlichen wirtschaftlichen und sozialen Problem, das gelöst werden musste. Die zivilen Behörden reagierten mit einer Radikalisierung der antijüdischen Maßnahmen, welche die Lage der Juden verschlechterte und die Situation noch verschärfte.

Der Überfall auf die UdSSR ließ die Verantwortlichen im GG hoffen, man werde die „Judenfrage" durch „Abschiebung nach dem Osten" rasch lösen können. Infolge des Scheiterns des Blitzkrieges im Osten erwies sich diese Hoffnung als illusorisch. Im Herbst 1941 fiel dann die Entscheidung, die „Judenfrage" im GG durch Massenmord zu lösen. Es handelte sich dabei höchstwahrscheinlich um ein Sonderprogramm, weil die Entscheidung zur Ermordung aller Juden Europas später gefallen zu sein scheint. Ende 1941 wurde die Ermordung der Juden im GG zum Bestandteil der „Gesamtlösung der Judenfrage". Auf der Wannsee-Konferenz, am 20. Januar 1942, wurden die Zuständigkeiten geregelt, und die Zivilverwaltung akzeptierte die Federführung von SS und Polizei.[91] Vom Oktober 1941 bis Juli 1942 wurden im GG drei Vernichtungslager (Bełżec, Sobibór und Treblinka) errichtet, in denen ab März 1942 bis Sommer 1943 die meisten Juden im GG ermordet wurden. Nur wenige Juden überlebten durch Flucht in die sowjetischen Gebiete, in Zwangsarbeitslagern oder im Versteck.

3.6 Deportationen, Vertreibungen und Umsiedlungen

Das GG war während der deutschen Besatzung Schauplatz umfangreicher Deportationen, Vertreibungen, Umsiedlungen und Fluchtbewegungen. Da das GG bis Frühjahr 1941 als „Reservat" für Polen – und auch vorübergehend für Juden – galt, war geplant, aus dem Reich und den eingegliederten Gebieten alle „unerwünschten" Elemente (Polen, Juden, Zigeuner) dorthin zu deportieren. Ursprünglich wünschte Hitler, dass insgesamt 8 Millionen Menschen in das GG vertrieben werden sollten. Diese Pläne wurden aber modifiziert und die Zahl der zu Vertreibenden auf eine Million reduziert. Es wurden insgesamt drei „Nahpläne" ausge-

---

91 BOGDAN MUSIAL, The Origins of „Aktion Reinhard": the Decision-Making Process for the Mass Murder of the Jews in the Generalgouvernement, in: Yad Vashem Studies 28 (2000), S. 113-153.

arbeitet, nach denen die Vertreibungen ablaufen sollten. Frank, der anfangs mit den Deportationen einverstanden war, leistete seit der Jahreswende 1939/40 Widerstand gegen die von SS und Polizei geleiteten Umsiedlungen, weil die Unterbringung und Verpflegung der großen Zahl von Vertriebenen äußerst schwierig war. Das GG drohte im wirtschaftlichen und sozialen Chaos zu versinken. Frank erhielt Unterstützung seitens der Wehrmacht und der Wehrwirtschaftsstellen, weil die kriegswirtschaftlichen Interessen zu dieser Art Volkstumspolitik im Gegensatz standen.

Von den drei „Nahplänen" wurde nur der erste realisiert, den zweiten und den dritten musste Himmler wegen des Widerstands von Frank vorzeitig abbrechen. Insgesamt wurden vom Herbst 1939 bis Frühjahr 1941 ca. 460.000 Personen in das GG deportiert. Die meisten der Vertriebenen waren Polen und einige zehntausend Juden.[92] Alle Vertriebenen, Deportierten und Flüchtlinge kamen ins GG ohne Vermögen, nur mit den nötigsten Sachen und kaum mit Bargeld. Für sie gab es kaum Erwerbsmöglichkeiten, viele von ihnen – Alte, Kranke, Kinder – waren ohnehin arbeitsunfähig. Die Jungen und Gesunden wurden meist zur Zwangsarbeit ins Reich verschleppt, falls sie keine Juden waren. Die Deportierten mussten in der Regel von der polnischen oder jüdischen Fürsorge versorgt und untergebracht werden, was die Versorgungs- und Wohnungslage im GG verschärfte.

Auch innerhalb des GG fanden umfangreiche Umsiedlungen statt. So wurden in den Jahren 1940-1942 insgesamt 188 Dörfer ausgesiedelt, um Truppenübungsplätze für die Wehrmacht und die Waffen-SS zu errichten. Davon waren 171.000 polnische Bauern betroffen.[93] Tausende von Polen und Juden mussten ihre Wohnungen und Häuser verlassen, um Platz für die im GG eingesetzten Deutschen zu machen. So wurden in größeren Städten deutsche Viertel gebildet.

Ende 1942 begann der SSPF Odilo Globocnik im Gebiet um Zamość eine umfangreiche Umsiedlungsaktion: Polnische Bauern wurden ausgesiedelt und an ihrer Stelle Volksdeutsche angesiedelt. Im Frühjahr 1943 musste jedoch die Aktion gestoppt werden. Die Gründe dafür waren vielfältig: Widerstand der deutschen Zivilverwaltung, Anwachsen des bewaffneten polnischen Widerstandes, veränderte Kriegslage (die Wende

92 ŁUCZAK, Polityka (wie Anm. 7), S. 127f.; EISENBLÄTTER, Grundlinien (wie Anm. 15), S. 178-194, Musial, Zivilverwaltung (wie Anm. 64), S. 29 mit Anm. 54.

93 ŁUCZAK, Polityka (wie Anm. 7), S. 127f., S. 133.

an der Ostfront). Die „Zamość-Aktion" erfasste 300 Dörfer, aus denen etwa 110.000 polnische Bauern vertrieben wurden. Mehrere zehntausend von ihnen deportierte man in KZs (Majdanek und Auschwitz), einen Teil verschleppte man zur Zwangsarbeit ins Reich, die Übrigen deportierte man in andere Orte innerhalb des GGs. Die etwa 7.000 Ukrainer, die von der Aktion auch betroffen waren, siedelte man im Norden des Distrikts Lublin in Dörfern an, aus denen zuvor polnische Bewohner vertrieben worden waren.

Die letzte groß angelegte Umsiedlungsaktion war die Vertreibung und Verschleppung der etwa 500.000 Bewohner Warschaus nach der Niederwerfung des Aufstandes im Oktober 1944. Etwa 300.000 Warschauer „evakuierte" man in andere Orte innerhalb des GGs, 90.000 wurden zur Zwangsarbeit im Reich verschleppt, etwa 60.000 in KZ eingewiesen, der Rest musste Warschau auf eigene Faust verlassen. Hinzu kamen Hunderttausende von Juden, die in den Jahren 1939-1941 im Rahmen der Gettoisierung (Errichtung von Gettos und Judenwohnbezirken) „umgesiedelt" wurden, bevor man sie ermordete.

Fluchtbewegungen: Im September 1939 kamen ins spätere GG Tausende von Flüchtlingen aus den westlichen Gebieten Polens, die durch den systematischen Luftterror in Angst und Panik versetzt wurden. Zusätzlich flüchteten mehrere zehntausend vor dem Terror der Einsatzgruppen und des Selbstschutzes, die in den eingegliederten Gebieten besonders brutal vorgingen. In den Jahren 1943/44 suchten im Alt-GG mehrere hunderttausend Polen aus den ehemaligen Ostgebieten Zuflucht vor ukrainischem Terror. Hinzu kamen polnische Flüchtlinge, die vor der Roten Armee flüchteten.

3.7 Terror und Völkermord

Die Geschichte des NS-Terrors im GG lässt sich – parallel zur antijüdischen Politik – chronologisch grob in zwei Phasen, vom September 1939 bis zum Frühjahr 1942 und vom Frühjahr 1942 bis zum Ende der Besatzung, unterteilen. Beide Phasen unterschieden sich in der Intensität des Terrors und teilweise in ihrer Zielsetzung.

Die erste Phase: Auf dem Gebiet des GG verliefen die Aktionen der Einsatzgruppen bei weitem nicht so blutig wie in den eingegliederten Gebieten. Dort wurden bis Ende 1939 „nur" etwa 5.000 Menschen ermordet.[94] Diese Erschießungen liefen unter dem Oberbegriff „Intelligenzaktion“ und wurden von den Einsatzgruppen, aus denen im November 1939 der polizeiliche Sicherheitsapparat im GG gebildet wurde, ausgeführt.

Die erste größere Aktion, die sich gegen die polnische Intelligenz als Führungsschicht richtete, war am 6.11.1939 die Verhaftung von 183 Personen an der Universität Krakau, davon 144 Professoren und Assistenten; die meisten von ihnen wurden in KZs verschleppt. Etwa zeitgleich verhaftete man in Krakau eine Gruppe von Richtern, Gymnasiallehrern, Studenten und Gymnasiasten. In Lublin wurden etwa 2.000 Angehörige der polnischen Intelligenz festgenommen, ähnlich in Radom, wie der Gouverneur Lasch am 22.11.1939 meldete: „Die Intelligenz sei zum großen Teil eingesperrt worden“.[95] Ursprünglich war offensichtlich geplant, die meisten Verhafteten „unschädlich“ zu machen, aber „nur“ ein Teil von ihnen kam ums Leben, die meisten wurden bald entlassen. Der Grund dafür lag in den Protesten gegen diese Maßnahmen außerhalb und innerhalb Deutschlands. Frank beschwerte sich am 25.5.1940 darüber in einer Ansprache an seine Mitarbeiter:

> „Für mich und für einen jeden von Ihnen war es in diesen Monaten furchtbar, immer wieder Stimmen aus dem Propagandaministerium, aus dem Auswärtigen Amt, aus dem Innenministerium, ja sogar von der Wehrmacht vernehmen zu müssen, daß das ein Mordregime wäre, daß wir mit diesen Greueltaten aufhören müssen usw.“[96]

Im Mai 1940, als der Feldzug gegen Frankreich die Aufmerksamkeit der Öffentlichkeit von den Geschehnissen im GG ablenkte, griff man die alten Pläne auf und führte die sog. „Außerordentliche Befriedungsaktion“ (AB-Aktion) durch. Im Rahmen dieser Aktion ermordete die Sicherheitspolizei etwa 4.000 Menschen, größtenteils Angehörige der Intelligenz sowie Menschen, die als „asozial“ eingestuft wurden. Ferner ordnete Himmler an, 20.000 Polen in KZs einzuweisen. Zu diesem Zweck richtete man auch das KZ Auschwitz ein, wo der erste Transport mit polni-

---

94 ŁUCZAK, Polityka (wie Anm. 7), S. 71-76; ROSSINO, September 1939 (wie Anm. 7), S. 76-171.

95 Documenta Occupationis (s. Literaturhinweise, S. 106f.), Bd. 6, S. 458f.; EISENBLÄTTER, Grundlinien (wie Anm. 15), S. 160.

96 Diensttagebuch (wie Anm. 72), S. 211.

schen Häftlingen am 14.6.1940 antraf. Bis Ende 1940 befanden sich im KZ Auschwitz 8.000 Gefangene, vor allem Polen.[97]

Die Pläne, die polnische Intelligenz zu vernichten, standen allerdings zum Teil im Widerspruch zur aktuellen Besatzungspolitik. Die deutschen Besatzer waren auf Ärzte oder Ingenieure, auf polnische Spezialisten in der Wirtschaft, der Verwaltung und im Gesundheitswesen, angewiesen. Außer der „AB-Aktion" vom Mai-Juni 1940 fanden im GG keine Massenerschießungen mehr statt, die gezielt gegen die Intelligenz gerichtet gewesen wären. Die Richtlinien galten aber bis zum Ende der Besatzung. So erklärte Frank am 13.12.1940 in einer Besprechung:

> „In naher Zukunft werde sich die Durchführung einer außerordentlichen Befriedungsaktion als notwendig erweisen. Der Führer habe für dieses Vorgehen in jeder Weise Verständnis."

Tatsächlich wurden im Januar 1941 im Pawiak, dem Warschauer Gestapogefängnis, 210 Gefangene erschossen. Zeitgleich fanden in Tschenstochau und Radom umfangreiche Verhaftungen statt.[98] Die polnischen Führungseliten blieben Ziel des deutschen Terrors, ihre Angehörigen wurden durch Polizeigerichte abgeurteilt und ermordet oder in ein KZ eingewiesen.

Terror als Mittel zur „Befriedung" des Landes: Von Anfang an setzten die deutschen Besatzer auf Kollektivstrafen und Abschreckung, um den Widerstandswillen zu brechen. Während der Kriegshandlungen nahm die Wehrmacht Geiseln, die man vornehmlich unter den Honoratioren der jeweiligen Orte suchte, und erschoss sie, falls es zu antideutschen Aktionen gekommen war. Diese „Befriedungsmethode" wandten die Polizei und Verwaltung bis zum Ende ihrer Herrschaft in Polen an. Ein weiterer Vorwand, um Erschießungen vorzunehmen, war „Vergeltung" für „antideutsche" Akte. So ordnete Frank am 10.11.1939 an, „daß in jedem Haus, in dem ein Plakat [anlässlich des 11.November, des polnischen Nationalfeiertags, B.M.] angehängt bleibt, ein männlicher Einwohner erschossen wird".[99] Es ist nicht bekannt, ob in diesem Zusammenhang Personen erschossen wurden.

---

[97] EISENBLÄTTER (wie Anm. 15), S. 172-178; Diensttagebuch (wie Anm. 72), S. 194; MADAJCZYK, Polityka (wie Anm. 65), Bd. 2, S. 287.

[98] Diensttagebuch (wie Anm. 72), S. 311; Documenta Occupationis (s. Literaturhinweise, S. 106f.), Bd. 6, S. 462.

[99] Diensttagebuch (wie Anm. 72), S. 64.

Bis Ende 1939 fanden im GG 155 Massenexekutionen statt, bei denen 2.406 Personen erschossen wurden. Einzelexekutionen, deren Zahl unbekannt bleibt, wurden nicht mitgerechnet. Damit die Exekutionen abschreckend wirkten, wurden sie bekannt gemacht und zum Teil auch öffentlich durchgeführt. Die erste große halb-öffentliche Exekution im GG fand am 18.12.1939 in Bochnia, in der Nähe von Krakau (64 Opfer) statt, die nächste am 27.12.1939 in Wawer bei Warschau mit 107 Opfern. In beiden Fällen war der Vorwand die Erschießung von einzelnen deutschen Polizisten (Bochnia) oder Soldaten (Wawer) durch Kriminelle. Am 14. März 1940 erschossen Polizei und „Selbstschutz" in Józefów bei Lublin etwa 200 Personen, um die Ermordung einer volksdeutschen Familie bei einem Raubüberfall zu „vergelten". Zwei Wochen später (31.3.-11.4.) fand die erste groß angelegte „Befriedungsaktion" in der Region um Kielce statt, als Antwort auf den Partisanenkampf des Majors Hubal. Dabei wurden 687 Personen erschossen und 200 verhaftet.[100]

In einem Interview für den „Völkischen Beobachter" am 6. Februar 1940 erklärte Hans Frank auf die Frage nach dem Unterschied zwischen der Besatzungspolitik im Protektorat Böhmen und Mähren und derjenigen im GG:

> „In Prag waren z.B. große rote Plakate angeschlagen, auf denen zu lesen war, daß heute 7 Tschechen erschossen worden sind. Da sagte ich mir: wenn ich für je sieben erschossene Polen ein Plakat aushängen lassen wollte, dann würden die Wälder Polens nicht ausreichen, das Papier herzustellen für solche Plakate."[101]

In Warschau führten die Besatzer 1940 vier große Razzien (8.5., 12.8., 17.9. und 6.12.) durch, bei denen etwa 10.000 Personen festgenommen wurden. Ein Teil von ihnen wurde entlassen, andere erschossen, die Übrigen in KZs eingewiesen. Es ist nicht klar, ob es sich um Vergeltungsmaßnahmen oder um die Fortsetzung der „AB-Aktion" handelte, oft vermischten sich auch beide Motive.

Nach dem Einmarsch in die ehemaligen ostpolnischen Gebiete nach dem 22. Juni 1941 weiteten die Sicherheitskräfte ihre Aktionen auf diese Gebiete aus. So erschoss die Sicherheitspolizei in Lemberg 25 polnische Professoren, 26 ihrer Familienangehörigen und etwa 100 polnische Studenten. Auch in anderen Städten ermordeten Einsatzgruppen Angehö-

---

100 Documenta Occupationis (s. Literaturhinweise, S. 106f.), Bd. 6, S. 459f.; ŁUCZAK, Polityka (wie Anm. 7), S. 77.

101 Diensttagebuch (wie Anm. 72), S. 104.

rige der polnischen Intelligenz, die den sowjetischen Terror überlebt hatten. Es handelte sich dabei oft um Personen, die mit den Sowjets tatsächlich oder angeblich zusammengearbeitet hatten.[102] Die Deutschen „interessierten" sich in diesen Gebieten vor allem für die kommunistische und die jüdische Intelligenz, und für alle, die als potentielle oder tatsächliche Verbündete der Sowjets angesehen wurden. Die polnische Intelligenz hingegen galt – mit wenigen Ausnahmen – als sowjetfeindlich. Daher waren die Mordaktionen in diesen Gebieten hauptsächlich gegen erstere gerichtet.

Die Terrormethoden – gekoppelt mit relativ erfolgreicher Infiltration – lähmten anfangs teilweise den polnischen Wiederstand. Um Verluste unter der Zivilbevölkerung zu vermeiden, verzichtete die Führung der polnischen Widerstandsbewegung weitgehend auf bewaffnete Aktionen. Man konzentrierte sich darauf, Untergrundstrukturen aufzubauen und besonders gefährliche Konfidenten zu beseitigen. Sonst galt die Parole des passiven Widerstandes.

Ein weiteres Element, das die Lage der polnischen und jüdischen Bevölkerung zusätzlich verschlechterte, waren Überfälle, die von Einzelnen oder Gruppen verübt wurden. Die Täter rekrutierten sich einerseits aus SS- und Polizei-Angehörigen, Wehrmachtssoldaten, Sonderdienstmännern, anderen Deutschen und fremdvölkischen Hilfspolizisten oder Truppen, die im GG eingesetzt waren. Hier waren die Grenzen zwischen offiziellen „Aktionen" und kriminellen Übergriffen fließend, vielfach geschah gleichzeitig beides. Auf der anderen Seite gab es viele einheimische Kriminelle, die im September 1939 von den polnischen Behörden aus den Gefängnissen entlassen worden waren. Diese Kriminellen hatten nun Zugang zu Waffen, die Polizei war personell schwach besetzt und konzentrierte sich auf die Bekämpfung des Widerstandes, die Eintreibung von Kontingenten, Razzien auf Zwangsarbeiter und andere Aufgaben. Schließlich führten die katastrophalen materiellen Verhältnisse, die allgemeine Verarmung und der moralische Verfall dazu, dass viele Menschen in die Kriminalität abglitten. Folglich wurde das Banditenunwesen im GG zu einer Plage, insbesondere auf dem Lande. Der Terror im GG war von Anfang an allgegenwärtig. Alle Schichten der polnischen Gesellschaft waren davon betroffen, am stärksten die Führungseliten im weiteren Sinne.

---

102 Documenta Occupationis (s. Literaturhinweise, S. 106f.) Bd. 6, S. 462; ŁUCZAK, Polityka (wie Anm. 7), S. 78.

Die Zweite Phase: Der NS-Terror eskalierte 1942-1944. Ende 1941 fiel die Entscheidung, alle polnischen Juden vor Ort zu ermorden. Zugleich steigerte sich der Terror gegen die polnische Bevölkerung, um den wachsenden passiven und aktiven polnischen Widerstand zu brechen. Im März 1942 lief in Lublin die „Aktion Reinhardt“ an, die in der Folgezeit alle Distrikte ergriff und die Ermordung der Juden im GG bedeutete. Ende 1943 war im GG nur noch ein Bruchteil der ursprünglichen jüdischen Bevölkerung am Leben geblieben, einige im Versteck, die anderen in Lagern. Die Übrigen, etwa 2.000.000, waren ermordet worden. Es herrscht allgemein die Auffassung, dass der Massenmord an den Juden ein bürokratisch durchorganisiertes Verbrechen war. Dies trifft für das GG nur bedingt zu. Tatsächlich waren die „Aktionen“ organisatorisch schlecht vorbereitet, wurden brutal durchgeführt und arteten teilweise in regelrechte Menschenjagden aus, bei denen jüdische Opfer vor Ort getötet wurden.[103]

Der Mord an den Juden, der in der Öffentlichkeit stattfand, wirkte sich unmittelbar auf die Haltung der Polen gegenüber den Besatzern aus. Bis 1942 spielte der aktive Kampf eine untergeordnete Rolle, um blutige Vergeltungsaktionen zu vermeiden. Das Schicksal der Juden zeigte aber, dass eine passive Haltung die Chancen zum Überleben keineswegs erhöhte. Unter den Polen breitete sich die Überzeugung aus, dass nach den Juden auch die Polen vernichtet werden würden. Die „Zamość-Aktion“, die Ende 1942 anlief, und das immer brutalere Vorgehen der Nazis bestätigten in den Augen vieler diese Befürchtungen. Hinzu kam, dass im Winter 1942/43 die deutschen Truppen Niederlagen im Osten erlitten, was auf den Sieg der Alliierten hoffen ließ und zugleich einen aktiven Kampf sinnvoller machte. Diese Faktoren führten zum Anwachsen der polnischen Widerstandsbewegung, was wiederum deutsche Gegenmaßnahmen hervorrief. Die Eskalation des Terrors war auch durch die drastisch erhöhten Kontingente an Zwangsarbeitern und landwirtschaftlichen Produkten bedingt, die sich nur mit brutaler Gewalt eintreiben ließen.

Folglich steigerte sich parallel zum Mord an den Juden der Terror gegen die Polen. Im Jahre 1942 erschoss die deutsche Besatzungsmacht im Alt-GG 17.000 Polen, die als „Banditen“ bezeichnet wurden. In allen „Befriedungsaktionen“, die vom August 1942 bis Juli 1944 stattfanden, töteten die deutschen Besatzer über 33.000 Personen. An diesen Aktio-

---

103 MUSIAL, Deutsche Zivilverwaltung (wie Anm. 64), S. 308-312, 349.

nen beteiligten sich zunehmend auch Wehrmachtstruppen. Am stärksten betroffen waren die Regionen um Kielce und Lublin sowie Warschau, wo die Widerstandsbewegung besonders aktiv war. In der Region um Lublin fanden insgesamt 1.200 Erschießungen statt, bei denen mehrere zehntausend Polen ums Leben kamen.[104]

Exemplarisch für den NS-Terror in Polen ist das Schicksal der Hauptstadt Warschau und ihrer Bewohner. Im September 1939 kamen etwa 20.000 Warschauer infolge von Luftangriffen und Artilleriebeschuss ums Leben. Die materiellen Zerstörungen wurden auf etwa 10% der Bausubstanz geschätzt. Bis Juli 1944 wurden 32.000 Warschauer in öffentlichen und geheimen Exekutionen erschossen, 45.000 starben in Konzentrationslagern. Ein besonders tragisches Schicksal erlitten die jüdischen Einwohner Warschaus. Bis zum Sommer 1942 starben Tausende von ihnen an Hunger, Unterernährung und Krankheiten. Im Sommer 1942 ermordeten die Nazis 310.000 Warschauer Juden in Treblinka, im Frühjahr 1943 weitere 60.000. Die wenigen jüdischen Überlebenden deportierte man in Arbeitslager im GG. Nach dem Gettoaufstand wurde das jüdische Viertel dem Erdboden gleichgemacht (es machte etwa 12-15% der materiellen Substanz der Stadt aus).

Am 1.8.1944, als die Rote Armee bereits in der Nähe war, brach in Warschau der von der polnischen Widerstandsbewegung ausgelöste Warschauer Aufstand aus. In den Kämpfen, die bis zum 2. Oktober andauerten, fielen 16.000 Aufständische. Die Verluste unter der Zivilbevölkerung waren viel größer und beliefen sich auf 150.000 bis 180.000 Menschen. Etwa 40.000 von ihnen wurden in Massenexekutionen ermordet, die Übrigen starben infolge von wahllosen Bombardements und am Rande von Kampfhandlungen. Nach der Kapitulation wurden die Überlebenden „evakuiert", ein Teil zur Zwangsarbeit verschleppt, die Übrigen innerhalb des GGs „umgesiedelt". Während des Aufstandes wurden weitere 25% der städtebaulichen Substanz zerstört.

Nach der Kapitulation erfolgte innerhalb von drei Monaten die systematische Zerstörung der Stadt. Nach Plünderung von Einrichtungsgegenständen, die irgendwie nützlich sein konnten, legten spezielle Brandkommandos Feuer, Haus für Haus, Viertel für Viertel. Danach traten Sprengkommandos in Aktion, welche ausgewählte, ausgebrannte Gebäude zu sprengen hatten. Auf diese Art und Weise zerstörte man weitere

---

104 ŁUCZAK, Polityka (wie Anm. 7), S. 80f.; Documenta Occupationis (s. Literaturhinweise, S. 106f.) Bd. 6, S. 464-476.

30% der Bebauung im linksseitigen Warschau. Die Zerstörung Warschaus ist beispiellos in der Geschichte des 20. Jahrhunderts.[105]

Die letzten Verbrechen in Polen begingen die deutschen Besatzer unmittelbar vor ihrer Flucht an Gefängnis- und Lagerinsassen, die nicht mehr evakuiert werden konnten. So erschoss man am 22. Juli 1944, kurz vor dem Einmarsch der sowjetischen Truppen, etwa 400-500 Häftlinge in Lublin. Insgesamt tötete man einige tausend Häftlinge und Lagerinsassen vor Ort und einige weitere tausend während der Evakuierung.[106]

3.8 Besonderheiten im 1939-1941 sowjetisch besetzten Ostpolen

Während die Lage der Polen im Alt-GG und in den eingegliederten Gebieten relativ klar war und die deutsche Besatzung den Gegner darstellte, war die Situation in den ehemaligen ostpolnischen Gebieten, die 1939 von Sowjets besetzt worden waren, viel komplizierter. Von 1939-1941 waren die dort lebenden Polen, aber auch Ukrainer, Weißrussen und Juden dem sowjetischen Terror ausgesetzt. Die Sowjets, ähnlich wie Nazis, zielten darauf ab, die polnischen Eliten zu vernichten, um eine neue Gesellschaftsordnung sowjetischer Prägung aufzubauen. Die Folge des sowjetischen Terrors der Jahre 1939-1941 waren je nach Schätzung 315.000-400.000 nach Sibirien Verschleppte, über 100.000 Verhaftete und mehrere zehntausend Erschossene. Allein im Rahmen des Katyn-Mordes töteten die Sowjets fast 22.000 Angehörige der polnischen Eliten.[107]

Es ist kaum verwunderlich, dass nach dem 22. Juni 1941 viele Polen, Weißrussen und besonders Ukrainer die einmarschierenden deutschen Soldaten als Befreier begrüßten. Die Juden waren hier eine Ausnahme, denn sie fürchteten sich vor dem Antisemitismus und vor der Rache vieler Nichtjuden für ihre vermeintliche Zusammenarbeit mit den Sowjets. In der Tat kam es nach dem Einmarsch der deutschen Truppen zu Pogromen. Einige Wochen später setzte in diesen Gebieten die physische Vernichtung von Juden ein. Aber auch die übrige Bevölkerung stellte schnell fest, dass die Deutschen nicht als Befreier, sondern als neue Besatzer kamen, die nicht minder rücksichtslos und grausam waren als die Sowjets. Bald baute die polnische Widerstandsbewegung ihre Struk-

---

105 MAREK GETTER, Das Schicksal der Zivilbevölkerung im Warschauer Aufstand, in: Der Warschauer Aufstand (wie Anm. 4), S. 67-88.

106 MADAJCZYK, Polityka (wie Anm. 65), Bd. 2, S. 393; ŁUCZAK, Polityka (wie Anm. 7), S. 635.

107 BOGDAN MUSIAL, „Konterrevolutionäre Elemente sind zu erschießen." Die Brutalisierung des deutsch-sowjetischen Krieges im Sommer 1941, Berlin 2000, S. 35f.

turen, die von Sowjets zerschlagen worden waren, wieder auf und führte erste antideutsche Aktionen durch. Auch Verbände der ukrainischen Nationalbewegung gingen im Sommer 1941 in den Untergrund, um gegen deutsche Besatzer, sowjetische Partisanen und ab 1943 gegen die polnische Minderheit bewaffnet vorzugehen. Die Lage der Polen in diesen Gebieten war daher äußerst kompliziert.

Im heutigen westlichen Weißrussland gerieten Polen wie Weißrussen zwischen zwei Fronten. Auf der einer Seite standen die deutschen Besatzer, die eine möglicherweise noch destruktivere Besatzungspolitik (Ausbeutung, Plünderung, Verschleppung zu Zwangsarbeit und allgemeiner Terror) als im GG verfolgten. Auf der anderen Seite standen sowjetische Partisanen, die oft vom NKWD geführt wurden und ab 1942/43 sehr aktiv waren. Die sowjetischen Partisanen kämpften nicht nur gegen den deutschen Feind, sondern gegen alle „sowjetfeindlichen Elemente", dabei plünderten und ermordeten sie unbeteiligte Zivilisten. Die NKWD-„Partisanen" töteten im heutigen westlichen Weißrussland während des Krieges vermutlich 37.000 „feindliche Elemente", unter ihnen waren aber „nur" 6.000 deutsche V-Leute. Ein häufiger Vorwand für diese Morde war die „propolnische" Haltung der Opfer. Es ist dann kaum verwunderlich, dass die polnische Widerstandsbewegung zeitweise sowjetische Partisanen bekämpfte und die polnische Bevölkerung vor dem Terror bei Deutschen Schutz suchte.[108]

Noch komplizierter war die Lage auf dem Gebiet der heutigen Westukraine. Hier waren Polen vom Terror der deutschen Besatzer als auch der ukrainischen Partisanen betroffen. Nationale ukrainische Verbände führten ab 1943 eine regelrechte „ethnische Säuberung" der Ukraine von polnischer Bevölkerung durch. Durch Aufsehen erregende Morde suchten sie, die dort wohnenden Polen in Panik zu versetzen und zur Flucht zu veranlassen. Es wird geschätzt, dass dabei bis 100.000 Polen ermordet wurden. Etwa 300.000 Polen flüchteten vor diesem Terror in die größeren Städte und in das Alt-GG.[109]

---

108 BERNHARD CHIARI, Alltag hinter der Front. Besatzung, Kollaboration und Widerstand in Weißrußland 1941-1944, Düsseldorf 1998, S. 280-287.

109 GRZEGORZ MOTYKA, Tak było w Bieszczadach. Walki polsko-ukraińskie 1943-1948 [So war es in den Beskiden. Die polnisch-ukrainischen Kämpfe 1943-1948], Warszawa 1999, S. 95-210.

4. Polnische Verluste im Zweiten Weltkrieg: Versuch einer Bilanz

Polen erlitt die höchsten demographischen Verluste pro tausend Bewohner unter den Ländern, die vom Zweiten Weltkrieg betroffen waren. Exakte Angaben über die Zahl der Opfer zu machen, ist allerdings nicht möglich, es bleiben nur Schätzungen. Dies liegt daran, dass das polnische Territorium der Schauplatz großer Menschenbewegungen war, die 1945 keineswegs aufhörten. Nach neuesten Schätzungen, die nicht mehr von politischen Vorgaben entstellt sind, belief sich die Zahl der Toten auf etwa 5,5 bis 6 Millionen von den 35,1 Millionen Menschen, die im Vorkriegspolen gelebt hatten. Der Großteil dieser Opfer ist der deutschen Besatzungspolitik anzulasten, der Rest der Sowjetunion und anderen Parteien. Die überwältigende Mehrheit von ihnen starben nicht als Kombattanten, sondern als Zivilisten. Etwa die Hälfte aller Opfer waren Juden, die im Rahmen der „Endlösung" ermordet wurden.

Die Zahl der von den deutschen Besatzern ermordeten polnischen Juden wird heute auf 2,7 bis 3 Millionen geschätzt (etwa die Hälfte *aller* Holocaustopfer). Um 1,55 Millionen Polen (1,3 Millionen im GG, 250.000 in den eingegliederten Gebieten) fielen dem deutschen Terror zum Opfer. Hinzu kommen mehrere hunderttausend Polen, die durch den sowjetischen Terror ums Leben kamen. Die Zahl von 0,5 Millionen solcher Opfer erscheint allerdings zu hoch. Etwa 100.000 Polen ermordeten ukrainische Nationalisten in den Jahren 1943-44 im Rahmen der „ethnischen Säuberung" der heutigen Westukraine. Im Gegenzug ermordeten Polen etwa 15.000 bis 20.000 Ukrainer.

Etwa 60.000 der vor 1939 in Polen lebenden Deutschen fielen als Soldaten an den Fronten oder als Angehörige der deutschen Polizei in den besetzten Ländern Europas. Zusätzlich kamen mehrere zehntausend Deutsche um: Im September 1939, viele starben während der Evakuierung 1944/45, Tausende wurden von den Rotarmisten und dem NKWD während oder unmittelbar nach der „Befreiung" erschossen.

Ferner ermordeten die deutschen Besatzer etwa 50.000 Sinti und Roma sowie mehrere zehntausend Ukrainer, Weißrussen, Russen und Litauer. Um 150.000 Ukrainer, Weißrussen, Russen und Litauer fielen als Soldaten an den Fronten oder als Partisanen, mehrere zehntausend kamen infolge von sowjetischen Repressionen um. Insgesamt wird die Zahl der ums Leben gekommenen Personen, die vor 1939 polnische

Bürger, aber nicht polnischer oder jüdischer Herkunft waren, auf etwa eine Million geschätzt.[110]

Demnach betrugen Polens Verluste pro tausend Einwohner 157 bis 171 Tote (entsprechend 15,7-17,1%). Im Vergleich dazu hatte die UdSSR 124 Tote, Jugoslawien 108, Griechenland 35, Albanien 24, Holland 22, Tschechoslowakei 21, Luxemburg 16, Frankreich 13, Belgien 12 Tote je tausend Einwohner zu beklagen.

Darüber hinaus waren 530.000 Polen dauerhaft körperlich behindert und 60.000 infolge der deutschen Repressionen und der Kriegsereignisse dauerhaft psychisch erkrankt. Etwa eine Million Polen waren wegen mangelhafter Ernährung und katastrophaler medizinischer Versorgung, schlechter Wohnverhältnisse, und des Aufenthalts in verschiedenen Lagern schwer erkrankt. Viele von ihnen verstarben unmittelbar nach dem Krieg.[111] Die Menschenverluste trafen alle Schichten der polnischen Gesellschaft, die relativ größten verzeichnete jedoch die Intelligenz. Manche Berufsgruppen verloren über 30% ihrer Mitglieder. Von den insgesamt etwa 83.000 Personen mit akademischer Ausbildung kamen unter deutscher Besatzung etwa 33% um.

Territoriale Verluste: Vorkriegspolen umfasste 388.000 km². Aufgrund von territorialen Verschiebungen, welche die Alliierten festlegten, wurde Polen um 200 km nach Westen verschoben und territorial verkleinert. Es umfasst heute 312.000 km².

Materielle Verluste: Immense materielle Verluste waren als Folge von gezielter Ausbeutung, Ausplünderung, gezielter Zerstörung (Warschau) und Kriegshandlungen zu verzeichnen. Die folgenden Angaben beziehen sich auf das Territorium Polens in den Grenzen von 1945, d.h. mit den annektierten deutschen Ostgebieten (neue Gebiete) und ohne die in die Sowjetunion eingegliederten Ostgebiete Polens. Für das Vorkriegsterritorium liegen keine Zahlen vor.

---

[110] CZESŁAW ŁUCZAK, Szanse i trudności bilansu demograficznego Polski w latach 1939-1945 [Chancen und Schwierigkeiten einer demographischen Bilanz Polens in den Jahren 1939-1945], in: Dzieje Najnowsze 26 (1994), S. 9-15; JÓZEF MARSZAŁEK, Stan badań nad stratami osobowymi ludności żydowskiej Polski oraz nad liczbą ofiar obozów zagłady w okupowanej Polsce [Der Forschungsstand über die Verluste der jüdischen Bevölkerung in Polen und zu den Opfern der Vernichtungslager im besetzten Polen], ebd., S. 33-40; MOTYKA, Tak było (wie Anm. 109), S. 128.

[111] ŁUCZAK, Polityka (wie Anm. 7), S. 640f..

Infolge von Kriegsereignissen und gezielter Zerstörung wurden vernichtet oder schwer beschädigt: 295.431 städtische Immobilien (147.607 in den alten und 147.824 in den neuen Gebieten) sowie 466.942 Bauernhöfe (343.149 bzw. 123.793). Von den größeren Städten wurden Warschau zu 84% und Posen zu 45% zerstört. Die Verluste in einzelnen Wirtschaftszweigen betrugen: Industrie und Handwerk 33%, Verkehr und Nachrichtenwesen 56%, Handel 65%, Forstwirtschaft 28%, Landwirtschaft und Gartenwesen 35%. In der Landwirtschaft ging der Bestand an Pferden um 56%, Rindern um 64%, Schweinen um 83% und Schafen um 63% zurück. Die Schienenlänge verringerte sich um 33%, die Zahl der Lokomotiven ging um 81%, Post- und Personenwaggons um 88%, Güterwaggons um 84% zurück.

Große Schäden waren im kulturellen Bereich zu verzeichnen. Die Hochschulen waren zu 60% zerstört, die Gymnasien fast zu 40%, Berufsschulen zu 28%, Grundschulen fast zu 17%, Museen zu über 14% und Theater zu 34%. Ferner wurden Archive und Bibliotheken geplündert oder vernichtet, so gingen mehrere hunderttausend wertvoller Schriftwerke, Millionen von Büchern, viele unschätzbare Kunstwerke und wissenschaftliche Sammlungen verloren.[112]

Die Verluste durch den Krieg und die Besatzungspolitik lassen sich nicht nur nach demographischen und materiellen Kategorien definieren. Als direkte Folge des Krieges ist die Etablierung des kommunistischen Systems in Polen anzusehen, das von den sowjetischen „Befreiern“ eingerichtet wurde. Die kommunistische Bewegung in Polen war so schwach, dass es kaum denkbar ist, dass die polnischen Kommunisten es ohne „Hilfe“ der Sowjets geschafft hätten, die Herrschaft in Polen zu übernehmen. Die demographischen Verluste erleichterten den einheimischen Kommunisten und den Sowjets ihre Aufgabe, da die alten Eliten dezimiert worden waren. Die deutschen und sowjetischen (1939-1941, ab Sommer 1944) Repressionen richteten sich vornehmlich gegen die aktivsten und nationalbewusstesten Bevölkerungsgruppen. Es werden noch Jahre vergehen, bis die wirtschaftlichen, sozialen und moralischen Verwerfungen aus der Zeit des realexistierenden Sozialismus überwunden sind.

Die destruktiven Folgen des Zweiten Weltkrieges zeigen sich auch in einer moralisch-ethischen Zerrüttung eines wesentlichen Teils der polnischen Gesellschaft. Auf der einen Seite engagierten sich idealistisch

[112] Ebd., S. 638-645.

und patriotisch eingestellte Personen im Widerstand gegen deutsche wie sowjetische Besatzer, was hohe Verluste zur Folge hatte. Auf der anderen Seite führten Krieg und Besatzung zur Verrohung und Demoralisierung von relativ breiten Kreisen der Gesellschaft. Krieg, Verarmung und der Werteverfall trieben viele Menschen in die Kriminalität. Die deutsche, aber auch die sowjetische Besatzung bedeutete nicht nur einen normativen Bruch, einen Bruch der moralischen Konventionen, sondern eine gezielte Förderung niedriger Instinkte und negativer Werte. Solidarität mit den Verfolgten war verboten und wurde bestraft, Denunziantentum, Verrat und Servilität zur Pflicht erhoben und belohnt.

Oradour und Lidice sind im Westen im kollektiven Gedächtnis als Symbole für NS-Verbrechen an der Zivilbevölkerung fest verankert. Sie waren allerdings Ausnahmen und nicht die Norm der deutschen Besatzungspolitik in Frankreich bzw. in Tschechien. In Polen gibt es dagegen Hunderte solcher Orte und die dort durchgeführten „Aktionen“ bildeten den Alltag im deutsch besetzten Polen. Selbst die Hauptstadt des Landes wurde auf diese Weise zerstört und ihre Bewohner getötet oder vertrieben. Das Schicksal von Warschau ist im Westen wenig bekannt. Allein die Zahl der getöteten Einwohner Warschaus übersteigt die Zahl aller französischen Opfer während des Zweiten Weltkrieges um mehr als das Zweifache.

Literaturhinweise

Die Forschungslage ist unübersichtlich, da in polnischer Sprache eine umfangreiche Literatur vorliegt, die bereits 1945 einsetzte, jedoch nicht frei von ideologischen Verzerrungen ist. Diese Literatur ist bibliographisch unzureichend erfasst, nach 1990 ließ das Interesse an dem Forschungsgegenstand in Polen nach. Jedoch bilden die zahlreichen und häufig gründlichen polnischen Darstellungen das Fundament jeglicher wissenschaftlicher Beschäftigung mit dem Thema; verdienstvoll ist insbesondere die Edition größerer Quellensammlungen. Umfangreiche deutschsprachige Veröffentlichungen liegen nur in wenigen Fällen vor und berücksichtigen die polnischen Forschungen zumeist nicht. Genannt werden im Folgenden bis heute wichtige Titel mit Schwerpunkt auf neueren Veröffentlichungen, über die eine Orientierung möglich ist.

Eine Bibliographie zur deutschen Besatzungspolitik in Polen Beziehungen liegt nicht vor. Für das ältere polnische Schrifttum kann benutzt werden: Materiały do bibliografii okupacji hitlerowskiej w Polsce. Piśmiennictwo polskie za lata 1944-1968 [Materialien zur Bibliographie der NS-Besatzung in Polen. Das polnische Schrifttum 1944-1968]. Hrsg. v. Józef Friejske. Warszawa 1978. Eine vergleichende Auswahlbibliographie zur deutschen Okkupationspolitik im Zweiten Weltkrieg enthält der Bd. 8 von Europa unterm Hakenkreuz. Analysen, Quellen, Register. Hrsg. v. Werner Röhr. Heidelberg 1996, zu Polen S. 646-681.

Unverzichtbar sind die Beiträge und Quellenveröffentlichungen im: Biuletyn Głównej Komisji badania zbrodni przeciwko Narodowi Polskiego Instytutu Pamięci Narodowej [Bulletin der Hauptkommission für Verbrechen am polnischen Volk im Nationalen Gedenkinstitut] (seit 1996 mit dem Obertitel „Pamięc i Sprawiedliwość"/Erinnerung und Gerechtigkeit) Bde 1-40 (1949-1998).

Unter den Quellensammlungen sind die 13-bändigen „Documenta Occupationis. Poznań 1945-1990 wichtig, die Quellen in Orginalsprache enthalten: Memoriał pt. Die Bedeutung des Polen-Problems für die Rüstungswirtschaft. Hrsg. v. Karol Marian Pospieszalski. Poznań 1945 (..., 1); Zbrodnia niemiecka w Warszawie 1944 r. Zeznania – zdjęcia [Die deutschen Verbrechen in Warschau 1944. Zeugenaussagen und Fotos]. Hrsg. v. Edward Serwański u. Irena Trawińska. 1946 (..., 2); Wspomnienia młodzieży wielkopolskiej 1939-1945 [Erinnerungen Jugendlicher aus Großpolen]. 1947 (..., 3); Niemiecka lista narodowa w „Kraju Warty" [Die Deutsche Volksliste im Wartheland]. Hrsg. v. Karol Marian Pospieszalski. 1949 (..., 4); Hitlerowskie „prawo" okupacyjne w Polsce. Wybór dokumentów [Das NS-Besatzungsrecht in Polen. Dokumentenauswahl]. T. 1: Ziemie „wcielone" [Eingegliederte Gebiete]. T. 2: Generalna Gubernia. Wybór dokumentów i próba syntezy [Generalgouvernement. Auswahl und Versuch einer Synthese]. Hrsg. v. Karol Marian Pospieszalski. 1952-1958 (..., 5/6); Sprawa 58.000 „Volksdeutschów". Sprostowanie hitlerowskich oszczerstw w sprawie strat niemieckiej mniejszości w Polsce w ostatnich miesięcach przed wybuchem wojny i w toku kampanii wrześniowej [Der Fall der 58.000 „Volksdeutschen". Eine Berichtigung der NS-Fälschungen zu den Verlusten der deutschen Minderheit in Polen in den letzten Monaten vor Kriegsausbruch und während des Septemberfeldzuges]. Hrsg. v. Karol Marian Pospieszalski. 1959 [[2]1981] (..., 7); Wysiedlenia ludności polskiej na tzw. ziemiach wcielonych do Rzeszy 1939-1945 [Die Aussiedlung der polnischen Bevölkerung aus den sog. ins Reich eingegliederten Gebieten]. Hrsg. v. Czesław Łuczak. 1969 (..., 8); Położenie polskich robotników przemusowych w

Rzeszy 1939-1945 [Die Lage der polnischen Zwangsarbeiter im Reich]. Hrsg. v. Czesław Łuczak. 1975 (..., 9); Praca przymusowa Polaków pod panowaniem hitlerowskim 1939-1945 [Die Zwangsarbeit der Polen unter der NS-Besatzung]. Hrsg. v. Alfred Konieczny u. Herbert Szurgacz. 1976 (..., 10); Położenie ludności polskiej w rejencji katowickiej w latach 1939-1945. Bearb. v. W. Długoborski. 1983 (..., 11); Eksploatacja siły roboczej i grabież ziem polskich przez Wehrmacht w końcowym okresie II wojny światowej [Die Ausbeutung der Arbeitskraft und die Ausplünderung der polnischen Territorien durch die Wehrmacht in der letzten Phase des Zweiten Weltkrieges]. 1986 (..., 12); Położenie ludności polskiej w tzw. kraju Warty w okresie hitlerowskiej okupacji. Wybór źródeł [Die Lage der polnischen Bevölkerung im sog. Wartheland während der NS-Besatzung. Eine Quellenauswahl]. Hrsg. v. Czesław Łuczak. 1990. (..., 13).

Weitere Quellensammlungen: Die faschistische Okkupationspolitik in Polen 1939-1945. Hrsg. v. Werner Röhr. Berlin 1989 (Europa unterm Hakenkreuz, 2), westdeutsche Ausgabe: Köln 1989; Vom Generalplan Ost zum Generalsiedlungsplan. Hrsg. v. Czesław Madajczyk. München 1994 (grundlegende Planungen des RSHA und der SS); Dyskryminacja Polaków w Wielkopolsce w okresie okupacji hitlerowskiej. Wybór źródeł [Die Diskriminierung der Polen in Großpolen während der nationalsozialistischen Besatzung. Eine Quellenauswahl]. Hrsg. v. Czesław Łuczak. Poznań 1966 (Quellenedition in Orginalsprachen mit zweisprachigen Erläuterungen); Grabież polskiego mienia na ziemiach zachodnich Rzeczypospolitej „wcielonych" do Rzeszy 1939-1945. Wydawnictwo źródłowe [Der Raub polnischen Eigentums in den westpolnischen „ins Reich eingegliederten" Gebieten]. Hrsg. v. Czesław Łuczak. Poznań 1969 (Quellen zur wirtschaftlichen Ausbeutung); Eksterminacja Żydów na ziemiach polskich w okresie okupacji hitlerowskiej. Zbiór dokumentów [Die Ermordung der Juden in den polnischen Territorien während der NS-Besatzung]. Hrsg. v. Tatiana Berenstein, Artur Eisenbach u. Adam Rutkowski. Warszawa 1957 (wichtigste Quellensammlung zum Judenmord in den polnischen Territorien in Orginalsprachen); Schulpolitik als Volkstumspolitik. Quellen zur Schulpolitik der Besatzer in Polen 1939-1945. Hrsg. v. Georg Hansen. Münster / New York 1994 (Quellensammlung zur Germanisierung des Bildungswesens). – Für die Politik im GG ist das Diensttagebuch Hans Franks unersetzlich: Das Diensttagebuch des deutschen Generalgouverneurs in Polen 1939 bis

1945. Hrsg. v. Werner Präg u. Wolfgang Jacobmeyer. Stuttgart 1975 (Quellen und Darstellungen zur Zeitgeschichte, 20). Zeitgenössisch geführte umfangreiche Chronik: Ludwik Landau, Kronika lat wojny i okupacji [Chronik der Kriegsjahre und der Besatzung]. 3 Bände, Warschau 1962-1963.

Zu den Grundzügen der deutschen Politik in Polen 1939-1945: Martin Broszat, Nationalsozialistische Polenpolitik 1939-1945. [[1]Stuttgart 1961] Frankfurt a.M. 1965 (bis heute in der deutschsprachigen Literatur unübertroffene Synthese); Gerhard Eisenblätter, Grundlinien der Politik des Reiches gegenüber dem Generalgouvernement 1939-1944. [Diss.] Frankfurt a.M. 1969; Czesław Madajczyk, Polityka III Rzeszy w okupowanej Polsce [Die Politik des Dritten Reichs im besetzten Polen]. 2 Bde. Warszawa 1970 (Gesamtdarstellung); ders., Die Okkupationspolitik Nazideutschlands in Polen 1939-1945. Berlin 1987 (gekürzte Fassung); Czesław Łuczak, Polityka ludnościowa i ekonomiczna hitlerowskich Niemiec w okupowanej Polsce [Die Bevölkerungs- und Wirtschaftspolitik NS-Deutschlands im besetzten Polen]. Poznań 1979 (Standardwerk zur NS-Bevölkerungs- und Wirtschaftspolitik); Bruno Wasser, Himmlers Raumplanung im Osten. Der Generalplan Ost in Polen 1940-1944. Basel / Berlin / Boston 1993; September 1939. Krieg, Besatzung und Widerstand in Polen. Acht Beiträge. Hrsg. v. Christoph Kleßmann. Göttingen 1989 (entgegen dem Titel Studien zu Alltag, Beziehungsgeschichte und Widerstand 1939-1945); Włodzimierz Borodziej, Terror und Politik. Die deutsche Polizei und die polnische Widerstandsbewegung im Generalgouvernement 1939-1944. Mainz 1999 (Veröffentlichungen des Instituts für Europäische Geschichte Mainz, Beiheft 28) (zur Interdependenz zwischen Terror und Widerstandsbewegung).

Wirtschaftspolitik: Czesław Rajca, Walka o chleb 1939-1944. Eksploatacja rolnictwa w Generalnym Gubernatorstwie [Kampf ums Brot 1939-1944. Die Ausbeutung der Landwirtschaft im Generalgouvernement]. Lublin 1991 (Gesamtdarstellung zur Landwirtschaft im GG).

Kirchenpolitik: Kościół katolicki na ziemiach Polski w czasie II wojny światowej [Die katholische Kirche in den polnischen Territorien während des Zweiten Weltkrieges]. 2 Bde. Warszawa 1973 (Standarddarstellung); Kazimierz Śmigiel, Die katholische Kirche im Reichsgau Wartheland 1939-1945. Dortmund 1984 (Veröffentlichungen der Forschungsstelle

Ostmitteleuropa an der Universität Dortmund, A-40) (ins Deutsche übersetzt); Jerzy Myszor, Stosunki Kościół-Państwo okupacyjne w diecezji Katowickiej 1939-1945 [Die Beziehungen Kirche-Besatzungsstaat in der Diözese Kattowitz]. Kattowitz 1992 (ausgewogene Darstellung zur Kirchenpolitik in Oberschlesien); Stefan Samerski, Priester im annektierten Polen. Die Seelsorge deutscher Geistlicher in den an das Deutsche Reich angeschlossenen polnischen Gebieten 1939-1945. Bonn 1997 (mit Fallstudien zur Aufrechterhaltung der Seelsorge durch deutsche Priester); Waldemar Gastpary, Protestantyzm w Polsce w dobie dwóch wojen światowych [Der Protestantismus in Polen im Zeitalter zweier Weltkriege]. T. 2: 1939-1945. Warszawa 1981 (Gesamtdarstellung zu den polnischen protestantischen Kirchen); Joachim Rogall, Die Posener Evangelische Kirche im Gegenüber zum Nationalsozialismus. In: Der Kirchenkampf im deutschen Osten und in den deutschsprachigen Kirchen Osteuropas. Hrsg. v. Peter Maser. Göttingen 1992, S. 159-179 (Politik gegen die evangelische Kirche der deutschen Minderheit im Wartheland).

Deutscher Verwaltungsapparat: Ryszard Kaczmarek, Pod rządami gauleiterów. Elity i instancje władzy w rejencji katowickiej w latach 1939-1945 [Unter der Regierung der Gauleiter. Eliten und Regierungsinstanzen im Regierungsbezirk Kattowitz 1939-45]. Katowice 1998 (zuverlässige Arbeit zur NS-Verwaltung in Oberschlesien); Bogdan Musial, Deutsche Zivilverwaltung und Judenverfolgung im Generalgouvernement. Eine Fallstudie zum Distrikt Lublin 1939-1944. Wiesbaden 1999 (Deutsches Historisches Institut Warschau, Quellen und Studien, 10).

Einzelbiographien: Czesław Łuczak, Arthur Greiser. Hitlerowski władca w Wolnym Mieście Gdańsku i w Kraju Warty [A.G. Der nationalsozialistische Machthaber in der Freien Stadt Danzig und im Wartheland]. Poznań 1997; Dieter Schenk, Hitlers Mann in Danzig. Gauleiter Forster und die NS-Verbrechen in Danzig-Westpreußen. Bonn 2000 (über die Biographie hinaus Darstellung zur Besatzungspolitik in Danzig-Westpreußen); Ulrich Heinemann, Ein konservativer Rebell. Fritz-Dietlof Graf von der Schulenburg und der 20. Juli. Berlin 1990.

Terror und Völkermord: Richard C. Lukas, The Forgotten Holocaust. The Poles under German Occupation, Kentucky 1986; Barbara Bojarska,

Eksterminacja inteligencji polskiej na Pomorzu Gdańskim (wrzesień – grudzień 1939) [Die Ausrottung der polnischen Intelligenz in Pommerellen (September – Dezember 1939]. Poznań 1972 (Badania nad okupacją niemiecką w Polsce,12) (Terrorwelle und Hinrichtungen in Danzig-Westpreußen September-Dezember 1939); Christian Jansen/Arno Weckbecker: Der „volksdeutsche Selbstschutz" in Polen 1939/40. München 1992 (Schriftenreihe der Vierteljahrshefte für Zeitgeschichte, 64) (Monographie zu der für den deutschen Terror in der Region verantwortlichen Formation); Volker Rieß, Die Anfänge der Vernichtung „lebensunwerten Lebens" in den Reichsgauen Danzig-Westpreußen und Wartheland 1939/40. Frankfurt a.M. 1995 (frühe und radikale Umsetzung der „Euthanasie"); Wiktor Jacewicz/Jan Woś, Martyrologium polskiego duchowieństwa rzymskokatolickiego pod okupacją hitlerowską w latach 1939-1945 [Das Martyrium der polnischen katholischen Geistlichkeit unter der NS-Besatzung]. 5 Bde. Warszwa 1977-1981 (Prosopographie ermordeter katholischer Geistlicher); Hanno Loewy/Gerhard Schoenberner, „Unser einziger Weg ist Arbeit". Das Getto in Lodz 1940-1944. Wien 1990 (Ausstellungskatalog zum zweitgrößten jüdischen Getto); Michał Grynberg, Żydzi w Rejencji Ciechanowskiej 1939-1942 [Die Juden im Regierungsbezirk Zichenau]. Warszawa 1984 (solide Studie zur jüdischen Bevölkerung in der Region).

Umsiedlungen und Deportationen: Włodzimierz Jastrzębski, Hitlerowskie wysiedlenia z ziem polskich wcielonych do Rzeszy w latach 1939-1945 [Die nationalsozialistischen Umsiedlungen aus den ins Reich eingegliederten Gebieten]. Poznań 1968 (Überblick); Jerzy Marczewski, Hitlerowska koncepcja polityki kolonizacyjno-wysiedleńczej i jej realizacja w „Okręgu Warty" [Die Konzeption der nationalsozialistischen Kolonisations- und Aussiedlungspolitik und ihre Umsetzung im „Wartheland"]. Poznań 1979; Janusz Sobczak, Hitlerowskie przesiedlenia ludności niemieckiej w dobie II wojny światowej [Nationalsozialistische Umsiedlungen der deutschen Bevölkerung während des Zweiten Weltkrieges]. Poznań 1966 (NS-„Rücksiedlungen" der deutschen Bevölkerung; in der deutschen Literatur kaum beachtet).

Germanisierungspolitik und Volksliste: Diemut Majer, „Fremdvölkische" im Dritten Reich. Ein Beitrag zur nationalsozialistischen Rechtssetzung und Rechtspraxis in Verwaltung und Justiz unter besonderer Berücksichtigung der eingegliederten Ostgebiete und des Generalgouvernements.

Boppard 1981 („Rechtsrahmen“ der NS-Bevölkerungspolitik); Przymus germanizacyjny na ziemiach polskich wcielonych do Rzeszy Niemieckiej w latach 1939-1945. Materiały z konferencji [Die Zwangsgermanisierung in den ins Reich eingegliederten Gebieten]. Hrsg. v. Włodzimierz Jastrzębski. Bydgoszcz 1993 (Vergleich der Germanisierungspolitik); Michael A. Hartenstein, „Neue Dorflandschaften“. Nationalsozialistische Siedlungsplanung in den „eingegliederten Ostgebieten“ 1939 bis 1944 unter besonderer Berücksichtigung der Dorfplanung. Bonn 1998 (ohne Berücksichtigung polnischsprachiger Literatur).

Gesellschafts- und Kulturpolitik: Christoph Kleßmann, Die Selbstbehauptung einer Nation. Nationalsozialistische Kulturpolitik und polnische Widerstandsbewegung im Generalgouvernement 1939-1945. Düsseldorf 1971; Jan Tadeusz Gross, Polish Society under German Occupation. The Generalgouvernement 1939-1944. Princeton 1979; Georg Hansen, Ethnische Schulpolitik im besetzten Polen. Der Mustergau Wartheland. Münster New York 1995 (stützt sich nur auf deutschsprachige Literatur); Hans-Christian Harten, De-Kulturation und Germanisierung. Die nationalsozialistische Rassen- und Erziehungspolitik in Polen 1939-1945. Frankfurt New York 1996 (ohne Berücksichtigung polnischsprachiger Literatur).

Regionalstudien: Czesław Łuczak, Pod niemieckim jarzmem (Kraj Warty 1939-1945) [Unter dem deutschen Joch (Wartheland 1939-1945)]. Poznań 1996 (neueste Gesamtdarstellung zum Wartheland mit umfangreichem Quellen- und Literaturverzeichnis S. 317-345); Bożena Górczyńska-Przybyłowicz, Życie gospodarczo-społeczne na ziemiach polskich włączonych do Prus Wschodnich w okresie okupacji hitlerowskiej [Das wirtschaftliche und gesellschaftliche Leben in den Ostpreußen angeschlossenen polnischen Gebieten während der nationalsozialistischen Besatzung]. Ciechanów 1989 (Gesamtdarstellung zu Südostpreußen 1939-1945); Tomasz Szarota, Warschau unter dem Hakenkreuz. Leben und Alltag im besetzten Warschau 1.10.1939 bis 31.7.1944, Paderborn 1985 (Sozialgeschichtliche Darstellung des Alltagslebens).

Dieter Pohl

Der Völkermord an den Juden

Die Ermordung der europäischen Juden durch die deutschen Besatzer wurde schwerpunktmäßig auf polnischem Territorium durchgeführt, so dass Polen im Epizentrum des Völkermordes stand. Etwa die Hälfte aller Toten stammte aus dem Gebiet Vorkriegspolens, weitere fielen den Massenmorden in den nationalsozialistischen Vernichtungslagern auf polnischem Boden zum Opfer.

Diese Entwicklung war keineswegs zwangsläufig, wenn auch das mörderische Potential der Judenverfolgung im Dritten Reich sich durchaus schon vor der Eroberung Polens offenbart hatte. Bereits lange vorher, im Ersten Weltkrieg, hatten Vorurteile gegen eingewanderte Ostjuden in Deutschland und Österreich an Virulenz gewonnen. Zum Rassenantisemitismus und zum älteren Stereotyp der Anfälligkeit der Juden für revolutionäre Bewegungen gesellte sich nach der russischen Oktoberrevolution die ideologische Konstruktion, Juden seien allgemein verantwortlich für den Bolschewismus.[1]

1. Die polnischen Juden bis 1939

Noch während der Weimarer Jahre und der Ersten Österreichischen Republik wurden ernsthafte Vorschläge zur Internierung von Ostjuden diskutiert, ebenso wie ihr Ausschluss vom Studium und die Annullierung von Namensumwandlungen. Besonders hart traf die polnischen Juden im

---

1 Vgl. zuletzt, mit der notwendigen Einordnung, ANDREAS WIRSCHING, Vom Weltkrieg zum Bürgerkrieg? Politischer Extremismus in Deutschland und Frankreich 1918-1933/39, München 1999, S. 316, 327.

Reich eine überstürzte Ausweisungsaktion im Oktober 1938, von der 17.000 Personen betroffen waren.[2]

Im Allgemeinen erlitten die Ostjuden ab 1933 in Deutschland und ab 1938 in Österreich jedoch dasselbe Schicksal wie einheimische Juden. Und dies war bestimmt von staatlicher Entrechtung, gesellschaftlicher Ausgrenzung und Beraubung. Freilich zeigten die Verfolgungen nach dem „Anschluss" Österreichs und während der so genannten „Reichskristallnacht", dass die Schwelle zur physischen Gewalt schnell überschritten werden konnte. Unter diesen Voraussetzungen mussten die polnischen Juden im September 1939 Schlimmstes befürchten.

Im Folgenden soll von Polen in den Grenzen vom August 1939 die Rede sein, d.h. einschließlich der ostpolnischen Gebiete, die heute zu Weißrussland und der Ukraine (sowie Litauen) gehören. Allerdings konzentriert sich die Darstellung auf die Vorgänge in den Territorien, die ab 1939 unter deutscher Besatzung standen. Der Zahl der Polen jüdischen Glaubens im September 1939 kann bisher nur annähernd festgestellt werden; die letzte Volkszählung lag damals acht Jahre zurück. Polnische Statistiker errechneten für die Minderheit etwa 3,35 Mio. Personen im Jahre 1939.[3]

Die polnischen Juden befanden sich in den dreißiger Jahren gesellschaftlich in einer bedrängten Situation. Durch die Weltwirtschaftskrise stark betroffen, wurden sie von der Politik benachteiligt und immer wieder Opfer rechtsextremer Attacken. Freilich zeigte das polnische Judentum auch eine erhebliche Binnendifferenzierung, vor allem zwischen West- und Ostpolen, zwischen den Großstädten und dem in Ostpolen dominierenden *Schtetl*, den Klein- und Mittelstädten mit bis zu 60% jüdischer Bevölkerung. Der Grad der Assimilierung an nichtjüdische Polen war durchaus bedeutend. Gerade in den Metropolen bestand eine starke soziale Kluft zwischen einer jüdischen Unternehmerschicht, der jüdischen „Intelligenz" und der Masse jüdischer Kleinhändler, Handwerker und Arbeitsloser. Der Anteil der Personen, die weitgehend von der Fürsorge abhängig waren, stieg in den dreißiger Jahren in erheblichem Maße.

---

2 Vgl. Jerzy Tomaszewski, Preludium Zagłady. Wygnanie Żydów polskich z Niemiec w 1938 r. [Das Vorspiel des Holocaust. Die Vertreibung der polnischen Juden aus Deutschland im Jahre 1938], Warszawa 1998.

3 Mały Rocznik Statystyczny, styczeń 1939 – czerwiec 1941 [Kleines statistisches Jahrbuch, Januar 1939 – Juni 1941], Warszawa 1990.

Trotz aller Schwierigkeiten ist die Situation der polnischen Juden bis in den Herbst 1939 nicht mit der Lage der deutschen Juden nach 1933 zu vergleichen. Das polnische Judentum, das sich in politisch und gesellschaftlich defensiver Situation befand, verfügte über ein reiches Organisationswesen, eine diversifizierte Presse und politische Vertretungen auf allen Ebenen. Und die heraufziehende Krise des deutsch-polnischen Verhältnisses zeigte erneut, dass die jüdische Minderheit ein integraler Bestandteil der polnischen Gesellschaft war. Während des deutsch-polnischen Krieges standen Juden an der Seite der Nichtjuden bei der Verteidigung ihres Vaterlandes.

2. Die Anfänge des Massenmordes

Bereits während des deutsch-polnischen Krieges erreichte die nationalsozialistische Judenverfolgung eine neue, völkermörderische Qualität. Schon wenige Tage nach dem 1. September 1939 sind erste Massenerschießungen polnischer Juden zu verzeichnen, vor allem durch die Sicherheitspolizei und den so genannten „Selbstschutz", aber auch durch Angehörige der Wehrmacht. Systematische Morde richteten sich aber in erster Linie gegen nichtjüdische Polen, vor allem wenn sie den Eliten angehörten. Juden hingegen wurden Opfer von Ausschreitungen, vorgeblichen Repressalien oder besonders antisemitischer Einheiten wie der Einsatzgruppe z.b.V. der Sicherheitspolizei. Trotz dieser Entfesselung der Gewalt konnte den Morden des Herbst 1939 noch Grenzen gesetzt werden, so von Seiten einiger Heeresgeneräle. Entsprechende Kriegsgerichtsverfahren gegen die Mörder fanden jedoch mit der Amnestie Hitlers vom Oktober 1939 ihr Ende.

Man schätzt, dass etwa 7.000 Juden bis Jahresende ermordet wurden, etwa ebenso viele, wie in polnischer Uniform im Kampf fielen. 61.000 jüdische Soldaten gerieten in deutsche Kriegsgefangenschaft,[4] wo sie systematisch schlechter behandelt wurden als ihre nichtjüdischen polnischen Leidensgenossen. Unter der jüdischen Zivilbevölkerung setzte in den ersten Besatzungstagen eine Massenflucht ein, die von den eintreffenden deutschen Institutionen oftmals noch forciert wurde. Etwa

---

4 CZESŁAW ŁUCZAK, Polska i Polacy w drugiej wojny światowej [Polen und die Polen während des Zweiten Weltkriegs], Poznań 1993, S. 123; FRANK GOLCZEWSKI, Polen, in: Dimension des Völkermords, hrsg. von WOLFGANG BENZ, München 1991, S. 420.

300.000 Juden flohen über die Demarkationslinie ins sowjetisch besetzte Ostpolen,[5] von wo die meisten von ihnen 1940 als „unzuverlässige Elemente“ ins Innere der Sowjetunion deportiert wurden. Anderen gelang die Flucht über Ungarn und Rumänien.

Fast 1,8 Millionen polnischer Juden verblieben jedoch 1939 unter deutscher Herrschaft. Sie waren nicht nur von den Morden der ersten Wochen betroffen, sondern auch von den gigantomanischen Ideen der „Umvolkung“, die in deutschen Dienststellen kursierten. Diese Planungen lassen sich teilweise bis ins Jahr 1937 zurückverfolgen. Die deutsche „Ostforschung“, welche die zeitgenössische antijüdische Politik der autoritären polnischen Regierungen mit Wohlwollen verfolgt hatte, entwarf Planspiele zum „völkischen“ Umbau Polens, bei denen die „Entjudung“ eine zentrale Rolle spielte. Ab September 1939 konkurrierten Instanzen der NSDAP, Institutionen der Ostforschung und Ministerien mit solchen Neuordnungsplänen.

Diese Versuche, am „grünen Tisch“ die ganze Bevölkerung Polens neu zu strukturieren, betrafen die jüdische Minderheit in zweierlei Hinsicht: Aus den so genannten eingegliederten Gebieten in Westpolen, also vor allem Danzig-Westpreußen, Wartheland und Ostoberschlesien, sollten die Juden möglichst schnell vollständig vertrieben werden. Im restlichen deutsch besetzten Polen, dem Generalgouvernement, war ein „Reservat“ für Juden vorgesehen, das man zunächst östlich von Krakau und später östlich von Lublin einrichten wollte. Im Grunde verließ das NS-Regime damit seine seit 1938 betriebene Politik der zwangsweisen Emigration der Juden. Die Vertreibung sollte nun nicht mehr ins Ausland, sondern in eine deutsche „Kolonie“ erfolgen; und die Lebensbedingungen waren so zu gestalten, dass nur noch die existierenden Generationen der Juden ein miserables Dasein führen würden, das Judentum insgesamt aber aussterben sollte. Das Projekt scheiterte kläglich nach chaotischen Anfängen zu Jahresbeginn 1940, vor allem am Widerstand der Besatzungsverwaltung des Generalgouvernements. Seit dem Feldzug gegen Frankreich im Juni 1940 entwickelte sich deshalb ein neues, noch utopischeres Ziel: Ein großer Teil der europäischen Juden sollte auf die französische Kolonie Madagaskar transportiert werden und dort allmählich zugrunde gehen. Auch diese Vorstellung weckte Hoffnungen in der deutschen Besatzungsverwaltung, die polnischen Juden abschieben zu können, zerstob jedoch im Angesicht der englischen Seehoheit.

---

5 GOLCZEWSKI, Polen (wie Anm. 4), S. 425.

Umgesetzt wurden dagegen die monströsen Pläne zur Abschiebung „unerwünschter“ Bevölkerungsteile aus den eingegliederten Gebieten ins Generalgouvernement. Zwar sollte die jüdische Minderheit zur Gänze vertrieben werden, die überwiegende Mehrheit der Deportierten stellten jedoch die Polen. Auch dieses Vertreibungsprogramm blieb stecken, das Generalgouvernement war nicht zur Aufnahme von über einer Million Menschen bereit. Im Vorfeld des Angriffs auf die Sowjetunion stellte man die Deportationen ein. Aus dem Reichsgau Danzig-Westpreußen allerdings waren die Juden tatsächlich vertrieben, im Wartheland und Ostoberschlesien verblieb die Mehrheit von ihnen. Nun setzten innere Umsiedlungen ein; so siedelte man die Juden in die jeweiligen Osthälften des Warthelands und Ostoberschlesiens um, Anfang 1941 aus dem Westteil des Distrikts Warschau. Zumeist kamen sie dann in die großen Gettos.

Die Bevölkerungsverschiebungen verliefen unter unmenschlichen Bedingungen, oftmals in der Eiseskälte des Winters 1939/40. Während die jüdischen Gemeinden alles taten, um den Neuankommenden zu helfen, fühlten sich die deutschen Verwaltungen in den Aufnahmegebieten mit „Unerwünschten“ belastet, die sie wieder loswerden wollten. Somit setzte das überstürzt in die Tat umgesetzte utopische Programm immer radikalere Initiativen frei.

Es kann kein Zweifel daran bestehen, dass mit der deutschen Besetzung ein Teil der polnischen Juden zum Tode verurteilt war, der Völkermord sich also bereits auf dem Wege befand. Noch mehr als im Reich enthemmte die Konfrontation mit den Ostjuden unter den Bedingungen von Krieg und Besatzung den Antisemitismus. Schon die „Reservatspläne“ trugen genozidalen Charakter; ihr Scheitern setzte eine Suche nach immer neuen „Lösungen des Judenproblems“ in Gang, an dessen Ende der direkte Massenmord stand. Und schließlich saß die Mehrheit der polnischen Juden während des Krieges in der Falle, eine Flucht war nach 1940 außerordentlich schwierig.

In dieser Situation verstetigte sich die alltägliche „Judenpolitik“ der Besatzungsverwaltungen. Im Grunde radikalisierten die deutschen Behörden in Polen, was sie vorher schon im Reich getan hatten. Den Juden wurden alle Rechte genommen, wertvoller Besitz und größere Unternehmen beschlagnahmt. Neu war die Kennzeichnung aller Juden ab sechs Jahren, die nun einen aufgenähten Davidstern tragen mussten. Dies hatte man schon für das Reich diskutiert, aber noch nicht durchgesetzt; in Ostoberschlesien erfolgte die Kennzeichnung der Minderheit erst 1941.

Den Arbeitszwang hatte es im Reich hingegen nur für fürsorgeabhängige Juden gegeben; in Polen wurde er flächendeckend eingeführt. Der entscheidende Unterschied zur Judenverfolgung im Reich war jedoch die Größe der jüdischen Minderheit und die enthemmte Gewaltbereitschaft, die hinter allen Maßnahmen stand. Sie stand auch im Hintergrund der Behandlung der Polen, wirkte sich aber auf die Juden noch erheblich brutaler aus.

Nachdem den Juden die wichtigsten Güter geraubt waren, konzentrierte sich die Verwaltung auf zwei Felder: Zwangsarbeit und vollständige Isolierung. Offiziell bestand für erwachsene Juden Arbeitszwang; d.h. sie konnten von deutschen Dienststellen, vor allem aber von den Arbeitsämtern zu beliebigen Arbeiten verpflichtet werden, die schlecht oder überhaupt nicht entlohnt wurden.

3. Die Einrichtung erster Gettos

Es ist nicht ganz geklärt, ob in Polen von Anfang an die Bildung von Gettos geplant war. Vielmehr scheint die Einrichtung „jüdischer Wohnbezirke“ erst ins Blickfeld geraten zu sein, als die avisierte Abschiebung in ein „Reservat“ nicht erreicht werden konnte. Auf lokaler Ebene ordneten einige deutsche Verwaltungsschefs jedoch frühzeitig die Gettobildung an. Die zwei herausragenden Fälle sind Lodz und Warschau. In beiden Städten wurden 1940 abgeriegelte Gettos installiert, mit Mauern umgeben und von der Polizei rigoros bewacht. Der Umzug ins Getto hatte automatisch auch die Enteignung jüdischer Kleinunternehmer zur Folge. Jedoch war die Einrichtung der „jüdischen Wohnbezirke“ eine zwiespältige Angelegenheit für die deutschen Besatzungsbeamten: Sie mussten die Insassen nun zwangsläufig selbst versorgen, was man eigentlich nicht beabsichtigt hatte.

So wurden bis zum Frühjahr 1941 nicht systematisch Gettos gebildet, in manchen Gegenden vollzog sich dies erst 1942. Juden mussten jedoch generell in die schlechtesten Stadtviertel umziehen und auf winzigem Wohnraum leben; es entwickelten sich „offene Gettos“. Andererseits bemühten sich einige Besatzungsfunktionäre, profitable Gettobetriebe in Gang zu bringen, damit die Gettos sich wirtschaftlich selbst tragen konnten. Letztendlich entwickelten sich die „jüdischen Wohnbezirke“ aber zu Zonen des Todes, zu einem selbst geschaffenen Problem.

In den ersten zwei Jahren unter deutscher Besatzung verschlechterten sich die Lebensbedingungen der polnischen Juden rapide; dennoch konnte weiter ein jüdisches Gemeindeleben geführt werden. Auch die Kontakte zur nichtjüdischen Umwelt rissen erst allmählich ab, insbesondere mit der Einweisung ins Getto. Das alltägliche Leben war gekennzeichnet von Unterdrückung und Hunger. Ständig waren Vorschriften zu beachten wie die Einhaltung der Sperrstunden, die eingeschränkten Einkaufszeiten am Markt usw. Wer überleben wollte, musste Handel treiben. Der Schwarzmarkt war jedoch ein bevorzugtes Kontrollobjekt deutscher Verwaltungs- und Polizeitätigkeit, was die Preise hochtrieb. Unterdrückung konnten vor allem diejenigen Juden erfahren, die direkt für Deutsche arbeiteten. Oftmals wurden sie in den Arbeitskolonnen oder am Arbeitsplatz gedemütigt oder geschlagen.

Entscheidend blieb aber die Versorgung mit Lebensmitteln. Diese waren rationiert, und Juden fielen – mit Ausnahme bestimmter Arbeiter – immer in die schlechteste Kategorie. Die große Mehrheit der Juden hungerte, Anfälligkeit für Krankheiten waren die Folgen. Gerade ältere Personen ohne Verwandte hatten nur geringe Chancen, sich die lebensnotwendige Zusatzversorgung zu beschaffen. Und wer in ein geschlossenes Getto geriet, saß in einer tödlichen Falle. Dies zeigen die Sterblichkeitsziffern für die Gettos in Lodz und vor allem in Warschau.

In der Anfangsphase der Besatzung bestanden immer noch erhebliche soziale Unterschiede innerhalb der jüdischen Gesellschaft. Die Oberschicht verfügte über einige Reserven, die sich allerdings zusehends erschöpften. Sobald aber ein polizeilicher Eingriff erfolgte, spielte die soziale Stellung keine Rolle mehr; so etwa, wenn der Familienvater zur Zwangsarbeit abgeholt wurde. Länger als die sozialen Unterschiede hielten sich die politischen Gräben, welche die Gemeinden in der Vorkriegszeit durchzogen hatten, so zwischen Anhängern des Zionismus, des sozialistischen Bund und den Orthodoxen. Auch bei den Assimilierten gewann die Religion in Zeiten der Verfolgung wieder an Bedeutung, wenn auch ihre offene Ausübung ebenso wie das Schulwesen eingeschränkt war.

4. Der Übergang zum systematischen Völkermord

Während sich viele Juden ihr Leben unter diesen Bedingungen einzurichten versuchten, zeichnete sich in der deutschen Politik 1941 eine katastrophale Wende ab. Bald wurde gerüchteweise bekannt, dass ein Angriff auf die Sowjetunion bevorstünde. In Folge der Truppenmassierungen der Wehrmacht in Polen wurden polnische Einwohner aus ihren Wohnungen vertrieben, um deutsche Soldaten einzuquartieren, und Juden mussten wiederum Platz für Polen machen. Zu diesem Zweck ordnete die deutsche Verwaltung eine Welle von Gettobildungen an, so in Lublin, Krakau und Radom.

Die Besatzungsverwaltung hoffte nun auf eine baldige „Lösung des Judenproblems" mittels Deportation in die Gebiete weiter östlich, ähnlich wie schon Ende 1939. Tatsächlich brachte der deutsche Angriff auf die Sowjetunion die letzte Stufe des Völkermordes an den Juden. Seit den letzten Junitagen 1941 wurden in Ostpolen erwachsene jüdische Männer systematisch durch SS- und Polizeieinheiten erschossen. Der Übergang zum totalen Völkermord, also auch an Frauen und Kindern, vollzog sich ab Ende Juli in dem Gebiet, was nach dem Hitler-Stalin-Pakt zunächst unter sowjetischer Besatzung gestanden hatte, sowie in den altsowjetischen Gebieten.

Doch diese Vorgänge griffen alsbald auch auf das Generalgouvernement und die ins Reich eingegliederten Gebiete Polens über. Informationen über die Massaker im Osten verbreiteten sich; zugleich zeichnete sich ab, dass der Ostfeldzug nicht planmäßig verlief und eine Abschiebung der polnischen Juden somit in weite Ferne rückte. Schon seit dem Sommer 1941 wurde in den Besatzungsverwaltungen heftig über das jeweilige „Judenproblem" diskutiert. Bereits für den Juli 1941 sind erste Vorschläge nachweisbar, angeblich arbeitsunfähige Juden durch „schnellwirkende Mittel" zu ermorden.[6] Im September/Oktober verdichteten sich Kontakte zwischen Berlin und den deutschen Behörden an der polnischen Peripherie. Inzwischen gelangten Hunderttausende sowjetischer Kriegsgefangener in Lager nach Polen, wo ein großer Teil an unzureichender Versorgung zugrunde ging, Tausende Aussortierte erschossen wurden. Die Folge des Hungersterbens war die Ausbreitung von Fleckfieber vor allem im Generalgouvernement.

Spätestens im Oktober 1941 vereinbarten die Gauleitung im Wartheland unter Arthur Greiser und der SS- und Polizeiführer in Lublin, Odilo Globocnik, mit der SS-Führung die Einrichtung von Vernichtungslagern

---

6 Die Ermordung der europäischen Juden. Eine umfassende Dokumentation des Holocaust 1941-1945, hrsg. von PETER LONGERICH unter Mitarbeit von DIETER POHL, München / Zürich 1989, S. 74f.

im Stile des „Euthanasie"-Programms, also zur Ermordung mittels Giftgas. In Kulmhof (Chełmno) im Warthegau wurde ein Lager mit so genannten „Gaswagen" installiert, südlich von Lublin begann im November 1941 der Bau des Vernichtungslagers Bełżec. In Ostpolen setzten teils schon im September (Wolhynien), vor allem aber Anfang Oktober (Ostgalizien, Westweißrussland) systematische Massenerschießungen von jüdischen Männern, Frauen und Kindern ein. Damit war der letzte Schritt zum Völkermord getan, die unmittelbare Ermordung ohne Ausnahme. Am 8. Dezember begannen die Morde in Kulmhof, zunächst an Mitgliedern der kleinen jüdischen Gemeinden im Wartheland.

Schleichend hatte der Völkermord schon früher eingesetzt; seit dem Frühjahr 1941 starben im Warschauer Getto jeden Monat Tausende an Unterernährung und Krankheit.[7] Die Besatzungsverwaltung im Generalgouvernement fürchtete nun zusehends, dass Juden, die dieser entsetzlichen Situation entflohen, Seuchen in andere Gebiete tragen würden, und erließ Mitte Oktober 1941 die Todesstrafe für das Verlassen des Gettos. Da solche Fälle aber die Sondergerichte zu überlasten drohten, erließ die Polizei im November/Dezember einen „Schießbefehl", wie es ihn in Lodz schon seit 1940 gab, gegen alle Juden außerhalb geschlossener Gettos oder Ortschaften. Damit gewann der Völkermord einen flächendeckenden Charakter.

Am 16. März 1942 begannen die Deportationen aus Lemberg und Lublin ins Vernichtungslager Bełżec, bald danach aus vielen anderen Gemeinden der beiden Distrikte. Ab Anfang Mai schließlich mordete man in einem weiteren Lager in Sobibór, östlich von Lublin, mit Abgasen. Ostoberschlesische Juden wurden zur gleichen Zeit nach Auschwitz verschleppt, wo dann ab Juli 1942 mit systematischen Selektionen an der Rampe begonnen wurde. Anfang Juni traf auch Juden aus dem Distrikt Krakau dieses Schicksal, sie kamen nach Bełżec. Dieser ersten Phase der Deportationen fielen vor allem vermeintlich arbeitsunfähige, fürsorgeabhängige und allein stehende Juden zum Opfer. Oftmals hatten – in Unkenntnis ihres Bestimmungszieles – Judenrat und Jüdischer Ordnungsdienst (die Gettopolizei) die Opfer zum Abtransport versammelt.

Wegen Umbauarbeiten und technischer Probleme stockte die Vernichtungskampagne von Mai bis Ende Juli, obwohl auch während dieser

---

7 Vgl. Faschismus – Getto – Massenmord. Dokumentation über Ausrottung und Widerstand der Juden in Polen während des 2. Weltkrieges, hrsg. vom Jüdischen Historischen Institut in Warschau, Berlin 1961, S. 140.

Zeit Massenmorde verübt wurden. In der NS-Führung betrachtete man die bisherigen Morde in Vernichtungslagern als „Versuchsstadium", das noch stark regional ausgerichtet war. Das sollte sich nach bürokratischen Vorbereitungen von Mai bis Juli 1942 gründlich ändern. Am 19. Juli ordnete SS-Chef Heinrich Himmler formell die Ermordung der meisten Juden im Generalgouvernement bis Jahresende an.[8] Was nun folgte, waren wohl die schlimmsten zehn Wochen seit Beginn der Judenverfolgung. Inzwischen hatte man östlich von Warschau ein drittes Vernichtungslager, Treblinka, aufgebaut. Am 22. Juli begann die Räumung des Warschauer Gettos. Nun wurde bei den Morden auf Geheimhaltung verzichtet. Unter äußerster Brutalität zogen deutsche, in Ostpolen auch „fremdvölkische" Polizeikommandos durch die Gettos, während ihre Kollegen diese von außen abriegelten. Gehbehinderte, Krankenhausinsassen, Waisenkinder wurden an Ort und Stelle ermordet. Die Straßen waren übersät von Leichen. Die Festgenommenen trieb man auf einen zentralen Platz. In Beisein der Zivilverwaltung, der Arbeitsämter und mancher Unternehmer sortierte die Gestapo eine Minderheit aus, die Übrigen wurden zum Bahnhof getrieben und in Güterwaggons gepfercht. Unter entsetzlichen Strapazen verlief die Fahrt ins Vernichtungslager. Dort wurden die Menschen aus den Waggons gerissen und gruppenweise in Gaskammern geführt. Lediglich in Auschwitz und Majdanek sortierte man vorher 20-30% der Ankömmlinge als Zwangsarbeiter aus, die ebenfalls nicht mehr lange zu leben hatten.

So wurde seit Juli Getto um Getto heimgesucht, ab Oktober 1942 begann die völlige Auflösung der ersten „jüdischen Wohnbezirke". Aus dem Distrikt Radom wurden innerhalb von sechs Wochen über 300.000 Menschen nach Treblinka deportiert und dort ermordet; ähnliche Dimensionen erreichte die „Große Aktion" im Warschauer Getto. Nachdem die meisten Gettos im Warthegau aufgelöst waren, begannen im September 1942 auch wieder Deportationen aus Lodz nach Kulmhof.

Gleichzeitig setzten die Verschleppungen von Juden aus ganz Europa in die Vernichtungslager auf polnischen Boden ein, die ihren Höhepunkt dann 1943/44 erreichten. Polen wurde zum Friedhof für 80% aller jüdischen Opfer. Von den polnischen Juden wurde nur ein Teil nach Auschwitz deportiert. Insgesamt etwa 290.000 Personen kamen aus Ostoberschlesien, dem Distrikt Krakau und 1944 aus Lodz in das Vernichtungslager, wo die Überlebensschance etwas höher war als an den ande-

---

8 Die Ermordung der europäischen Juden (wie Anm. 6), S. 201f.

ren Todesstätten.[9] Insgesamt starben in Kulmhof 150.000-250.000, in Bełżec etwa 450.000, in Sobibór ca. 150.000, in Treblinka über 800.000 und in Majdanek etwa 40.000-60.000 Juden.[10]

Seit Sommer 1942 liefen die Mordaktionen in nahezu allen polnischen Gebieten synchron. Während die Mehrzahl der Opfer in den eingegliederten Gebieten und im Generalgouvernement durch Giftgas erstickt wurde, begannen in Ostpolen erneut Massenerschießungen. Auch dort bestanden nun fast überall Gettos, die man nach der ersten Welle der Massenmorde eingerichtet hatte. Ab April/Mai 1942 selektierten die Besatzungsbehörden vermeintlich „Arbeitsunfähige“ und erschossen sie dann in der Nähe ihrer Heimatorte. Ende Juli 1942, etwas früher als im Generalgouvernement, begann die völlige Auflösung der Gettos in Ostpolen. Gestapo und Ordnungspolizei, Gebietskommissare und andere Behörden organisierten nun riesige Gemetzel, wie es sie bereits seit September 1941 vor allem weiter östlich gegeben hatte.

Schon Ende 1942 waren in weiten Teilen Polens kaum mehr Juden am Leben, so etwa im Distrikt Lublin, vor allem aber im Westen Weißrusslands, in Wolhynien und Polesien, wo die „Endlösung“ seit Oktober 1942 als abgeschlossen galt. Allein die Juden im Bezirk Białystok (mit angeschlossenem Regierungsbezirk Zichenau) hatten zwar unter den entsetzlichen Lebensbedingungen zu leiden, blieben jedoch bis November 1942 von Massendeportationen in die Vernichtungslager verschont. Von dieser Zeit an rollten auch von dort die Todeszüge nach Treblinka und Auschwitz.

Ende 1942, also lange vor der deutschen Kapitulation, lebten nach Berechnungen der SS nur mehr 530.000 polnische Juden, also ein Sechstel der unter deutsche Herrschaft geratenen Minderheit.[11] Nahezu alle Kinder und älteren Personen waren den Selektionen nach „Arbeitsfähigkeit“ zum Opfer gefallen; Frauen hatten geringer Überlebenschancen als Männer.

---

9 FRANCISZEK PIPER, Die Zahl der Opfer von Auschwitz. Oświęcim 1993, S. 183-186.

10 Vgl. JÓZEF MARSZAŁEK, Stan badań nad stratami osobowymi ludności żydowskiej Polski oraz nad liczbą ofiar obozów zagłady w okupowanej Polsce [Der Forschungsstand zu den Bevölkerungsverlusten der jüdischen Bevölkerung Polens sowie zur Zahl der Opfer der Vernichtungslager im besetzten Polen], in: Dzieje Najnowsze 26 (1994), H. 2, S. 33-40. Die Zahlen für alle Vernichtungslager basieren auf Schätzungen, die in der Forschung umstritten sind.

11 GOLCZEWSKI, Polen (wie Anm. 4), S. 472.

Trotz der prekären militärischen Situation des Reiches und interner Debatten um die Erhaltung der Arbeitskraft wurden die Getto-Liquidierungen Anfang 1943 erbarmungslos weitergeführt; als Schlusspunkt setzte die NS-Führung den August des Jahres. Besonders betroffen waren Warschau und der Bezirk Białystok, von wo die Vernichtungslager angesteuert wurden, und Ostgalizien, dessen Juden nun wieder Massenerschießungen zum Opfer fielen. Mit dem August/September 1943 hatte das polnische Judentum zu bestehen aufgehört, obwohl noch etwa 200.000 Menschen ihr Leben unter schwerster Zwangsarbeit fristeten und weitere im Versteck ausharrten.

5. Reaktionen

Wie reagierten die Opfer auf diesen Vernichtungsfeldzug? Der Kenntnisstand der jüdischen Gemeinden über die Mordaktionen war zunächst recht fragmentarisch. So sickerte nur an einigen Orten die Nachricht von den Massenerschießungen in Ostpolen schon im Herbst 1941 durch. Erst im Frühjahr 1942 verdichteten sich solche Informationen, nicht zuletzt über den immer noch möglichen Postverkehr. Immer wieder kursierten Mitteilungen über das „Verschwinden" großer Gruppen von Menschen. Erst im August/September 1942 verbreiteten sich Kenntnisse über die Vernichtungslager. Aber auch jetzt war die Systematik des deutschen Vorgehens nicht an allen Orten und unter allen Gruppen klar.

Die Judenräte gerieten nun in schwerste Konflikte. Immer mehr wurde deutlich, dass man jüdische Menschen – meist unwissentlich – dem Tod ausgeliefert hatte. Als nun erneut die Gestapo die Gestellung von Delinquenten forderte, war die Lage schier ausweglos. Manche Judenrats-Vorsitzende, wie Adam Czerniaków in Warschau, begingen Selbstmord, andere weigerten sich und wurden selbst ermordet, viele kamen den Befehlen nach. Die Besatzungsbehörden tauschten das Personal der Judenräte nun immer öfter aus, eine gewisse Demoralisierung machte sich breit.

Für die Mehrheit der jüdischen Bevölkerung war zum alltäglichen Problem des Hungers die dauernde Bedrohung durch die unmittelbare Ermordung hinzugekommen. In der zweiten Jahreshälfte 1942 musste jede Hoffnung aufgegeben werden, es ging ums nackte Überleben. Die Trennung der Familienmitglieder und der Tod bei den „Judenaktionen" wurden die bestimmende Erfahrung. Information über Angehörige an anderen Orten war kaum mehr zu erhalten. In dieser Situation blieb nur noch die spontane Flucht. In hermetisch abgeriegelten Großgettos war dies ein äußerst riskantes Unterfangen. An vielen Orten wurden erst 1942 „geschlossene“ Gettos errichtet, um die Deportationen vorzubereiten. Besonders ab Mitte September 1942 flüchteten die Juden aus den Kleinstädten in nahe gelegene Wälder oder in ein Versteck, sobald Gerüchte über eine bevorstehende Mordaktion kursierten. Doch nur wenige konnten sich lange ohne Lebensmittel halten; man war von langfristiger Vorbereitung, nichtjüdischen Helfern oder von den Untergrundbewegungen abhängig.

Die Reaktion der nichtjüdischen Bevölkerung war breit gefächert, ähnlich wie das politische Spektrum. Zwar fehlen in diesem Bereich noch eingehende Untersuchungen, einige Grundlinien lassen sich jedoch festhalten: Als Rahmenbedingung darf keinesfalls außer Acht gelassen werden, dass alle Einwohner – mit Ausnahme der Volksdeutschen – während der Besatzungszeit mehr oder weniger unterdrückt wurden. Generell war der Spielraum der Nichtjuden gering, ebenso ihre Bedeutung für die „Endlösung“ insgesamt. Einzige Ausnahme sind die einheimischen Hilfspolizisten: Sowohl die ukrainische als auch die weißrussische Hilfspolizei haben an Judenmorden teilgenommen. Besonders bedrohlich waren darüber hinaus Nichtjuden, die aus wirtschaftlichen Motiven Juden bei den Besatzungsbehörden anzeigten; etwa die sog. „szmalcownicy“ in Warschau, die versteckte Juden aufspürten und erpressten. Insgesamt zeigten sich die Polen zurückhaltend gegenüber dem Los der Juden, wenn dies auch individuell stark variieren konnte. Ähnliches gilt für die in Polen dominierende katholische Kirche. Viele Priester und Klöster boten Schutz; doch insgesamt hielt sich die Amtskirche, die in den dreißiger Jahren durchaus antijüdische Akzente gesetzt hatte, zurück.

Die Exilregierung in London verfügte frühzeitig über detaillierte Angaben zum Völkermord und leitete die Informationen an die Alliierten weiter, ging jedoch erst Ende 1942 propagandistisch in die Offensive. Immerhin versuchte die *Delegatura*, ihre Vertretung in Polen, Hilfsmaßnahmen einzuleiten, etwa über den so genannten Hilfsrat für Juden „Żegota“. Dennoch verhielt sich der Untergrund keineswegs einheitlich. Von Seiten der rechtsradikalen Nationalen Streitkräfte wie auch der nationalistischen Ukrainischen Aufstandsarmee schlug den verfolgten Juden vielfach offener Hass entgegen. Unterstützung erfuhren die Juden durch die Heimatarmee (AK), wenn auch einzelne Verbände im Verdacht stehen, im Versteck aufgegriffene Juden ermordet zu haben. Am ehesten sympathisierten noch linkskatholische, sozialistische oder kommunistische Gruppen mit dem Schicksal der Juden. Gerade Letztere nahmen auch Juden in ihre Reihen auf.

Der spezifische Widerstand von Juden ist seit langem Gegenstand kontroverser Forschungsdebatten. Im Laufe dieser Diskussionen hat man den klassischen Widerstandsbegriff des bewaffneten Aufstandes allmählich verlassen und erweitert. Manche Historiker zählen als Widerstand jede Maßnahme, welche die Juden unternommen haben, um die deutsche Vernichtungspolitik zu unterlaufen. So betrachtet, waren die Anstrengungen der Juden erheblich, insbesondere ab dem Herbst 1942. In dieser Zeit gewannen auch in den Gettos Überlegungen Gestalt, aktiv gegen die Verfolgung aufzutreten. Meist waren es die Reste politischer Gruppen der Zwischenkriegszeit, die sich zum Handeln entschlossen. Freilich fehlte es, vom Mut der Verzweiflung abgesehen, an fast allen Voraussetzungen. Die Mehrheit der nichtjüdischen Bevölkerung verhielt sich passiv, Waffen und Munition waren nur sehr schwer zu beschaffen und für einen Partisanenkrieg waren Wälder als Infrastruktur nicht überall vorhanden. Dennoch entwickelte sich dort, wo linke Partisanengruppen aktiv waren, also vor allem in Westweißrussland und Nordwolhynien, schon 1942 eine kleine jüdische Widerstandsbewegung, bzw. junge Juden schlossen sich den Partisanen an. Bald traten solche Gruppen auch in den Distrikten Radom und Lublin auf. Verbände, die ausschließlich aus Juden bestanden, suchten nicht immer den bewaffneten Konflikt mit deutschen Einheiten, sondern waren auf ihr Überleben und ihre Versorgung bedacht.

Östlich des Bug kam es jedoch schon ab September 1942 anlässlich der Getto-Liquidierungen zu bewaffneten Revolten. Den spektakulären Höhepunkt bildete zweifellos der Aufstand im Warschauer Getto im April/Mai 1943. Doch die kleinen Untergrundgruppen, kaum mit Waffen versorgt, hatten gegen die übermächtige deutsche SS- und Polizeimacht keine Chance. Diese wiederum bauschte in ihren Berichten die brutale Räumung des Warschauer Gettos zu einer großen Militäraktion auf. Ebenso verzweifelt wie heroisch folgten weitere Zusammenstöße in Gettos wie Białystok. Vor allem die Lagerrevolten in Treblinka und Sobibór ermöglichten das Überleben einiger zum Tod Geweihter. Doch nach den Massenausbrüchen waren auch sie vom Verhalten ihrer nichtjüdischen Umwelt abhängig.

Angesichts der Zahl der verfolgten Juden war in Polen auch die Zahl der Christen, die Juden geholfen haben, vergleichsweise groß. Für die gelegentlich genannte Zahl von 100.000 Juden, die durch Polen versteckt worden seien, gibt es freilich keine Beweise. Vielmehr kann man davon ausgehen, dass Zehntausende Juden sich insbesondere in den großen Städten verstecken konnten, wo man auf eine gewisse Anonymität zählen konnte. Deren Mehrzahl wurde wiederum von Nichtjuden untergebracht und versorgt, meist Polen, aber auch Ukrainern und Weißrussen, ja vereinzelt sogar Deutschen. Die Motive der Retter waren vielfältig. Zumeist engagierten sie sich aus humanitären Erwägungen für jüdische Bekannte oder Nachbarn, aber auch für zufällig in ihren Verstecken Entdeckte. Eine Minderheit versteckte Juden allein aus materiellen Motiven und ließ sich dafür bezahlen. Freilich mussten alle Beschützer irgendwie für die gestiegenen Unterhaltskosten aufkommen, wenn sie nun für mehrere Personen zu sorgen hatten.

Man muss immer im Auge behalten, dass die heimliche Unterbringung verfolgter Juden mit enormen Schwierigkeiten verbunden war. Bis zum Jahreswechsel 1942/43 konnte niemand absehen, wie lange die deutsche Herrschaft noch andauern würde. Erst nach der Auflösung der meisten Gettos, im Frühjahr und Sommer 1943, wurde das Untertauchen zu einem dauerhaften Massenphänomen. In der Praxis mussten die Helfer ein „zweites Leben" führen, da ihnen ständig Entdeckung durch die Polizei oder Denunziation aus der Nachbarschaft drohte. Die Polen, die Juden versteckten, gingen ein enormes Risiko ein. Seit Ende 1941 galt die Todesstrafe für „Judenbeherbergung". Entdeckte die Polizei die Juden, so mussten ihre Betreuer mit Sondergerichtsverfahren und Hinrichtung rechnen. Ab Herbst 1942 ging die Polizei dazu über, die entdeckten Juden zusammen mit den Polen, die sie versteckt hatten, an Ort und Stelle zu erschießen. Dennoch sind nicht alle ertappten Helfer ermordet worden. In einigen Fällen zögerten die Sondergerichte mit der Verhängung der Todesstrafe. Nach bisherigen Erkenntnissen wurden etwa 1.000 Polen wegen ihrer Hilfe für Juden ermordet; möglicherweise waren es aber weit mehr.[12]

Hilfe brauchten aber auch solche Juden, die sich auf eigene Faust versteckten, also in den Wäldern, in der Kanalisation oder offen mit

---

12 Vgl. WACŁAW BIELAWSKI, Zbrodnie na Polakach dokonane przez hitlerowców za pomóc udzielaną Żydom [Verbrechen von Nationalsozialisten an Polen für Hilfe gegenüber Juden], Warszawa 1987.

„arischen Papieren". Sie benötigten vor allem Lebensmittel, Dokumente, oder einfach nur die Diskretion ihrer Mitmenschen, wenn ihnen Entdekkung drohte. Gerade angesichts der Alltäglichkeit des Untertauchens ist auch der Kreis der Nichtjuden, die auf die eine oder andere Weise Hilfsleistungen erbracht haben, viel weiter zu ziehen als nur um die Personen, die Juden bei sich versteckt hielten.

6. Die Endphase des Völkermords ab 1943

Ab dem 1. August 1943 gab es im Grunde nur noch zwei Möglichkeiten für die polnischen Juden am Leben zu bleiben: offiziell geduldet im Zwangsarbeitslager oder versteckt. Die Zahl der untergetauchten Juden ist kaum noch festzustellen, sie dürfte aber – trotz aller Fluktuation – bei über 100.000 Personen gelegen haben, teils beherbergt von Nichtjuden, teils ohne Hilfe versteckt oder in Partisanengruppen, und teils mit „arischen Papieren". Letztere mussten im Regelfall ihren Heimatort verlassen, um nicht erkannt zu werden. Viele dieser Menschen mit falscher Identität verließen Polen sogar offiziell, sei es als Fremdarbeiter ins Reich oder etwa rekrutiert für eine Arbeitseinsatz in der Organisation Todt in sowjetischen Gebieten. Dennoch war die Gefahr der Entdeckung groß, gerade bei männlichen Juden. Man wird davon ausgehen müssen, dass die Mehrheit der Untergetauchten den Krieg nicht überlebt hat. Während die in Städten untergetauchten Juden vor allem Denunziationen zum Opfer fielen, konnten die in den Wäldern Versteckten meist nicht lange ohne Lebensmittel ausharren oder gerieten zwischen die Fronten des Partisanenkriegs.

Viele Juden sahen keinen anderen Weg, als das Versteck zu verlassen und sich in ein Zwangsarbeitslager einzuschmuggeln. Die Zwangsarbeitslager-Systeme, die es regional schon 1940 gegeben hatte, wurden gleichzeitig mit der Räumung der Gettos im Herbst 1942 ausgebaut. Insgesamt gab es in Polen wohl mindestens 500 solcher Lager, mit zeitweise ebenso vielen Häftlingen wie in den Konzentrationslagern.[13] Je weniger Gettos bestanden, umso verzweifelter versuchten die Überlebenden, durch Zwangsarbeit ihr Leben zu schützen. Doch auch in den Zwangsarbeits-

[13] Obozy hitlerowskie na ziemiach polskich 1939-1945. Informator encyklopedyczny [Nationalsozialistische Lager auf polnischem Gebiet. Enzyklopädisches Nachschlagewerk], hrsg. von CZESŁAW PILICHOWSKI, Warszawa 1979, S. 45 (dort 437 Lager, ohne Ostpolen).

lagern, in denen meist ein äußerst brutales Regime herrschte, wurde die Lage immer prekärer. Von Ost nach West wurden auch diese Lager durch Massenerschießungen aufgelöst, zunächst im Juli/August 1943 in Ostgalizien. Vermutlich als Reaktion auf die Lagerrevolten in Treblinka und Sobibór, aber auch unter dem Eindruck der sowjetischen Offensive in der Ukraine, wurden im Oktober/November 1943 plötzlich die Zwangsarbeitsstätten in der Osthälfte Polens aufgelöst und ihre Insassen ermordet. In der so genannten „Aktion Erntefest" erschossen Polizeieinheiten an zwei Tagen (3./4. November 1943) 42.000 jüdische Insassen in Lagern des Distrikts Lublin. Ebenso erging es den Juden im Lager Lemberg-Janowska, an einigen Orten des Distrikts Krakau und den letzten 1.000 Juden in Wladimir Wołyński (Wolhynien), die im Oktober 1943 ihr Leben ließen.[14]

Während nur einige wenige Lager in den Distrikten Galizien und Lublin weiterexistierten, waren die jüdischen Zwangsarbeiter im Distrikt Radom nicht von der „Aktion Erntefest" betroffen. Entscheidend dafür war ihre geographische Lage weiter westlich, vor allem aber die Anbindung an Rüstungsbetriebe, die im Osten meist fehlte. Die Lager der Organisation Schmelt in Ostoberschlesien, in denen Juden vor allem beim Straßenbau eingesetzt waren, wurden allmählich in Außenstellen des Konzentrationslagers Auschwitz umgewandelt, in die immer mehr außerpolnische Juden kamen. Die größte Gruppe an polnischen Juden befand sich im Frühjahr 1944 im Getto von Lodz. Hier hatten Wehrmacht, Rüstungsministerium und Gauleitung durchgesetzt, dass die jüdischen Arbeiter vorläufig noch nicht ermordet würden. Erst nach dem sowjetischen Vormarsch ins Generalgouvernement war auch deren Schicksal besiegelt. Zunächst wurde das Vernichtungslager Kulmhof provisorisch wiedereingerichtet, um Juden aus Lodz zu ermorden; dann erfolgte im Juni 1944 eine Totalevakuierung des Gettos nach Auschwitz zur weitgehenden Ermordung der verbliebenen Juden.

Mit dem Vormarsch der Roten Armee wurde der ganze deutsche Lager-Archipel in Polen aufgelöst. Bei der Evakuierung waren die polnischen Juden aber nur mehr eine Minderheit der jüdischen Häftlinge, und ihr Schicksal vermengte sich mit dem der übrigen Lagerinsassen. Im

---

14 Vgl. HELGE GRABITZ/WOLFGANG SCHEFFLER, Letzte Spuren. Ghetto Warschau – SS-Arbeitslager Trawniki – Aktion Erntefest, Berlin 1988; DIETER POHL, Schauplatz Ukraine: Der Massenmord an den Juden im Militärverwaltungsgebiet und im Reichskommissariat 1941-1943, in: Ausbeutung – Vernichtung – Öffentlichkeit, hrsg. von NORBERT FREI u.a., München 2000, S. 135-174, hier S. 163.

Gegensatz zu vielen Insassen in den Gefängnissen wurden sie jedoch meist nicht an Ort und Stelle ermordet, sondern nach Westen abtransportiert. Die Wellen der Evakuierungen folgten dem Rhythmus der sowjetischen Offensiven, vor allem im Juni/Juli 1944 und im Januar 1945. Zunächst wurden noch Züge gestellt, ab Anfang 1945 wurden die Evakuierungen als Todesmärsche durchgeführt, bei denen alle Entkräfteten ermordet wurden. Die Rote Armee konnte nur relativ wenige jüdische Häftlinge in Polen befreien, die auch aus dem Land stammten, dafür aber Tausende Untergetauchter.

7. Zusammenfassende Bemerkungen

Fast drei Millionen Juden oder Personen mit jüdischen Vorfahren, die auf dem polnischen Vorkriegsterritorium gelebt hatten, wurden unter deutscher Besatzung ermordet;[15] das waren 85-90% der polnischen Juden. Warum hatten sie geringere Überlebenschancen als die Juden in Mittel- und Westeuropa? Ein entscheidender Faktor ist sicher die frühe und besonders harte Besatzung. Nach dem Jahreswechsel 1939/40 gelang nur noch einem geringen Teil der Juden die Flucht; Ähnliches gilt auch für das im Juni 1941 deutsch besetzte Ostpolen. Der zweite Faktor ist die enorme Brutalität, mit der gerade die Ostjuden verfolgt wurden. Schon 1941 begann die systematische Ausrottung; als sich Ende 1942 das deutsche Kriegsglück endgültig wendete, war die Mehrzahl der polnischen Juden bereits umgebracht. Folglich kamen die Debatten um die Erhaltung der Arbeitskraft für die meisten zu spät. Von Bedeutung waren sie vor allem für die Juden in der Westhälfte Polens, wo es eine nennenswerte kriegswichtige Wirtschaft gab.

Dies ist wohl auch in Rechnung zu stellen, wenn man berücksichtigt, dass auf den besetzten sowjetischen Gebieten der Prozentsatz der Überlebenden noch viel geringer ist, in vielen Gebieten unter drei von Hundert. Für das Überleben war schließlich die Anonymität größerer Städte von Bedeutung; Großstädte mit erheblichem jüdischen Bevölkerungsanteil existierten aber in den besetzten (neu-)sowjetischen Gebieten kaum.

Etwa 200.000 Juden hatten sich frühzeitig durch Flucht in die Sowjetunion retten können, auch wenn sie dort meist deportiert wurden; Zehn-

---

15 Die bei GOLCZEWSKI, Polen (wie Anm. 4), S. 494, ermittelte Zahl von 2,7 Mio. Opfern ist, nach den neuen Erkenntnissen zu Ostpolen, zu niedrig angesetzt.

tausenden gelang das Entkommen in andere Länder. Die Zahl der innerhalb Polens Überlebenden wird auf 50.000-70.000 geschätzt, weitere 20.000-40.000 wurden aus Konzentrationslagern in Deutschland befreit.[16] Kein Land Europas hatte solche Verluste an Juden wie Polen zu verzeichnen, fast nirgends überlebte nur ein so geringer Teil der jüdischen Bevölkerung.

Durch Repatriierung stieg der Umfang der jüdischen Bevölkerung innerhalb Polens neuer Grenzen zeitweise wieder auf 240.000 Personen (Mitte 1946),[17] um danach durch Emigration drastisch abzusinken; zuletzt während der antijüdischen Kampagne 1967/68. Danach lebten nur noch etwa 5.000 Juden in Polen. Die deutsche Besatzung hatte die ganze Welt des polnischen Judentums, seine Vielfalt und Kultur, für immer vernichtet.

Literaturhinweise

Ainsztein, Reuben: Jüdischer Widerstand im deutschbesetzten Osteuropa während des Zweiten Weltkrieges. Oldenburg 1993 (zuerst London 1974) (monumentale Darstellung einzelner Widerstandsaktionen und -gruppen, teilweise veraltet).

Aly, Götz/Heim, Susanne: Vordenker der Vernichtung. Auschwitz und die deutschen Pläne für eine neue europäische Ordnung. Hamburg 1991 (eigenwillige Interpretation; Judenmord als Ergebnis der Planung deutscher Bevölkerungs- und Wirtschaftsexperten).

Aly, Götz: „Endlösung". Völkerverschiebung und der Mord an den europäischen Juden. Frankfurt a.M. 1995 (Verflechtung der Siedlungspolitik in Westpolen 1939-1941 mit dem Anfang des Massenmords an den Juden 1941/42).

Arad, Yitzhak: Belzec, Sobibor, Treblinka: The Operation Reinhard Death Camps. Bloomington 1987 (grundlegend zur „Aktion Reinhardt", mit breiter Berücksichtigung der Häftlinge).

---

16 TERESA PREKEROWA, Wojna i okupacja [Krieg und Besatzung], in: Najnowsze dzieje Żydów w Polsce w zarysie (do 1950 roku) [Neueste Geschichte der Juden in Polen im Abriss (bis 1950)], hrsg. von JERZY TOMASZEWSKI, Warszawa 1993, S. 384.

17 JÓZEF ADELSON: W Polsce zwanej Ludową [Im so genannten Volkspolen], in: Najnowsze dzieje Żydów (wie Anm. 16), S. 387-477, hier S. 398.

Bender, Sara: Mul mawet orev. Yehude Byalistoq be-Milhemet ha-Olam has Seniya 1939-1943 [Im Angesicht des Todes. Die Juden in Białystok in Weltkrieg und Besatzung]. Tel Aviv 1997.

Browning, Christopher R.: Der Weg zur „Endlösung". Entscheidungen und Täter. Bonn 1998 (u.a. Aufsätze zu Gettos und zu den Tätern in Polen).

Browning, Christopher R.: Ganz normale Männer. Das Reserve-Polizeibataillon 101 und die Endlösung in Polen. Reinbek 1993 (erste Fallstudie zu einer „durchschnittlichen" Tätergruppe; Raum Lublin).

Eisenbach, Artur: Hitlerowska polityka zagłady Żydów [Nationalsozialistische Politik der Judenvernichtung]. Warszawa 1961 (klassische Gesamtdarstellung mit marxistischer Interpretation).

Faschismus-Getto-Massenmord. Dokumentation über Ausrottung und Widerstand der Juden in Polen während des 2. Weltkrieges. Hrsg. vom Jüdischen Historischen Institut in Warschau. Berlin 1961 (wichtigste Edition).

Gerlach, Christian: Kalkulierte Morde. Die deutsche Wirtschafts- und Vernichtungspolitik in Weißrussland 1941-1944. Hamburg 1999 (monumentale Darstellung mit Einbettung in alle Politikbereiche).

Golczewski, Frank: Polen, in: Dimension des Völkermords. Hrsg. von Wolfgang Benz, München 1991, S. 411-497 (Überblick, v.a. zur Zahl der Ermordeten; Zusammenfassung der polnischen Forschung).

Gutman, Yisrael: The Jews of Warsaw, 1939-1943. Ghetto, Underground, Revolt. Bloomington 1982 (jüdisches Leben, v.a. Widerstand).

Gutman, Yisrael/Krakowski, Shmuel: Unequal Victims. Poles and Jews During World War II. New York 1987 (kritische Darstellung des Verhaltens der polnischen Gesellschaft).

Krakowski, Shmuel: The War of the Doomed. Jewish Armed Resistance in Poland, 1942-1944. New York 1984 (Standardwerk zum bewaffneten Widerstand, ohne Ostpolen).

Musial, Bogdan: Deutsche Zivilverwaltung und Judenverfolgung im Generalgouvernement. Eine Fallstudie zum Distrikt Lublin 1939-1944. Wiesbaden 1999 (arbeitet zentrale Bedeutung der Zivilverwaltung beim Mord heraus).

NS-Vernichtungslager im Spiegel deutscher Strafprozesse. Belzec, Sobibor, Treblinka, Chelmno. Hrsg. von Adalbert Rückerl. München 1977 (Auszüge aus Prozessakten).

Obozy hitlerowskie na ziemiach polskich 1939-1945. Informator encyklopedyczny [Nationalsozialistische Lager auf polnischem Gebiet. Enzyklopädisches Nachschlagewerk]. Hrsg. von Czesław Pilichowski. Warszawa 1979 (Lagerlexikon mit Literatur- und Archivverweisen; Gebiet des heutigen Polen).

Pohl, Dieter: Nationalsozialistische Judenverfolgung in Ostgalizien 1941-1944. Organisation und Durchführung eines staatlichen Massenverbrechens. München 1996.

Pohl, Dieter: Von der „Judenpolitik" zum Judenmord. Der Distrikt Lublin des Generalgouvernements 1939-1944. Frankfurt u.a. 1993.

Prekerowa, Teresa: Wojna i okupacja [Krieg und Besatzung], in: Najnowsze dzieje Żydów w Polsce w zarysie (do 1950 roku) [Neueste Geschichte der Juden in Polen im Abriss (bis 1950)]. Hrsg. von Jerzy Tomaszewski. Warszawa 1993, S. 273-384 (moderne Darstellung der jüdischen Geschichte).

Sakowska, Ruta: Die zweite Etappe ist der Tod. NS-Ausrottungspolitik gegen die polnischen Juden, gesehen mit den Augen der Opfer. Ein historischer Essay und ausgewählte Dokumente aus dem Ringelblum-Archiv 1941-1943. Berlin 1993 (eindrucksvolle kurze Dokumentation).

Sakowska, Ruta: Menschen im Ghetto. Die jüdische Bevölkerung im besetzten Warschau 1939-1943. Osnabrück 1999 (zuerst polnisch u.d.T.: Ludzie z dzielnicy zamkniętej. Warszawa 1993). (Alltag im Getto)

Sandkühler, Thomas: „Endlösung" in Galizien. Der Judenmord in Ostpolen und die Rettungsaktionen von Berthold Beitz 1941-1944, Bonn 1996 (dichte Beschreibung der Mordaktionen; ausführlich zum Fall Beitz).

Spector, Shmuel: The Holocaust of Volhynian Jews 1941-1944, Jerusalem 1990 (Schwerpunkt auf der Geschichte der Opfer und des Widerstands).

Steinbacher, Sybille: „Musterstadt" Auschwitz. Germanisierung und Judenmord in Ostoberschlesien. München 2000 (Siedlungspolitik und Judenverfolgung in der Umgebung des Lagers).

Tec, Nechama: When Light Pierced the Darkness. Christian Rescue of Jews in Nazi-Occupied Poland. New York / Oxford 1986 (wissenschaftliche Analyse des Rettungsverhaltens).

To Live With Honor and to Die with Honor. Selected Documents from the Warsaw Ghetto Underground Archives „O.S." (Oneg Shabbath).

Hrsg. von Joseph Kermish. Jerusalem 1986 (umfangreiche Edition aus dem „Ringelblum-Archiv“).
Trunk, Isaiah: Judenrat. The Jewish Councils in Eastern Europe under Nazi Occupation. New York 1972 (Nachdruck Lincoln 1996) (Standardwerk zu den Judenräten mit Schwerpunkt Polen).

Tomasz Szarota

Resistenz und Selbstbehauptung der polnischen Nation

Als mir von den Herausgebern der vorstehende Titel vorgeschlagen wurde, dachte ich zunächst daran, ihn zu ändern, denn der Begriff „Selbstbehauptung“ besitzt im Polnischen keine genaue Entsprechung. Schließlich kam ich jedoch zu dem Schluss, dass gerade diese und keine andere Formulierung sehr gut das Wesen der polnischen Tätigkeiten und Handlungen wiedergibt, die gegen den Aggressor gerichtet waren. Meiner Meinung nach sollte man „Resistenz und Selbstbehauptung“ ebenso als Kampf um die Wiedererlangung der 1939 verloren gegangenen staatlichen Existenz wie auch als Kampf um die Wahrung einer nationalen Identität in der Verteidigung der eigenen Ideale und des eigenen Wertesystems verstehen.

Für einen deutschen Leser klingt es sicher verwunderlich, dass solche Begriffe wie „Widerstand“ oder „Widerstandsbewegung“ – obwohl sie selbstverständlich verwandt werden – sich in Polen keiner großen Beliebtheit erfreuen. Dafür gibt es mehrere Gründe; die Hauptursache kann man vielleicht darin sehen, dass diese Begriffe nicht unmittelbar mit dem Kampf mit dem Feind, sei es mit der Waffe in der Hand, sei es ohne sie, verbunden werden. Es ist dabei bezeichnend, dass während der Besatzungszeit in der Untergrundpresse der Begriff „Widerstandsbewegung“ überhaupt nicht benutzt wurde, man sprach statt dessen vom „Kämpfenden Polen“ vom „Polen im Untergrund“, vom „bewaffneten Kampf“, vom „Kampf im Geheimen“, vom „zivilen Kampf“ und schließlich vom „Polnischen Untergrundstaat“.

Den Begriff „Selbstbehauptung“ benutzte als Erster im Titel seiner 1969 abgeschlossenen Dissertation Christoph Kleßmann. Die Darstellung, die bis heute ihren Wert behielt, beschreibt die Tätigkeiten, die von den Polen zur Verteidigung ihrer Kultur, die von der deutschen Besatzungsmacht vernichtet werden sollte, unternommen wurden.[1] Ich meine, dass der Begriff „Selbstbehauptung“ jedoch ein weiteres Begriffsfeld umfasst und sowohl den Kampf der Bürger wie auch die militärischen Handlungen umfasst, die auf der einen Seite gegen die Aggressoren gerichtet waren, auf der anderen Seite auch die einheimischen Verräter und Kollaborateure betrafen.

Charakteristisch für den von Polen dem Feind gelieferten Untergrundkampf erscheint der von Magne Skodvin für die norwegische Widerstandsbewegung eingeführten Terminus *holdningskamp*, den dieser folgendermaßen umschreibt:

> „[Holdning] refers to general attitudes and stands taken in relation to the occupying power and towards the Norwegian branch of occupation government and towards the traditional Norwegian way of life as well as ist political institutions. The *holdningskamp* is the struggle to maintain, preserve and invigorate such attitudes. These are aspects of resistence, not seperate branches. They are very intricately involved, and should perhaps be envisaged in sysbiosis rather than in coexistence.“[2]

Die Übersetzung des Begriffs als *struggle attitude* ins Englische oder *L'attitude de combat* ins Französische scheint mir nicht glücklich, denn es geht weniger um eine „kämpferische Einstellung“ als den „Kampf um eine – angemessene – Einstellung“. In Norwegen wie in Polen bedeutete eine angemessene Einstellung Ähnliches: Loyalität gegenüber dem eigenen Staat und dessen Institutionen, der Glaube an die nationalen Traditionen, an die Grundsätze der Demokratie, an humanistische Ideale, moralische und sittliche Normen, die Bewahrung der Würde gegenüber dem Eindringling, die Verurteilung von Landsleuten, die aus der nationalen Gemeinschaft ausbrachen. In dieser Hinsicht ist ein Fragment eines während der Besatzung geschriebenen und unmittelbar nach Kriegsende unter dem Titel „Der verhöhnte Deutsche“ veröffentlichten Buchs von Stanisław Dzikowski aussagekräftig: „In der direkten Ausein-

---

1 Die Arbeit erschien zwei Jahre später im Druck: Die Selbstbehauptung einer Nation. Nationalsozialistische Kulturpolitik und polnische Widerstandsbewegung im Generalgouvernement 1939-1945. Düsseldorf 1971; 20 Jahre später benutzte er den Begriff erneut in: Die kulturelle Selbstbehauptung der polnischen Nation, in: September 1939. Krieg, Besatzung, Widerstand in Polen, hrsg. v. CHRISTOPH KLESSMANN, Göttingen 1989, S. 117-138.

2 MAGNE SKODVIN, Norwegian resistance. A General Remark, in: Europäischer Widerstand im Vergleich, hrsg. v. GER VAN ROON, Berlin 1985, S. 321. Den Begriff *Holdningskamp* benutzte Skodvin erstmals 1967.

andersetzung waren wir die Vertreter der humanistischen und menschlichen Kultur, sie hingegen waren deren Verneinung. [...] Zwischen Beethoven und Goethe einerseits und dem heutigen Polen andererseits besteht mehr geistige Verwandtschaft als zwischen diesen beiden und dem heutigen Germanien."[3]

In der 1989 in Frankreich veröffentlichten innovativen Studie von Jean Semelin „Sans Armes face à Hitler. La résistance civile en Europe 1939-1943", die später auch in deutscher Sprache erschien,[4] stellt der Autor die verschieden Formen und Methoden bürgerlicher Gegenwehr vor, die in dem vom Dritten Reich besetzten Europa Anwendung fanden. Polen wird nur an einer Stelle – ohne Zweifel zu selten – nämlich in dem Abschnitt „Désobéissance civil en masse" erwähnt, als ein Beispiel wird „L'enseignement clandestin en Pologne 1940-1945" ausgeführt. Man sollte hinzufügen, dass zu dem Thema einer der Organisatoren der Warschauer Untergrunduniversität, Tadeusz Manteuffel, bereits 1948 einen Artikel veröffentlichte.[5] Er unterschied eine *défense passive*, die auf der Rettung des durch den Besatzer zum Untergang verurteilten Bestands der polnischen Kultur beruhte, sowie eine *défense active*, die – entgegen den vom Besatzer erteilten Verboten – auf der Fortsetzung der Lehre an den mittleren und höheren Schulen des Generalgouvernements und an den Grundschulen in den ins Reich eingegliederten Gebieten sowie auf Durchführung wissenschaftlicher Forschungen durch polnische Gelehrte, denen von den Nationalsozialisten die Kategorie der Untermenschen zugewiesen war, basierte.

Dieser Aspekt der Abwehrbemühungen, die von den Polen gegen den Willen des Besatzers unternommen wurden, verdient besondere Aufmerksamkeit. In unserem Kontext möchte ich weiterhin auf den Beitrag von Gisela Schüring zum zivilen Ungehorsam in den Niederlanden verweisen.[6] Der Begriff der *civil disobediance* entstand 1849 in den

---

3 STANISŁAW DZIKOWSKI, Niemiec wyszydzony [Der verhöhnte Deutsche], Warszawa 1946, S. 117.

4 JEAN SEMELIN, Ohne Waffen gegen Hitler. Eine Studie zum zivilen Widerstand in Europa, Frankfurt a.M. 1995.

5 L'action de défense sociale dans la vie intellectuelle en Pologne pendant l'occupation, in: Revue Occidentale (1948), Nr. 1, S. 89-97.

6 GISELA SCHÜRING, Möglichkeiten und Grenzen des zivilen Ungehorsams. Beispiele aus den Niederlanden unter deutscher Besatzung, in: Universitas, Nr. 527 (Mai 1990), S. 458-472; vgl. auch J. HAESTRUP, Europe Ablaze. An Analysis of the History of the European Resistance Movements 1939-1945, Odense 1978, vor allem Kapitel 3: Forms of Civil Disobedience, S. 76-145.

Vereinigten Staaten und betraf die Unterstützung, die aus den Südstaaten flüchtenden schwarzen Sklaven erteilt wurde. Im Zweiten Weltkrieg trat das Phänomen „zivilen Ungehorsams“ früher oder später in allen Staaten auf, die sich unter der Herrschaft eines Besatzers befanden, in Polen jedoch am stärksten und wohl zuerst. Man kann die Frage stellen, in welchem Ausmaß dies durch die auch von der durchschnittlichen Bevölkerung übernommenen alten adligen Vorstellungen ausgelöst wurde, inwieweit die Unbotmäßigkeit, Aufsässigkeit, die Neigung zur Empörung und Revolte eine Erbe der 123-jährigen Epoche der Unfreiheit (1795-1918) waren oder inwieweit das Besatzungssystem, das auf Schritt und Tritt die menschliche und nationale Würde der Polen mit Füßen trat, einen wichtigen oder vielleicht sogar entscheidenden Faktor darstellte. Eines der wichtigsten Bücher zu den Einstellungen der polnischen Intelligenz trägt nicht zufällig den Titel „Stammbaum der Unbeugsamen“.[7]

1. Polnische Besonderheiten

Das, was zu Beginn des Zweiten Weltkriegs Polen wohl am stärksten von den europäischen Staaten abhob, war seine geopolitische Lage in der Nachbarschaft zweier feindlicher Großmächte. Der Hitler-Stalin-Pakt und der Einmarsch der Roten Armee am 17. September 1939 bedeutete die vierte Teilung des polnischen Staates, der in den Absichten Hitlers und Stalins auf immer von der Landkarte verschwinden sollte. In dieser Situation mussten die Polen den Kampf mit beiden Besatzern aufnehmen[8] und man sollte sich nicht wundern, dass die mit dem Dritten Reich verbündete Sowjetunion als Feind angesehen wurde. Das in Absprache mit der in Frankreich befindlichen Exilregierung geschaffene geheime Untergrundnetz sollte in seiner Anlage sowohl das Gebiet der deutschen wie der sowjetischen Besatzung umfassen. Die Situation wurde nach Ausbruch des deutsch-sowjetischen Krieges komplizierter – der ehemalige Feind wurde Partner der Verbündeten. Die Erinnerung an den polnisch-sowjetischen Krieg 1920 sowie die Erfahrungen unter der sowjetischen Besatzung 1939-1941 erlaubten es nicht, der UdSSR Ver-

---

7 BOHDAN CYWIŃSKI, Rodowody niepokornych, Warszawa 1971 (mit zahlreichen weiteren Auflagen).

8 Ein kleiner Teil polnischen Territoriums (752 km²) in der Zips kam im November 1939 unter slowakische, das sog. „Wilnagebiet“ von Oktober 1939 bis Juni 1940 unter litauische Verwaltung.

trauen entgegen zu bringen. Zugleich wurde Polen für die westlichen Alliierten, die der Meinung waren, dass ohne die militärische Macht der Sowjetunion das Dritte Reich nicht zu besiegen sei, zu einem zunehmend unbequemen und schwierigen Partner der Anti-Hitler-Koalition, da man gegenüber der Sowjetunion Vorbehalte und Beschuldigungen erhob, so im Fall der an polnischen Offizieren im März und April 1940 verübten Morde.

Als ein spezifisch polnisches Phänomen kann man meiner Meinung nach das schnelle Entstehen zahlreicher Untergrundorganisationen schon im Herbst 1939 ansehen, die auf Initiative verschiedener Kreise zurückgingen, auf Berufsorganisationen, Freundeskreise oder den „Marsch in den Untergrund" der Vorkriegsparteien, Genossenschaften und Verbände; so wandelte sich z.B. der Polnische Pfadfinderverband in die im Untergrund tätigen *Szare Szeregi* um. Unterstrichen werden muss die Rolle der Offizierskader bei der Formierung der Untergrundorganisationen. Gewisse Vorbereitungen für Aktivitäten im vom Feind besetzten Territorien wurden in Polen bereits vor Kriegsausbruch getroffen. Einige Offiziere dieser Formation standen an der Spitze von selbstgeschaffenen Untergrundorganisationen.

In fast allen vom Dritten Reich in Europa besetzten Gebieten beteiligten sich die Kommunisten an der Entstehung einer wenn nicht aktiven, so zumindest passiven Widerstandsbewegung und ihre angeblich bis 1941 prodeutsche Einstellung findet in den Quellen keine Bestätigung.[9] Dagegen waren in Polen die Kommunisten an der Bildung von Untergrundstrukturen nicht beteiligt. Eine Rolle spielte die Tatsache, dass die Polnische Kommunistische Partei (KPP) 1938 auf Beschluss der Komintern aufgelöst worden war und ihre ehemaligen Mitglieder die Befürchtung haben konnten, an einer Provokation teilzunehmen. Wichtiger war jedoch, dass die Partei in der Zwischenkriegszeit in der polnischen Gesellschaft niemals bedeutenden Einfluss besaß. Als sie im Januar 1942 unter verändertem Namen als Polnische Arbeiterpartei (PPR) wieder belebt wurde und polnische Kommunisten von einem sowjetischen Flugzeug abgesetzt wurden, waren die Strukturen Untergrundpolens schon seit längerer Zeit gefestigt.

---

9 Ich behaupte dies auf Grundlage einer Analyse der „Rapports de quinzaine des Renseignements Généraux" aus den Pariser Archives de la Préfecture de Police; der erste Bericht stammt vom 22.7.1940.

Wenn wir über eine polnische Spezifik sprechen, sollte man die Aufmerksamkeit auf die Konzeption des Kampfes mit dem Feind selbst lenken, die zu einer Abschüttelung der Unfreiheit und einer Wiedergewinnung der Unabhängigkeit führen sollte. Diese Konzeption sah ein stufenweises Vorgehen vor, dessen Krönung ein nationaler Aufstand sein sollte, der im Moment der Niederlage des Dritten Reiches, unterstützt von den Alliierten, im ganzen Land ausgelöst werden und erstmals in der Geschichte Polens nicht mit einer Niederlage enden sollte.[10] Eine der Bedingungen einer erfolgreichen Realisierung dieser Konzeption lag in der Übernahme einer Kontrolle über die eigene Gesellschaft, einer Ausstrahlung auf ihre Haltungen und Einstellungen, einer Abschwächung der Angst und Furcht und im Gegenzug in einer Stärkung des Glaubens und der Hoffnung, wobei gleichzeitig die Disziplin gestärkt werden musste, damit die Aufnahme des Kampfes auf Befehl der Führung gesichert war. In fast allen besetzten Staaten wurden im Untergrund Richtlinien und Instruktionen bis hin zu Geboten aufgestellt, wie man sich gegenüber dem Eindringling und den von ihm erlassenen Anordnungen zu verhalten habe. Nur in Polen entstand jedoch im Untergrund ein bürgerlich-patriotischer Moralkodex, in dem unwürdige, schändliche und verbrecherische Taten und die darauf stehenden Strafen aufgezählt wurden.[11] Dieser Kodex zusammen mit den in der Untergrundpresse publizierten Boykottaufrufen, mit den Aufrufen zur Teilnahme an patriotischen Kundgebungen und den Ge- und Verboten bildete eines der Mittel, um der Gesellschaft Disziplin und eine Unterordnung unter die Führung des Untergrundstaates einzuimpfen.

Wenn es Strafen für „Versündigungen gegen die Nation" gab, mussten auch Untergrundgerichte und -vollzugsorgane bestehen, die diese bemaßen und ausführten. Hier stoßen wir auf das eigentliche Phänomen der Kriegs- und Besatzungszeit, den Aufbau geheimer Strukturen des polnischen Untergrundstaates. Gewöhnlich bezeichnet man als drei Säulen dieses Staates, seinen bewaffneten Arm in Gestalt der *Armia Krajowa*

10 Im Biuletyn Informacyjny, dem Organ der Heimatarmee, hieß es in dem Artikel „Akcja zbrojna? Tak – ale ograniczona" [Eine bewaffnete Aktion? Ja – aber begrenzt] vom 1.4.1943: „Einen Aufstand kann man nur ein einziges Mal ausrufen. Und dies muss bedingungslos ein gelungener Aufstand sein". Der Großpolnische Aufstand (Dezember 1918-Februar 1919) war auch siegreich, besaß aber einen lokalen und nicht das ganze Land umfassenden Charakter.

11 Die einzelnen Bestimmungen dieses Verhaltenskodexes stelle ich dar in meinem Buch: Warschau unter dem Hakenkreuz. Leben und Alltag im besetzten Warschau, Paderborn 1985, S. 282-291.

(Heimatarmee), den Keim eines Parlaments in Gestalt der Vertretung der politischen Bewegungen, seit dem 21.3.1943 die *Krajowa Reprezentacja Polityczna* (Politische Vertretung des Landes), seit dem 9.1.1944 der *Rada Jedności Narodowej* (Rat der Nationalen Einheit) sowie die die Rolle eines Ministerrats erfüllende *Delegatura Rządu Rzeczypospolitej Polskiej na Kraj* (Vertretung der Regierung der polnischen Republik im Lande) mit ihren 12 Abteilungen, den Entsprechungen ministerieller Ressorts. Tatsächlich war der polnische Untergrundstaat jedoch mehr. Feste Bestandteile bildeten eine „provisorische Verwaltung", d.h. eine Equipe, die darauf vorbereitet war, die lokale Verwaltung zum Zeitpunkt der Befreiung des Landes zu übernehmen, ein Netz von geheimen Schulen, eine Untergrundpolizei, das *Państwowy Korpus Bezpieczeństwa* (Staatlicher Sicherheitsverband) und schließlich das Funktionieren von Warschau als Hauptstadt dieses Untergrundstaats, Warschau, welches vom Besatzer zur Provinzstadt degradiert worden war, denn zur „Hauptstadt" des Generalgouvernements wurde Krakau gemacht, und Warschau sollte in Zukunft eine mittelgroße deutsche Militärsiedlung darstellen.[12]

Der unter konspirativen Bedingungen geschaffene Untergrundstaat konnte selbstverständlich nicht alle Attribute eines normalen Staates besitzen. Die Untergrundvertretung der politischen Bewegungen konnte nicht als Resultat demokratischer Wahlen entstehen, das Verfahren in den Untergrundgerichten musste vereinfacht werden und die Hinzuziehung von Verteidigern war nicht vorgesehen, es gelang nicht, das Netz der Untergrundverwaltung auf das gesamte besetzte Staatsgebiet auszudehnen und an dem geheimen Unterricht konnte nur eine verhältnismäßig geringe Zahl der Jugendlichen teilnehmen, an den im Untergrund tätigen höheren Schulen waren nur (oder vielleicht immerhin!) 6.300 Studenten registriert, d.h. ungefähr 13% derjenigen, die dort 1938 studiert hatten.[13] Man muss auch anführen, dass seit der Jahreswende 1943/44 neben dem Untergrundstaat, der der polnischen Exilregierung unterstellt war, ein

---

12 TOMASZ SZAROTA, Warszawa jako stolica Polskiego Państwa Podziemnego [Warschau als Hauptstadt des Polnischen Untergrundstaates], in: Powstanie Warszawskie z perspektywy półwiecza, Warszawa 1995, S. 11-18.

13 MARIAN WALCZAK, Szkolnictwo wyższe i nauka polska w latach wojny i okupacji 1939-1945 [Polnisches Hochschulwesen und Wissenschaft in den Jahren des Krieges und der Besatzung], Wrocław 1978, S. 84; lesenswert ist das Buch von GABRIELE LESSER, Leben als ob. Die Untergrunduniversität Krakau im Zweiten Weltkrieg, Köln 1990. Zu unterstreichen ist, dass die deutsche „Kulturpolitik" die Polen zu den verschiedensten, ansonsten selten auftretenden Formen eines geheimen kulturellen Lebens zwang, geheime Theatervorführungen, Konzerte, Literaturabende, Vorlesungen, in Warschau bestand sogar ein geheimes Kino!

konkurrierender, unter dem Patronat Moskaus errichteter kommunistischer Untergrundstaat anfing, sich herauszubilden. In der Silvesternacht schufen linke Gruppierungen auf Initiative der Kommunisten in Warschau ein Quasi-Parlament, die *Krajowa Rada Narodowa* (Nationaler Landesrat).

Ein weiterer Aspekt der Tätigkeit des polnischen Untergrundstaats, der mit der polnischen Exilregierung verbunden war, bildeten Handlungen, die mit der Gestalt des zukünftigen polnischen Staates verbunden waren. In entsprechenden Abteilungen der *Delegatura* wurden die vom Besatzer verübten Zerstörungen oder Diebstähle polnischer Kulturgüter registriert, um nach dem Krieg Entschädigungs- oder Rückforderungsansprüche geltend machen zu können. In der Erwartung eines Wiederaufbaus des Landes und zugleich notwendiger gesellschaftlicher Reformen, darunter auch der von den Bauern geforderten Landreform, entstanden Pläne zur Bewirtschaftung und Besiedlung der beanspruchten Territorien im Westen und Norden, die, wie man glaubte, kraft eines künftigen Friedensvertrages Polen zugesprochen werden würden.[14]

2. Formen und Methoden des Kampfes

Die Untergrundbewegung in jedem der vom Dritten Reich besetzten Staaten Europas führte einen „psychologischen Krieg“ mit dem Besatzer. Auf der einen Seite bekämpfte man die Goebbelsche Propaganda und suchte sie auf Schritt und Tritt zu kompromittieren, auf der anderen Seite suchte man eine eigene massenwirksame Überzeugungsarbeit zu leisten. Ihr Ziel war es, auf die Stimmungen, Einstellungen und das Verhalten der Landsleute Einfluss zu nehmen und den Glauben an einen Sieg der Achsenmächte in den Reihen des Feindes und unter den einheimischen Verrätern und Kollaborateuren zu untergraben. Die in diesem „psychologischen Krieg“ verwendeten Mittel, Formen und Methoden waren ähnlich oder identisch mit denen, die in anderen Staaten verwandt wurden.

---

[14] In der Vertretung der Regierung der Polnischen Republik bestand ein mit diesen Fragen beschäftigtes *Biuro Zachodnie/Biuro Ziem Nowych* (Westbüro/Büro der neuen Länder); vgl. L. GLUCK, Od Ziem Postulowanych do Ziem Odzyskanych, Warszawa 1971. Viele der dort beschäftigten Personen arbeiteten 1945-1948 in dem von Władysław Gomułka geleiteten *Ministerstwo Ziem Odzyskanych* (Ministerium für die wiedergewonnenen Gebiete).

2.1 Untergrundpresse

Als ein gutes Beispiel kann die Untergrundpresse dienen, in der erste hand- oder maschinengeschriebene, bestenfalls vervielfältigte kleinere Zeitungen spontan aus der Initiative von Einzelpersonen oder eines kleinen Personenkreises heraus entstanden. Man schätzt, dass in Polen während der Okkupation insgesamt 1.500 Titel der Untergrundpresse erschienen, mehr als in jedem anderen der besetzten Staaten. Natürlich besaß ein Teil dieser Schriften ephemeren Charakter, viele davon waren das Ergebnis übertriebener Ambitionen kleiner Organisationen und die Auflagenziffern waren nicht sehr beeindruckend; die maximale Auflage der populärsten Wochenzeitung der Widerstandsbewegung, des *Biuletyn Informacyjny* ging über einige Zehnausend Exemplare nicht hinaus. Meiner Meinung nach zeichnete sich die polnische Untergrundpresse durch die ungeheure Vielfalt der herausgegebenen Schriften aus, unter denen neben kleineren Zeitungen oder Zeitschriften mit informativem, politischem, militärischem oder weltanschaulichem Inhalt bis zu 16 satirische Zeitschriften, Frauen- und Kinderblätter und sogar die Zeitschrift *Wzlot* für die von Modellbau und Flugwesen begeisterte Jugend zu finden war. Eine Erwähnung gebührt den auf Deutsch abgefassten Zeitungen und Drucken mit mit desinformierenden und zersetzenden Inhalten, die im Rahmen der Aktion „N" (*Niemcy*, d.h. Deutsche) veröffentlicht wurden.[15]

Wenn ich oben die identischen Maßnahmen in den verschiedenen besetzten Ländern erwähnt habe, so kann dies am Beispiel der vom Untergrund vorgenommenen Fälschung einer offiziellen Zeitung, die unter Aufsicht des Propagandaamtes herausgegeben wurde, veranschaulicht werden. In Warschau erschien zweimal eine gefälschte Nummer des „Nowy Kurier Warszawski" (21.3.1943 und 6.5.1944), in Krakau gab man zweimal eine Fälschung des „Goniec Krakowski" heraus (4.7.1943 und 1.12.1943), wohingegen die Belgier in Brüssel, die, wie ich annehme, nicht von den Ideen der Polen wussten, am 9.11.1943 eine gefälschte Nummer des Massenblattes „Le Soir" herausgaben.

---

[15] Vgl. die umfangreiche Darstellung: Akcja N. Wspomnienia 1941-1944, hrsg. v. HALINA AUDERSKA / ZYGMUNT ZIÓŁEK, Warszawa 1972. An der Universität München entstand 1994 eine Magisterarbeit: ANNETTE HOLZAPFEL, Das Unternehmen „N". Deutschsprachige Propagandaschriften der polnischen zivilen Widerstandsbewegung; vgl. auch A.S. KAWCZYŃSKI, Unternehmen „N". Deutschsprachige Propaganda der polnischen Untergrundpresse, in: Vierteljahrshefte für Zeitgeschichte (1966), H. 1, S. 59-68.

Die von Władysław Chojnacki bearbeitete Bibliographie sämtlicher während der deutschen Okkupation in den Jahren 1939-1945 erschienener Publikationen des Untergrunds registriert bis 1970 1.069 Titel. Es ist nicht auszuschließen, dass auch hier Polen an der Spitze stand, wobei mir die thematische Vielfalt wichtiger erscheint, als die Anzahl dieser Publikationen. Aufmerksam machen möchte ich auf zwei Funktionen, die die im Untergrund veröffentlichten Bücher und Broschüren erfüllten. Zum einen bewahrten sie das vorhandene kulturelle Erbe und schufen Voraussetzungen zu einer weiteren Bereicherung dieses Erbes in Zeiten des Krieges und der Besatzung. Dank der Untergrundpresse konnte ein Band mit Gedichten des späteren Nobelpreisträgers Czesław Miłosz erscheinen. Dies gilt auch für das dichterische Debüt und weitere Gedichtsammlungen des herausragenden Dichters der jungen Generation, Krzysztof Kamil Baczyński, der als Soldat im Warschauer Aufstand fiel. Die zweite Funktion, die ich hervorheben möchte, liegt darin, mittels des geheimen Verlagswesens eine Verbindung mit der Kultur der freien Welt zu halten. Hierzu ebenfalls ein markantes Beispiel: Im Januar 1941 erschien in New York auf Französisch eine Arbeit des dort in der Emigration lebenden katholischen Philosophen Jacques Maritain mit dem Titel „A travers le désastre". Im November 1942 wurde das Buch in Paris dank der von Vercors (Jean Bruller) geleiteten Untergrundverlags *Editions de Minuit* veröffentlicht. Im Warschauer Untergrund gelangte die polnische Ausgabe schon einige Monate vorher in die Hände der Leser! Das Vorwort des Übersetzers, des schon weiter oben erwähnten Czesław Miłosz, trägt das Datum Januar 1942.[16]

Innerhalb der propagandistisch-aufklärenden Tätigkeit zur Meinungsbildung in der eigenen Gesellschaft trugen nicht nur Untergrundpresse und -verlage bei, sondern auch weitere Medien: heimlich verteilte Flugblätter, an Informationstafeln angeheftete *papillons*, an Wänden angebrachte Aufschriften, Parolen, Zeichen, Symbole und Buchstabenfolgen, die teilweise nur für die polnische Gesellschaft verständlich waren. Wenn für den französischen Patrioten das lothringische Kreuz zum Symbol des Kampfes mit dem Besatzer wurde, so bildete ab März 1942 für die Polen die Zeichnung eines Ankers, der aus den beiden Buchstaben P und W gebildet wurde, und als „Polska walcząca" (Kämpfendes Polen)

16 Polnische Ausgabe unter dem Titel: Drogami klęski. Auflage: 1.600. Die Lektüre dieses Buches verzeichnete Aurelia Wyleżyńska in ihrem Tagebuch unter dem 11.4.1942; Archiwum Akt Nowych w Warszawie, Oddz. VI, Sign. 231/I-2, Bl. 85.

oder „polska walczy" (Polen kämpft) interpretiert werden konnte, ein solches Erkennungssymbol. Eine ähnliche Funktion erfüllte in Norwegen der Buchstabe H, in den die Ziffer 7 geschrieben war, die Initiale König Haakon VII., die Holländer bedienten sich der Abkürzung OZO, die als *Oranje zal overwinnen*, also als „Holland wird siegen" zu lesen war, in Luxemburg wusste die Bevölkerung, dass die Abkürzung „elf" „Es lebe Frankreich" bedeutete.

2.2 Ziviler Widerstand

Die Ideen in den besetzten Staaten waren ähnlich, jedoch wurde wohl nur im besetzten Warschau eine eigene Organisation namens *Wawer* für kleinere Störaktionen geschaffen (Herbst 1940), die den Namen einer Ortschaft bei Warschau trug, in der die deutschen Besatzer am 27.12.1939 106 unschuldige Polen ermordet hatten. Die Mitglieder dieser Organisation waren vor allem Pfadfinder. Jede Woche erhielten sie eine neue Aufgabe, die entweder darin bestand, an einem sichtbaren Ort eine konkrete Parole, eine Aufschrift oder ein Symbol der polnischen Untergrundbewegung anzubringen, oder auch die Beseitigung eines nationalsozialistischen Plakats oder einfach der Hakenkreuzfahne beinhalten konnte. Als Erfolg solcher Aktivitäten machte sich auf den Gesichtern der polnischen Passanten ein Lächeln breit, ein erstes Zeichen, dass die Angst überwunden worden war, während bei den Deutschen die Zeichnung eines an einem Galgen hängenden Hakenkreuzes oder die Aufschrift „Deutschland kaputt" Wut und wohl nicht allzu heitere Reflexionen ausgelöst haben muss.

Einige Male kam es vor, dass der polnische Untergrund an vom BBC organisierten und ganz Europa erfassenden Propagandaaktionen teilnahm. Der Aktion „V", die der Belgier Victor de Laveleye im Januar 1941 initiierte, schlossen sich die Polen sehr spät, nämlich erst ab Mitte Juli 1941, an, also fast zu jener Zeit, als sich die Deutschen, zugegebenermaßen auf sehr geschickte Weise, dieses Symbol zunutze machten.[17] Mit Erfolg verwendete man dagegen im besetzten Polen die Parole *Pracuj powoli* („Arbeite langsam") und die diese Aktion ergänzende Abbildung einer Schildkröte. Man schloss sich auch an die Kampagne an, die den Deutschen den November 1918 und somit die Niederlage im

---

[17] Vgl. TOMASZ SZAROTA, V – jak zwycięstwo. Symbole, znaki i demonstracje patriotyczne walczącej Europy 1939-1945 [V – wie Sieg. Symbole, Zeichen und patriotische Demonstrationen im kämpfenden Europa 1939-1945], Warszawa 1994.

Ersten Weltkrieg in Erinnerung rufen sollte. An der Weichsel wurde hier eine Neuerung eingeführt, im September 1943 schrieb man Oktober an Warschaus Wände, was suggerieren sollte, dass die Niederlage Deutschlands dieses Mal einen Monat früher als 1918 eintreten würde.

In Polen wie auch in anderen Ländern des besetzten Europa organisierte man patriotische Kundgebungen. Diese stellten eine charakteristische Form des Kampfes gegen den Feind ohne Waffengebrauch dar und bildeten eine Möglichkeit, nationale Einheit, Traditionsverbundenheit und Loyalität gegenüber dem eigenen Staat zu demonstrieren. Es ist leicht verständlich, dass Verlauf und Charakter der patriotischen Kundgebungen von den jeweils vorhandenen Bedingungen, von der Intensität des Besatzungsterrors abhingen und sich insofern unterscheiden mussten. Während es in Westeuropa für Franzosen, Belgier oder Dänen möglich war, am Nationalfeiertag zahlreich auf die Straße zu gehen und dabei Armbinden mit den Nationalfarben zu tragen, hätten derartige Postulate im besetzten Polen an Wahnsinn gegrenzt und die Landsleute der Gefahr schärfster Repressionen ausgesetzt. In Polen rief man eher dazu auf, an dem bestimmten Tag und zu gegebener Stunde das Haus nicht zu verlassen, als dazu, an Kundgebungen auf der Straße teilzunehmen. Weiterhin forderte man dazu auf, an Gräbern und Denkmälern von Personen, die sich um das Vaterland verdient gemacht hatten, Blumen niederzulegen, sowie an dem betreffenden Tag keine Unterhaltungslokale zu besuchen und keine offiziellen Zeitungen zu kaufen.

Es gab verschiedene Gelegenheiten, patriotische Kundgebungen abzuhalten; zum einen den Nationalfeiertag (3. Mai), den 15. Juli, den Jahrestag der siegreichen Schlacht bei Grunwald (Tannenberg) gegen den Deutschen Orden 1410 oder der Jahrestag des deutschen Überfalls am 1. September 1939. Bestimmte Jahrestage wurden sogar in mehreren Ländern feierlich begangen, wie etwa der 11. November in Frankreich, Belgien und Polen. In Polen als auch in den anderen Ländern unter deutscher Besatzung fielen die größten patriotischen Kundgebungen mehr oder weniger in die ersten beiden Jahre der Okkupation. Später fürchtete die Bevölkerung zunehmend, an solchen Kundgebungen, die blutig niedergeschlagen werden konnten, teilzunehmen und es wuchs die Überzeugung, dass es sinnvoller sei, den Kampf mit dem Feind bewaffnet zu führen.

Bevor auf die Maßnahmen der Untergrundbewegung gegen den Militärapparat des Dritten Reiches eingegangen wird, müssen noch Maßnahmen erwähnt werden, die die Unterstützung hilfsbedürftiger Personen zum Ziel hatten. So wurde Intellektuellen geholfen, die ihrer Erwerbsquelle beraubt worden waren, polizeilich gesuchten Widerstandskämpfern und zur Vernichtung bestimmten Juden, die eine Zuflucht suchten. In Polen arbeitete seit dem 27.9.1942 das *Tymczasowy Komitet Pomocy Żydom* (Provisorisches Komitee zur Unterstützung der Juden), das sich am 4.12. in *Rada Pomocy Żydom* (Rat zur Unterstützung der Juden) umbenannte und unter dem Decknamen *Żegota* auftrat.[18] Allerdings wurde die Hilfsorganisation zu spät auf den Weg gebracht und erreichte nicht das ganze Land; am tätigsten wurden Juden in Warschau, Krakau und Lemberg unterstützt. Allein die Schaffung dieser Organisation in einem Land, in dem für die Hilfe an Juden oder deren Beherbergung die Todesstrafe drohte, muss Hochachtung vor den Menschen hervorrufen, die sich unter Gefährdung des eigenen Lebens für die Juden einsetzten. Unter den 16.552 Personen, welche die israelische Gedenkstätte Yad Vashem mit der Medaille als „Gerechte unter den Völkern der Welt" auszeichnete, befinden sich 5.264 Polen (= 31,8%, Stand 1999); viele unter ihnen leisteten Juden individuell Hilfe, d.h. unabhängig von der *Żegota*. Leider gab es auch solche Polen, die untergetauchte Juden den deutschen Machthabern aushändigten oder sogar selbst verfolgten.[19]

2.3 Nachrichtenübermittlung und Spionage

Aus der Sicht der Alliierten, die den Krieg gegen die Achsenmächte führten, machten sich die Untergrundbewegungen vor allem durch die Beschaffung von Informationen verdient. Man hoffte auf Informationen über deutsche Truppenverlegungen und Operationspläne, über die Rüstungsindustrie und die Stimmung unter den Soldaten. In Polen zählten die *Muszkieterowie* (Musketiere, geleitet von dem Ingenieur Stefan Witkowski) zu den ersten spontan gegründeten Geheimorganisationen, die sich fast ausschließlich der Spionagetätigkeit widmeten. Über das polnische Konsulat in Budapest wurden ihre Meldungen dem Stab des Oberbefehlshabers, General Władysław Sikorski, zunächst nach Paris und später nach Angers übermittelt. Ab etwa Mitte 1940 war die von Hauptmann Alfons Jakubianiec geleitete polnische Spionageabteilung in

---

18 Erst 1999 – leider bereits nach dem Tod der Autorin – erschien in Paris eine französische Ausgabe des 1982 herausgegebenen Buches von TERESA PREKEROWA, Żegota. Commission d'aide aux Juifs.

19 Im Druck befindet sich mein Buch mit dem Titel „Zajścia antyżydowskie i pogromy w okupowanej Europie" [Antijüdische Ausschreitungen und Pogrome im besetzten Europa].

Berlin tätig,[20] von wo durch Kuriere aus Polen beschaffte Meldungen mit Hilfe der Japaner in das neutrale Stockholm gelangten und von dort nach London geschickt und dem britischen Geheimdienst übermittelt wurden. Die Unterhaltung der Nachrichtenwege, die durch Deutschland, Frankreich, Spanien und Portugal führten und in Zusammenarbeit mit der französischen Widerstandsbewegung organisiert wurden, stellt eine große Leistung in der Geschichte der polnischen Widerstandsbewegung dar und ist im Allgemeinen im Ausland unbekannt.[21]

Zu den Verdiensten der Spionagearbeit des polnischen Untergrunds zählen die im Frühjahr 1941 nach London übermittelten Berichte über die Konzentrierung großer Einheiten der deutschen Armee auf dem Gebiet des Generalgouvernements, was einen Beweis für die Vorbereitungen zu dem Angriff auf die Sowjetunion lieferte. Churchill warnte Stalin, der diese Nachrichten jedoch bagatellisierte, u.a. aus diesem Grund. Die größte Leistung der polnischen Spionagetätigkeit war die Beteiligung an der Aufdeckung der Geheimnisse um die neuen Waffen des Dritten Reichs, vor allem die V 1- und V 2-Raketen. Dank der polnischen Informationen konnte Ort und Charakter der von den Deutschen durchgeführten Versuche in Peenemünde festgestellt werden, was der britischen Luftwaffe die Bombardierung dieser Versuchsstation in der Nacht vom 17. zum 18.8.1943 ermöglichte. Im Mai 1944 fanden Polen in der Nähe des Dorfes Sarnaki am Bug eine V 2-Rakete, die bei der Landung nicht explodiert war. Man demontierte sie, brachte Teile nach Warschau, fotografierte und beschrieb sie und schickte Teile mit dem von polnischen Wissenschaftlern verfassten Bericht mit einem Flugzeug nach London, das von einem italienischen Luftstützpunkt startete und in Polen in der Nacht vom 25. zum 26.7.1944 zwischenlandete.[22]

---

[20] Jakubianiec war in der Berliner Gesandtschaft des japanischen Schutzstaates Mandschurei tätig und wurde im Juli 1941 verhaftet. Als Häftling des sog. „Zellenbau" im Konzentrationslager Sachsenhausen nahm er mit dem dort seit Juli 1943 einsitzenden Stefan Rowecki, dem Führer der AK, Kontakt auf. Im Februar 1945 wurde er ermordet.

[21] Nur in polnischer Sprache liegen die Erinnerungen des vor kurzem verstorbenen KAZIMIERZ LESKI vor, eines der geschicktesten polnischen Spione, der dort u.a. seine Reisen im besetzten Frankreich in der Uniform eines Wehrmachtsgenerals beschreibt: Życie niewłaściwie urozmaicone. Wspomnienia oficera wywiadu i kontrwywiadu AK. [Ein ungebührlich abwechslungsreiches Leben. Erinnerungen eines Offiziers der Aufklärung und Gegenaufklärung der Heimatarmee], Warszawa ^{2}1994.

[22] Nach dem Krieg wurden in der britischen Literatur die Verdienste des polnischen Spionagedienstes kaum erwähnt. Im Dezember 1999 schlug das polnische Parlament die Einrichtung einer polnisch-britischen Historikerkommission vor, die sich u.a. mit der Suche nach Archivalien des polnischen Spionagedienstes in Großbritannien beschäftigen soll, vgl. Gazeta

2.4 Bewaffneter Widerstand

Im Rahmen des vorliegenden Artikels ist es nicht möglich, die Gesamtheit der polnischen bewaffneten Untergrundaktivitäten gegen den deutschen Besatzer zu erörtern. Die Polen unternahmen Tausende von Störaktionen, Anschlägen und Partisanenkommandos sowie zwei Aufstandsversuche: Zum einen der Aufstand im Warschauer Getto im April und Mai 1943, der das Werk einer Hand voll heroischer polnischer Juden war, die den chancenlosen Kampf antraten, um mit Würde zu sterben. Zum anderen handelt es sich um den Warschauer Aufstand 1944, der 63 Tage dauerte und einer der blutigsten Kämpfe des Zweiten Weltkriegs war.[23]

Wenn vom bewaffneten Kampf im besetzten Polen die Rede ist, darf man nicht vergessen, dass in Polen nicht nur beträchtliche Divergenzen über die Form eines solchen Kampfes herrschten; ein nicht zu unterschätzender Teil der Gesellschaft sah nicht die Notwendigkeit aktiven Widerstands gegenüber dem Besatzer, da er mit einer Befreiung Polens durch die alliierten Truppen rechnete. Im Unterschied zu Jugoslawien, wo das Terrain die Aktivitäten der Partisanen begünstigte, war in Polen die größte Untergrundorganisation, die als *Związek Walki Zbrojnej* (ZWZ „Verband für den bewaffneten Kampf", am 14.2.1942 in *Armia Krajowa* AK, „Heimatarmee" geändert) der Exilregierung der Republik unterstellt war, aus verschiedenen Gründen lange Zeit gegen die Bildung von Partisaneneinheiten. Eine solche Einheit bildete sich spontan und nahm den Kampf mit den Deutschen auf, ihr Anführer, Major Henryk Dobrzański („Hubal") erhielt von der ZWZ-Leitung Warschau den Befehl zur Auflösung der Einheit. Der Befehl wurde nicht befolgt, die Einheit im Frühjahr 1940 zerschlagen. „Hubal" fiel und an der Bevölkerung der umliegenden Dörfer wurden blutige Vergeltungsmaßnahmen statuiert.

Zwei Jahre später, am 15.5.1942 riefen Kommunisten eine solche Partisanenabteilung ins Leben, indem sie eine Gruppe der *Gwardia Ludowa* (Volksgarde) unter der Leitung von Franciszek Zubrzycki

---

Wyborcza vom 22.12.1999.

[23] In diesem Kontext ist der von der Redaktion der Zeitschrift „1999" dem Artikel von KLAUS-PETER FRIEDRICH, der sich mit Fragen der polnischen Kollaboration beschäftigt, gegebene Titel skandalös: Über den Widerstandsmythos im besetzten Polen in der Historiographie, in: 1999. Zeitschrift für Sozialgeschichte des 20. und 21. Jahrhunderts 13 (1998), H. 1, S. 10-60. JOSEPH CROITORU benutzte diesen Text, als er seinen Artikel „Mythos einer Nation im Widerstand" (Frankfurter Allgemeine Zeitung, Nr. 28 v. 3.2.1999) publizierte, aus dem mehrere hunderttausend Deutsche erfuhren, dass die polnische Widerstandsbewegung nur eine Legende sei, die mit der Wahrheit nichts gemein habe.

(„Mały Frank“) von Warschau aus formierten. Für den Erfolg solcher Aktionen war es jedoch noch entschieden zu früh. Erst Ende 1942 begannen der Bauernbewegung unterstellte Partisaneneinheiten, die *Bataliony Chłopskie* (Bauernbatallione), in Kämpfen mit Deutschen Erfolge davonzutragen und dem Feind beträchtliche Verluste zuzufügen. Die AK-Führung, die aus Offizieren der regulären Armee bestand, war nicht nur nicht auf die Leitung eines solchen Kampfes vorbereitet, sie war auch häufig nicht von dessen Wirksamkeit und Zweckmäßigkeit überzeugt.

Die AK-Führung plante stattdessen einen Nationalaufstand, der den seit 1939 geführten Untergrundkampf krönen sollte. Der Aufstand sollte im Moment der militärischen Niederlage des Dritten Reichs losbrechen. Gemäß den Vermutungen der AK-Leitung, die sich aus Offizieren, die am Ersten Weltkrieg teilgenommen hatten, zusammensetzte, würde das Ende des Zweiten Weltkrieges der Situation von 1918 ähneln, als die kaiserliche Armee zerfallen war. Außerdem rechnete man mit einer Möglichkeit zur Neutralisierung der Wehrmacht, und – unterstützt durch eine dementsprechende Propagandaarbeit – mit dem Widerstand der Frontsoldaten gegenüber Polizeiverbänden und SS. Hierin lag der Grund, warum der Aktion „N“ so viel Bedeutung beigemessen wurde, und dies mündete in Befehle, bei Anschlägen einfache Soldaten und sogar Wehrmachtsoffiziere zu schonen und dafür die Angriffe gegen den Terrorapparat zu richten. Deshalb verurteilte man in der Presse des der AK nahe stehenden Untergrunds auch den Granatbeschuss einer SA-Kolonne durch Kommunisten in einer Warschauer Straße am 17.7.1943, obwohl diese Aktion ein großes Echo fand und bei den Warschauern selbst wohl keine Proteste hervorrief. Die größte Leistung nicht nur der AK sondern der ganzen polnischen Untergrundbewegung war zweifelsohne das am 1.2.1944 verübte erfolgreiche Attentat auf den SS-Brigadeführer Franz Kutschera, der als SS- und Polizeiführer im Distrikt Warschau eingesetzt war.

Wie in Frankreich führte auch der polnische Widerstand einen „Kampf um das Schienennetz“. Deutsche Transporte mit Soldaten und Kriegsausrüstung, die auf dem Weg an die Ostfront waren, wurden in die Luft gesprengt. In der Nacht vom 7. zum 8.10.1942 führten Pionierabteilungen der *Armia Krajowa* eine Aktion unter dem Decknamen *Wieniec* (Kranz) durch, bei der der gesamte Warschauer Eisenbahnknotenpunkt für über zehn Stunden lahm gelegt wurde. Einem Bericht der Militärleitung im Generalgouvernement zufolge führte der polnische Untergrund von Januar bis Juli 1944 im Generalgouvernement bis zu 1.100 die Eisenbahn betreffende Aktionen durch.

Neben dem ZWZ entstand bereits am 20.4.1940 eine Spezialabteilung zur Durchführung von Sabotage- und Störaktionen mit der charakteristischen Bezeichnung *Związek Odwetu* (Verband zur Vergeltung). Im September 1941 wurde hier eine eigene Unterabteilung unter dem Decknamen *Wachlarz* (Fächer) gebildet, die für Sabotageakte entlang von fünf Bahnlinien in Ostpolen und sogar in den östlich der Vorkriegsgrenze liegenden Gebieten zuständig war. Im März 1943 wurde die Leitung des *Wachlarz* in die im November 1942 (formal am 22.1.1943) gegründete *Kierownictwo Dywersji* (abgekürzt *Kedyw*) eingefügt. Zu den Aufgaben der Soldaten des *Kedyw* gehörte unter anderem die Vollstreckung von Urteilen der Untergrundgerichte an Vertretern des nationalsozialistischen Terrorapparates und einheimischen Verrätern.

Ein bestimmter Typ bewaffneter Aktionen verdient wegen seiner moralischen Aussage besondere Beachtung, nämlich die Aktionen zur Befreiung von Untergrundkämpfern aus den Händen der Deutschen. Zu den berühmtesten Aktionen dieser Art gehörten die Gefangenenbefreiung in Pińsk am 18.1.1943 und der Überfall auf einen Gefangenentransport am 26.3.1943 in Warschau (*Akcja pod Arsenałem*), bei der einer der Helden des Buches von Aleksander Kamiński (*Kamienie na szaniec*), Jan Bytnar, befreit wurde, um einige Tage später an den Folgen der Folter im Gefängnis im Kreis seiner Familie zu sterben.[24]

Die „Heimatarmee" (AK), der bewaffnete Arm des polnischen Untergrundstaates und gleichzeitig Teil der polnischen Streitkräfte, die an allen Fronten des Zweiten Weltkriegs auf Seiten der Alliierten kämpften, entstand aus der Keimzelle der *Służba Zwycieństwu Polski* (SZP – Dienst für den Sieg Polens), die bereits am 27.9.1939 in Warschau noch vor dem Einmarsch der deutschen Truppen ins Leben gerufen wurde. Zwei Führer dieser Organisation, General Michał Karaszewicz-Tokarzewski und Oberst Stefan Rowecki (am 30.6.1943 in Warschau festgenommen und Anfang August 1944 im Konzentrationslager Sachsenhausen ermordet), unterstellten sich alsbald der in Paris gebildeten Führung des ZWZ, an

---

[24] Lesenswert: TOMASZ STRZEMBOSZ, Odbijanie więźniów w Warszawie 1939-1944 [Die Befreiung von Gefangenen in Warschau 1939-1944], Warszawa 1972; Das Buch von Aleksander Kamiński, einem Leiter der Pfadfinder und Redakteur des geheimen „Biuletyn Infomacyjny" ist ebenfalls außergewöhnlich. Zweimal in der polnischen Untergrundpresse herausgegeben und nach dem Krieg wiederholt aufgelegt, bildet es wohl bis heute das populärste literarische Zeugnis aus der Besatzungszeit.

deren Spitze seit dem 13.11.1939 General Kazimierz Sosnkowski stand. Im Januar 1940 wurde Rowecki zum Kommandanten des Distrikts Nr 1 Warschau nominiert, was in der Praxis das Kommando über das ganze deutsche Okkupationsgebiet bedeutete (seit dem 5.5.1940 auch über das sowjetische), und am 30.6.1940 wurde er Hauptkommandant des ZWZ. Schon im Februar 1940 befahl die Exilregierung allen bestehenden Untergrundorganisationen, sich Rowecki zu unterstellen. Nach und nach erfolgte der Zusammenschluss wichtiger Untergrundorganisationen, die sich über mehrere Jahre hinzog und zwar nicht gänzlich erfolgreich beendet wurde, aber eine große Leistung darstellte. Unter Leitung Roweckis arbeitet der polnische Widerstand zwei Pläne für einen zukünftigen Aufstand aus: der erste Plan, als „Operationsmeldung Nr. 54“ im Februar 1941 nach London geschickt, kam dort erst am 25.6.1941 nach Ausbruch des deutsch-sowjetischen Krieges an, als sich die Verhältnisse völlig verändert hatten, und der zweite wurde als „Operationsmeldung Nr. 154“ im September 1942 nach London geschickt. Beide Pläne gingen von einer erheblichen Unterstützung von Seiten der Alliierten für die Aufständischen aus.[25]

Im Herbst 1943 war sich die AK-Führung darüber im Klaren, dass die Rote Armee in Kürze die Vorkriegsgrenze des polnischen Staates überschreiten würde, was am 4.1.1944 eintraf. Sowohl die polnische Exilregierung als auch die Organe des Untergrundstaates waren der Meinung, sie setzten rechtlich den polnischen Staat in seinen Grenzen vom 1.9.1939 fort und man musste in dieser Situation das Verhältnis zur Sowjetunion, zum „Verbündeten unserer Verbündeten“, festigen, zu der die diplomatischen Beziehungen seit Frühjahr 1943 wegen des Bekanntwerdens der Massenmorde in Katyn in der Praxis abgebrochen worden waren. Roweckis Nachfolger, General Tadeusz Komorowski, erließ am 20.11.1943 den Befehl an seine Soldaten, die Aktion *Burza* (Sturm) vorzubereiten. Darüber informierte er – nach dem Absturz Sikorskis bei Gibraltar den neuen Londoner Oberbefehlshaber General Kazimierz Sosnkowski:

> „Ich habe den Kommandierenden und Abteilungen, die sich am Kampf gegen die zurückweichenden Deutschen beteiligen, befoh-

---

25 Zuletzt erschien die Habilitationsschrift von MAREK NEY-KRWAWICZ, Powstanie powszechne w koncepcjach i pracach Sztabu Naczelnego Wodza i Komendy Głównej Armii Krajowej [Der allgemeine Aufstand in den Konzeptionen und Arbeiten des Stabes des Obersten Befehlshabers und der Hauptkommandantur der Heimatarmee], Warszawa 1999.

len, dass sie sich den einmarschierenden Russen zur Verfügung stellen. In diesem Moment wird ihre Aufgabe darin bestehen, mit ihrem Auftreten das Bestehen der Republik zu dokumentieren.“

In dem Befehl hieß es:

„Alle unsere militärischen Vorbereitungen zielen auf den Kampf gegen die Deutschen mit Waffengewalt ab. In keinem Fall darf es zu einem bewaffneten Vorgehen gegen die Russen kommen, die in unser Land einmarschieren, um die unter ihrem Druck zurückweichenden Deutschen zu verfolgen. Ausgenommen davon sind notwendige Maßnahmen zur Selbstverteidigung, die das natürliche Recht eines jeden Menschen ist. [...] Den sich in unserem Land befindlichen sowjetischen Partisanenabteilungen darf unter keinen Umständen der Kampf mit den Deutschen erschwert werden. Streitigkeiten mit den sowjetischen Abteilungen sind gegenwärtig zu vermeiden. [...] Angesichts der in unser Land einmarschierenden regulären russischen Armee treten wir als Hausherr auf. Wir müssen danach trachten, dass der polnische Befehlshaber, der den Kampf mit den Deutschen hinter sich und somit Hausrecht hat, den einmarschierenden sowjetischen Truppen entgegenkommt.“[26]

Versuche, die Aktion *Burza* in Ostpolen umzusetzen, endeten in der Regel mit einer Tragödie für die daran beteiligten Soldaten und AK-Offiziere. Als drastisches Beispiel kann hier die gemeinsam mit der Roten Armee durchgeführte Befreiung Wilnas (Operation *Ostra Brama* vom 6.-13.7.1944) angeführt werden, als nach Beendigung der Kämpfe Spezialeinheiten des NKWD und NKGB die polnische Führung verhafteten, etwa 6.000 Soldaten entwaffneten und in Arbeitslager verschleppten. Der am 1.8.1944 ausgebrochene Warschauer Aufstand muss ebenfalls im Rahmen der Aktion *Burza* betrachtet werden, deren Ziel darin lag, Warschau ausschließlich durch polnische Kräfte zu befreien und die Rote Armee in der befreiten Hauptstadt zu empfangen. Das aus eigener Kraft von der nationalsozialistischen Tyrannei befreite Warschau sollte zum eindringlichsten Zeugnis der Selbstbehauptung der polnischen Nation werden.

Bekanntlich endete der Warschauer Aufstand in einer Niederlage. Die Stadt lag in Trümmern, die Besten der polnischen Jugend waren gefallen,

---

26 Armia Krajowa w dokumentach 1939-1945 [Die Heimatarmee in Dokumenten 1939-1945], Bd. 3, Londyn 1976, S. 209-212.

Hunderttausende von Warschauern wurden aus der Stadt vertrieben und ein Teil von ihnen wurde in Konzentrationslager verschleppt. In die nationale Tradition ging der Warschauer Aufstand jedoch vor allem als heldenhafte Befreiungsaktion ein. Gegenwärtig sieht man in den Aufständischen von 1944 die Vorkämpfer der 1989 wiedergewonnenen vollen Souveränität und Unabhängigkeit des Vaterlandes. Ihr Nachruhm ist nicht mehr der von Besiegten sondern sie werden im Untergang als Sieger angesehen.

3. Der polnische Untergrundstaat

Die Ziele des polnischen Untergrundstaates konnten in erster Linie durch die patriotische Haltung zweier Generationen von Polen verwirklicht werden: Einerseits durch die Generation, der die Zeit der Unfreiheit noch im Gedächtnis haftete und die sich in den Jahren zwischen 1914 und 1921 an der Verwirklichung der Unabhängigkeit beteiligt hatten. Andererseits durch die im freien Polen der Zwischenkriegszeit aufgewachsene Generation, in der durch das Bildungssystem bereits der Patriotismus und das Bewusstsein geweckt worden war, dass ein freies Polen auch Opfer erfordern könne. Man darf nicht vergessen, dass der Eintritt in die Untergrundbewegung eine aus freiem Willen getroffene Entscheidung war. Diese Entscheidung wurde in der Überzeugung gefasst, dass es eine Bürgerpflicht sei, weiterhin dem Staat zu dienen, der zwar vorläufig unterdrückt, aber nicht besiegt war, da er eine Regierung und Vertretungen im Ausland besaß, die weiterhin außerhalb Polens an der Seite der Alliierten wirkten und sich auf einen funktionierenden Untergrundstaat stützen konnte.

Ein weiterer Faktor, der den Kampf mit dem deutschen Besatzer erleichterte, lag in dem nationalsozialistischen Besatzungssystem, das die Festigung der polnischen Gesellschaft begünstigte. Die Behandlung aller Polen, die völlig unabhängig von ihrem gesellschaftlichen Status und Bildungsgrad als Sklaven angesehen wurden, die dem Willen und den Gesetzen der deutschen Herren unterworfen waren, bewirkte, dass nahezu jeder Pole, auch wenn er selbst kein Soldat des Untergrunds wurde, der gegen den Feind vorgehenden Untergrundbewegung positiv gegenüberstand, und wenn sich dazu die Möglichkeit bot, auch half. Zur Festigung der gesellschaftlichen Bande trugen ebenfalls die Verarmung und die Kontakte zwischen der Stadt- und Landbevölkerung bei. Diese Entwicklungen stärkten das nationale Gemeinschaftsgefühl, einer Gemeinschaft von gedemütigten, in Not lebenden, verfolgten und leidenden Menschen, die sich nach der Ermordung der Juden durch die Deutschen vor einem ähnlichen Schicksal fürchteten. Im besetzten Polen konnte sowohl die Teilnahme an einer bewaffneten Aktion als auch der Schwarzmarkthandel den Tod bedeuten, und jemand, der keinerlei Kontakte zur Widerstandsbewegung hatte und vollkommen unschuldig war, konnte ins KZ Auschwitz gelangen, nachdem er zufällig bei einer Razzia auf offener Straße verhaftet worden war. Vor diesem Hintergrund verwundert es kaum, dass Tausende von Polen zu dem Schluss kamen, es sei besser, im Kampf um die Freiheit und „für Polen" zu sterben.

Strittig scheint mir die These zu sein, dass die Erfahrungen der Vergangenheit und das angeblich in jedem Polen steckende Talent zur Konspiration, das sozusagen mit der Muttermilch eingesaugt worden wäre, den Erfolg der polnischen Untergrundbewegung bedingt hätten. Natürlich erwiesen sich bestimmte Erfahrungen aus der Geschichte des Unabhängigkeitskampfes als sehr nützlich, so konnte zum Beispiel beim geheimen Unterricht an die „fliegenden Universitäten" angeknüpft werden, die in Warschau seit Anfang der achtziger Jahre des 19. Jahrhunderts tätig waren. Sicherlich galt die geheime *Polska Organizacja Wojskowa* (POW, Polnische Militärorganisation) aus dem Ersten Weltkrieg für viele der im Herbst 1939 gegründeten Untergrundorganisationen als Modell. Man darf jedoch nicht vergessen, dass hauptsächlich Offiziere aus den von Józef Piłsudski gebildeten Legionen und nicht etwa die alten Untergrundkämpfer der POW die Führungskader der SZP, ZWZ und der AK bildeten. Nach Meinung von Personen mit Erfahrungen aus dem Ersten Weltkrieg, so z.B. Henryk Józewskis, begingen die neuen Untergrundführer schon zu Beginn ihrer Aktivität viele fundamentale Fehler.[27]

Die Verbundenheit mit der romantischen Tradition der nationalen Aufstände förderte die Übernahme einer bestimmten, gegen die Besatzer gerichteten Strategie. Man war der Meinung, dass die letzte Etappe des Kampfes nur ein Aufstand sein könne, der dieses Mal jedoch siegreich enden würde. Es lässt sich darüber streiten, ob diese Konzeption sich als richtig erwies. Zweifelsohne trugen die Erfahrungen der Führungseliten des polnischen Untergrunds aus dem Ersten Weltkrieg weder zu einer schnelleren Anpassung an die neuen Kampfbedingungen noch zu dem

---

27 Vgl. TOMASZ SZAROTA, Stefan Rowecki „Grot", Warszawa ^{2}1985, S. 92.

Verständnis bei, dass nun ein völlig anderer Gegner bekämpft werden musste.

Tatsache ist, dass es im besetzten Polen nicht zur Bildung von Organisationen kam, die den französischen, belgischen oder italienischen nationalen Befreiungsfronten als Zusammenschlüsse aller Parteien entsprochen hätten. Die von den Vertretern der Untergrundregierung in Warschau von Februar bis April 1943 geführten Gespräche mit den Kommunisten endeten in einem Fiasko. Weder extrem linke noch extrem rechte Gruppierungen unterstellten sich dem polnischen Untergrundstaat. Dies erschwerte die Koordination des Kampfes gegen den Feind, schützte jedoch vor dem Eindringen von Gruppen, die von außen gesteuert wurden.

Zu den die polnische Untergrundtätigkeit erschwerenden Faktoren gehörte die Teilung des Landes in verschiedene Besatzungszonen. Dies erschwerte die Kontaktaufnahme des Warschauer Zentrums sowohl mit dem sowjetischen Besatzungsgebiet (von Oktober 1939 bis Juni 1940 auch mit dem litauischen) als auch mit den westlichen Staatsgebieten, die ins Deutsche Reich eingegliedert worden waren. Der multinationale Charakter des polnischen Vorkriegsstaates und die oft fehlerhafte Politik gegenüber den nationalen Minderheiten vor 1939 erschwerten ebenfalls die Untergrundtätigkeit und die Wiederherstellung des polnischen Staates in den Grenzen von 1939. In den Reihen der Ukrainer, Weißrussen und Litauer fehlte es nicht an Personen, die gegenüber Polen und dem polnischen Volk feindlich eingestellt waren und ihre Hoffnungen auf das Dritte Reich setzten.

Als weiterer erschwerender Faktor für die polnische Untergrundtätigkeit kann die beträchtliche Entfernung des Landes von den westlichen Verbündeten gelten, was nur begrenzte Lieferungen von Kriegsgerät, Waffen, Medikamenten oder Lebensmitteln auf dem Luftweg ermöglichte. Besonders deutlich wurde dies während des Warschauer Aufstandes, als die Sowjets den westlichen Alliierten die Nutzung von Flugplätzen in den von der Roten Armee eroberten Gebieten verweigerten.

Wenn die polnische Untergrundbewegung Niederlagen einstecken musste, so wurden diese meist durch Verrat aus den eigenen Reihen herbeigeführt. Beamte des nationalsozialistischen Apparats, vor allem der Sicherheitspolizei und des Sicherheitsdienstes (SD), deren Aufgabe die Bekämpfung der polnischen Widerstandsbewegung war, konnten viele Polen zur Zusammenarbeit gewinnen und unter Anwendung von

Folter Aussagen erzwingen, die zur Enttarnung von Mitgliedern, Örtlichkeiten und ganzen Untergrundstrukturen führten.

Eine Analyse der programmatischen Schriften des polnischen Untergrundstaates, insbesondere aus den Jahren 1944/45, zeigt, wie sich die Führung Polen nach dem Krieg vorstellte. Zumindest sollte es keine einfache Fortführung des Regierungssystems aus der Zeit vor 1939 geben. Vertreter der Sozialisten, der Bauernparteien und der Nationaldemokraten, die gegenüber den Verhältnissen im Vorkriegspolen kritisch eingestellt waren, spielten in der Vertretung der politischen Parteien im Untergrundstaat eine wesentliche und oftmals zentrale Rolle. Daher strebte der Untergrundstaat nicht nur die Wiederherstellung der Unabhängigkeit an, sondern wollte auch ein demokratischeres und in sozialer Hinsicht gerechteres Polen schaffen, als dies vor 1939 der Fall gewesen war.

Unter der Besatzung, als eine nationale Sammlungsbewegung angestrebt werden musste, war es schwierig, Parolen mit sozialen Forderungen zu verkünden. Die AK-Führung entschied sich noch nicht einmal zur Besteuerung der sog. „Kriegsgewinnler" zugunsten des Untergrunds und konnte erst recht nicht gegen die „besitzenden Klassen" wie die Gutsbesitzer auftreten, deren Vertreter ebenfalls den Repressionen des Besatzers ausgesetzt waren. Gegen Ende der Besatzungszeit wurde man sich jedoch bewusst, dass die Ankündigung von der Gesellschaft geforderter Reformen, die nach dem Krieg eingeführt werden sollten, notwendig sei, da man fürchtete, dass die Unterstützung für die Kommunisten wachsen könne.

Neben Faktoren, die eine Umsetzung der Ziele des Untergrundstaates erschwerten, tauchten schon im Herbst 1943 solche auf, die eine Umsetzung unmöglich machten. Entscheidende Bedeutung hatte dabei der Verlauf der Kämpfe an den Fronten des Zweiten Weltkriegs und auch die Verschiebungen in der internationalen Diplomatie. Negative Folgen für Polen hatte der Verzicht auf eine alliierte Invasion in Südosteuropa, wie Churchill sie gefordert hatte. Anfang 1944 wurde deutlich, dass Polen, ob es wollte oder nicht, die Befreiung von der nationalsozialistischen Besatzung dem Einmarsch der Roten Armee zu verdanken hätte. Die Konferenz von Jalta im Februar 1945 zeigte, dass die westlichen Verbündeten vor Stalin kapitulierten und sich einverstanden erklärten, dass dieser über Polens Zukunft entschied.

Stalin strebte danach, aus Polen einen sowjetischen Vasallenstaat zu machen. Im seiner Souveränität beraubten Polen sollte eine Regierung errichtet werden, die sich den Interessen der Sowjetunion unterordnete. Um dieses Ziel zu erreichen, mussten die Vertreter des polnischen Untergrundstaates beseitigt werden. Im März 1945 wurden die führenden Vertreter des Untergrundstaates durch Ivan Serov, denselben General, der 1956 in Ungarn Pál Máleter verhaftete, in eine Falle gelockt. Mit dem Flugzeug brachte man sie ins Lubianka-Gefängnis nach Moskau. Zwischen dem 18. und 21.6.1945 fand dort der als Schauprozess inszenierte „Prozess der 16" statt, während parallel in Moskau Gespräche polnischer Kommunisten mit Vertretern des Exils im Gange waren, unter denen sich auch der spätere Oppositionsführer Stanisław Mikołajczyk befand und die am 28.6.1945 zur Gründung der *Tymczasowy Rząd Jedności Narodowej* (Provisorische Regierung der Nationalen Einheit) führten.

Zwei Tage zuvor hatte die Exilregierung in London eine Denkschrift an die Regierungen Großbritanniens und der Vereinigten Staaten gerichtet, in der es hieß:

> „Das polnische Volk griff zur Verteidigung der eigenen Freiheit und der Freiheit anderer Nationen zu den Waffen. [...] Trotz des unbeugsamen Willens des ganzen Volkes, der unzähligen Opfer und des großen militärischen Einsatzes der Polen haben die drei großen Mächte auf der Konferenz von Jalta Entscheidungen gefasst, die die territoriale Integrität des polnischen Staates angreifen und ausschließen, dass die Nation selbst über das eigene Schicksal, die Regierungsform und die Beziehungen des polnischen Staates mit dem Ausland entscheidet."[28]

Bevor er sich auflöste, verkündete die *Rada Jedności Narodowej* am 1.7.1945 den Aufruf „An das polnische Volk und die verbündeten Völker". Darin stellte man mit Erbitterung fest:

> „Das Ende des Krieges mit den Deutschen hat Polen in eine ungemein schwere und tragischen Lage gebracht. Während andere Nationen, insbesondere die westlichen, nach der Beseitigung der deutschen Besatzung tatsächlich ihre Freiheit zurückerlangten und selbstständig dazu übergehen konnten, ihr Leben neu zu ordnen, fand sich Polen als Ergebnis des Krieges, in dem es die größten Opfer gebracht hat, mit einer vom Nachbarstaat aufgezwungenen

---

[28] Armia Krajowa w dokumentach (wie Anm. 26), Bd. 5, Londyn 1981, S. 464.

Regierung und ohne auf die Hilfe der westlichen Bündnispartner hoffen zu können, erneut unter Besatzung."[29]

Zeitgleich mit dem Aufruf wurde das Vermächtnis des Kämpfenden Polen (*Testament Polski Walczącej*) vorbereitet.[30] Es enthielt 12 Postulate; einige von ihnen, wie etwa der „Abzug der sowjetischen Truppen aus Polen", die „Zulassung aller polnischen demokratischen Parteien zu den Wahlen" oder die „Gewährleistung der Unabhängigkeit der polnischen Außenpolitik", konnten erst nach 1989 verwirklicht werden. Manche sind bis heute nicht umgesetzt worden und werden es, aus verschiedenen Gründen, wohl auch in der Zukunft nicht.

Aus dem Polnischen übersetzt von
Yasmin Grass und Hans-Jürgen Bömelburg

Literaturhinweise

1. Einführende Arbeiten und Überblicksdarstellungen

Der neueste Titel dieser Art ist Eugeniusz Duraczyński, Polska 1939-1945. Dzieje polityczne [Polen 1939-1945. Eine politische Geschichte]. Warszawa 1999, eine ältere Arbeit aus dem Exil: Józef Garliński, Polska w Drugiej Wojnie Światowej [Polen im Zweiten Weltkrieg]. Londyn 1982. Berücksichtigt werden sollte die Arbeit eines weiteren Historikers im Exil: Tadeusz Wyrwa, La résistance polonaise et la politique en Europe. Paris 1983. Sehr nützlich ist Andrzej Krzysztof Kunert, Ilustrowany przewodnik po Polsce Podziemnej [Illustrierter Führer durch Polen im Untergrund]. Warszawa 1996. Die beste Studie über die Bekämpfung der polnischen Widerstandsbewegung durch die Deutschen ist Włodzimierz Borodziej, Terror und Politik. Die deutsche Polizei und die polnische Widerstandsbewegung im Generalgouvernement 1939-1944. Mainz 1999 (Veröffentlichungen des Instituts für Europäische Geschichte Mainz, Beiheft 28).

Die umfangreichste Veröffentlichung zur Untergrundpresse bildet Stanisława Lewandowska, Polska konspiracyjna prasa informacyjno-polityczna 1939-1945 [Die polnische konspirative Informations- und politische Presse]. Warszawa 1982. Wichtig und weiterführend erscheint

---

[29] Ebd., S. 469.
[30] Text ebd., S. 482-484.

mir Janina Jaworska, Polska sztuka walcząca 1939-1945 [Die polnische kämpfende Kunst]. Warszawa 1976 sowie die der Satire im Untergrund gewidmete Arbeit von Zdzisław Jastrzębski, Poetyka humoru lat okupacji [Die Poetik des Humors der Besatzungszeit]. Warszawa 1986. Grundlegend zur Geschichte der Hauptstadt Warschau sind zwei Bücher von Tomasz Strzembosz: Akcje zbrojne podziemnej Warszawy 1939-1944 [Kampfmaßnahmen des Warschauer Untergrunds 1939-1944]. Warszawa [2]1983 und Oddziały szturmowe konspiracyjnej Warszawy 1939-1944 [Sturmabteilungen der Warschauer Konspiration]. Warszawa [2]1983. In deutscher Sprache liegt eine problemorientierte Zusammenfassung des Themas vor: Włodzimierz Borodziej, Soziale und politische Konturen des polnischen Widerstandes. In: September 1939. Krieg, Besatzung, Widerstand in Polen. Hrsg. v. Christoph Kleßmann. Göttingen 1989, S. 95-116.

2. Geschichte der Armia Krajowa (Heimatarmee)

Unverzichtbar ist als Quellengrundlage die Edition Armia Krajowa w dokumentach 1939-1945 [Die Heimatarmee in Dokumenten 1939-1945]. 6 Bde. Nachdruck der im Exil erschienenen Ausgabe Wrocław 1990-1991. Bis heute brauchbar ist der dritte Band der Ausgabe: Polskie Siły Zbrojne w drugiej wojnie światowej [Die polnischen Streitkräfte im Zweiten Weltkrieg]. Londyn 1950. Zuletzt erschien: Armia Krajowa. Dramatyczny epilog [Die Heimatarmee. Der dramatische Epilog]. Warszawa 1993; Armia Krajowa. Rozwój organizacyjny [Die Heimatarmee. Organisationsentwicklung]. Warszawa 1996 sowie – wohl am wichtigsten: Armia Krajowa. Szkice z dziejów Sił Zbrojnych Polskiego Państwa Podziemnego [Die Heimatarmee. Skizzen zur Geschichte der Streitkräfte des polnischen Untergrundstaates]. Hrsg. v. Krzysztof Komorowski. Warszawa 1999. Sehr interessant, aber kontrovers ist Janusz Jerzy Terej, Na rozstajach dróg. Ze studiów nad obliczem i modelem Armii Krajowej [Am Scheideweg. Studien zur Gestalt und zum Modell der Heimatarmee]. Warszawa [2]1980. Zu den wichtigsten Spezialmonograhien zählen: Grzegorz Mazur, Biuro Informacji i Propagandy SZP-ZWZ-AK 1939-1945 [Das Büro für Information und Propaganda der SZP-ZWZ-AK 1939-1945]. Warszawa 1987; Cezary Chlebowski, Wachlarz. Monografia wydzielonej organizacji dywersyjnej Armii Krajowej [Der Fächer. Das Buch der ausgegliederten Sabotageorganisation der Heimatarmee]. Warszawa [2]1985; Roman Korab-Żebryk, Operacja wileńska AK [Die Wilna-Operation der Heimatarmee]. Warszawa 1985; Piotr Stachiewicz, „Parasol". Dzieje oddziału do zadań specjalnych Kierownictwa Dywersji Komendy Głównej Armii Krajowej [„Der Schirm". Die Geschichte der Spezialabteilung der Leitung für Sabotage beim Hauptkommando der Heimatarmee]. Warszawa 1981 und, wegen des reichen verarbeiteten Materials, Marek Ney-Krwawicz, Komenda Główna Armii Krajowej 1939-1945 [Das Hauptquartier der Heimatarmee 1939-1945]. Warszawa 1990.

3. Der polnische Untergrundstaat

Es fehlt eine zufrieden stellende Gesamtdarstellung; Stefan Korboński, Polskie Państwo Podziemne. Przewodnik po Podziemiu z lat 1939-1945 [Der polnische Untergrundstaat. Führer durch den Untergrund der Jahre 1939-1945]. Paryż 1975 liefert eher Erinnerungen als eine wissenschaftliche Darstellung. Stanisław Salmonowicz, Polskie państwo podziemne. Z dziejów walki cywilnej 1939-1945. [Der polnische Untergrundstaat. Zur Geschichte des zivilen Kampfes 1939-1945] Warszawa 1994 und auch die zweisprachige Darstellung von Stanisław Salmonowicz, Marek Ney-Krwawicz und Grzegorz Górski, Polskie Państwo Podziemne – Polish Underground State. Warszawa 1999 haben populärwissenschaftlichen Charakter. Eine umfangreiche Arbeit zu dem Thema legte Tomasz Strzembosz vor: Rzeczpospolita podziemna. Społeczeństwo Polskie a państwo podziemne 1939-1945 [Die Untergrundrepublik. Die polnische Gesellschaft und der Untergrundstaat 1939-1945]. Warszawa 2000. In deutscher Sprache liegt vor: Władysław Bartoszewski, Der polnische Untergrundstaat. In: Ders., Aus der Geschichte lernen? München 1986, S. 69-170. Spezialstudien: Grzegorz Górski, Ustrój polskiego państwa podziemnego 1939-1945 [Die Verfassung des polnischen Untergrundstaates 1939-1945]. Lublin 1995; ders., Administracja Polski Podziemnej w latach 1939-1945 [Die Verwaltung Polens im Untergrund in den Jahren 1939-1945]. Toruń 1995; Waldemar Grabowski, Delegatura Rządu Rzeczypospolitej Polskiej na Kraj [Die Vertretung der Regierung der Republik Polen im Lande]. Warszawa 1995; Leszek Gondek, Polska Karząca [Das strafende Polen]. Warszawa 1988.

4. Warschauer Aufstand

Umfangreichste deutschsprachige Darstellung: Hans von Krannhals, Der Warschauer Aufstand 1944. Frankfurt a.M. 1962; an fremdsprachigen Darstellungen muss weiterhin erwähnt werden: George Bruce, The Warsaw Uprising. 1. August – 2. Oktober 1944. London ^{2}1974 (auch französische Ausgabe) sowie George Steiner, Varsovie 44. L'insurrection. Paris 1975 (auch polnische und zwei spanische Ausgaben). Von den polnischsprachigen Arbeiten verdienen Aufmerksamkeit: Adam Borkiewicz, Powstanie Warszawskie 1944. Zarys działan natury wojskowej [Der Warschauer Aufstand 1944. Grundzüge der militärischen Aktionen]. Warszawa 1957; Jan M. Ciechanowski, Powstanie Warszawskie. Zarys podłoża politycznego i dyplomatycznego [Der Warschauer Aufstand. Grundzüge des politischen und diplomatischen Hintergunds]. Londyn 1971 (auch mehrere Ausgaben in Polen); Antoni Przygoński, Powstanie warszawskie w sierpniu 1944 [Der Warschauer Aufstand im Herbst 1944]. 2 Bde. Warszawa 1980; Andrzej Krzysztof Kunert, Rzeczpospolita walcząca. Powstanie warszawskie 1944. Kalendarium [Die kämpfende Republik. Der Warschauer Aufstand 1944. Kalendarium]. Warszawa 1994; Powstanie Warszawskie z perspektywy półwiecza. Studia i materiały z sesji naukowej [Der Warschauer Aufstand aus der Perspektive eines halben Jahrhunderts. Studien und Materialien einer wissenschaftlichen Konferenz]. Warszawa 1995 und zuletzt Janusz Marszalc, Ochrona porządku i bezpieczeństwa publicznego w Powstaniu Warszawskim [Die Wahrung von Ordnung und öffentlicher Sicherheit während des Warschauer Aufstandes]. Warszawa 1999, der ein sehr schwieriges Thema aufgreift. Ein Beispiel für die internationale Zusammenarbeit ist der von Stanisława Lewandowska und Bernd Martin in polnischer und deutscher Sprache herausgegebene Band Powstanie Warszawskie – Der Warschauer Aufstand. Warszawa 1999.

5. Biografische Lexika und enzyklopädische Darstellungen

Mustergültig ist die bisher dreibändige Ausgabe von Andrzej Krzysztof Kunert, Słownik biograficzny konspiracji warszawskiej 1939-1944 [Biografisches Wörterbuch der Warschauer Konspiration 1939-1944]. Warszawa 1987-1991; seit kurzem liegt vor: Encyklopedia konspiracji wielkopolskiej 1939-1945 [Enzyklopädie der großpolnischen Konspiration 1939-1945]. Unter Red. v. Marian Woźniak. Poznań 1998; 1997 erschien der erste (als Bd. 4) – von sechs angekündigten – Bänden der Wielka Ilustrowana Encyklopedia Powstania Warszawskiego [Große Illustrierte Enzyklopädie des Warschauer Aufstandes]. Der Tod des Vorsitzenden des Wissenschaftlichen Beirats dieses beeindruckenden Editionsvorhabens, Aleksander Gieysztor (1999), macht das weitere Erscheinen der Bände fraglich.

Piotr Madajczyk

Die polnische Politik gegenüber der deutschsprachigen Bevölkerung östlich von Oder und Neiße 1944-1950

Seit dem Sommer 1944 übernahm die von der Sowjetunion geschaffene polnische kommunistische Regierung die Kontrolle über die zentralen und östlichen polnischen Gebiete mit Ausnahme der Territorien, die von der Sowjetunion annektiert wurden (vgl. Karte 3: Polen 1939 und 1945, S. 335). Die polnische Politik vertrat die Idee eines Nationalstaates, in dem es in Zukunft keine nationalen Minderheiten mehr geben würde. In dieser Frage herrschte Einigkeit zwischen den unterschiedlichen politischen Strömungen und breiten Kreisen der Gesellschaft; Meinungsverschiedenheiten bestanden einzig darin, ob Teile der deutschen Bevölkerung zur Arbeit in Polen festgehalten werden sollten und wie groß diese Gruppe sein sollte.

Die Bildung kommunistischer Behörden in Polen war schwierig und erfolgte in Anlehnung an das sowjetische Militär und den Sicherheitsapparat. Besondere Probleme zog in den ehemals deutschen Gebieten die daraus entstehende Doppelherrschaft (polnische Behörden und sowjetische Kriegskommandanturen) nach sich. Die Nationalitätenpolitik wurde mitunter eher durch sowjetische als durch polnische Behörden umgesetzt; erst in der zweiten Jahreshälfte 1945 begann sich die Situation in dieser Hinsicht zu normalisieren. Hierbei war der Handlungsspielraum der Polnischen Arbeiterpartei (PPR) begrenzt, da sie sich mit starken antideutschen Stimmungen unter der polnischen Bevölkerung konfrontiert sah. Sie konnte dieser Haltung nur in begrenztem Umfang entgegenwirken, da sie zugleich versuchte, ihre nationale Gesinnung durch Hinweis auf die deutsche Gefahr und ihre führende Rolle bei der Rückkehr der „wiedergewonnenen Gebiete" zu beweisen.

Zusammen mit den Grenzverschiebungen entschieden die Siegermächte in Potsdam im Juli/August 1945 über die Zwangsaussiedlung der deutschen Bevölkerung aus Polen, der Tschechoslowakei und Ungarn.

Diese Entschlüsse bestätigten die bereits laufende Aussiedlung und schufen einen rechtlichen Rahmen dafür. Zwei unterschiedliche Bevölkerungsgruppen waren seit Juni 1945 von der Zwangsaussiedlung betroffen: zum einen deutsche Staatsbürger deutscher Nationalität in den ehemals deutschen Gebieten – aufgrund der Verschiebung des polnischen Staatsgebietes um mehrere hundert Kilometer nach Westen –, zum anderen polnische Staatsbürger deutscher Nationalität – aufgrund der Konzeption eines einheitlichen Nationalstaates. Die Behörden organisierten zwangsweise Transporte und ermöglichten daneben die „freiwillige“ Ausreise von Deutschen. Neben unmittelbarem und mittelbarem (z.B. Drohung mit Lagerhaft, Vorenthalten von Lebensmittelkarten) Zwang stand die Möglichkeit der Ausreise von Personen, die sich als Deutsche fühlten und im polnischen Staat ohnehin keinen Platz für sich sahen.

Für die zur Aussiedlung bestimmten Deutschen wurden Sammelstellen organisiert, in denen sie Transporte erwarten sollten. Besonders im Winter 1945/46 fanden die Umsiedlungen vielfach unter menschenunwürdigen Bedingungen statt. Es mangelte an Transportmitteln und Verpflegung, bei der Organisation herrschten chaotische Zustände und es fehlte auf polnischer Seite qualifiziertes und vertrauenswürdiges Personal. So wurden Familien und Eltern von ihren Kindern getrennt, oder hochschwangere Frauen erhielten die Anweisung zur Ausreise. Da die Behörden sich auf die politische Machtübernahme konzentrierten, wurden Raubüberfälle und Plünderungen u. Ä.. bei den Transporten nicht wirkungsvoll unterbunden, zumal die deutsche Zivilbevölkerung ein leichtes Opfer darstellte. Man sollte jedoch nicht davon sprechen, dass die Regierung derartige Übergriffe gegenüber den Deutschen geduldet hat; sie stellte sich ihnen nicht hinreichend entgegen, da sie andere Probleme für wichtiger erachtete. Vermutlich war hier auch die in der unmittelbaren Nachkriegszeit verbreitete Abstumpfung gegenüber jeglichem Leid von Bedeutung. So dauerte es recht lange, bis sich die Lage wieder normalisierte. Die erhaltenen Quellen ermöglichen leider keine genauen Aussagen über die Zahl der deutschen Todesopfer bei den Zwangsumsiedlungen und Transporten.[1]

Die Anzahl der Deutschen in den 1944 befreiten Gebieten war nicht groß, und diese verhielten sich nach den Kriegserlebnissen – Evakuie-

---

[1] Zu dem Thema vgl. jetzt BERNADETTA NITSCHKE, Wysiedlenie ludności niemieckiej z Polski w latach 1945-1949 [Die Aussiedlung der deutschen Bevölkerung aus Polen in den Jahren 1945-1949], Zielona Góra 1999.

rung, Flucht, Durchzug der Front, Brutalitäten vieler sowjetischer Soldaten und Massendeportationen in Arbeitslager – meist passiv. Nach der sowjetischen Offensive im Januar 1945 wuchs die Zahl der hinter der Front verbliebenen Deutschen jedoch rasch an. Es gibt keine verlässlichen Angaben über die Zahl der östlich von Oder und Neiße verbliebenen Deutschen, aber neuere Forschungen neigen dazu, sie auf etwa 3,5 Millionen in den ehemaligen deutschen Territorien und über 200.000 im polnischen Staatsgebiet von 1939 zu schätzen, wobei die höchsten Schätzungen bis zu 4,5 Millionen Menschen reichen.[2] In Polen verblieben drei Bevölkerungsgruppen, die sich zum Teil bereits damals und zum Teil in späteren Jahren mit der deutschen Nationalität identifizierten: 1) „anerkannte Deutsche", d.h. Reichsbürger deutscher Nationalität, 2) „Volksdeutsche", d.h. polnische Staatsbürger, die 1939-1944 in die Deutsche Volksliste aufgenommen worden waren, und 3) „verifizierte" Polen oder „Autochtone", d.h. bisher deutsche Staatsbürger, die von den Behörden als (re-)polonisierungsfähig betrachtet wurden.

1. „Anerkannte Deutsche"

Ein Teil der Deutschen musste zur Arbeit in Polen verbleiben und sollte später ausgesiedelt werden; diese Personen wurden als „anerkannte Deutsche" bezeichnet. Da ihr Aufenthalt als zeitlich begrenzt angesehen wurde, gab es keine genauen gesetzlichen Regelungen und es wurden keine entsprechenden Vorschriften erlassen. So unterschied sich die Politik gegenüber dieser Gruppe regional erheblich. Einige lokale polnische Verwaltungen befahlen den Deutschen z.B. eine Armbinde mit einem „N" (für Niemcy = Deutsche) zu tragen, doch solche Anordnungen wurden von den zentralen Behörden aufgehoben.

Ein Teil der Deutschen befand sich vor der Weiterleitung zum Transport in die Besatzungszonen in Deutschland in polnischen Lagern für Deutsche oder wurde in den Städten in deutschen Vierteln konzentriert. Viele versuchten sich zu verstecken, um dem Lager und der Zwangsarbeit zu entgehen und illegal über die Grenze zu gelangen. Das Lager-

---

2 CZESŁAW OSĘKOWSKI, Społeczeństwo Polski zachodniej i północnej w latach 1945-1956. Procesy integracji i dezintegracji [Die Gesellschaft in West- und Nordpolen in den Jahren 1945-1956], Zielona Góra 1994, S. 83; Joachim Rogall, Flucht, Vertreibung, Aussiedlung und deren Nachwirkung, in: Deutsche und Polen 1945-1995. Annäherungen, hrsg. v. Eva Rommerskirchen, Düsseldorf 1996, S. 67.

system stellt ein bislang noch nicht ausreichend erforschtes Problem dar; es ist unklar, wie viele Lager es gab, wie viele Gefangene dort lebten und wie hoch die Sterblichkeit war. Die Lager waren unterschiedlichen behördlichen Organen unterstellt, ihre Struktur war undurchsichtig und förderte Missbräuche. Das Lagernetz umfasste ganz Polen mit Knotenpunkten in zentralen Arbeitslagern (insbesondere in Jaworzno), Nebenlagern und einer großen Anzahl von Übergangslagern, die nur für einen kurzen Zeitraum existierten. Die genaue Zahl der Lager lässt sich kaum bestimmen, doch die in Deutschland genannte Ziffer von 1.225 Lagern scheint überhöht. Der Schwerpunkt der Lagerstruktur lag in Oberschlesien, wo die Insassen im Kohlebergbau eingesetzt wurden. Gleichzeitig wurden Lagerinsassen in der Landwirtschaft, in Fabriken, bei Aufräumarbeiten und auch bei Privatpersonen beschäftigt.

In den Lagern befanden sich sowohl Personen, die durch ein Gericht verurteilt worden waren, wie auch Häftlinge ohne Gerichtsurteil sowie Kriegsgefangene. Insgesamt schätzt man die Zahl der deutschen Lagerinsassen auf 200.000 Personen. Die Lager erfüllten vielfältige Funktionen, teilweise hatten sie repressiven Charakter – Gefangene wurden misshandelt und ermordet; die Lager in Lamsdorf (Łambinowice), Schwientochlowitz (Świętochłowice) und Jaworzno wurden zum Inbegriff besonderer Grausamkeit. Andererseits dienten sie als Arbeits-, Straf- und Isolationslager; eines der Ziele dieser Lager lag in der Isolierung der deutschen von der polnischen Bevölkerung. Diese Funktionen waren zumeist vermischt, viel hing von dem Kommandanten und den lokalen Gegebenheiten ab. Eine große Bedeutung hatte das Lagerpersonal, oft in der Mehrheit durch die Kriegswirklichkeit verrohte junge Leute. Für die Regierung stand die Funktion als Arbeitslager im Mittelpunkt; das Lagersystem sollte Einnahmen erwirtschaften und dem Wiederaufbau des Landes dienen. Die Straf- und Isolierfunktion waren lediglich zusätzliche Aspekte, wobei zu beachten ist, dass die einzelnen Lager in der Regel mehrere Funktionen gleichzeitig erfüllten.

Institutionell unterstanden die Lager verschiedenen Behörden, so der Miliz, den Sicherheitsorganen, der staatlichen Verwaltung und dem Militär. In der Anfangsphase bestanden auch sog. „wilde Lager", die von lokalen Behörden eingerichtet wurden, was ebenfalls Missbräuche ermöglichte. Seelsorgerische Dienste waren zumeist nicht zugelassen. Sehr lange waren die sanitären Bedingungen fatal, in vielen Lagern wie in Sikawa bei Lodz kam es zu Epidemien, die Kindersterblichkeit war hoch und die Verpflegung unzureichend. Weitaus mehr Personen starben infolge von Krankheiten als durch Misshandlungen. Das polnische Lagersystem unterschied sich grundsätzlich von dem auf Vernichtung angelegten, zentral organisierten und präzise die Anweisungen „von oben" umsetzenden System der Nationalsozialisten. Die polnische Regierung hatte lange Probleme, die Situation unter Kontrolle zu bringen; sie versuchte die Arbeitskraft der Gefangenen zu nutzen, konnte sich aber nicht gegen die Willkür des Sicherheitsapparates durchsetzen, dessen sie zur Machtsicherung bedurfte. [3]

Neben den zur Arbeit gezwungenen Lagerinsassen blieben die übrigen „anerkannten Deutschen" als billige Arbeitskräfte oder auch als Gelegenheitsarbeiter vor Ort. Diejenigen, die durch polnische Arbeitskräfte zu ersetzen waren, sollten so schnell wie möglich entlassen und ausgesiedelt werden, denn die Städte in den westlichen Gebieten Polens hatten noch einen stark deutschen Charakter. Der Arbeitseinsatz von Deutschen war 1945/46 in einem hohen Grade willkürlich unter Missachtung der Vorschriften. Viele Polen, auch die lokalen Behörden, waren daran interessiert, die Deutschen als billige Arbeitskräfte festzuhalten.

Eine große Rolle für die Lage der Deutschen spielte neben den materiellen Lebensumständen auch die Tatsache, dass sie sich in der gegebenen Situation verloren fühlten und die wenigen Rechte, die ihnen zugestanden wurden, nicht ausnutzen konnten. Viele wussten lange Zeit nichts von den territorialen Veränderungen im Nachkriegseuropa. Die „anerkannten Deutschen" besaßen in den Nachkriegsjahren nicht die polnische Staatsbürgerschaft, ein Teil nahm sie nie an. In der Mehrheit wollten sie nicht in Polen bleiben. Sie wurden dort als Staatenlose behandelt, ausgeschlossen von der Sozialgesetzgebung und von leitenden Positionen, bei den Wahlen zu den Arbeiterräten zählten ihre Stimmen nicht, und es wurden auch keine Vertreter von ihnen gewählt. Von ihren Arbeitsgehältern (am Anfang erhielten sie oft nur Verpflegung), die meist im Akkord berechnet wurden, erhielten sie 25% für den Wiederaufbau des Landes abgezogen; diese Vorschrift wurde teilweise am 26. August 1946 aufgehoben. Dazu kam die brutale Behandlung durch einen Teil der polnischen Arbeiter und den übergeordneten Sicherheitsapparat. Besser, manchmal sogar besser als polnische Arbeiter, wurden hoch

---

3 Zu den Lagern vgl. PIOTR MADAJCZYK, Przyłączenie Śląska Opolskiego do Polski 1945-1948 [Die Angliederung des Oppelner Schlesiens an Polen], Warszawa 1996 und die Arbeiten von Edmund Nowak, besonders: Schatten von Łambinowice. Versuch einer Rekonstruktion der Geschichte des Arbeitslagers in Łambinowice in den Jahren 1945-1946, Opole 1994.

qualifizierte Fachkräfte bezahlt, die für die Aufrechterhaltung der Produktion unabkömmlich waren.

Die zur Arbeit gezwungene und oft nicht ausreichend ernährte deutsche Bevölkerung war in einem sehr schlechten Gesundheitszustand. Epidemien breiteten sich aus (Typhus und – aufgrund von Vergewaltigungen – Geschlechtskrankheiten), es fehlte an Medikamenten und denjenigen, die Lebensmittelkarten erhielten, reichte nicht immer das Geld, um dafür auch Lebensmittel zu kaufen. Tragisch war die Situation der Kinder, vor allem wenn sie krank waren und die Eltern kein Geld für eine Behandlung hatten. In manchen Bereichen entsprach die Lage der Deutschen den allgemein harten Lebensumständen im Nachkriegspolen, aber die konkrete Situation der Deutschen war durch Verfolgungen, den Verlust ihrer Wohnungen, Raubüberfälle und den Verlust rechtlichen Schutzes extremer. In der lokalen Presse wurde ein Bild der Feindschaft gegen alles Deutsche gezeichnet, was auf fruchtbaren Boden fiel, denn viele Polen fühlten sich unsicher und bedroht durch den in der offiziellen Propaganda stark überzeichneten deutschen Untergrund. Es gab auch andere Gesinnungen, aber sie gehörten zur Minderheit, ungern wurden sie auch – angesichts der feindlichen Reaktionen des Sicherheitsapparates – geäußert.[4]

2. „Volksdeutsche“

Die deutschen Behörden hatten im Zweiten Weltkrieg in den polnischen Gebieten die „Deutsche Volksliste“ eingeführt und von polnischen Bürgern eine Deklaration der deutschen Nationalität gemäß den vier Gruppen der Volksliste gefordert (vgl. den Beitrag von Hans-Jürgen Bömelburg und Bogdan Musial, v.a. S. 63-67 und S. 87-91). Es gab keine einheitlichen Richtlinien für die Eintragung in die Volksliste. In Ostoberschlesien (1,3 Millionen) und in Danzig-Westpreußen (700.000) wurden die Eintragungen unter der Androhung von Zwangsarbeit oder der De-

---

4 Neue Informationen enthalten folgende Monographien: BEATA OCIEPKA, Niemcy na Dolnym Śląsku w latach 1945-1970 [Die Deutschen in Niederschlesien in den Jahren 1945-1970], Wrocław 1994; ELŻBIETA KASZUBA, Między propagandą a rzeczywistością. Polska ludność Wrocławia w latach 1945-1947 [Zwischen Propaganda und Wirklichkeit. Die polnische Bevölkerung Breslaus in den Jahren 1945-1947], Warszawa / Wrocław 1997; ZENON ROMANOW, Ludność niemiecka na ziemiach zachodnich i północnych w latach [Die deutsche Bevölkerung in den nördlichen und westlichen Territorien] 1945-1947, Słupsk 1992.

portation in Konzentrationslager erzwungen. Die Situation derjenigen, die sich dem Druck von deutscher Seite ausgesetzt sahen, war tragisch, und die Entscheidungen unterschiedlich. Die polnische Exilregierung und die polnische katholische Kirche empfahlen, sich in die Volksliste aufnehmen zu lassen, wenn es anders nicht möglich war, Repressionen zu entgehen. Die Mehrheit der in die erste und zweite Gruppe der Volksliste aufgenommenen Personen waren vor dem Krieg polnische Staatsbürger deutscher Abstammung gewesen, für welche die Aufnahme meist eine Bestätigung ihrer Nationalität bedeutete. Am anderen Ende der Skala standen Personen, die man als Opportunisten oder als polnische Verräter bezeichnen kann.

Unter diesen sog. „Volksdeutschen" bemühte sich eine große Zahl, schnell aus Polen auszureisen, was die lokalen Behörden, die in ihnen billige Arbeitskräfte sahen (außer in Potulice wurden sie unter anderem in den Lagern Rudak (bei Thorn), Zimne Wody (Kaltwasser bei Bromberg), Łęgnowo, Gronowo und Sikawa festgehalten), ablehnten. Ihre Zahl verringerte sich schnell. In der Wojewodschaft Warschau betraf das Problem der „Volksdeutschen" nur die nördlichen masurischen Kreise, sowie die Gegend um Sochaczew, Gostynin und die Umgebung von Warschau. Sehr große Bedeutung besaß es dagegen in dem bereits vor dem Krieg polnischen Teil Oberschlesiens und unter der kaschubischen Bevölkerung Pommerellens.

Die polnische Gesellschaft war gegen die „Volksdeutschen" feindlich eingestellt, selbst wenn die zweifelhaften Kriterien für die Aufnahme in die Volksliste gesehen wurden. Gemäß mehrerer Rechtsverordnungen wurde die Mehrheit von ihnen bis zur Rehabilitierung oder Aussiedlung unbefristet in Arbeitslager überstellt. Zu Beginn des Jahres 1946 lebten in Polen 212.000 ehemalige „Volksdeutsche", die als Deutsche anerkannt worden waren und 223.000, deren Angelegenheiten noch nicht entschieden waren. Am schwierigsten verlief die Rehabilitierung in der Umgebung von Lodz, wo sie nicht ganz 10% von 92.000 Personen zuteil wurde.[5] Personen, die in Gebieten lebten, in denen die Eintragung in die Volksliste erzwungen worden war, und die der dritten oder vierten Gruppe angehörten, gaben eine Deklaration über die Zugehörigkeit zur polnischen Nationalität ab und erhielten eine vorübergehende Bescheinigung der polnischen Staatsbürgerschaft. In den übrigen Gebieten und

---

5 Angaben nach ALFRED BOHMANN, Menschen und Grenzen. Bd. 1: Strukturwandel der deutschen Bevölkerung im polnischen Staats- und Verwaltungsbereich, Köln 1969, S. 161f.

generell für die Angehörigen der Deutschen Volksliste Gruppe 2 musste der Nachweis erbracht werden, dass die Eintragung unter Zwang erfolgt war sowie die Rehabilitierung auf dem Rechtsweg erfolgen. Angehörige der Gruppe 1 wurden als Deutsche angesehen und ausnahmslos aus Polen ausgesiedelt.

Für den Fall der Einstellung des Verfahrens gegen eine Person stellte sich die Frage nach der Rückgabe des Besitzes, was weitere Konflikte verursachte. Gemäß der Gesetzgebung wurde Personen, die sich zur deutschen Nationalität bekannten, die polnische Staatsbürgerschaft aberkannt. Sie unterlagen der Zwangsaussiedlung aus Polen und ihr Besitz wurde konfisziert. Die Staatsangehörigkeit verloren ebenso Kinder und Ehegatten, falls sie Polen verlassen wollten. Kindern wurde die Staatsangehörigkeit nicht entzogen, wenn ein Elternteil dies nicht wollte, oder sie über 13 Jahre alt waren und erklärten, in Polen bleiben zu wollen.

Bereits in der zweiten Jahreshälfte 1944 kam es zu Massenverhaftungen ehemaliger „Volksdeutscher". Der Beweis konkreter Vergehen erschien als unnötig und größere Personengruppen wurden zur Zwangsarbeit in die Sowjetunion deportiert. Ihr Besitz wurde konfisziert und einzelnen Personen oder Institutionen übertragen.

Ein echtes Problem lag in der Einstellung der polnischen Bevölkerung zu den „Volksdeutschen", die allesamt als Verräter angesehen wurden. In einer solchen Atmosphäre gab es keine zufrieden stellende Lösung dieses Problems und weitere gesetzliche Regulierungen konnten dies auch nicht ändern. Die lokalen Behörden waren der Meinung, dass auch eine Rehabilitierung nicht zur Wiedergutmachung für die vollzogenen Konfiskationen verpflichtete. Diese Haltung resultierte aus der erheblichen Verletzung von familiären und nachbarlichen Beziehungen durch die Volksliste insbesondere in Zentralpolen, was tiefe Spuren im gesellschaftlichen Bewusstsein hinterlassen hatte. Tatsächlich waren daran Bekanntschaften und Schulfreundschaften zerbrochen.

Die feindliche Einstellung der Mehrheit der Bevölkerung zu den „Volksdeutschen", der Verlust des Besitzes und die gesellschaftliche Degradierung waren die Haupthindernisse bei der Integration dieser Bevölkerungsgruppe in die Gesellschaft und den polnischen Staat. U.a. infolge dieser schwierigen Integration erklärte ein Teil dieser Personen später erneut seine Option für die deutsche Nationalität. Allerdings ermöglichen die zugänglichen Materialien keine Antwort auf die Frage, wie groß diese Gruppe war.[6]

3. „Verifizierte" Polen mit ehemals deutscher Staatsbürgerschaft

Diese Gruppe bildeten Bürger Vorkriegsdeutschlands, die nach 1945 von polnischen Behörden als zur polnischen Nation zugehörig überprüft und als solche anerkannt wurden. Die in diesem sog. „Verifikationsverfahren" anerkannten Gruppen der Grenzbevölkerung, die auch „einheimische Bevölkerung" oder „Autochthone" genannt wurden und ethnisch als Polen galten, durften im neuen Polen verbleiben. Dazu zählten Bevölkerungsgruppen in der Grenzregion, die über mehrere Generationen polnischem und deutschem Einfluss ausgesetzt waren, ein starkes regionales Eigenbewusstsein besaßen und nicht immer Deutsch als Muttersprache verwandten, wie die Ermländer, Masuren, Schlesier, Kaschuben (einige dieser Bevölkerungsgruppen hatten auch mit der Volksliste zu tun gehabt). Im Umfeld der offiziell propagierten Losung von den „Wiedergewonnenen Gebieten" und einer tausendjährigen Unfreiheit der polnischen Bevölkerung dort stellte ,man nach 1945 die Existenz einer großen, vermeintlich polnischen Bevölkerung gern heraus. In Wirklichkeit waren im Grenzbereich unterschiedliche nationale Haltungen anzutreffen – von der polnischen Option über eher indifferente und regionalistische Einstellungen bis zu der am weitesten verbreiteten deutschen Option.

Allgemein war für die weitere Entwicklung der „verifizierten" Polen, die entweder zur Integration in die polnische Bevölkerung oder aber zur Bildung einer deutschen Minderheit in Polen führen konnte, bereits die Ausgangslage 1945 sehr schwierig. Während der Zwischenkriegszeit und besonders im Nationalsozialismus verstärkte sich die deutsche Option, besonders unter den Masuren, ähnlich unter den Ermländern. Auch in Oberschlesien wurden in der Oppelner Region seit den zwanziger Jahren propolnische Einstellungen schwächer. Die Schlesier wurden in die

[6] Archiwum MSW [Zentralarchiv des Polnischen Innenministeriums], Ministerstwo Administracji Publicznej (MAP) t. 278, 299, S. 74-74a; vgl. auch ANDRZEJ SAKSON, Stosunki narodowościowe na Warmii i Mazurach 1944-1997 [Nationalitätenverhältnisse im Ermland und in Masuren], Poznań 1998, S. 101f.; deutsche Einschätzungen bei EUGEN OSKAR KOSSMANN, Deutsche mitten in Polen. Unsere Vorfahren am Webstuhl der Geschichte, Berlin 1985, S. 186; BOHMANN, Menschen (wie Anm. 5), S. 157f..

deutschen gesellschaftlichen, wirtschaftlichen und politischen Aktivitäten miteinbezogen, sie sahen in der deutschen Option den Beginn eines beruflichen und gesellschaftlichen Aufstiegs. Diese Veränderungen betrafen die polnische Nationalbewegung umso stärker, als insbesondere die Jugend sehr schnell ein deutsches Bewusstsein entwickelte.

Anders entwickelte sich lediglich die kaschubische Bevölkerung. Sie bildete eine relativ geschlossene Gruppe mit einer ausgeprägten Tradition ökonomischer und zivilisatorischer Konkurrenz gegenüber Deutschland und entwickelte sich nicht zu einer nationalen Minderheit, sondern zu einer starken regionalen Volksgruppe, die sich mehrheitlich Polen verbunden fühlte. Ein wieder anderes Schicksal erlitt die sehr kleine, historisch mit den Kaschuben verwandte Bevölkerungsgruppe der sog. Slowinzen, die nach 1945 die Umgebung von Stolp bewohnte. In ihr waren weder emotionale Bindungen an das Polnische noch an das Kaschubische festzustellen, die Slowinzen waren Protestanten und beherrschten in der Regel auch die polnische Sprache nicht. In der damaligen Atmosphäre zog dies eine feindselige Einstellung der polnischen Neusiedler sowie der örtlichen Behörden nach sich, welche die ortsansässige Bevölkerung als Deutsche ansah (wie dies auch deren Selbstverständnis entsprach). Polnisch war sie (wenn auch mit slawischen und nicht polnischen Wurzeln) lediglich in der Ideologie des Polnischen Westverbandes (Polski Związek Zachodni), der die ethnische Herkunft in den Mittelpunkt rückte.

Die nach der Niederlage Deutschlands in West- und Nordpolen verbliebene deutsche Bevölkerung bestand zum überwiegenden Teil – nach der Mobilisierung während des Krieges und der Verschickung arbeitsfähiger Männer zur Zwangsarbeit in die UdSSR – aus Frauen, Kindern und alten Menschen. Sie war infolgedessen Gewalt und Missbräuchen sowie Raub durch Diebesbanden, deren die polnischen Behörden nicht Herr wurden, besonders ausgesetzt. Dabei handelte es sich sowohl um einfachen Raub wie um Aneignung von Eigentum in Zusammenarbeit mit den örtlichen Behörden. Schließlich erlebte und erlitt die „verifizierte" Bevölkerung Plünderungen, physischen sowie psychischen Terror durch den Sicherheitsapparat und einen Teil der zugewanderten Bevölkerung, eher von Siedlern aus Zentralpolen, als durch Umsiedler aus den polnischen Ostgebieten. Aber auch bei Kontakten mit den Letztgenannten gab es schwer zu überschreitende Grenzen, da die Situation der auf die „Verifizierung" wartenden Bevölkerung schwer zu verstehen war (während diese ihrerseits die Lage der Ankömmlinge aus dem Osten oft nicht nachvollziehen konnte) und die Unmöglichkeit einer eindeutigen nationalen Zuordnung zusätzliche Dissonanzen schuf.

Massenhafte Übergriffe gegenüber der verbliebenen deutschen Bevölkerung waren nicht nur den rechtlich gelockerten Verhältnissen und der Demoralisierung in den ersten Jahren nach dem Krieg zuzuschreiben, sondern auch der feindlichen Einstellung eines großen Teils der zuwandernden Bevölkerung. Im Falle der Masuren wurde die Feindschaft gegen sie noch durch ihren protestantischen Glauben verstärkt, der mit dem Stereotyp des „katholischen Polen“ kollidierte. Die katholische Kirche hatte nur begrenzte Spielräume, da sie nicht nur nach Innen uneinheitlich war, sondern auch durch Verbote seitens der Behörden nur eingeschränkt tätig sein konnte.

Was waren die Ursachen der oben dargestellten Feindschaft? Falsch wäre es, ihre Quellen hauptsächlich in kulturellen und zivilisatorischen Unterschieden zu sehen, die zwar die Konflikte verschärften, aber nicht ihre Ursache sein konnten. Dies ist aus der Tatsache ersichtlich, dass sich die Beziehungen zwischen Oberschlesiern und Umsiedlern aus Ostpolen besser gestalteten, als mit solchen aus Zentralpolen. Trennten die Oberschlesier auch von den Umsiedlern aus dem Osten größere kulturelle Unterschiede, so erwies sich diesen gegenüber jedoch eine gewisse Ähnlichkeit des Schicksals und ein schwächerer Antagonismus als wichtiger, was in einem weniger stark ausgeprägten Nationalismus und einem geringeren Grad an Demoralisierung durch den Krieg begründet lag. Dies änderte auch nicht die Tatsache, dass die damit verbundene Etikettierung der „Autochthonen“ als „gebelse“ (Goebbelsanhänger), „szwaby“ (Schwaben, abfällig für Deutsche) oder der Siedler aus Ostpolen als „hadziaje“ ein zentrales Element für die Perzeption der Gruppen gegeneinander darstellte. Sie trug zu einer Vertiefung der Trennlinien innerhalb der Bevölkerung sowie der deutschen Identität bei, weil die Oberschlesier unentwegt daran erinnert wurden, dass sie den polnischen Bürgern nicht gleichgestellt seien. Diese Etiketten, von der Umwelt aufgezwungene Identifikationsmuster, erwiesen sich als ungemein dauerhaft und wurden an die folgenden Generationen weitergegeben.

Die feindliche Einstellung der zugewanderten Bevölkerung war ein Hindernis bei der Integration in die neue Gesellschaft und sie scheint ein weiteres Element (neben weit fortgeschrittenen Prozessen der Germanisierung, kulturellen und zivilisatorischen Unterschieden sowie der Politik der kommunistischen Behörden) zu sein, das die immer stärker werdende deutsche Option innerhalb der Grenzbevölkerung erklärt. Dies Problem ist vielschichtig: Die oben genannten Faktoren betreffen den Einfluss einer solchen Haltung auf den Teil der Grenzbevölkerung, der sich dem Polentum zugehörig fühlte oder national indifferent war. Wenn die Historiker hingegen recht einmütig unterstreichen, wie weit fortgeschritten die Germanisierung unter der Grenzbevölkerung gewesen sei, so zeigt sich, dass die Einschätzung der Zuwanderer weitgehend zutreffend war – die ortsansässige Bevölkerung betrachtete sich in großem Umfang als Deutsche (etwas weniger in Schlesien). Demgegenüber war in den damaligen Vorstellungen der Behörden, ebenso wie der Gesellschaft, die Tatsache, polnischer Staatsbürger zu sein, eng mit dem Bewusstsein polnischer Nationalität verbunden. Die Behörden entschieden aus politischen und ideologischen Gründen, dass die Grenzbevölkerung im Ganzen als polnisch gelten sollte, aber sie hatten keine Mittel, um dies in der Gesellschaft und gegenüber den örtlichen Behörden durchzusetzen.[7]

Bei der missglückten Integration dieser Bevölkerungsgruppen in den polnischen Staat spielten verschiedene Faktoren eine Rolle: Streitigkeiten um Immobilien und Bauernhöfe lösten Spannungen zwischen der „verifizierten“ und der zugewanderten Bevölkerung aus. Die fehlerhafte polnische Politik führte dazu, dass viele Personen, die ein Anrecht auf eine „Verifikation“ hatten, in Lagern einsaßen, was wiederum zum Entstehen antipolnischer Einstellungen beitrug. Nach den Plünderungen kamen die zukünftigen polnischen Staatsbürger nun mit dem Sicherheitsdienst, Lagern und der Miliz in Berührung, was die Abneigung verschärfte. Während der „Verifizierung“ selbst wurden von Seiten der Behörden viele Fehler gemacht und es kam zu Übergriffen, die auf materielle Motive, Unkenntnis der Probleme der Bevölkerung und politische Gründe zurückzuführen waren.

In der polnischen Historiographie ist die „Verifizierung“ früher hauptsächlich von ihrer politikgeschichtlichen Seite her betrachtet worden, als Wahl zwischen Polen und Deutschland; doch die Motive, welche die Schlesier, Masuren oder Ermländer zur „Verifizierung“ bewegten, waren unterschiedlich und sind eher im gesellschaftlichen oder psychologischen Bereich zu suchen. Nur eine Minderheit fühlte sich (mehr oder weniger) als Polen. National indifferente oder sich als Deutsche fühlende Personen erstrebten die „Verifizierung“, um auf ihren Höfen bleiben zu können, der Lagerhaft zu entgehen, da zu bleiben, wo man „immer schon“ gewesen war, oder sich vor einer ungewissen Zukunft im kriegszerstörten

7 MADAJCZYK, Przyłączenie (wie Anm. 3), S. 169-183; Sakson, STOSUNKI (wie Anm. 6).

Deutschland zu schützen. In der konkreten Bedrohungssituation vermied man eine eindeutige Erklärung zur nationalen Zugehörigkeit. Viele glaubten, dass in der Zukunft die Vorkriegsgrenzen wiederhergestellt würden. Die lokalen Gesellschaften versuchten überdies, einfach zu überdauern, alte Verbindungen nicht abreißen zu lassen, und da ein Gefühl der Andersartigkeit gegenüber den Deutschen vorhanden war und häufig Zweisprachigkeit die Situation erleichterte, konnte man umso leichter den Beschluss zum Bleiben fassen.

Die Frage der polnischen Staatsbürgerschaft für ehemalige deutsche Bürger polnischer Nationalität in den Westgebieten regelte das Gesetz vom 28.4.1946, obwohl lokale Behörden bereits früher Verordnungen erlassen hatten.[8] Gemäß der Anlage der „Verifizierung" musste, um die polnische Staatsbürgerschaft erwerben zu können, vor einer Prüfungskommission die polnische Nationalität nachweisen und eine Erklärung bezüglich der Treue zum polnischen Volk und Staat abgeben. In der Praxis hatte die „Verifizierung" einen anderen Charakter, denn sie schloss auch eine große Gruppe der Bevölkerung mit unklarer Nationalität ein, welche die Behörden polonisieren oder repolonisieren wollten. Auch in der Frage der Staatsbürgerschaft wurde nicht alles geklärt, denn bei Erhalt der polnischen Staatsbürgerschaft musste die deutsche nicht abgelegt werden. Unter den „Verifizierten" bildeten diejenigen Deutschen, die fälschlicherweise als Polen anerkannt wurden, wie auch diejenigen, die sich unter dem Einfluss der polnischen Politik für die deutsche Option entschieden, die spätere deutsche Minderheit. Bis 1950 wurden insgesamt 1.104.134 Personen „verifiziert".[9]

Nach der „Verifizierung" setzte unter dieser Bevölkerungsgruppe die Bekämpfung aller deutschen kulturellen Einflüsse ein. Teilweise lag hier ein Interessenkonflikt zwischen der alteingesessenen und der zugewanderten Bevölkerung vor. Weil die Behörden danach strebten, die letztgenannte Gruppe zu stabilisieren, musste ihr das Gefühl gegeben werden, zu Hause zu sein und ein Anrecht auf die Gebiete zu haben, in die sie kamen. In der damaligen Situation und unter Berücksichtigung der vorherrschenden Stimmung schloss dies eine sichtbare Darstellung der deutschen Tradition und Kultur aus, die als feindlich und Unsicherheit

---

8 Dziennik Ustaw [Gesetzesblatt] (1946), Nr. 15, Pos. 106; eine Auswahl wichtiger polnischer Rechtsbestimmungen über die deutsche Bevölkerung befindet sich in Bd. 1 der Dokumentation der Vertreibung der Deutschen aus Ost-Mitteleuropa. München 1957 [Neudruck 1984].

9 Angaben zur Volkszählung nach OSĘKOWSKI, Społeczeństwo (wie Anm. 2), S. 98.

erweckend angesehen wurde. Die polnischen Behörden setzten jegliche Verbundenheit mit deutschen kulturellen Einflüssen mit einer Option auf die deutsche Nationalität gleich. Sie waren überzeugt, dass auf der Basis der Sprachgemeinschaft und der Berufung auf eine gemeinsame Vergangenheit eine Verschmelzung der „verifizierten" Bevölkerung mit dem polnischen Volk erfolgen könne.

In die Maßnahmen zur Bekämpfung des deutschen Erbes in Westpolen banden die Behörden Ämter, Parteien, Gewerkschaften, Kultur-, Bildungs- sowie Jugendverbände ein. Vor allem im Gebiet der Wojewodschaft Schlesien wurde ein Reihe administrativer Tätigkeiten gegen den Gebrauch der deutschen Sprache eingeleitet. In großer Anzahl wurden Namen und Vornamen polonisiert, deutsche Bücher zerstört, deutsche Aufschriften auf Häusern, Fabriken und Friedhöfen entfernt, sogar auf Schreibmaschinen und Bierfässern. Die hier ausgearbeitete Politik sollte als Vorbild für andere Regionen dienen, denn: „Mit einer möglichen Rückkehr des Deutschtums kann man auch in anderen Wojewodschaften rechnen".[10] In Masuren wurde der Widerstand von etwa 20.000 Personen gegen die Annahme der polnischen Staatsbürgerschaft erst 1949 mit polizeilichen Mitteln gebrochen.

Nach dem Referendum 1946 ließ bei der „verifizierten" Bevölkerung die Hoffnung auf die Wiederherstellung der alten Grenzen zugunsten des Wunsches nach der Ausreise aus Polen nach. Offensichtlich machte der Betrug bei der Abstimmung den bis dahin Zweifelnden deutlich, dass dieses politische System auf Dauer angelegt war. In Berichten wurde 1946 bereits über die freiwillige Ausreise verifizierter Personen informiert; ihr starker Wunsch nach einer Ausreise war offensichtlich, und weiterer Betrug der Regierung während der Parlamentswahlen 1947 verstärkte diese Haltung noch.

4. Handlungsmechanismen und Bilanz

Eine Politik, die sich auf die schnellstmögliche Assimilation und Zerstörung der deutschen Kultur gründete, bewirkte das Gegenteil und

---

10 Archiwum MSW (wie Anm. 6), t. 278 [1948], S. 101a. Einen ersten Versuch der Beschreibung dieser Politik unternahm BERNARD LINEK, „Odniemczanie" województwa śląskiego w latach 1945-1950 (w świetle materiałów wojewódzkich) [Die „Entdeutschung" der Wojewodschaft Schlesien 1945-1950 (nach Wojewodschaftsdokumenten)], Opole 1997.

förderte ein schnelles Anwachsen der deutschen Option anstelle der polnischen. Das kommunistische System, streng zentralistisch und jeglichen Regionalismus unterdrückend, verstärkte den traditionellen polnischen Zentralismus noch. Begriffe wie Eigenständigkeit der lokalen Gesellschaft und Selbstverwaltung waren den kommunistischen Aktivisten fremd und konnten in der Praxis keinerlei Anwendung finden. Für die Kommunisten hatte die Stärkung ihrer Position in den Behörden absolute Priorität; alle weiteren Aufgaben waren zweitrangig. Dies führte bei der bedrohten Bevölkerung im früheren Grenzgebiet jedoch zu einem engen Zusammenrücken und verstärkte die negativen Stereotypen über Polen.

Die deutsche Option wurde auch durch die Politik der kommunistischen Behörden gestärkt, die von der „verifizierten" Bevölkerung eine aktive Unterstützung für die kommunistischen Strukturen einforderte. Die „verifizierte" Bevölkerung trat dagegen ungern auch nur irgendeiner Partei bei und begründete dies damit, dass: „die Geschichte zeigt, dass die Parteimitglieder umgekommen sind und die Parteilosen leben". Die Lehre, die aus der Vergangenheit gezogen wurde, war die, dass ebenso wie das Engagement in der NSDAP schlimme Konsequenzen nach sich gezogen hatte, auch eine Zugehörigkeit zur Polnischen Arbeiterpartei ähnliche Folgen haben könne.

Schließlich hatte die Politik der Behörden eine größere Bedeutung für die Einstellung zu Polen als Kontakte mit anderen Gruppen der Bevölkerung. In diesen Behörden dominierte in den ersten Jahren der Zugehörigkeit zu Polen Gesetzlosigkeit, Zukunftsangst, Verflechtungen mit Plünderern und Dieben und bei den Betroffenen ein mangelndes Sicherheitsgefühl, fehlendes Vertrauen in die staatlichen Organe und die Überzeugung, dass man auch für die Behörden keine vollgültigen Bürger darstellte. Dies hatte besonders für diejenigen unter den „Verifizierten" eine entscheidende Bedeutung, die sich nicht als Polen fühlten, aber loyale Staatsbürger sein wollten.

Regierung und Behörden besaßen darüber hinaus keine Möglichkeiten, Einfluss auf die sog. „anerkannten Deutschen" zu gewinnen, die unter Kuratel standen und auf die Ausreise warteten. Sie verloren auch weitgehend den Rückhalt in ihrer eigenen Kirche. Zwar kehrte nach dem Tod des Erzbischofs Adolf Bertram am 6.6.1945 der Generalvikar Josef Negwer nach Breslau zurück, aber es wurde ihm zu verstehen gegeben, dass die Deutschen Schlesien verlassen müssten. Der Prälat Ferdinand Piontek sprach fließend polnisch, aber dies konnte seine Akzeptanz bei den polnischen Behörden nicht entscheidend erhöhen. Die weitere Existenz einer deutschen Kirche erschien unmöglich und die polnischen Behörden legten wesentlich mehr Gewicht auf die Polonisierung der katholischen Kirche, als auf das Verhalten gegenüber den in ihrer Sicht marginalen protestantischen Kirchen. Die evangelisch-augsburgische Kirche wurde für eine kurze Zeitspanne wieder aufgebaut – im Frühjahr 1946 gab es 800 aktive Gemeinden mit 300 Pastoren. Ihre Zahl verringerte sich zusammen mit der Aussiedlung, und im Dezember desselben Jahres wurde die Kirchenleitung ausgesiedelt, in der nun das Laienamt eine außergewöhnliche Rolle zu spielen begann. Die polnischen Behörden übernahmen den Kirchenbesitz, aber da in Niederschlesien noch eine Gruppe von einigen zehntausend Deutschen verblieben war, erstarb das religiöse Leben nicht vollkommen.

Die katholische Kirche beteiligte sich unzweifelhaft an der Stärkung des Polentums in den ehemaligen deutschen Gebieten. Von vielen deutschen Autoren wird die Rolle der polnischen Priester in den ersten Jahren nach dem Krieg einhellig negativ beurteilt. Es wird auf die mangelnde geistliche Betreuung der deutschen Bevölkerung in deutscher Sprache verwiesen, obwohl darum gebeten wurde, dies zu ermöglichen. Andererseits wurde die Arbeit der Kirche durch die Rolle, die ihr nach 1945 zukam, deutlich erschwert. Zuvor hatte sie für viele eine Möglichkeit zu regionaler Integration mit übernationalem Charakter dargestellt. Diese Funktion wurde der Kirche nach 1945 genommen und eine deutliche Verknüpfung mit einem ideologischen Polentum gefördert. Einem Teil der Geistlichkeit waren nationalistische Auffassungen nicht fremd, was zu wenig christlichen Verhaltensweisen führte. Es gibt jedoch noch eine andere Seite dieses Problems, die aus deutscher Sicht oft nicht wahrgenommen wird. Nicht die Kirche entschied darüber, in welchem Bereich die deutsche Sprache benutzt werden durfte oder wie die deutsche Bevölkerung behandelt wurde. Sie blickte auf die ehemaligen deutschen Territorien aus einer anderen Perspektive als der deutschen: aus der Sicht der Interessen der polnischen Gesellschaft und des Staates, dessen Westverschiebung eine Tatsache war, mit der es sich abzufinden galt und in der den Gläubigen ein Minimum an Stabilisierung in den neuen Wohnorten zu geben sei. Allerdings förderten in Masuren die Versuche der katholischen Kirche, Protestanten zu bekehren sowie die forcierte Einverleibung der Kirchengebäude nicht die Integration der masurischen Bevölkerung.

Zu einer Integration oder Assimilierung der ehemaligen Grenzbevölkerung erwies sich auch die schulische Praxis als ungeeignet. Zu Anfang wartete ein Teil der „verifizierten" Bevölkerung auf deutsche Schulen, später – eher im Ermland und in Masuren, als in Oberschlesien – sah man den Besuch einer polnischen Schule als eine Art Verrat an und verzichtete darauf in der Hoffnung, nach Deutschland ausreisen zu können. Eine Integration über das Schulwesen wurde dadurch erschwert, dass es nicht viele Lehrer unter der ansässigen Bevölkerung gab und es den zugereisten Lehrern an Verständnis und Achtung für die heimatlichen Traditionen und Dialekte fehlte. Dies verringerte die Akzeptanz der in der Schule vermittelten Inhalte, im Falle der „autochthonen" Jugendlichen sogar in zweifacher Weise: aus nationalen wie aus ideologischen (antikommunistischen) Gründen. Außerdem wurden Schule und Lehrer aktiv in die Bekämpfung des Gebrauchs der deutschen Sprache eingebunden: Von Anfang an gab es ein Verbot, Deutsch in diesen Gebieten zu unterrichten; ein entsprechender Entschluss wurde in der Wojewodschaft Schlesien bereits im März 1945 gefasst. Die Einhaltung des Verbots der deutschen Sprache wurde in den Pausen kontrolliert und die Behörden über Kinder informiert, die Deutsch sprachen. Strafmaßnahmen lösten einen Schock aus und oft blieben Ressentiments zurück. Die Behörden forderten schnelle Erfolge auf dem Gebiet der Repolonisierung, verstanden die Probleme nicht und politisierten die Schulen in immer stärkerem Maße.

Die „verifizierte" Bevölkerung beteiligte sich nur minimal an der Integration auf lokaler Ebene und verblieb zumeist außerhalb der sich formierenden polnischen Gesellschaft in den Nord- und Westgebieten. Trotz dieser negativen Tendenzen waren damals nicht sämtliche Personen, denen von den Behörden die Ausreise verweigert wurde, zur deutschen Minderheit zu zählen. Doch diese Minderheit wuchs, wenn sie auch lange Zeit ihre nationale Identifikation nicht offen äußern konnte. Das Nationalbewusstsein war keine feste Größe, sondern wandelte sich bei der national indifferenten Bevölkerung von einem Unwillen, im polnischen Staat zu verbleiben und einem Gefühl der Andersartigkeit gegenüber der zugewanderten Bevölkerung hin zur Überzeugung, der deutschen Nation zuzugehören. Die „verifizierte" Bevölkerung bildete eine sehr instabile Gruppierung, innerhalb derer die ganze Zeit über, aus Unzufriedenheit über die eigene Stellung, Bewegungen hin zur deutschen Option zu beobachten waren, während die polnische Option und national indifferente Haltungen an Einfluss verloren.

5. Die polnische Politik 1948-1950

Im Jahr 1948 wurden die großen Umsiedlungen nach dem Krieg beendet. Zum gleichen Zeitpunkt änderte sich das politische Leben grundlegend. Der Kommunistischen Partei war es gelungen, die Behörden gleichzuschalten, und sie nahm nach stalinistischem Vorbild zur selben Zeit den Kampf mit den so genannten „rechts-nationalistischen Abweichlern" auf. Władysław Gomułka wurde aus seiner Position entfernt und das von ihm geleitete „Ministerium für die Wiedergewonnenen Gebiete" aufgelöst. Das Ziel eines einheitlichen Nationalstaates, in dem Staatsangehörigkeit und Nationalität gleichbedeutend waren, wurde aufgegeben. Die gesellschaftlichen und politischen Veränderungen in Polen nach 1948 wirkten stark desintegrierend: Handel und Mittelstand wurden vernichtet und das Grenzregime verschärft. Man bekämpfte Regionalismen und lokale Initiativen und beschränkte so die ohnehin schon geringe Beteiligung der Bevölkerung am gesellschaftlichen und politischen Leben. Politisch unabhängige Persönlichkeiten wurden verfolgt. Installiert wurde nun ein System, das sich auf Terror, Spitzelwesen und den Sicherheitsapparat stützte und in dem es einfach war, missliebige Personen einer vermeintlich „faschistischen" Vergangenheit wegen anzuklagen.

Die Gebiete Vorkriegspolens fielen unter die Befugnisse des „Ministeriums für öffentliche Verwaltung". 1948 wurden in einer dort ausgearbeiteten Studie 110.000 Menschen als Problemgruppe bezeichnet. Unter diesen waren nur 6.000 Deutsche aus den ehemaligen baltischen Staaten und dem Deutschen Reich. Ansonsten handelte es sich um „Volksdeutsche", das heißt zu jenem Zeitpunkt Personen ohne polnische Staatsbürgerschaft, oder solche, denen diese entzogen werden sollte bzw. gegen die ein Verfahren zwecks Entzug angestrebt wurde.[11] Die Situation eines Teils der rehabilitierten „Volksdeutschen" war instabil; sie empfanden sich als gesellschaftlich degradiert, isolierten sich von den Polen und wurden von den Deutschen mit Misstrauen betrachtet. Am 20.7.1950 wurde alle Sanktionen und Einschränkungen gegen diesen Personenkreis aufgehoben und die laufenden Verfahren annulliert. Eingezogene Vermögen wurden jedoch nicht zurückerstattet. Unklar bleibt, wie viele der ehemaligen „Volksdeutschen" sich mit der deutschen Nationalität oder dem deutschen Staat identifizierten, ebenso wie die Frage, ob dieser

---

[11] Archiwum MSW (wie Anm. 6), t. 281 [1948], S. 98a-99.

Prozess nicht auch einen Teil der Rückwanderer aus Deutschland erfasste.

Das „Ministerium für die wiedergewonnenen Gebiete" versuchte die Zahl der Deutschen in den ehemaligen deutschen Provinzen zu ermitteln und gab diese im November 1948 mit etwa 170.000 an, allerdings handelte es sich bei dieser Angabe um einen Schätzwert. Eine größere Gruppe lebte im Westen und Norden des Landes – vorwiegend in den Wojewodschaften Stettin und Breslau.[12] In der folgenden Zählung aus dem Jahr 1949 wurde die Anzahl der Deutschen in Polen mit nicht ganz 90.000 Personen angegeben, diese Angabe enthielt wiederum nur die „anerkannten Deutschen". Hinzu kam ein Teil der „verifizierten" Bevölkerung mit deutscher Identität, deren Zahl nur schwer zu schätzen ist.

Die „verifizierte" Bevölkerung lebte in bestimmten Regionen des Landes, vor allem konzentriert in der Wojewodschaft Schlesien, die 1950 in die Wojewodschaften Kattowitz und Oppeln aufgeteilt wurde. Aus den Polen zugefallenen Gebieten Ostpreußens entstand zunächst der Bezirk Masuren und später die Wojewodschaft Allenstein. Die masurische Bevölkerung wurde dabei administrativ getrennt (einige Kreise wurden jeweils in die Wojewodschaften Danzig und Białystok eingegliedert), während die Ermländer komplett in der Wojewodschaft Allenstein lebten. Nur geringe Gruppen „verifizierter" Bevölkerung verblieben in Niederschlesien und im ehemaligen Ostbrandenburg (Neumark) sowie in der Wojewodschaft Danzig. Im Oppelner Gebiet schätzen Wissenschaftler diese Gruppe auf etwa 180.000 Personen, d.h. etwa ein Drittel der schlesischen Bevölkerung. Diese Schätzung ist sicherlich nicht zu hoch angesetzt, sie gibt aber nicht die Verhältnisse direkt nach Kriegsende wieder, sondern die Situation zur Jahreswende 1946/47. Noch stärker wird die deutsche Option unter den 90.000 „Verifizierten" im Ermland und in Masuren gewesen sein, doch dort waren die Probleme der Ermländer und Masuren bereits nicht mehr dominierend, da ihre Zahl schnell zurückging. In der Folge von Ausreisen und polnischer Zuwanderung fiel ihr Anteil an der Bevölkerung von ca. 33% im Jahre 1947 auf 20% zwei Jahre später.

Die Umsiedlungen erfolgten seit 1948 in Form von individuellen Ausreisen. 1948 und 1949 wurden aus Polen über 76.000 Deutsche ausgesiedelt. Im Sommer 1948 nahm man Gespräche über eine Entlassung der deutschen Kriegsgefangenen auf. Nach der Vertragsunterzeich-

---

[12] Archiwum Akt Nowych [Archiv Neuer Akten], Ministerstwo Ziem Odzyskanych [Ministerium für die wiedergewonnenen Gebiete], t. 526, S. 6 und 8.

nung am 22.9.1948 wurden bis 1950 über 35.000 Kriegsgefangene entlassen. Auch deutsche Waisenkinder wurden nach Deutschland geschickt. 1950 reisten noch einmal etwa 60.000 Deutsche aus (die „Operation Link“ zur Familienzusammenführung umfasste 44.000 Personen, die Zahl ist aber nicht gesichert), wonach die Aussiedlung als abgeschlossen betrachtet wurde. Bis Jahresende 1950 wurde die nach Deutschland ausgesiedelte Bevölkerung auf mehr als drei Millionen Menschen beziffert. Genaue Zahlenangaben sind unmöglich, da einige Angaben zu hoch angesetzt sind und zugleich ein Teil der Personen, die 1945 ausreisten, nicht in die Statistik aufgenommen wurde. Ein statistisches Problem stellen auch Wiedereinreisen von einigen Personen und zweifache Aussiedlungen ein und derselben Person dar.

Die Position der in Polen verbliebenen Deutschen war unklar. In Regierungskreisen war bekannt, dass Aussiedlung und Polonisierung dieses Problem nicht lösen konnten. Man propagierte ein ethnisch einheitliches Polen unter Einschluss der „polnischen Autochthonen“, obwohl man wusste, dass ca. 100.000 unzweifelhaft Deutsche in Niederschlesien und Pommern verblieben waren und den anwachsenden Trend zur Ausreise unter der ehemaligen Grenzbevölkerung kannte. Es gab weiterhin Arbeitslager für Deutsche (Potulice, Gronowo, Sikawa), die eigentlich längst hätten aufgelöst sein sollen. Die Deutschen waren nicht als nationale Minderheit anerkannt und die Behörden erklärten gegenüber den „anerkannten Deutschen“, dass diese zu einem späteren Zeitpunkt nach Deutschland ausgesiedelt werden würden; der weitere Aufenthalt verlief aber unter besseren Bedingungen als zuvor. Gleichzeitig wurde immer mehr die Notwendigkeit einer dauerhaften Regulierung ihres Status während des Aufenthaltes in Polen spürbar. Es ging dabei unter anderem um Fragen wie Arbeitsverträge, Staatsangehörigkeit, Entlohnung, Ausbildung der Kinder, Wohnungen und soziale Leistungen, d.h. um die Dinge des täglichen Lebens, die sich aus dem verlängerten Aufenthalt in Polen ergaben.

Seit Ende der vierziger Jahre normalisierte sich die Situation „anerkannten Deutschen“, obwohl die Mehrheit nicht freiwillig blieb. Hierzu trugen unterschiedliche Gründe bei, so auch die Gründung der DDR, die mit Polen offiziell freundschaftliche Beziehungen unterhielt. Ebenso erforderte das formale Ende der Umsiedlungen und ihre Fortführung unter der Bezeichnung Familienzusammenführung eine prinzipielle Regelung des Aufenthaltes dieser Bevölkerungsgruppe in Polen. Der Arbeitszwang hatte keine positiven wirtschaftlichen Folgen und die deutsche Bevölkerung wurde durch keine materiellen Anreize motiviert. Unter diesen Umständen hieß es in der Wojewodschaft Breslau, dass 80% der dortigen deutschen Bevölkerung ausreisen wolle und sie die Situation in Polen nicht interessiere.[13]

Die Behörden waren entschlossen, Kinder deutscher Staatsbürger nach Deutschland zu schicken, wenn diese darum ersuchten. Verordnungen vom September 1947 legten die Grundlagen für die Auswahl der Waisen fest, die nach Deutschland verschickt werden bzw. in Polen bleiben sollten. Die polnischen Behörden behaupteten später, es gebe in Polen keine deutschen Kinder. Dagegen ist laut deutscher Seite in Polen eine bestimmte Anzahl von Kindern verblieben, die den Eltern bei der Aussiedlung nicht übergeben worden seien. Aus Berichten geht hervor, dass sich solche Kinder in Polen befanden und es sich nicht um Einzelfälle handelte. Doch diese Situation war eher auf die damaligen chaotischen Zustände zurückzuführen, denn auf eine zielgerichtete Politik. In Waisenhäusern verhielten sich andere Kinder diesen gegenüber nicht selten feindselig, wenn sie als andersartig zu erkennen waren. In späteren Jahren wurden ihnen jedoch bei der Suche nach ihren Eltern (z.B. über das Deutsche Rote Kreuz) und bei der Ausreise keine Schwierigkeiten bereitet.[14]

Die Erklärung der deutschen Nationalität und der Wunsch nach Ausreise hatten weiterhin Repressionen zur Folge. Dies betraf besonders Regionen wie Oberschlesien und Masuren, die vorwiegend von „verifizierter“ Bevölkerung bewohnt wurden. Viele Ermländer, Masuren und Schlesier sprachen weiterhin deutsch, aber die Motive dafür waren unterschiedlicher Art und mussten nicht eine Zugehörigkeit zur deutschen Minderheit bedeuten. Oft war dies allerdings der Fall. Die zentralen Behörden machten trotz der Integrationsprobleme keine Anstalten, ihre Nationalitätenpolitik zu ändern oder eine Ausreise zu erleichtern:

> „Zuletzt tauchen in den Ämtern einiger Wojewodschaften Zweifel und ein Schwanken bezüglich der richtigen Einstellung zur einheimischen Bevölkerung in Fragen der Verifizierung, der Erlaubnis zur Ausreise nach Deutschland und der Repatriierung von Fa-

---

13 Meldungen in Archiwum MSW (wie Anm. 6), PRM MSW, t. 1197/64. Eine ähnliche Einschätzung bei FELIKS BIELAK, Niemiecka grupa narodowościowa w Polsce [Die deutsche Bevölkerungsgruppe in Polen], Warszawa 1990, S. 53-56.

14 PIOTR MADAJCZYK, Dzieci niemieckie w Polsce [Deutsche Kinder in Polen], in: Dzieje Najnowsze 31 (1999), H. 1, S. 125-134. Vgl. auch JOACHIM ROGALL, Die Deutschen im Posener Land und in Mittelpolen, München 1993, S. 177.

milienmitgliedern [aus Deutschland, Anm. des Autors] auf. Das Ministerium für öffentliche Verwaltung hält es in diesem Zusammenhang für angebracht zu bemerken, dass es nicht die Absicht hat, die gegenwärtige – grundsätzlich negative Position – in der Angelegenheit der Aussiedlung der ortsansässigen Bevölkerung zu ändern, die trotz eines schwach entwickelten nationalen Bewusstseins dennoch Voraussetzungen für den Erwerb der polnischen Staatsbürgerschaft und die Eingliederung in die Bevölkerung des übrigen Polen besitzt. [...] Ebenso sind alle Anregungen bezüglich einer Massenaussiedlung des ablehnend eingestellten Teils der heimischen Bevölkerung, die von Vertretern der Staatsorgane manchmal fehlerhaft als geschlossener Block sprachlich fremder und Polen gegenüber unheilbar feindlich eingestellter Elemente angesehen werden, abzulehnen."[15]

Offiziell gaben die polnischen Behörden 1949 bekannt, dass die Integration der verifizierten Bevölkerung abgeschlossen sei. Diese politische Entscheidung beseitigte bei den zuständigen Behörden das Gefühl, Angst vor dem nicht vorhersehbaren Verhalten einer nicht integrierten Gesellschaft haben zu müssen und vermittelte einen Eindruck von geregelten Verhältnissen. Auch die Einführung stalinistischer Grundsätze rief Änderungen hervor: Es wurde behauptet, es sei ein grundsätzlicher Fehler der Politik vor 1948 gewesen, die „Autochthonen" einheitlich zu behandeln, ohne die „Klassenunterschiede" zu berücksichtigen und die polnischen Aktivisten des alten Systems auszuschalten. Die Nationalitätenpolitik sollte in den Hintergrund treten, Funktionsträger (vor allem junge) nach ideologischen und nicht nach nationalen Kriterien ausgewählt werden.

In der Wojewodschaft Breslau waren die Deutschen (etwa 54.000) hauptsächlich in den Industriezentren vertreten, und außerhalb der Industrie arbeiteten sie in Staatlichen Landwirtschaftsbetrieben und auf Gütern der sowjetischen Militärverwaltung. Bis 1949 bekamen sie keine Ermäßigung für Kinokarten, erhielten keine Zuteilungen billiger und defizitärer Waren, die über die Gewerkschaften verteilt wurden, und durften kein Radio besitzen. Es gab keine kulturellen Veranstaltungen für sie, und eine ihrer zentralen Forderungen lautete, Zugang zu Pressever-

---

15 Ministerstwo Administracji Publicznej [MAP] an die Wojewodschaften Kattowitz, Breslau, Allenstein, Stettin, Danzig, Posen und Białystok, Warschau 13.8.1949, vertraulich, Abschrift, Zbiory specjalne Biblioteki Instytutu Śląskiego w Opolu [Sonderbestände der Schlesischen Bibliothek in Oppeln] A 305, Bd. 2, S. 3-4.

öffentlichungen in deutscher Sprache zu erhalten. In dieser Bevölkerungsgruppe waren keine Tendenzen zur Assimilation oder Integration zu beobachten; nach Möglichkeit schickten Deutsche ihre Kinder nicht auf eine polnische Schule. In der Wojewodschaft Schlesien wurde die Zahl der „anerkannten Deutschen" auf 9.000 Personen geschätzt, in der Mehrheit Arbeiter, die jedoch häufig arbeitsunfähig waren. Es gab viele Arbeitslose. In der Wojewodschaft Stettin wohnten etwa 31.500 Deutsche, von denen die Mehrheit in der Landwirtschaft arbeitete und nur wenige auf den Werften beschäftigt waren. Die Entlohnung der Deutschen betrug durchschnittlich 50-100% des Tariflohns. Auch hier wurden keine Kulturveranstaltungen für sie angeboten, und Schulen bestanden nur auf Gütern unter sowjetischer Verwaltung.

Seit 1949 entstanden in Niederschlesien deutsche Sportvereine, und die Behörden erlaubten einen Unterricht in deutscher Sprache. Zuvor konnten die Eltern ihre Kinder zwar auf eine polnische Schule schicken, doch in der Regel vermieden sie es, aus Angst entweder vor Konflikten mit polnischen Kindern oder vor einer Polonisierung. Allerdings hatte es, auch mit Unterstützung protestantischer Glaubensgruppen, lediglich halblegalen, von den Behörden tolerierten Privatunterricht gegeben. Schulen existierten auch auf sowjetischen Gütern, doch dies galt der Regierung nicht als zufrieden stellende Lösung, denn der Unterricht fand außerhalb ihrer Kontrolle und nach völlig anderen Lehrplänen statt. Die Kinder hatten keine Vorstellung von der Situation in Polen, oder auch in der DDR, denn sie waren von der Außenwelt und von der Presse abgeschnitten.

Die Grundsätze der neuen Politik gegenüber den „anerkannten Deutschen" wurden in einer Richtlinie des Zentralkomitees der Polnischen Arbeiterpartei im Januar 1950 formuliert und stehen am Ende des hier besprochenen Zeitraums. Es wurde empfohlen, die ungleiche Entlohnung aufzuheben, die Deutschen in die innerbetriebliche Arbeit zu integrieren, ihnen Aufstiegsmöglichkeit zu geben, sie beruflich weiterzubilden, ihre Wohnungsverhältnisse zu verbessern und ihnen Aktivitäten im Berufsleben und in den Gewerkschaften zu ermöglichen. Die Richtlinie ordnete an, sie nicht mehr von der Sozialfürsorge auszuschließen und sie an den Vergünstigungen für Bergarbeiter zu beteiligen. Schließlich wurde nahe gelegt, das Schulwesen zu reorganisieren und den Zugang zur deutschsprachigen Presse aus der DDR zu ermöglichen. Vorgesehen waren weiterhin Umsiedlungen nach Deutschland, vor allem für Mitglieder auseinander gerissener Familien und Familien ohne Ernährer. Diese

Ausreisen sollten „anerkannte Deutsche“, die ehemalige Grenzbevölkerung und einige ehemalige „Volksdeutsche“ betreffen.[16]

Das Alltagsleben schliff im Verlaufe der Jahre die schärfsten Gegensätze ab und ermöglichte nachbarliche Kontakte. Es entstand eine Gemeinschaft, die sich auf das alltägliche Zusammenleben stützte, was jedoch keine Identifikation mit dem polnischen Staat und der polnischen Gesellschaft bedeutete. Doch konnte das stalinistische System bis 1956 nicht zu einer Lösung der alten Konflikte beitragen.

Literaturhinweise

Das Thema wurde insbesondere in zahlreichen älteren deutschen Veröffentlichungen vor 1989 behandelt, die jedoch alle keinen Zugang zu polnischen Archivbeständen hatten. Bis heute zu manchen Fragen heranzuziehen sind die Arbeiten von Richard Breyer über Niederschlesien und die Neumark, von Rudolf Neumann über Ostpreußen und Alfred Bohmann und Ekkehard Buchhofer zu den demographischen Veränderungen.

Zu den Deutschen in Niederschlesien liegt jetzt die Darstellung von Beata Ociepka, Niemcy na Dolnym Śląsku 1945-1970 [Deutsche in Niederschlesien 1945-1970]. Wrocław 1994 vor; zahlreiche Informationen finden sich auch bei Bernhard Grund, Das kulturelle Leben der Deutschen in Niederschlesien unter polnischer Verwaltung 1947-1958. Bonn / Berlin 1967.

Über Pommern erschien zuletzt die Arbeit von Janusz Mieczkowski, Żydzi, Niemcy i Ukraińcy na Pomorzu Zachodnim w latach 1945-1956. Liczba, położenie i działalność polityczna [Juden, Deutsche und Ukrainer in Pommern 1945-1956. Zahlen, Lage und politische Tätigkeit]. Szczecin 1994.

Zu Ermland und Masuren sind insbesondere die Arbeiten von Andrzej Sakson zu nennen: Mazurzy – społeczność pogranicza [Die Mazuren – eine Grenzbevölkerung]. Poznań 1990 und Stosunki narodowościowe na Warmii i Mazurach 1944-1997 [Die Nationaliätenverhältnisse im Ermland und in Masuren 1944-1997]. Poznań 1998.

Zu Oberschlesien liegen zwei neuere polnische Arbeiten vor: Bernard Linek, „Odniemczanie“ województwa śląskiego w latach 1945-1950 (w

---

16 Archiwum Akt Nowych (wie Anm. 12), 237/V-1b, t. 1, S. 2-4.

świetle materiałów wojewódzkich) [Die „Entdeutschung" der Wojewodschaft Schlesien 1945-1950 (nach Wojewodschaftsdokumenten)]. Opole 1997 und Piotr Madajczyk, Przyłączenie Śląska Opolskiego do Polski 1945-1948 [Die Angliederung des Oppelner Schlesiens an Polen]. Warszawa 1996.

Über die „Verifikation" und den Umgang der Bevölkerung mit dieser Frage liegen zwei Darstellungen vor: Jan Misztal, Werifikacja narodowościowa na Ziemiach Odzyskanych [Nationale Verifizierung in den Wiedergewonnenen Gebieten]. Warszawa 1990 und Grzegorz Strauchhold, Polska ludność rodzima ziem zachodnich i północnych. Opinie nie tylko publiczne lat 1944-1948 [Die polnische heimische Bevölkerung der West- und Nordgebiete. Meinungen nicht nur öffentlicher Natur 1944-1948]. Olsztyn 1995

Als Gesamtdarstellung erschien zuletzt Piotr Madajczyk, Mniejszość niemiecka w Polsce 1944-1989 [Die deutsche Minderheit in Polen 1944-1989]. Warszawa 2000; zu verweisen ist auch auf die Arbeit von Eugeniusz Mironowicz, Polityka narodowościowa PRL [Die Nationalitätenpolitik der VR Polen]. Białystok 2000. In deutscher Sprache liegt die Darstellung von Thomas Urban, Deutsche in Polen, Geschichte und Gegenwart einer Minderheit. München [3]1993 vor.

Michael G. Esch

Bevölkerungsverschiebungen und Bevölkerungspolitik 1939-1950

Die immensen Bevölkerungsverschiebungen, die neben dem Völkermord und dem Kriegsgeschehen selbst das Bild des Zweiten Weltkrieges sowie seiner direkten und indirekten Folgen und Nachwirkungen insbesondere in Ostmitteleuropa bestimmen, bestanden aus einer Vielzahl von Migrationsbewegungen, die großenteils von der jeweiligen staatlichen Gewalt erzwungen, immer aber nach Möglichkeit gesteuert und kontrolliert wurden. Diese Zwangsmigrationen verfolgten gleich mehrere Ziele: Vorrangig war zunächst die Absicht, ethnisch homogene Staatsgebiete zu schaffen, also ethnische und staatliche Grenzen mit Zwangsmitteln zur Deckung zu bringen. Dieses Vorhaben wurde aber von Beginn an von weiteren Zielsetzungen überlagert: Der Gewinn neuer Gebiete sollte genutzt werden, um die Bevölkerungs-, Wirtschafts- und Siedlungsstruktur des gesamten Gebiets nach den jeweiligen Idealvorstellungen umzugestalten, wobei diese mehrfach aufgrund mannigfaltiger Schwierigkeiten und wechselnder politischer Rahmenvorgaben modifiziert werden mussten. Die Unterschiede in der Praxis erklären sich großenteils einerseits aus der Unterschiedlichkeit der deutschen und polnischen Idealvorstellungen, andererseits aber aus einem unterschiedlichen Menschenbild im nationalsozialistischen Deutschland und im kommunistischen Polen. Entwicklung und Grundlagen der Bevölkerungsverschiebungen sollen im Folgenden kurz umrissen werden.

1. Die deutsche Bevölkerungspolitik im besetzten Polen 1939-1945

Zu den deutschen Kriegszielen bei der Besetzung Polens gehörte die Verfügbarkeit von ländlichem und städtischem Siedlungsraum, der für eine Ansiedlung deutscher Bauern und Handwerker, später auch gewisser Sparten der Industrie zur Verfügung stehen sollte. Dagegen war eine –

selbst zwangsweise – Einbürgerung der in den eroberten Gebieten lebenden Menschen ausdrücklich nicht vorgesehen; Ziel der deutschen Politik war die „Germanisierung" des Bodens, nicht der Menschen.[1] Der in der kriegslegitimierenden Propaganda benutzte Topos von einem „deutschen Charakter" der beanspruchten Ostgebiete meinte daher auch nicht eine mehrheitlich deutsche ansässige Bevölkerung, sondern die Rückeroberung verloren gegangenen „Volksbodens" durch Ansiedlung Deutscher sowie Vertreibung und Aussiedlung Nichtdeutscher, also von Polen und Juden. Die „ethnische Flurbereinigung", die unmittelbar nach Einstellung der Kriegshandlungen einsetzte, wurde gleichzeitig mit zunächst noch vage formulierten, aber im Laufe der Zeit immer deutlichere Gestalt annehmenden Strukturbereinigungsplänen verbunden, die das gesamte alte Reichsgebiet mit einbezogen.

Zu Beginn des „Polenfeldzuges" lagen noch keine verbindlichen Pläne für die vorgesehenen Bevölkerungsverschiebungen vor. Zwar waren bereits im Frühsommer 1939 erste Planungen in der Reichsarbeitsgemeinschaft für Raumforschung (RAG) und dem Stabsamt des Reichsbauernführers aufgenommen und teilweise bereits vor dem 1. September 1939 fertig gestellt worden. Die Kompetenzstreitigkeiten zwischen den einzelnen Behörden und Institutionen, die an einem Zugriff auf die Bevölkerungs- und Siedlungsplanung interessiert waren, sorgten aber zunächst dafür, dass keiner der vorliegenden Pläne allgemein akzeptiert wurde. Ebenfalls der Sicherung von Kompetenzen diente in erster Linie die Gründung zuständiger Organisationen, die bereits Anfang September durch die SS erfolgte.

Am 8.9.1939 wurde die „Einwandererzentralstelle" (EWZ) gegründet, die gemeinsam mit dem „Rasse- und Siedlungshauptamt der SS" für die Selektion und Verteilung der Siedler zuständig sein sollte, ohne dass bereits ausführliche Pläne über Herkunft und Funktion dieser Siedler vorgelegen hätten. Zwar umfasste der „1. Nahplan" vom 28.9.1939 sowohl die Aussiedlung von Polen als auch die Ansiedlung von „Baltendeutschen" im Verhältnis zwei zu eins, eine Gesamtplanung für die Siedlungs- und Bevölkerungspolitik fehlte jedoch noch. Selbst die SS, für die Himmler in seiner Eigenschaft als „Reichskommissar für die Festigung deutschen Volkstums" (RKFdV) die Richtlinien- und Durchführungskompetenz für die Gesamtheit der Bevölkerungsverschiebungen forderte, war überrascht, als Mitte Januar 1940 Vertreter der Wehrmacht einen Plan vorlegten, der an Radikalität die bisherigen Überlegungen

---

1 So bereits in ADOLF HITLER, Mein Kampf, 558.-562. Auflage München 1940, S. 428ff.

übertraf.[2] Erst im Februar erstellte die Planungshauptabteilung des RKFdV mit den „Planungsgrundlagen für den Aufbau der Ostgebiete" ausführliche Richtlinien, in denen neben unterschiedlichen Siedlungszonen auch Rahmenwerte für die soziale und ökonomische Struktur festgeschrieben wurden. Im November 1939 folgte die Einrichtung eines „Sonderstabes für die Aussiedlung von Polen und Juden" im „Reichsgau Wartheland", der ab Ende März 1940 als „Umwandererzentralstelle" (UWZ) für die Aufnahme der Siedler sowie die Organisation der Aussiedlung von Polen und Juden für das gesamte besetzte polnische Gebiet zuständig war.

Mit der Verfügbarkeit neuen „Lebensraums" nach der Aufteilung und Besetzung Polens durch das Deutsche Reich und die Sowjetunion entstand eine Dialektik „positiver" (Ansiedlung von Deutschen) und „negativer" (Aussiedlung von Polen und Juden) Planspiele, die sich, obwohl sie teilweise von verschiedenen Stellen betrieben wurden, gegenseitig bedingten und im Versuch der planenden Stellen, konkurrierende Behörden in Bezug auf den „gestaltenden Willen" zu überbieten, radikalisierten. Der gemeinsame Grundgedanke aller dieser Planungen bestand darin, durch die Verfügbarkeit neuen, seiner ursprünglichen Bevölkerung entledigten Siedlungsraums eine Sanierung der als „überbevölkert" geltenden Gebiete im „Altreich" zu gewährleisten, indem zunächst landlose Bauern und Bauernsöhne die Möglichkeit erhielten, leistungsfähige Betriebe im „neuen Osten" zu bewirtschaften.

Bereits seit 1938 hatten verschiedene Institutionen, darunter die RAG, „Notstandsgebiete" im Reichsgebiet ausgemacht, in denen infolge von Realteilung (Aufteilung des Landes unter alle Söhne) zahlreiche Bauern Höfe bewirtschafteten, deren Betriebsfläche unter dem Existenzminimum lag, und die für eine marktorientierte Landwirtschaft nicht zur Verfügung standen.[3] Bereits zu diesem Zeitpunkt wurde deutlich, dass eine Sanierung der kleinen Agrarbetriebe – unter Aufforstung minderwertiger Böden – ohne zusätzlichen „Siedlungsraum" nicht zu bewerkstelligen war. Gebiete, deren Siedlungs- und Agrarstruktur den Ansprüchen an eine moderne, leistungsfähige, mittelständische Landwirtschaft

---

2 Das Protokoll der Tagung vom 16./17.1.1940 ist wiedergegeben in: ROLF-DIETER MÜLLER, Hitlers Ostkrieg und die deutsche Siedlungspolitik. Die Zusammenarbeit von Wehrmacht, Wirtschaft und SS, Frankfurt a.M. 1991, S. 125-138.

3 Darüber hinaus beteiligte sich in den Jahren 1939-1945 eine Vielzahl weiterer Institutionen des „Auslandsdeutschtums" (etwa die Nord- und Ostdeutsche Forschungsgemeinschaft sowie der Verein für das Deutschtum im Ausland) und der „Ostforschung" an Planspielen und Initiativen, welche die Siedlungs- und Bevölkerungspolitik und ihre Legitimation betrafen.

nicht genügten, wurden – nicht nur in der deutschen Planungsdiskussion – als „überbevölkert“ bezeichnet.

Der Begriff der „Überbevölkerung“ bestimmte nicht nur die im Herbst 1938 begonnene Sanierung der Agrarverhältnisse in der Rhön, sondern in noch höherem Maße die Analyse der Agrar- und Wirtschaftsverhältnisse in Polen – den polnischen wie deutschen Agrar- und Wirtschaftswissenschaftlern der dreißiger Jahre galt das Land als insgesamt stark „überbevölkert“: Im Jahre 1931 machten Höfe mit weniger als 5 ha Land mehr als 68% aller Betriebe aus.[4] Die nationalsozialistischen Planungsbehörden folgten diesem Modell: Da das besetzte Polen als „überbevölkert“ galt, konnte ein „ethnischer Bevölkerungsaustausch“ im Verhältnis eins zu eins den deutschen Siedlungszielen nicht genügen. Es wurden daher – je nach Region – Umsiedlungsraten festgelegt, welche die Aussiedlung von zwei bis vier Polen für einen Deutschen vorsahen. Grundlegende Kategorie für die landwirtschaftliche Siedlung war der „Erbhof“, der mit einer Ackerfläche von 25-40 ha kaum ohne abhängige Arbeitskräfte zu bewirtschaften war. Daneben kamen sowohl „Kleinstellen“ für Landarbeiter und ländliche Funktionsträger wie Lehrer usw. als auch riesige Güter von mehr als 500 ha vor – letztere mehr in der Praxis als in der Planung. Der Besitz ausreichend großer Wirtschaftsflächen und der Zugang zu kulturellen Institutionen, industriellen Produkten und städtischen Dienstleistungen sollte einer neuerlichen Landflucht entgegenwirken. Der „neue Osten“ würde daher, wie es in den „Planungsgrundlagen für den Aufbau der Ostgebiete“ vom Februar 1940 hieß, als „ein *gemischt agrarisch-industrielles* Gebiet mit einer ähnlichen Sozialstruktur, wie sie beispielsweise die gesündesten Gebiete Bayerns und unsere Nordwestprovinz Hannover besitzen,“[5] aufgebaut werden. Ein ähnliches Konzept wurde ab 1940 auf die Verhältnisse in den Städten übertragen: Hier galten insbesondere Handel und Handwerk – Wirtschaftsbereiche, in denen die Mehrheit der jüdischen Bevölkerung tätig war – als „übersetzt“[6], was dazu führte, dass die Verdrängung der Juden aus der Wirtschaft wiederum mit ökonomischen Sanierungskonzepten verknüpft

---

4 Nach Mały Rocznik Statystyczny [Kleines Statistisches Jahrbuch] 1939, Warszawa 1939, S. 68.

5 RKF Planungshauptabteilung, *Planungsgrundlagen für den Aufbau der Ostgebiete*, o.D., nur für den Dienstgebrauch, S. 2. Bundesarchiv Koblenz R 49/157, Bl. 1-21. Wiedergegeben in: Dokumentationsstelle zur NS-Sozialpolitik. Mitteilungen, 1 (1985), H. 4, unpag. hinter S. 52.

6 Der zeitgenössische Begriff „Übersetzung“ meinte eine Wirtschaftsstruktur, in der – gemessen an modernen Produktions- und Handelsmethoden – zu viele insbesondere kleine handwerkliche und landwirtschaftliche Betriebe bestanden und die vorhandene Arbeitskraft daher nicht optimal ausgenutzt werden konnte.

wurde: Nur ein Bruchteil der beschlagnahmten jüdischen Werkstätten und Geschäfte wurde „arisiert", also an Deutsche oder Polen übergeben, der Rest wurde geschlossen.

Das Ziel der deutschen Siedlungs- und Bevölkerungspolitik im besetzten Polen bestand also darin, Mustergebiete zu schaffen, die in ökonomischer, sozialer und biologischer Hinsicht „gesund" waren. Dies meinte vor allem eine solide mittelständische Bauernschicht mit modernen, arrondierten Höfen, eine Landarbeiterschicht auf kleinen Parzellen mit der Option auf Aufstieg zum „Vollbauern", ein Netz von Marktstädten mit abgestuften Versorgungs- und Dienstleistungsfunktionen sowie eine gewisse, eingeschränkte Industrialisierung.

Die Zivilverwaltung sowie SS- und Polizeibehörden begannen bereits Ende September 1939 mit der Aussiedlung unerwünschter Bevölkerungsgruppen; zuvor hatte der Terror der Einsatzgruppen des Reichssicherheitshauptamtes (RSHA) gegen die polnische Intelligenz und die jüdische Bevölkerung zur Massenflucht weiter nach Osten geführt. Gleichzeitig setzte die zunächst „wilde" – weil nicht zentral koordinierte –, und ab Ende September 1939 die organisierte Massendeportation der polnischen und jüdischen Bevölkerung nach Osten ein. In einem Schnellbrief vom 22. September 1939 bestimmte der Chef des RSHA, Reinhard Heydrich, dass sämtliche Juden möglichst auszusiedeln, mindestens aber in wenigen größeren Städten zu konzentrieren seien.[7] Am 28. September folgten Rahmenvorgaben für den Fortgang der Zwangsumsiedlungen, die damit zusammenhingen, dass die „Rücksiedlung" der Deutschen aus dem zukünftig sowjetisch besetzten Teil Ostmitteleuropas, hier aus den baltischen Ländern, begann. Die Umsiedlung der deutschen Minderheiten aus dem Baltikum wurde in großer Eile betrieben, da die Einbeziehung der baltischen Länder in die Einflusssphäre der Sowjetunion den nicht unbeträchtlichen Besitzstand der dortigen deutschen Minderheiten bedrohte. Es gibt eine Vielzahl von Hinweisen darauf, dass diese „Rücksiedlung" zunächst in der Siedlungsplanung für das besetzte Polen nicht vorgesehen war; gleichwohl galten die Siedler aus dem Baltikum, so RKFdV-Chef Ulrich Greifelt Mitte Dezember 1939, als Menschen, „die schon bisher unter fremdem Volkstum gelebt und gearbeitet hätten".[8] Der

---

7 Wiedergegeben in: Die faschistische Okkupationspolitik in Polen (1939-1945). Dokumentenauswahl und Einleitung von WERNER RÖHR, Berlin (Ost-) 1989 (zugleich auch Köln 1989) (Nacht über Europa. Die Okkupationspolitik des deutschen Faschismus (1938-1945) Band 2), S. 120ff.

8 Aktennotiz über die Ausführungen von SS-Brigadeführer Greifelt... am 13. Dezember 1939, zit. nach MÜLLER, Hitlers Ostkrieg (wie Anm. 2), S. 124f.

„Rücksiedlung“ der Deutschbalten folgte die Umsiedlung der deutschen Minderheiten aus dem „Generalgouvernement für die besetzten polnischen Gebiete“ sowie aus Wolhynien und Galizien. In den Herkunftsgebieten selbst war die „Volksdeutsche Mittelstelle“, die 1936 ebenfalls als SS-Dependance für den Kontakt mit den deutschen Minderheitenorganisationen im Ausland eingerichtet worden war, für die Sicherung des Vermögens und die Zusammenstellung der Transporte nach Westen zuständig.

In der Anfangszeit wurde das Generalgouvernement als Abschiebeterritorium für die polnische Bevölkerung der „eingegliederten Ostgebiete“ wie als „Reservat“ für die jüdische Bevölkerung aus dem Deutschen Reich behandelt. Anfang Oktober 1939 organisierte Adolf Eichmann von Wien aus eine erste Deportation österreichischer Juden nach Nisko am San, die in einem Fiasko endete: Das vorgesehene Barackenlager war nicht fertig gestellt, die Deportierten wurden beraubt und geschlagen und schließlich unter vorgehaltener Waffe in die Wildnis getrieben. Sowohl die Umstände, unter denen diese erste Deportationswelle ablief, als auch militärstrategische Überlegungen führten dazu, dass Generalfeldmarschall Keitel als Chef des Oberkommandos der Wehrmacht Ende Oktober die Aussetzung jeglicher Deportationen von Juden in das besetzte Polen erreichte, indem das Generalgouvernement zum Glacis erklärt wurde und Wehrmachtsvertreter durchsetzten, dass in der weiteren Umgebung der Truppenübungsplätze im Generalgouvernement keine Ansiedlung von Juden zulässig war.

Zwar waren die Verhältnisse bei dieser ersten Deportation von Juden aus dem „Großdeutschen Reich“ besonders bedrückend, sie unterschieden sich jedoch nicht grundsätzlich von den Bedingungen, unter denen die folgenden Massendeportationen der polnischen (und anfangs der jüdischen) Bevölkerung aus den „eingegliederten Ostgebieten“ stattfanden: Die Menschen wurden im Morgengrauen meist ohne Vorankündigung zusammengetrieben, konnten nur einen verschwindend kleinen Teil ihres Besitzstandes mitnehmen und wurden, trotz der zeitweilig eisigen Temperaturen, in ungeheizten Viehwaggons transportiert. Die weitgehend ungeregelte, in den Aufnahmegebieten überhaupt nicht vorbereitete Deportation Tausender von Menschen, die fast jeglicher Mittel zum Lebensunterhalt beraubt wurden, führte dort zu katastrophalen Zuständen.

Noch Mitte Januar waren die deutschen Besatzungsbehörden davon ausgegangen, dass innerhalb von vier Monaten mehr als eine Million Menschen – darunter alle Juden – aus den „eingegliederten Ostgebieten“

in das Generalgouvernement abzuschieben sei. In der Folgezeit mussten die Pläne für die Abschiebung der unerwünschten Polen und Juden über die Ostgrenze jedoch immer weiter eingeschränkt werden, da sich zeigte, dass die ursprünglichen Planvorgaben nicht durchführbar waren.[9] Die Deportationspläne scheiterten an einer ganzen Reihe von Hindernissen: Vor allem fehlte es an Transportkapazitäten, nachdem Widerstände seitens der Verwaltung des Generalgouvernements dadurch hatten ausgeräumt werden können, dass die zentrale Koordinierung aller regionalen Deportationsvorhaben ab Anfang November 1939 bei Bruno Streckenbach, dem Befehlshaber der Sicherheitspolizei im Generalgouvernement, lag. Ab dem Frühjahr 1940 wurden die Deportationen wiederholt unterbrochen, im März 1941 schließlich sämtliche Aussiedlungen aus den eingegliederten Ostgebieten in das Generalgouvernement gestoppt. Darüber hinaus wurden jedoch, über die gesamte Besatzungszeit hinweg, mehr als 1.500.000 Polinnen und Polen, die mit zunehmender Kriegsdauer immer häufiger bei Razzien in Kinos, Schulen und auf den Straßen „angeworben" wurden, vor allem aus dem Generalgouvernement zur Zwangsarbeit ins „Altreich" deportiert.

Tab. 1: Aussiedlung und Vertreibung von Polen (ohne Juden)

Gebiet	
„Wilde" Aussiedlung (Danzig-Westpreußen)	35.000
Warthegau	630.000
Schlesien	81.000
Danzig-Westpreußen	124.000
Bezirk Białystok	28.000
Bezirk Zichenau	25.000
Region Zamość	116.000
Truppenübungsplätze im Generalgouvernement	171.000
Summe	1.210.000

9 GÖTZ ALY, „Endlösung". Völkerverschiebung und der Mord an den europäischen Juden. Frankfurt a.M. 1995, S. 65, 109f.

Tab. 2: Verbleib der ausgesiedelten Polen bis Ende 1942

Gebiet	
Generalgouvernement	365.000
Zwangsarbeit im Reich und den eingegliederten Ostgebieten	193.000
„Wiedereindeutschung“	28.000
Lager der Volksdeutschen Mittelstelle	9.000
Summe	595.000

Tab. 1 und 2 nach: CZESŁAW MADAJCZYK, Polityka III Rzeszy w okupowanej Polsce [Die Politik des Dritten Reichs im besetzten Polen], Warszawa 1970, Bd. 1, S. 333-336.

Die Schwierigkeiten bei der Deportation der polnischen Bevölkerung führten dazu, dass insbesondere im Wartheland nach neuen Lösungen gesucht wurde, zumal einige tausend „Volksdeutsche“ in den Durchgangslagern auf die „Freimachung“ polnischer Höfe warteten. Nach dem Vorbild der Gettoisierung der Juden, die ebenfalls mit dem Fehlen eines ausreichend aufnahmefähigen Abschiebeterritoriums zusammenhing, wurden auf Anordnung des Gauleiters Arthur Greiser ab Frühjahr 1941 „Polenreservate“ eingerichtet, in denen die vertriebenen polnischen Bauernfamilien auf schlechten Böden weitgehend sich selbst überlassen wurden.

Die deutsche Siedlungspolitik hatte mit einem weiteren, ebenfalls selbst verschuldeten Problem zu kämpfen: dem Mangel an verfügbaren Siedlern. Die Osterweiterung des deutschen Staatsgebietes sah ebenso wie später die ausgreifende Siedlungsplanung des „Generalplans Ost“ vor allem eine Besiedlung mit ausgesuchten deutschen Bauern, Handwerkern usw. aus dem alten Reichsgebiet vor. Konrad Meyer, Agrarwissenschaftler im Planungshauptamt des RKFdV und Verfasser mehrerer Umsiedlungspläne (einschließlich zweier Fassungen des „Generalplans Ost“), ging bereits Ende 1940 davon aus, dass für die errechneten 650.000 „Bauernstellen“, die mit Siedlern aus dem „Altreich“ besetzt werden sollten, der Raum des besetzten Polen nicht ausreichen würde.[10]

[10] HA. Planung und Boden. Vermerk. Vorgang: Landbedarf für die notwendige Aussiedlung aus dem „Altreich“, Berlin-Dahlem, 3.12.1940, gez. Meyer. Wiedergegeben in: Bevölkerungsstruktur und Massenmord. Neue Dokumente zur deutschen Politik der Jahre 1938-1945, zusgest. u. komm. v. SUSANNE HEIM und GÖTZ ALY, Berlin 1991, S. 29-32.

Hinzu kam, dass auch die Wehrmacht Ansprüche auf Stellen für Kriegsveteranen nach dem „Endsieg" anmeldete. Diese Siedler standen aber während des Krieges nicht zur Verfügung, so dass dem Mangel an Raum in der Planung ein Mangel an Siedlern in der Praxis gegenüberstand; gleichwohl hatte die Aussiedlung der Polen aber längst begonnen. Insbesondere im Wartheland behalf man sich in der sog. „Z-Hof-Aktion" 1942 damit, ausgewählte deutsche, „volksdeutsche" und polnische Bauern als „Treuhänder" auf Höfen anzusiedeln, die aus mehreren beschlagnahmten Höfen zusammengelegt worden waren, und sie mit hohen Abgaben für den Bedarf der deutschen Kriegswirtschaft zu belegen.

Tab. 3: Herkunft „volksdeutscher" Siedler bis Anfang 1944

Herkunftsgebiet	Umsiedler	davon im besetzten Polen angesiedelt
Lettland und Estland	76.857	57.171
Litauen	51.049	29.200
Wolhynien, Galizien, Narew-Gebiet	136.463	109.336
östl. Generalgouvernement	32.914	25.940
Bessarabien	93.329	88.022
Nordbukowina	43.641	23.860
Südbukowina	52.125	40.164
Dobrudscha	15.440	11.201
Altrumänien	10.091	1.975
Kočevje und Ljubljana	15.008	13.102
Bulgarien	1.945	219
Restserbien	2.900	350
Russland	220.000	785
Griechenland	350	–
Bosnien	18.370	3.287
Slowakei	91	–
Summe	770.577	404.612

aus: JANUSZ SOBCZAK, Hitlerowskie przesiedlenia ludności niemieckiej w dobie II wojny światowej [Nationalsozialistische Umsiedlungen der deutschen Bevölkerung während des Zweiten Weltkrieges], Poznań 1966, S. 320.

Einen weiteren vorläufigen Ersatz boten die „volksdeutschen Minderheiten“ in den „befreundeten“ Staaten Ost- und Südosteuropas, die ihre Rolle als außenpolitische Verfügungsmasse und Interventionsvorwand zumindest vorläufig ausgespielt hatten. Auch deren Ansiedlung war im Spätsommer und Herbst 1940 nicht unbedingt erwünscht, da das Stocken des Deportationsprogramms eine Unterbringung von ihnen in den „eingegliederten Ostgebieten“ zunehmend erschwerte. Außerdem wurde ein großer Teil dieser Menschen als für eine Ansiedlung im Osten nicht als geeignet angesehen. Das Gleiche galt für eine zweite Gruppe: die „Volksdeutschen“, die bereits in den „eingegliederten Gebieten“ ansässig waren.

Die offensichtlichen Schwierigkeiten sowohl bei der Abschiebung der unerwünschten einheimischen Bevölkerung als auch bei der Bereitstellung als geeignet angesehener Siedler führten nur insofern zu einer Revision der bis dahin verfolgten Politik, als immer weitere Gebiete des europäischen Ostens in die Siedlungsplanung einbezogen wurden. Diese planerische Hybris gipfelte in den verschiedenen Fassungen des „Generalplans Ost“ und dem folgenden „Generalsiedlungsplan“, in denen deutsche Siedlungsgebiete unter Einschluss der Ukraine und der Krim festgelegt wurden. Im besetzten Polen wurde diese Ausweitung der Planung relevant, als – auf Initiative des dortigen SS- und Polizeiführers Odilo Globocnik – das Gebiet um Zamość (südöstlich von Lublin) im August 1941 von Himmler zum ersten deutschen Siedlungsgebiet im Generalgouvernement bestimmt wurde. Im November 1941 begann die Umsiedlung der polnischen Bevölkerung, die nach einem detaillierten Selektionsverfahren entweder – bei „rassischer Eignung“ – ein „Eindeutschungsverfahren“ durchlief, zur Zwangsarbeit nach Auschwitz deportiert oder ohne weitere Versorgung abgeschoben wurde. Das Vorgehen von SS und Polizei führte zu einem Anwachsen des polnischen bewaffneten Widerstands und zu einer Destabilisierung der deutschen Herrschaft in dieser Region, so dass die gesamte Aktion – nach einer Unterbrechung, die zu stärkerer Beteiligung der Distriktsverwaltung führte – 1943 abgebrochen und durch die „Partisanenbekämpfung“ ersetzt wurde: In der Aktion „Werwolf“ wurden nochmals 36.389 Polen ausgesiedelt und nach den oben erwähnten Kriterien selektiert. Im Übrigen waren nicht nur Polen und „volksdeutsche“ Siedler von den Umsiedlungen betroffen, sondern auch Ukrainer, die aber als „privilegiertes Volk“ zunächst ein eigenes Siedlungsgebiet innerhalb des Distrikts Lublin erhielten.

2. Die polnische Bevölkerungspolitik 1944-1949

Die deutsche Terror- und Vernichtungspolitik im besetzten Polen, aber auch das Verhalten weiter Teile der „volksdeutschen“ Minderheit führten in praktisch allen relevanten politischen und gesellschaftlichen polnischen Gruppierungen zu der Einschätzung, dass ein Zusammenleben mit Deutschen in einem Staat nicht länger möglich sei. Der Wunsch, die deutsche Minderheit aus Polen möglichst restlos zu entfernen, verband sich mit der seit den dreißiger Jahren diagnostizierten „Überbevölkerung“ wiederum zu einer Kombination von „ethnischer Bereinigung“ und sozioökonomischer Sanierung, zu deren Durchführung die Verfügbarkeit zusätzlicher Siedlungsgebiete unabdingbar zu sein schien. Ausführliche Pläne für eine Übernahme und bevölkerungspolitische Neugestaltung der geforderten Gebiete wurden bereits während des Krieges erstellt und flossen in die Siedlungspraxis der polnischen Nachkriegsregierung ein.[11]

Erste Forderungen nach einer Erweiterung des polnisches Staatsgebietes im Norden und Westen wurden von der polnischen Exilregierung bereits im September 1939 erhoben. Zunächst ging es um eine Begradigung und Verkürzung der Grenze nach Westen, um sich künftig besser gegen Überfälle Deutschlands verteidigen zu können. Im Februar 1940 wurde erstmals ein ausführlicheres territoriales Programm formuliert: Der Außenminister der Exilregierung, August Zaleski, forderte im Februar 1940 als Entschädigung für die Kriegsverluste die Eingliederung Ostpreußens nach Polen. Über die Zukunft der deutschen Minderheit bestand zunächst Uneinigkeit: Ein großer Teil des Exils und des Untergrunds wollte sämtliche Deutschen aussiedeln, ein anderer Teil lediglich diejenigen, die sich in irgendeiner Form am Besatzungsregime oder nationalsozialistischen Einrichtungen beteiligt hatten; die übrigen sollten – zwecks vollständiger Assimilierung – über ganz Polen verteilt werden.

Im weiteren Verlauf des Krieges wurden die territorialen Ansprüche um einen Teil Oberschlesiens erweitert. Gleichzeitig drängten sowohl der „Untergrundstaat“, die „Vertretung der Regierung im Lande“ (Delegatura Rządu na Kraj), als auch die Londoner Exilpresse seit 1942 auf eine polnische Westgrenze an Oder und Neiße, die aber von der Exil-

---

[11] Siehe hierzu MIECZYSŁAW JAWORSKI, Na piastowskim szlaku. Działalność Ministerstwa Ziem Odzyskanych w latach 1945-1948 [Auf den Spuren der Piasten. Die Tätigkeit des Ministeriums für die Wiedergewonnenen Gebiete 1945-1948], Warszawa 1973, S. 38f.; MICHAEL G. ESCH, „Gesunde Verhältnisse“. Deutsche und polnische Bevölkerungspolitik in Ostmitteleuropa 1939-1950, Marburg/Lahn 1998 (Materialien und Studien zur Ostmitteleuropa-Forschung, 2), S. 47-50, 69-75.

regierung abgelehnt wurde, da diese ihren Anspruch auf die von September 1939 bis Juni 1941 sowjetisch besetzten Ostgebiete nicht durch als überzogen betrachtete Forderungen im Westen gefährden wollte. Im Prinzip sahen die polnischen Deklarationen eine Beibehaltung des multiethnischen Staatsgedankens vor, aber bereits im Februar 1940 erteilte man jeglichen Ansprüchen auf Minderheitenschutzklauseln, wie sie in der Zwischenkriegszeit bestanden hatten, eine klare Absage. Einigkeit bestand bei allen Parteien und Richtungen darüber, dass für eine deutsche Minderheit in Polen kein Platz mehr sei, da ihre „feindliche Haltung gegenüber dem polnischen Staat in der Vergangenheit und augenblicklich keine Garantie der Loyalität in der Zukunft gibt."[12]

Zwischen Exil und Untergrund im Lande kam es zu einer durchaus sinnvollen Arbeitsteilung: Während sich die Exilregierung auf diplomatischem Wege um eine völkerrechtliche Absicherung ihrer Territorialansprüche bemühte, bereitete der Untergrund umfängliche Pläne für die Übernahme und Umgestaltung der geforderten Gebiete vor. Die *Delegatura* verfügte mit dem „Büro der Westlichen Länder" unter der Leitung Władysław Czajkowskis über einen eigenen Planungsapparat, an dem namhafte polnische Wissenschaftler beteiligt waren. Das Büro entwickelte ausführliche Pläne für verschiedene Szenarien, die unterschiedliche territoriale Neuerwerbungen vorsahen. Gemeinsam war allen Planspielen einerseits die Aussiedlung der Deutschen, andererseits das Ziel, die ungünstige Agrar- und Wirtschaftsstruktur durch die Umsiedlung „überzähliger" Menschen in die neuen Gebiete zu bereinigen. Darüber hinaus wurden hier Leute ausgebildet, die sofort nach der Übernahme der neuen Gebiete eine erste polnische Verwaltung einrichten sollten.

Der am 20.6.1943 in Moskau von kommunistisch orientierten Polen gegründete „Verband Polnischer Patrioten" (Związek Patriotów Polskich, ZPP) hingegen akzeptierte die sowjetischen Ansprüche auf die nach dem 17.9.1939 besetzten ostpolnischen Gebiete sofort; schließlich war er gegründet worden, nachdem sich die Beziehungen Moskaus zur Exilregierung in London wegen der Frage der Ostgebiete verschlechterten. Einigkeit zwischen Exil, Untergrund und dem letztlich siegreichen ZPP bestand in den Gebietsforderungen im Westen. Dies sollte dazu führen,

---

12 Rundschreiben Zaleskis, zit. n. ESCH, Gesunde Verhältnisse (wie Anm. 11), S. 49. Zur Entwicklung der Grenz- und Siedlungskonzeptionen siehe vor allem DETLEF BRANDES, Großbritannien und seine osteuropäischen Alliierten 1939-1943. Die Regierungen Polens, der Tschechoslowakei und Jugoslawiens im Londoner Exil vom Kriegsausbruch bis zur Konferenz von Teheran, München 1988; SARAH MEIKLEJOHN TERRY, Poland's Place in Europe. General Sikorski and the Origin of the Oder-Neiße-Line 1939-1943, Princeton 1983.

dass das von der Polnischen Arbeiterpartei und dem ZPP dominierte und von der Sowjetunion unterstützte „Komitee für die Nationale Befreiung" (Polski Komitet Wyzwolenia Narodowego, PKWN) bei der Verwaltung der nun „Wiedergewonnene Gebiete" genannten Territorien auf die Vorarbeiten des „bürgerlichen Gegners" zurückgreifen konnte: Stefan Korboński hatte als letzter Leiter des Untergrundstaates dazu aufgerufen, die kommunistische Regierung zu boykottieren, mit ihr aber in Fragen zusammenzuarbeiten, welche die Interessen der polnischen Nation berührten. Dies betraf ausdrücklich die neuen Westgebiete.

In einem wesentlichen Punkt unterschieden sich die politischen Ziele des PKWN von der Position des polnischen Exils, soweit diese in offiziellen Deklarationen zum Ausdruck kam: Ausdrücklich wurde betont, dass das neue Polen ein Nationalstaat, kein Nationalitätenstaat sein sollte. Damit war zugleich eine Formel gefunden, die den Verlust der Ostgebiete an die Sowjetunion, in denen Polen nur eine – wenn auch starke – Minderheit stellten, im Sinne eines höheren Prinzips legitimierte. Da aber auch die neue Ostgrenze zahlenmäßig bedeutende litauische, weißrussische und ukrainische Minderheiten innerhalb Polens beließ, erfolgte bereits im September 1944 der Abschluss von Umsiedlungsverträgen zwischen dem PKWN und den angrenzenden Sowjetrepubliken, die den Austausch der jeweiligen Minderheiten vorsahen. Die Verträge markierten, zusammen mit der folgenden Aussiedlung der deutschen Bevölkerung, gleichzeitig das Ende des Vielvölkerstaates Polen, wenn auch neben den ethnischen Polen Juden ein Optionsrecht besaßen[13] – jedoch nur, soweit sie bis zum 17. September 1939 polnische Staatsangehörige gewesen waren.[14]

In den Verträgen war zwar vorgesehen, dass die Option auf Übersiedlung freiwillig sein sollte, die Praxis sah jedoch anders aus. In der Ukrainischen Sowjetrepublik etwa wurden Polen und polnische Juden interniert und zur Aussiedlung gezwungen, während Litauen der Ausreise der polnischen und jüdischen Bevölkerung vielfältige Hindernisse in den Weg legte. Hinzu kam noch, dass der organisierte nationalpolnische Untergrund eine durchaus nicht wirkungslose Propaganda betrieb, in den

---

[13] Insbesondere die „repatriierten" Jüdinnen und Juden, aber auch solche, die die deutschen Massenmorde in Polen überlebt hatten, wurden – insbesondere nach dem Pogrom von Kielce im Frühjahr 1946 – in den „Wiedergewonnenen Gebieten", vor allem in Niederschlesien und Stettin, angesiedelt.

[14] Zur Umsiedlung aus dem ehemaligen Ostpolen siehe auch die neuere Arbeit von PHILIPP THER, Deutsche und polnische Vertriebene: Gesellschaft und Vertriebenenpolitik in der SBZ/DDR und in Polen 1945 – 1956, Göttingen 1998.

Heimatorten zu bleiben, um die Perspektive der Rückgewinnung der Ostgebiete aufrecht halten zu können. Auch die vorherige Festlegung von Umsiedlungskontingenten und die Beschränkung auf vormals polnische Staatsangehörige stieß intern auf Kritik: Selbst bei buchstabengetreuer Umsetzung der Vertragstexte mussten beiderseits der Grenze nicht unbeträchtliche Minderheiten verbleiben. Unter anderem blieben mehr als hunderttausend Ukrainer polnische Staatsangehörige.

Tab. 4: „Repatriierung" von Polen und Juden aus den ehemaligen Ostgebieten bis 1948

	Zur Repatriierung registriert	Repatriiert
Weißrussische SSR	303.082	274.163
Litauische SSR	341.410	197.156
Ukrainische SSR	718.007	787.674
UdSSR (Kriegsgefangene und Deportierte)		258.990
Summe	1.362.499	1.517.983

nach: JAWORSKI, Na piastowskim szlaku (wie Anm. 11), S. 138; JAN CZERNIAKIEWICZ, Repatriacja ludności polskiej z ZSRR 1944-1948 [Die Repatriierung der polnischen Bevölkerung aus der UdSSR 1944-1948], Warszawa 1987.

Die Zustimmung zur neuen Ostgrenze machte gleichzeitig den Zugewinn zusätzlicher Gebiete im Westen und Norden aus bevölkerungs- und wirtschaftspolitischen Erwägungen heraus unabdingbar. Da aber die Zusage der Westalliierten über eine territoriale Erweiterung der Exilregierung und nicht dem PKWN gemacht worden war, bestand die Gefahr, dass insbesondere Großbritannien die Westerweiterung als Druckmittel nutzen würde und der territoriale Ausgleich für die an die Sowjetunion abgetretenen Gebiete grundsätzlich in Frage stand. Aus diesem Grund bemühte man sich, sofort „vollendete Tatsachen" zu schaffen, sobald Zugriff auf die geforderten Gebiete bestand. Die Bevölkerungsverschiebungen in den neuen Gebieten begannen daher sofort nach ihrer Besetzung durch die Rote Armee und der Übernahme einiger Hoheitsbefugnisse durch polnische Bevollmächtigte mit „wilden" Vertreibungen und einem unkontrollierten, spontanen Zufluss polnischer Bevölkerung. Die „wilde Vertreibung" vermischte sich zudem mit den meist zu spät eingeleiteten Evakuierungen der Zivilbevölkerung durch die deutschen Behörden sowie unkontrollierten Fluchtbewegungen.

Am 14. März 1945 wurde auf Beschluss des Ministerrates ein „Büro der Westgebiete“ eingerichtet, das die Umsiedlungen insgesamt leiten sollte. Die Verwaltung wurde von Bevollmächtigten für die in vier Bezirke aufgeteilten „Wiedergewonnenen Gebiete“ ausgeübt, die der Regierung unmittelbar verantwortlich waren und Richtlinienkompetenz hatten. Im April 1945 wurde das Büro für die Westgebiete aufgelöst; seine Kompetenzen gingen an das Ministerium für Öffentliche Verwaltung (Ministerstwo Administracji Publicznej, MAP) über, das eine schrittweise Anpassung der Verwaltung an die polnischen Verhältnisse betrieb.

Die Aufgaben, die zu bewältigen waren, glichen denen, die sich die deutschen Besatzungsbehörden zuvor gestellt hatten: Es war zu entscheiden, nach welchen Kriterien die Auszusiedelnden bestimmt werden sollten, in welcher Reihenfolge die Aussiedlung vonstatten gehen sollte und wer zum erwünschten Bevölkerungszuwachs erklärt werden konnte. Richtungweisend wurde das Vorgehen des Generals Aleksander Zawadzki, des Bevollmächtigten für Schlesien. Dieser legte Ende April 1945 fest, dass die Kriterien, nach denen vorläufige Bescheinigungen über die Zugehörigkeit zum polnischen Volk ausgegeben werden sollten, Sprache, Herkunft und das Verhalten in der Besatzungszeit seien. Zawadzki führte zwei Selektionswege ein, die in der Folgezeit auf die gesamten „Wiedergewonnenen Gebiete“ ausgedehnt wurden: die „Rehabilitierung“ der Angehörigen der Deutschen Volksliste (DVL, vgl. dazu den Beitrag von Hans-Jürgen Bömelburg und Bogdan Musial, S. 43-111) und die „Verifizierung“ der „autochthonen“ Bevölkerung. Die Prinzipien, nach denen die Selektion erfolgte, waren ähnlich: Angehörige der DVL-Gruppen 1 und 2 waren von der Rehabilitierung ausgeschlossen, bei allen anderen bestand das wesentliche Kriterium darin, dass sie in irgendeiner Form eine polnische Herkunft nachweisen (oder durch zwei Zeugen glaubhaft machen) konnten und sich während der Besatzungszeit keine Verfehlungen gegen die polnische Bevölkerung oder Nation hatten zuschulden kommen lassen. Die Messlatte hierfür war so tief wie möglich angelegt: Selbst Mitgliedschaft in der NSDAP allein war kein Hinderungsgrund. Eine rassisch-biologische Selektion fand nicht statt, wohl aber gibt es Hinweise darauf, dass soziale Kriterien in der Beurteilungspraxis eine Rolle gespielt haben: Grundbesitzer, Unternehmer und Intellektuelle scheinen häufig geringere Chancen auf Annahme als Polen gehabt zu haben als Land- und Industriearbeiter. In welchem Maße hier ökonomische Erwägungen eine Rolle gespielt haben, zeigt allein schon der Umstand, dass in Schlesien mehr als 750.000 Menschen – eine ähnlich hohe Zahl wie bei der DVL während des Krieges – aufgenommen wurden. Das Verfahren war grundsätzlich freiwillig, wobei natürlich bereits der Umstand, dass denen, die keinen Antrag stellten, der Verlust ihres Besitzes und die Deportation nach Westen drohten, für hohen Druck sorgte. Umgekehrt bedeutete die erfolgreiche „Verifizierung" oder „Rehabilitierung" die sofortige Aufnahme in das polnische Staatsvolk. Gleichwohl wehrte sich die evangelische Bevölkerung Masurens gegen die „Verifizierung" – nicht zuletzt, weil sie häufig von den neuen Siedlern und den Sicherheitsbehörden misshandelt und drangsaliert wurden; diese Menschen wurden Anfang 1949 zwangsweise „verifiziert".

Tab. 5: Die „Verifizierung" der einheimischen Bevölkerung der „Wiedergewonnenen Gebiete" bis November 1946

Wojewodschaft	
Białystok	2.500
Allenstein	67.000
Danzig	18.000
Stettin	14.000
Posen	6.000
Breslau	16.000
Schlesien	786.000

nach: STEFAN BANASIAK, Przesiedlenie Niemców z Polski w latach 1945-1950 [Die Umsiedlung der Deutschen aus Polen 1945-1950], Łódź 1968, S. 97.

Sichere Zahlen über die ersten Phasen der Vertreibung der deutschen Bevölkerung sind nicht verfügbar; gerade der Umstand, dass in der zweiten Jahreshälfte 1944 und Anfang 1945 Evakuierung, Flucht vor der Roten Armee, Vertreibung und „wilde" Aussiedlung ineinander griffen, hat in der deutschen Literatur zu teilweise abenteuerlichen Spekulationen über „Vertreibungsverluste" und angebliche systematische Massenmorde geführt. Die polnische Literatur warf der deutschen nicht zu Unrecht vor, dass die errechneten mehr als 2 Millionen Todesopfer und Vermissten insgesamt (einschließlich der Tschechoslowakei und anderer Länder) nicht der Aussiedlungspolitik, sondern zumindest zu einem großen Teil den Verhältnissen bei Kriegsende zuzuschreiben seien. Hinzu kommt, dass teilweise noch in der neueren Literatur 1,1 Millionen Menschen, die in den ehemaligen deutschen Ostgebieten verblieben, als Deutsche unabhängig von ihrem Selbstverständnis vereinnahmt werden.[15]

Eine systematische Mordpolitik, wie sie die deutschen Besatzungsbehörden u.a. gegenüber der polnisch-jüdischen Bevölkerung durchgeführt haben, ist weder für das Vorgehen der Roten Armee noch unter der polnischen Verwaltung nachweisbar. Freilich waren die Verhältnisse insbesondere in den Umsiedlungs- und Zwangsarbeitslagern häufig katastrophal. In vielen Lagern kam es zu Epidemien, die großenteils aus der schlechten Versorgungslage in dem vom Krieg zerstörten Land insgesamt entstanden, sich aber unter den Lagerbedingungen besonders verheerend auswirkten. Züge mit Zwangsaussiedlern, aber auch mit „Repatrianten" aus den sowjetischen Gebieten, blieben teilweise wochenlang auf den Gleisen stehen, da die Verkehrswege zerstört waren, es an Kohle fehlte und die Koordinierung der Transporte – u.a. wegen zerstörter Kommunikationswege – nicht funktionierte.[16]

Die Einrichtung einer Koalitionsregierung aus PKWN und einigen Mitgliedern der Sozialistischen Partei sowie der Bauernpartei im Juni 1945 sollte unter anderem auch einen gültigen völkerrechtlichen Titel auf die bereits in Besitz genommenen „Wiedergewonnenen Gebiete" möglich machen. Die Potsdamer Konferenz vom 17.7. bis 2.8.1945, auf der die Sowjetunion die polnischen Ansprüche vertrat, blieb in dieser Hinsicht jedoch unbefriedigend, da die endgültige Entscheidung über die Zugehörigkeit der Gebiete einer künftigen Friedenskonferenz übertragen wurde; gleichwohl wurde die „geregelte Rückführung der deutschen Bevölkerung" aus Polen, der Tschechoslowakei und Ungarn beschlossen. Am 20.11.1945 wurde zwischen dem Ministerium für öffentliche Verwaltung und dem Alliierten Kontrollrat ein Umsiedlungsplan vereinbart, nach dem 3,5 Millionen Deutsche bis Ende Juli 1946 in die britische und sowjetische Zone deportiert werden sollten; tatsächlich zogen sich die Zwangsaussiedlungen bis 1949 hin. Noch vor dem Beginn des Plans

---

15 Dabei wird der Umstand, dass die Betreffenden bis 1945 die deutsche Staatsangehörigkeit besaßen, zum alleinigen Maßstab – unter Missachtung des Umstandes, dass es in einem Großteil der strittigen Gebiete teilweise bedeutende polnische Minderheiten gab. Siehe zum Beispiel selbst die ansonsten sehr lesenswerte Arbeit von ROLF-DIETER MÜLLER/GERD UEBERSCHÄR, Kriegsende 1945. Die Zerstörung des Deutschen Reiches, Frankfurt a.M. 1994, S. 123, wo die älteren Zahlen der sechziger Jahre kommentarlos übernommen werden.

16 Siehe hierzu als einigermaßen zuverlässige Darstellung der Verhältnisse in einem Lager EDMUND NOWAK, Schatten von Łambinowice. Versuch einer Rekonstruktion der Geschichte des Arbeitslagers in Łambinowice, Opole 1994.

beschloss die polnische Regierung, Deutschen die freiwillige Ausreise in die sowjetische Zone zu erleichtern.[17]

Tab. 6: Bevölkerung der „Wiedergewonnenen Gebiete“ nach der Volkszählung vom 14.2.1946

Bezirk	Bevölkerung	Polen	Deutsche	Anträge auf Verifizierung	Andere
Białystok	35.837	32.659	1.914	821	443
Masuren	351.828	247.616	98.466	4.612	1.134
Danzig	568.465	293.364	26.1491	9.982	3.628
Pommern	57.587	31.807	21.848	3.478	454
Westpommern	594.193	303.270	282.284	1.601	5.038
Posen	272.380	241.429	24.518	5.411	1.022
Niederschl.	1.934.791	680.561	1.234.125	9.195	10.910
Oppeln	1.181.143	876.116	145.647	155.098	4.282
Dąbrowa-Gebiet	14.591	10.498	70	4.017	6
Summe	5.010.815	2.719.320	2.070.363	194.215	26.917

nach: ESCH, „Gesunde Verhältnisse“ (wie Anm. 11), S. 386.

Die Volkszählung vom 14.2.1946 ergab erstmals einigermaßen verlässliche Zahlen über die in Polen befindliche deutsche Bevölkerung; zwar waren diese Angaben bereits bei Veröffentlichung veraltet, da ja Zwangsaussiedlung und Ansiedlung weitergingen, sie boten gleichwohl die Grundlage für die Organisierung der Aussiedlung, die von nun an unter – wenn auch eingeschränkter – alliierter Kontrolle wieder aufgenommen wurde. Insbesondere die britischen Militärbehörden beobachteten den Verlauf der Aktion recht aufmerksam und blockierten mehrfach die vereinbarten Transporte – u.a. weil die polnische Regierung keine Begrenzung auf die Ausfuhr von Reichsmark erlassen hatte, meist aber wegen Problemen bei der Aufnahme dieser Menschenmassen. Zumindest ab diesem Zeitpunkt unterschied sich die Zwangsaussiedlung der deutschen Bevölkerung deutlich von den Verhältnissen, die bei den Deportationen von Polen und Juden geherrscht hatten, wenn auch nicht durchgängig davon gesprochen werden kann, die Umsiedlungen seien „in ordnungsgemäßer und humaner Weise“ durchgeführt worden: Die Be-

---

17 Siehe ESCH, „Gesunde Verhältnisse“ (wie Anm. 11), S. 111ff.

troffenen wurden in der Regel zwei Tage vor dem Abtransport informiert und durften einen Teil ihres Besitzstandes mitnehmen.

Tab. 7: Aussiedlung der Deutschen aus Polen, Herbst 1945-1950

1945	550.700
1946	1.930.200
1947	538.200
1948	42.700
1949	34.100
1950	59.400
Summe	3.121.200

nach: BANASIAK, Przesiedlenie Niemców (wie Tab. 5), S. 223.

Diejenigen, die nicht sofort ausgesiedelt werden konnten oder sollten, wurden, sofern ihre Wohnungen oder Höfe für polnische Siedler gebraucht wurden, meist in Übergangs- und Zwangsarbeitslagern interniert, sofern sie nicht bei den Betrieben, in denen sie arbeiteten, direkt untergebracht wurden. Die Zwangsarbeit wurde damit begründet, dass die durch die deutsche Politik verursachten Kriegsschäden von Deutschen wieder behoben werden sollten. Eine Sonderrolle spielten die deutschen „Fachkräfte“, unentbehrliche Industrie- und Bergbauarbeiter, die gemeinsam mit ihren Familien sowohl hinsichtlich der Unterbringung als auch der Entlohnung selbst gegenüber ihren polnischen Kollegen privilegiert waren. Ihre Aussiedlung erfolgte schrittweise bis 1949. Das Gesetz über die polnische Staatsbürgerschaft vom 8. Januar 1951 beendete die Massenumsiedlungen, indem sämtliche Einwohner Polens die polnische Staatsangehörigkeit erhielten und jegliche Sonderregelungen aufgehoben wurden.[18]

Die neuen Siedler kamen aus zwei verschiedenen Quellen: der „Vertragsumsiedlung“ polnischer und jüdischer Angehöriger des polnischen Staates aus den nun sowjetischen Ostgebieten sowie, im Sinne einer Strukturbereinigung der „überbevölkerten“ Gebiete, aus den übrigen polnischen Gebieten. Anfang 1946 wurde ein eigenes „Ministerium für

[18] Die Vertreibung der deutschen Bevölkerung aus den Gebieten östlich der Oder-Neiße, Band 3: Polnische Gesetze und Verordnungen 1944-1955, München 1984 (unveränderter Nachdruck der Ausgabe Bonn 1950) (Dokumentation der Vertreibung der Deutschen aus Ost-Mitteleuropa Band I/3), S. 497-500.

die Wiedergewonnenen Gebiete" (Ministerstwo Ziem Odzyskanych, MZO) eingerichtet. Den Ministerposten erhielt Władysław Gomułka, sein Vizeminister wurde Władysław Wolski, der bereits zuvor Generalbevollmächtigter für die Evakuierung der polnischen Bevölkerung aus dem Osten und Leiter des Staatlichen Repatriierungsamtes (Państwowy Urząd Repatriacyjny, PUR) gewesen war. Wolski und Gomułka gelang es in der Folgezeit, praktisch alle relevanten gesellschaftlichen Gruppen und politischen Fraktionen im gemeinsamen Ziel, der Inbesitznahme der „Wiedergewonnenen Gebiete", zu vereinen.[19] Der angeschlossene „Wissenschaftliche Rat für Fragen der Wiedergewonnenen Gebiete" führte die agrar- und wirtschaftswissenschaftliche, bevölkerungs- und siedlungspolitische Elite sowohl der Zweiten Republik als auch der entstehenden Volksrepublik zusammen. In der Diskussion um die ideale agrarische Siedlungsstruktur schälten sich rasch zwei Positionen heraus: Die eine, die vor allem von Vertretern der alten Planungselite vertreten wurde, favorisierte mittelständische bäuerliche Betriebe. Die andere, die sich schließlich durchsetzen sollte, verlangte – nach der Maxime, das Land solle denen gehören, die es bearbeiten – kleinere Familienbetriebe, die ohne abhängige Arbeitskräfte bewirtschaftet werden könnten und daher nicht größer als 15 ha sein sollten. Von ähnlichen Voraussetzungen ging das „Hauptamt für Raumordnung" aus, das 1946 in die „Staatliche Wirtschaftsplankommission" einging und den ersten „Sechs-Jahr-Plan" von 1948 maßgeblich vorbereitete. Hier spielten neben siedlungspolitischen vor allem Industrialisierungsfragen eine maßgebliche Rolle.[20]

Die Planungsarbeit krankte daran, dass die Entwicklung weit rascher voranschritt als Planungen überhaupt formuliert werden konnten. Durch die große Eile, die angesichts der prekären völkerrechtlichen Lage für nötig befunden worden war, mussten sich die Planer sowohl mit dem Entwurf möglichst idealer Siedlungsstrukturen als auch mit dem Problem befassen, wie die Fehler der übereilten Aus- und Ansiedlung wieder zu beheben seien. Folge war mitunter, dass erst kurz zuvor angesiedelte Bauern ihre Höfe wieder räumen mussten, weil diese entweder geschlossen oder „Verifizierten" zurückgegeben wurden. Hinzu kam, dass sowohl die Kriegszerstörungen als auch der Umstand für Engpässe bei der Ansiedlung sorgten, dass die Rote Armee und staatliche Betriebe häufig die

---

19 So wurde etwa der Leiter des Büros der Westlichen Gebiete der *Delegatura*, Czajkowski, Unterstaatssekretär im MZO. Wolski hatte bereits im Juni 1945, damals noch Vizeminister im MAP, bei der Einrichtung des „Büros für Siedlungs- und Umsiedlungsstudien" Pate gestanden, das hauptsächlich mit Leuten aus der *Delegatura* besetzt war.

20 Siehe einführend JÖRG K. HOENSCH, Geschichte Polens, Stuttgart 1983, S. 305f.

größten Güter mit den besten Böden belegten und diese dadurch für eine Parzellierung und Ansiedlung gar nicht zur Verfügung standen. Zudem bestand das Problem, dass häufig keine Wohn- und Wirtschaftsgebäude für die Gründung von Familienbetrieben vorhanden waren. Dies führte dazu, dass die vorgegebenen Hofgrößen häufig unterschritten oder „Parzellierungsgenossenschaften" gegründet wurden, in denen mehrere Familien den Gutshof bewohnten und die Felder gemeinsam bewirtschafteten. Ab Mitte 1947, als sich bereits die ersten Ansätze der – letztlich gescheiterten – Kollektivierung bemerkbar machten, sollten diese in Produktionsgenossenschaften überführt werden, soweit sie dieses nicht bereits selbst getan hatten.[21] Die Andeutungen von Zwang waren gleichzeitig die ersten Anzeichen dafür, dass der von Gomułka und dem MZO repräsentierte Weg zum Sozialismus – Gomułka hatte Zwangskollektivierungen abgelehnt – beendet war.

Gleichwohl bestand die Option auf eine kollektivierte Landwirtschaft auch in der Siedlungspolitik des MZO: Zum einen sollte die Orientierung der Hofgrößen an der Untergrenze einen Einstieg in kollektive Bewirtschaftungsformen leichter machen, zum anderen wurde die Möglichkeit genutzt, großen Landbesitz über 50 ha, der in ganz Polen beschlagnahmt wurde, nicht der Parzellierung zuzuführen, sondern sofort in „Staatliche Landwirtschaftsbetriebe" (Państwowe Gospodarstwo Rolne, PGR) zu überführen, die an die sowjetischen Sovchosen angelehnt waren. So machten PGRs in den „alten" Wojewodschaften 0,6 bis 6,2% der landwirtschaftlichen Betriebe aus, im Westen und Norden hingegen zwischen 12,9 und 40,3%.[22]

Ähnlich wie die deutsche Siedlungsplanung zielte die Siedlungspolitik in den „Wiedergewonnenen Gebieten" sowohl auf die Schaffung von musterhaften Strukturen als auch auf die Sanierung der Problemgebiete im alten Territorium. Hierbei erwies sich als Problem, dass die Umsiedlung innerhalb des Landes freiwillig erfolgen sollte. Angesichts der unsicheren Rechts- und Sicherheitslage der „Wiedergewonnenen Gebiete" bestand jedoch bei vielen potentiellen Kandidaten nach dem ersten Zustrom dorthin, der meist aus den direkt benachbarten Regionen erfolgt war, wenig Neigung, die gewohnte Umgebung aufzugeben; dies änderte sich erst im Laufe des Jahres 1946. Zudem bestand – nicht nur in der Industrieregion Oberschlesien, sondern in ebenso hohem Maße in den

---

21 Siehe ESCH, „Gesunde Verhältnisse" (wie Anm. 11), S. 111f.
22 Nach: Rocznik Statystyczny [Statistisches Jahrbuch] 1956, Warszawa 1956, S. 143.

Städten Niederschlesiens und an der Ostseeküste – das Problem, dass die Aussiedlung der Deutschen einen Mangel an qualifizierten handwerklichen und industriellen Arbeitskräften verursachte.

Diesem Mangel begegnete das MZO auf zweierlei Weise: Zum einen propagierte das Staatliche Repatriierungsamt die Rückkehr von Zwangsarbeiterinnen und Zwangsarbeitern aus dem Deutschen Reich sowie von polnischen Familien, die bereits vor dem Zweiten Weltkrieg in die Industrieregionen Ruhrgebiet und Lothringen ausgewandert waren. Gleichzeitig wurde die Werbung für eine Umsiedlung innerhalb des Landes – mit größerem Erfolg – intensiviert. Dabei fand eine Feinselektion der Ansiedler, wie sie während des Zweiten Weltkrieges von EWZ und UWZ unternommen worden war, nicht statt: Lediglich „kriminelle und asoziale Elemente" sollten vom Zugang zu den „Wiedergewonnenen Gebieten" ausgeschlossen werden.

Trotzdem blieben noch Anfang 1947 spürbare Lücken in der Siedlungsdichte bestimmter Regionen, insbesondere im Nordosten. Neue Siedler kamen nun aus einer unerwarteten Ecke: Die Tätigkeit der Ukrainischen Aufständischen Armee (UPA) in Südostpolen hatte nicht nur den Bevölkerungstausch mit der Ukraine erschwert, sondern die gesamte Region politisch, wirtschaftlich und militärisch destabilisiert. Im Frühjahr 1947 fiel daher die Entscheidung, die gesamte ukrainische Bevölkerung zwangsweise nach Westen und Norden umzusiedeln. Im April 1947 wurde das Siedlungsdepartement des MZO eingeschaltet. Im Zuge der „Aktion Weichsel" wurden nun mehrere zehntausend ukrainischer Familien in die „Wiedergewonnenen Gebiete" deportiert, meist in solche Gebiete, die unter polnischen Siedlern bis dahin keinen besonderen Zuspruch gefunden hatten. Da allerdings ein neues geschlossenes ukrainisches Siedlungsgebiet nicht erwünscht war, sah der „Evakuierungsplan" von Ende Juni 1947 die Verteilung nach einem dreistufigen Schlüssel vor, der die einzelnen Familien nach dem Grad ihrer politischen Gefährlichkeit selektierte; gleichzeitig wurde der ukrainische Anteil je Gemeinde auf 10% beschränkt. Auch hier wurde jedoch – trotz in Einzelfällen abweichender Praxis untergeordneter Behörden – darauf Wert gelegt, dass die Umgesiedelten (mit Ausnahme der Freizügigkeit) sämtliche Rechte genossen, die auch den übrigen polnischen Staatsangehörigen zustanden.[23]

Trotz aller angeschnittenen Schwierigkeiten war die Bevölkerungsverschiebung insgesamt – einschließlich der strukturellen Zielvorstel-

---

23 Vgl. ESCH, „Gesunde Verhältnisse" (wie Anm. 11), S. 285-292.

lungen – durchaus erfolgreich: Nach einer Untersuchung aus dem Jahre 1971 stammten fast 50% der Bevölkerung der „Wiedergewonnenen Gebiete“ aus den alten Landesteilen, den Rest stellten „Repatriierte“ aus der UdSSR (27,7%), einheimische Polen, welche die Verifizierung überstanden hatten, (19,7%) sowie „Reemigranten“ aus dem Westen (3,8%).[24]

Bei allen Ähnlichkeiten, die zwischen den Paradigmen der deutschen und polnischen Bevölkerungspolitik bestanden haben (Schaffung eines ethnisch homogenen Staatsvolkes, sozioökonomische Sanierung durch Umsiedlung) ist auf einige Punkte hinzuweisen, die eine grundlegend unterschiedliche Beurteilung des deutschen und polnischen Vorgehens erforderlich machen: Zum einen war das deutsche Vorgehen im besetzten Polen in den Jahren 1939-1944 direkte und unabdingbare Voraussetzung des polnischen Vorgehens nach dem Krieg. Zum anderen gibt es wesentliche Unterschiede. Im Gegensatz zur deutschen Selektionspraxis war die polnische, obwohl sie in der „Verifizierung“ ethnische Kriterien postulierte, nicht rassistisch, sondern ging von – freilich ebenso kritisierbaren, aber vage formulierten und daher wesentlich liberaler handhabbaren – soziologischen und kulturellen Kriterien aus. Vor allem aber bestand der Unterschied darin, dass sich die These, der nationalsozialistische Staat sei auf den permanenten Ausnahmezustand angewiesen gewesen, in der deutschen Besatzungspolitik in Polen bestätigt: Das Vorgehen sowohl in den „eingegliederten Ostgebieten“ als auch im „Generalgouvernement“ wurde immer radikaler und mörderischer. Für Polen nach 1944 ist der umgekehrte Fall zu beobachten: Nach anfänglich katastrophalen Verhältnissen sowie individuellen und kollektiven Gewalttaten bemühte sich die polnische Regierung bereits ab Spätherbst 1945, und insbesondere nach der Einrichtung alliierter Kontrollorgane, Eigenmächtigkeiten und Willkür einzuschränken – wenn auch nicht immer mit Erfolg.

Literaturhinweise:

Götz Aly, „Endlösung“. Völkerverschiebung und der Mord an den europäischen Juden. Frankfurt a.M. 1995 bietet eine unverzichtbare Darstellung der Siedlungs- und Bevölkerungsplanung 1939-1945. Ebenso

---

24 JAWORSKI, Na piastowskim szlaku (wie Anm. 11), S. 145.

enthält der von Mechthild Rössler und Sabine Schleiermacher herausgegebene Band Der „Generalplan Ost". Hauptlinien der nationalsozialistischen Planungs- und Vernichtungspolitik. Berlin 1993, wichtige Informationen zu nationalsozialistischen Planungsgängen. Czesław Madajczyk, Die Okkupationspolitik Nazideutschlands in Polen 1939-1945. Berlin 1987, ist zwar in einigen Punkten veraltet, bleibt aber vorläufig die beste Gesamtdarstellung der deutschen Politik im besetzten Polen in deutscher Sprache. Zur Geschichte der Ostforschung und ihrer Einflüsse auf die Siedlungspolitik siehe Michael Burleigh, Germany Turns Eastwards. A Study of Ostforschung in the Third Reich, Cambridge 1988.

Für die polnische Politik in den „Wiedergewonnenen Gebieten" fehlt es bislang an neueren Gesamtdarstellungen in westlichen Sprachen, hier ist auf die weitgehend verlässliche polnische Literatur zu verweisen, die in den Fußnoten genannt ist. Empfehlenswert als erster Einstieg ist Wolfgang Benz (Hrsg.), Die Vertreibung der Deutschen aus dem Osten. Ursachen, Ereignisse, Folgen. Frankfurt a.M. 1995, wo auch ein kritischer Überblick über die Literatur zu finden ist. An neueren Darstellungen sind vor allem zu nennen Piotr Madajczyk, Przyłączenie Śląska Opolskiego do Polski 1945-1948 [Die Angliederung des Oppelner Schlesiens an Polen], Warszawa 1996, der allerdings Zwangsumsiedlungen und Gewalttaten allzu einseitig als Folge kommunistischer Ideologie versteht, da er die Vorarbeiten aus Exil und Untergrund nicht berücksichtigt, sowie die zweisprachige, von Karol Jonca herausgegebene Quellenedition Wysiedlenia Niemców i osadnictwo ludności polskiej na obszarze Krzyżowa-Świdnica w latach 1945-1948 [Die Aussiedlung der Deutschen und die Ansiedlung der polnischen Bevölkerung im Raum Kreisau-Schweidnitz]. Wrocław 1997, die auch über den enggefassten Titel hinaus wichtige Dokumente enthält; allerdings ist die Übersetzung in ihrer Begriffswahl mitunter fragwürdig.

Unverzichtbar, wenn auch schwer zugänglich, ist der auf Deutsch vorliegende Abschlussbericht eines größeren polnischen Forschungsvorhabens, das die Kenntnisse und neueren Einschätzungen des Umsiedlungskomplexes nach dem Zweiten Weltkrieg dokumentiert: Der Komplex der Vertreibung. Abschlussbericht, Warschau, den 7. Dezember 1996, Warschau [1996]. Zurzeit läuft als deutsch-polnisches Gemeinschaftsprojekt eine auf vier Bände angelegte Edition der polnischen Akten zur Politik gegenüber der deutschen Bevölkerung 1945-1950. Bisher erschien Bd. 1: „Nasza ojczyzna stała się dla nas obcym państwem...". Niemcy w Polsce 1945-1950. Wybór dokumentów [„Unser Vaterland wurde für uns ein fremder Staat...". Deutsche in Polen 1945-

1950]. Hrsg. v. Włodzimierz Borodziej u. Hans Lemberg. Bd. 1: Władze i instytucje centralne. Województwo olsztyńskie [Regierung und Zentralinstitutionen. Wojewodschaft Allenstein]. Warszawa 2000. Eine Übersetzung ins Deutsche erscheint im Jahr 2000 im Herder-Institut, Marburg. Ebenfalls im Umfeld dieses Projektes erschien eine Aktenedition zur Umsiedlung der Polen aus Ostpolen: Przesiedlenie ludności polskiej z kresów wschodnich do Polski 1944-1947 [Die Umsiedlung der polnischen Bevölkerung aus den Ostgebieten nach Polen]. Hrsg. v. Stanisław Ciesielski. Warszawa 1999.

Demographische Fragen: Umfängliche Zahlenangaben zur deutschen Bevölkerungsentwicklung einschließlich Vertreibung und Zwangsaussiedlung – allerdings ohne Erwähnung der deutschen Besatzungspolitik in Polen – bieten Gerhard Reichling, Die deutschen Vertriebenen in Zahlen. 2 Bde. Bonn 1989 und Heinz Günter Steinberg, Die Bevölkerungsentwicklung in Deutschland im Zweiten Weltkrieg. Mit einem Überblick über die Entwicklung von 1945 bis 1990. Bonn 1991, die jedoch in weiten Teilen in Diktion und Methodik nicht tragbar sind. Verlässlicher ist die vom Militärgeschichtlichen Forschungsamt herausgegebene Studie von Rüdiger Overmans, Deutsche militärische Verluste im Zweiten Weltkrieg. München 1999, die auch Angaben zu Vertreibung und Zwangsaussiedlung enthält.

Eine vergleichende Analyse der deutschen und polnischen Bevölkerungspolitik bietet Michael G. Esch, „Gesunde Verhältnisse". Deutsche und polnische Bevölkerungspolitik 1939-1950. Marburg 1998.

Jan T. Gross

„Jeder lauscht ständig, ob die Deutschen nicht schon kommen". Die zentralpolnische Gesellschaft und der Völkermord

Die Jahre des Zweiten Weltkriegs gehörten zu den folgenreichsten der gesamten polnischen Geschichte. Infolge des Krieges erlitt das Land eine beispiellose demographische Katastrophe. Es verlor seine nationalen Minderheiten – die Juden im Holocaust, die Ukrainer und die Deutschen durch Grenzverschiebungen und Zwangsumsiedlungen nach dem Krieg. Ein Drittel der Stadtbewohner fehlte zu Kriegsende, war entweder getötet oder im Exil (im Ausland). Polens Eliten waren ausgelöscht: Fünfundfünfzig Prozent seiner Juristen waren nicht mehr da, dazu vierzig Prozent seiner Ärzte, ein Drittel der Universitätsprofessoren und der römisch-katholischen Geistlichkeit. Das Ausmaß der materiellen Zerstörung entsprach den Bevölkerungsverlusten. Dadurch dass kriegsbedingt fast ein Fünftel der Bevölkerung tot war, hatte buchstäblich jede Familie schwere Verluste zu verkraften.

Und all dies war nicht einfach durch militärische Konflikte oder irgendeine einmalige, verhängnisvolle Explosion geschehen, sondern es war das Ergebnis einer langen Folge von Jahren, in denen das Land beispielloser Gewalt ausgesetzt gewesen war. Es gibt im Sozialisationsprozess und auch in der Struktur menschlicher Institutionen nichts, was eine Bevölkerung darauf vorbereiten könnte, einer solchen Belastung gewachsen zu sein. In dem Maße, wie die gesellschaftlichen Institutionen demontiert, Verhaltensnormen verletzt und im täglichen Leben die moralischen Werte auf den Kopf gestellt wurden, erfolgte eine allgemeine Demoralisierung.

Im September 1939 errichteten zwei der blutrünstigsten Herrscher aller Zeiten, Adolf Hitler und Josef Stalin, ihre uneingeschränkte Herrschaft über Polen und seine 35 Millionen Bürger. Zwanzig Monate lang agierten sie in Abstimmung miteinander. Dann, vom Sommer 1941 an bis zu ihrer militärischen Niederwerfung durch die Rote Armee, waren Hitler und die Nazis in diesem Gebiet die alleinigen Richter über Leben und Tod. Sie legten grenzenlose Verachtung für die „slawischen Untermenschen" an den Tag, errichteten ein Regime unbegrenzter Ausbeutung der Ressourcen des Gebietes – wobei sie die Bedürfnisse der ansässigen Bevölkerung gänzlich missachteten – und führten die so genannte „Endlösung", d.h. systematische Massentötungen der jüdischen Bevölkerung durch.

Man braucht nicht ausschließlich auf Polizeimaßnahmen zu sehen, um die verhängnisvollen Auswirkungen der Besatzungspolitik auf die öffentliche Moral in den Blick zu bekommen. Schon die Willkür routinemäßiger bürokratischer Vorgänge – wie Enteignungen und Inbesitznahmen – bewies, dass die Grundrechte vom guten Willen der neuen Herrscher (ein Widerspruch in sich) abhingen und durch einen Federstrich zunichte gemacht werden konnten. Arbeitsdisziplin und Arbeitsethos gingen zu Bruch, sobald die Menschen verstanden, dass die deutschen Kriegsanstrengungen, für welche ihre Arbeit eingesetzt wurde, nicht mit ihren eigenen langfristigen Interessen übereinstimmten (dass Deutschland den Krieg verlieren würde, wurde ab Anfang 1942 allgemein angenommen) und möglicherweise sogar ihre eigenen Überlebenschancen verringerten.

Der Schwarzmarkt, mit der ganzen Demoralisierung, die er mit sich bringt, blühte wie nie zuvor. In einem bewundernswerten Buch hat ein Literaturkritiker dargestellt, wie die Polen neben anderen Auswirkungen der Besatzung Entfremdung von der Arbeit im reinsten Marx'schen Sinne erfuhren.[1] Arbeit – eines der wesentlichen Momente, wenn es darum geht, Menschen für ein Zusammenwirken zu sozialisieren, ein Moment, das die Verbindung zwischen der Befriedigung individueller Bedürfnisse und gemeinsamer Anstrengung herstellt, eine Ebene für Statusstreben und soziale Mobilität – verlor plötzlich die Fähigkeit, das Gesellschaftsgefüge zusammenzuhalten. Das Produkt der Arbeit eigneten sich die Deutschen an. Es wurde gegen die Interessen der Gruppe, die es produzierte, verwendet, was zur völligen Entfremdung von der Arbeitstätigkeit führte.

Die Bevölkerung befand sich in einem tiefen Dilemma. Die Hüter der öffentlichen Ordnung, d.h. die Besatzungsbehörden, schufen ein Geflecht von Regeln und Verordnungen, denen man nicht gehorchen konnte. Wir kennen die berühmte Bemerkung Himmlers, dass die Polen nur in der Lage sein sollten, bis fünfhundert zu zählen, Befehle zu verstehen und körperliche Arbeit zu verrichten. Aber die Nazis versorgten die ansässige Bevölkerung nicht in dem Maße, dass sie auch nur diesen einfachen

---

1 KAZIMIERZ WYKA, Życie na niby [Leben als ob], Warszawa 1959.

Anforderungen hätten genügen können. Es war einfach so, dass die Menschen – hätten sie beschlossen, sich an die neue Ordnung zu halten – schnell verhungert wären. Also war die Naziordnung nicht durchsetzbar – wiederum eine zutiefst demoralisierende Erfahrung für alle Beteiligten – und das gesellschaftliche Zusammenspiel wechselte zwischen offener Konfrontation, Korruption, regelmäßig wiederkehrender brutaler Durchsetzung von Strafmaßnahmen und wohlwollendem Hinwegsehen über Regelverstöße. Als Reaktion hierauf entstand in Polen eine mächtige, facettenreiche Untergrundbewegung. Die Menschen waren gezwungen, zwischen Realität und Legalität ein schizophrenes Leben zu führen.

Ich meine aber, dass der Holocaust die deutsche Besatzung Polens am treffendsten auf den Nenner bringt, weil dort – anders als in anderen Teilen Europas – Juden an Ort und Stelle getötet wurden. Um seine Wirkung auf „Unbeteiligte“ zu verstehen, muss man ganz klar sehen, wie er sich in dieser Gesellschaft unter Besatzungsbedingungen abspielte. Und wenn wir die wichtigen Aspekte richtig begreifen wollen, müssen wir uns jenseits von Allgemeinheiten für kurze Zeit in das Leben in der polnischen Provinz zu Kriegszeiten versenken.

1. Das gesellschaftliche Umfeld des Holocaust

Ich schlage vor, dies mit Unterstützung Dr. Zygmunt Klukowskis zu tun, des Direktors des Kreiskrankenhauses in Szczebrzeszyn, der Hobbyhistoriker und ein glühender Lokalpatriot der Region von Zamość war.[2] Als ein Mensch, der von Pflichtbewusstsein und dem Gefühl bürgerlicher Verantwortung erfüllt war, genoss er den Respekt seiner Mitbürger. Klukowski notierte für jeden Tag seine Handlungen und Stimmungen und schrieb regelmäßig über die Belange des Krankenhauses und den Zustand seiner Patienten. Aber er sammelte auch Informationen von anderen Menschen, berichtete über den Inhalt unzähliger Gespräche ebenso wie über seine eigenen Beobachtungen, wenn er in der Stadt unterwegs war. Weil er kompetent, zuvorkommend und verlässlich war und unersetzliche Dienste versah, kannte er so gut wie jedermann, und

---

2 Zygmunt Klukowski, Dziennik z lat okupacji zamojszczyzny [Tagebuch aus den Jahren der Besatzung in der Region von Zamość], Lublin 1958 (Englische Ausgabe: Diary from the years of occupation. 1939-44, ed. by Andrew Klukowski and Helen Klukowski May, Urbana / Chicago 1993).

die Menschen vertrauten ihm. Auf den Seiten seines *Tagebuches* ist er ein erstklassiger Gewährsmann für die lokalen Verhältnisse.

Szczebrzeszyn erlebte in diesen leidvollen Tagen mehr als den gewöhnlichen Anteil an Unruhe. Zuerst kamen die Deutschen, dann überließen sie das Gebiet etwa zwei Wochen lang sowjetischer Besatzung. Anfang Oktober 1939 kehrten sie zurück. Im weiteren Kriegsverlauf war die Region von Zamość deutschen Kolonialisierungsexperimenten mit dem dazugehörigen Terror und Zusammenbruch der „öffentlichen Ordnung" ausgesetzt. Klukowski registriert einen rapiden Zusammenbruch der bürgerlichen Normen als Auswirkung des Krieges. „Gestern wurden in der Stadt Geschäfte geplündert", schreibt er bereits am 18. September 1939, „ohne Unterschied, sowohl jüdische als auch polnische. Aber weil die jüdischen bedeutend zahlreicher sind, hieß es, dass die Juden ausgeraubt worden seien. Es läuft so ab, dass ein paar Soldaten zuerst in das Geschäft kommen – wenn es denn offen ist –, sich etwas für sich selbst nehmen und dann anfangen, die Ware auf die Straße zu werfen. Dort wartet schon in Scharen die (christliche!) [Hervorhebung des Autors] Bevölkerung der Stadt und vom Land. Jeder grabscht sich, was er kann und trägt es schnell nach Hause. Dann stürmen andere ins Geschäft, plündern gemeinsam mit den Soldaten und zerstören es vollständig. Wenn ein Geschäft verschlossen ist, brechen die Soldaten die Türen auf, und die Plünderung geht umso schneller vor sich." Fünf Tage später notiert er, dass die Räubereien fortgesetzt werden und die Plünderer nun, weil die Geschäfte schon ausgeräumt sind, in die Privatwohnungen einbrechen.[3]

Schon in dieser frühen Phase der Besatzung wurden Juden von den deutschen Machthabern zusammengeschlagen und belästigt. Klukowski vermerkt auch Vorfälle, bei denen die polnische Bevölkerung applaudierte oder sich an solchen Brutalitäten beteiligte. Er macht außerdem auf Symptome nachlassender Solidarität innerhalb der polnischen Gesellschaft aufmerksam. Er bedauert freiwillige Meldungen zur Arbeit in Deutschland, das Fraternisieren von Frauen mit den deutschen Soldaten und die Plage der Denunziationen.

> „Als Folge von Denunziationen nehmen Gendarmen ständig verschiedenen Leuten versteckte Gegenstände ab, wobei sie überhaupt nicht suchen, sondern direkt in einige Häuser kommen und sagen, dass sich da und da das und das befinden muss."[4]

---

3 Ebd., Eintrag vom 23.9.1939.
4 Ebd., Eintrag vom 25.4.1940; vgl. auch S. 113, 149, 183.

Die Zusammenarbeit mit den deutschen Behörden ist im Sommer 1940 so gang und gäbe, dass man kaum überrascht ist, wenn man im Zusammenhang mit einer Menschenjagd auf versteckte Juden, von denen nur fünfzig – anstatt der verlangten dreihundert – zur angesetzten Abfahrt in ein nahes Arbeitslager erschienen waren, liest:

> „An ihr nahm außer der Polizei und zwei Milizionären freiwillig eine recht große Zahl von Stadtbewohnern teil, mit dem Bürgermeister Borucki an der Spitze.“[5]

Bei alledem sind aber bis in die ersten Monate des Jahres 1942 hinein die polnische und die jüdische Bevölkerung Szczebrzeszyns vergleichbaren Ausmaßen an Terror durch die Besatzer ausgesetzt. Die Juden unterliegen zahlreichen Restriktionen, sie werden auf den Straßen häufiger zusammengeschlagen und erniedrigt, man hat ihnen ihren Besitz genommen (obwohl es vielen gelang, ihren polnischen Nachbarn etwas zur Aufbewahrung zu geben), aber die Gefahren, denen sich beide Gruppen ausgesetzt sehen, sind im Grundsatz ähnlich.

> „Jeder lauscht ständig, ob die Deutschen nicht schon kommen, ihn zu holen. Ich bin so darauf vorbereitet, dass ich immer einen gepackten Koffer zur Hand habe.“

schreibt Klukowski.[6] In Szczebrzyszyn wechseln Zeiten erhöhten Terrors mit Tagen, manchmal Wochen relativer Ruhe. Dann, etwa im März 1942, nimmt der Terror gegenüber den Juden schlagartig zu.

Züge voller Juden aus dem Ausland kommen durch den Bahnhof. Jüdische Einwohner verschiedener kleiner benachbarter Städte werden umgesiedelt. Es scheint, dass ihr Ziel Bełżec ist. Entsetzliche Berichte über Umsiedlungen aus Lublin erreichen Szczebrzeszyn. Anfang April wissen die Menschen schon, dass täglich volle Züge in Bełżec ankommen und leer wieder abfahren. Am 11. April werden die meisten Juden aus Zamość abgeholt, und die Nachrichten von unsäglichen Gräueltaten, die bei dieser Gelegenheit begangen wurden, lähmen die kleine Stadt. Die Ankunft der Gendarme wird jederzeit erwartet.

> „Ein großer Teil der Juden war nicht zu sehen, sie haben entweder die Stadt verlassen oder verbergen sich, wer weiß wo. Einige trugen fieberhaft etwas weg und erledigten irgendwelche dringenden Dinge. Jede Art menschlichen Abschaums hat sich in die Stadt ergossen, zahlreiche Fuhrwerke aus den Dörfern sind eingetroffen,

---

5 Ebd., Eintrag vom 12.8.1940.

6 Ebd., Eintrag vom 10.3.1941.

> und alles wartete den ganzen Tag darauf, dass man zur Plünderung schreiten konnte. Aus verschiedenen Gegenden treffen Berichte über das skandalöse Verhalten von Teilen der polnischen Bevölkerung ein, die verlassene jüdische Wohnungen plündern. In dieser Beziehung wird unser Städtchen mit Sicherheit nicht zurückstehen. ... Die Spannung in der ganzen Stadt ist [...] gewaltig. Viele Menschen würden sich wünschen, dass dies – so oder anders – möglichst bald zu einem Ende kommt, denn die panische Stimmung der Juden teilt sich allen mit.“[7]

Dann lässt die Spannung einige Tage lang nach. Es kommen keine Züge nach Bełżec mehr durch. Bis zum 8. Mai, als

> „etwa um 3 Uhr nachmittags die reine Hölle losbrach. Aus Zamość kamen ein paar bewaffnete Gestapoleute an. Zuerst verlangten sie, dass sich innerhalb einer Stunde 100 Juden zur Arbeit bereitstellen sollten, dann begannen sie mit Hilfe der örtlichen Gendarmerie ihr blutiges Werk unter den Juden. Ohne Unterlass waren Schüsse zu hören. Auf die Menschen wurde wie auf Enten geschossen, auch in den Wohnungen wurden wahllos, ohne Unterschied, Männer, Frauen und Kinder getötet. Die Zahl der Toten und Verwundeten ist nicht genau festzustellen. Es müssen sicherlich mehr als hundert gewesen sein.“[8]

Dem Krankenhaus und Klukowski ist es verboten, die verwundeten Juden zu versorgen. Er ist von dieser Anordnung erschüttert, aber er fürchtet sich, sie nicht zu befolgen, besonders nachdem zwei Gestapoagenten auf der Suche nach angeblich versteckten Juden bei ihm gewesen waren.

Klukowski bemerkt in dieser Zeit einen allgemeinen Zusammenbruch von „Gesetz und Ordnung“ auf dem umliegenden Lande.

> „Überall sind verschiedene bewaffnete Gruppen, von den Bauern nehmen sie vor allem Lebensmittel. Es ist kaum festzustellen, wer was ist. Es gibt unter ihnen polnische Partisanen, sowjetische und deutsche Deserteure, gewöhnliche Banditen usw.“[9]

Die Deutschen sind offenbar unfähig, diesem Abstieg ins Chaos Einhalt zu gebieten. Sie greifen häufig zu Kollektivstrafen und töten große Gruppen von willkürlich gewählten Bauern wegen angeblicher Unterstützung

---

7 Ebd., Eintrag vom 13.4.1942.
8 Ebd., Eintrag vom 8.5.1942.
9 Ebd., Eintrag vom 17.5.1942.

der Banditen. Und doch haben die Juden keinen Ort, wo sie hingehen könnten. Sie finden inmitten dieser zunehmenden Unordnung keinen Unterschlupf. Am Morgen nach dem mörderischen 8. Mai

> „ließ das Verhalten eines gewissen Teils der polnischen Bevölkerung viel zu wünschen übrig. Man lachte, machte Witze, viele spazierten zum jüdischen Stadtteil (zatyły), um zu sehen, ob es in den verlassenen Häusern nicht etwas zu holen gab."[10]

In der Gegend findet eine neue Welle von Massentötungen von Juden statt – in Krasnobród, wiederum in Zamość und in Tomaszów. Anfang Juli werden über 1500 Juden aus Jozefów an Ort und Stelle getötet.[11] Am 8. August wird angeordnet, dass sich alle Juden von Szczebrzeszyn mit ein paar Habseligkeiten auf dem Marktplatz in der Nähe des Judenrats versammeln sollen, damit sie zum Arbeiten in die Ukraine gebracht werden könnten. Niemand erschien freiwillig. Ab mittags waren sowohl die Ortsgendarmerie, die Gestapo und Sonderdienstsoldaten als auch polnische Polizisten, Judenratsmitglieder und jüdische Polizisten unterwegs und holten die Juden aus ihren Wohnungen und Verstecken. Die verängstigten Juden, die zum Sammelplatz gebracht wurden, verhielten sich dort absolut still. „Eine beträchtliche Zahl von Polen, besonders Jungen, half eifrig beim Suchen der Juden."[12] Als sie schließlich spät abends aus der Stadt geführt wurden, versuchten einige Juden wegzulaufen. Nun wurde kreuz und quer geschossen. Die Polen auf den Straßen gerieten in Panik. Die Judenkolonne wurde mit Schlägen und Schüssen zum Bahnhof getrieben. Etwa eintausend Juden aus Biłgoraj und Umgebung wurden am selben Tag zum Bahnhof in Zwierzyniec gebracht.

Nach dieser *Aktion* durften nur „produktive" Juden in der Stadt bleiben. Täglich wurden einige Juden erschossen, aber die Menschen beachteten es nicht mehr. Und so ging es einige Wochen lang weiter. Das letzte Zusammentreiben begann am 21. Oktober. Neunhundert Juden wurden am Nachmittag aus der Stadt geführt. Weitere vier- bis fünfhundert waren gleich getötet worden. „Niemand hat auch nur im Traum

---

10 Ebd., Eintrag vom 9.5.1942.

11 Ebd., Einträge vom 24.5.1942 und vom 17.7.1942. Durch einen bizarren Zufall sollten sich Mitglieder des 101. Reserve-Polizeibataillons nach dem Krieg für diese Tötungen in Jozefów vor Gericht zu verantworten haben, und CHRISTOPHER R. BROWNING sollte die Gerichtsakten benutzen, um sein bahnbrechendes Werk *Ordinary Men: Reserve Police Battalion 101 and the Final Solution in Poland* (New York 1992) zu schreiben. (dt. Ausgabe: CHRISTOPHER R. BROWNING, Ganz normale Männer: das Reserve-Polizeibatallion 101 und die „Endlösung" in Polen, Reinbek 1993).

12 KLUKOWSKI, Dziennik z lat okupacji zamojszczyzny (wie Anm. 2), Eintrag vom 8.8.1942.

daran gedacht, dass so etwas möglich ist. Ich bin vollkommen aus dem Gleichgewicht, finde keinen Platz für mich, kann nichts tun."[13] Das blutige Schauspiel setzte sich einige Tage lang fort. Juden wurden aufgespürt, auf der Stelle getötet oder in Gruppen zur Exekution auf den Friedhof gebracht. Am 26. Oktober

> „sah ich, wie in der Nähe des Krankenhauses, auf dem Werksgelände der bekannten Seilhersteller Dym, 50 Juden gefunden und abgeführt wurden. Wir zählten sie, als sie verhaftet wurden. Eine Menge Pöbel stand herum und sah zu. Einige halfen ‚aus lauter Spaß': Sie brachen auf der Suche nach Juden Dächer und Wände auf und schlugen sie dann mit Knüppeln. [...] Die Menschen grabschen sich aus den geöffneten jüdischen Wohnungen alles, was sie in die Hand bekommen. Schamlos schleppen sie ganze Bündel mit ärmlichem jüdischem Hab und Gut oder mit Waren aus den kleinen Geschäften davon. [...] All dies zusammen ergibt ein unheimliches, schwer zu beschreibendes Bild. Etwas so Schreckliches, Grauenhaftes hat kein Mensch jemals gesehen oder gehört."[14]

Dasselbe Schauspiel wiederholt sich in der ganzen Gegend. In seinem Eintrag für den 4. November vermerkt Klukowski eine drei Tage lange *Aktion* in Biłgoraj und Tarnogród. Danach war die Straße von Biłgoraj nach Zwierzyniec, wo die Juden in Züge verladen wurden, mit Leichen bedeckt. Die auf dem Lande verstreuten Juden wurden von jedem gejagt.

> „Aus Angst vor Repressalien fangen die Bauern die Juden in den Dörfern. Sie bringen sie in die Stadt oder töten sie manchmal einfach an Ort und Stelle. Überhaupt herrscht im Verhältnis zu den Juden eine sonderbare Verrohung. Eine Art Psychose hat die Menschen ergriffen, so dass sie – nach dem Vorbild der Deutschen – oft im Juden nicht den Menschen sehen, sondern ihn als eine Art schädliches Tier betrachten, das mit allen Mitteln ausgerottet werden muss, wie tollwütige Hunde, Ratten usw."[15]

Klukowski hinterlässt einen ungewöhnlich umfassenden Bericht. Er sucht keine Entschuldigungen für irgendetwas, was er erlebt oder getan hat (wie er etwa – entsprechend dem deutschen Verbot – sich geweigert hat, verwundete Juden zu behandeln, oder nach einer *Aktion* von den Gendarmen eine „Spende" für sein Krankenhaus in Form von Wäsche

---

13 Ebd., Eintrag vom 21.10.1942.
14 Ebd., Eintrag vom 26.10.1942.
15 Ebd., Eintrag vom 26.11.1942.

und Haushaltswaren angenommen hat).[16] Aber er berichtet uns im Wesentlichen nichts, was wir über den Mechanismus der Vernichtung nicht schon gewusst hätten. Was also macht seine Memoiren so bedeutsam? Wir verdanken Klukowski die Erkenntnis einer einfachen Tatsache, die auch bei extensiver Lektüre über diesen Zeitraum leicht zu übersehen ist, nämlich – *dass die Polen Zeugen des Holocausts waren.* Und das ist meines Erachtens die herausragende Bedeutung des von ihm hinterlassenen Dokuments. Sein Zeugnis *beweist, dass der gesamte Vorgang unmittelbar vor den Augen der übrigen Bevölkerung stattfand.* Die aussagestärkste Information in Klukowskis Memoiren sind zwei Zahlen, die er aus einem Gespräch mit dem Bürgermeister von Szczebrzeszyn zitiert: dass am ersten Tag der *Aktion* 934 Juden deportiert wurden – und dass im Verlauf der folgenden zwei Wochen etwa 2.300 in der Stadt getötet wurden.[17]

Diese Proportionen mögen von Stadt zu Stadt und von Getto zu Getto unterschiedlich sein. Ich würde vermuten, dass der größere Teil der jüdischen Bevölkerung aus den großen Ballungszentren deportiert und nicht an Ort und Stelle getötet wurde. Aber in zahllosen kleinen Städten, in denen sich zwischen einigen hundert und einigen tausend Juden in ihrem Wohnbezirk zusammendrängten, der keineswegs für die christliche Bevölkerung unsichtbar hinter einer Mauer lag, wurde ein beträchtlicher Teil, wenn nicht die Mehrheit, direkt dort getötet. Der Holocaust beschränkte sich, anders gesagt, nicht auf das stockdunkle Innere von Gaskammern und geschlossenen Lastwagen. Er fand im hellen Tageslicht statt, und Millionen von Polen, die – wie wir gesehen haben – im Großen und Ganzen wenig taten, um ihn zu verhindern, ihn zu verlangsamen oder sich einzumischen, waren seine Zeugen. In der polnischen Geschichtsschreibung ist die Bedeutung dieser Umstände nicht bewertet worden. Man hat sie kaum zur Kenntnis genommen. Sonst hätte die Überzeugung, an die man sich festklammerte, aufgegeben werden müssen, dass es zwei getrennte „Geschichten" (und *ipso facto* Geschichtsschreibungen) des Krieges gebe, die eine polnisch und die andere jüdisch, und dass diese sich angeblich nur marginal überschneiden, dort

---

16 Ebd., Eintrag vom 29.10.1942.

17 Ebd., Eintrag vom 4.11.1942. Ähnliche Schlüsse können aus dem numerischen Bericht über die Aktivitäten des Reserve-Polizeibataillons 101 gezogen werden, der von Browning untersucht wurde: Es hat zwischen Juni 1942 und November 1943 in seinem Operationsbereich „mindestens" 38.000 Juden getötet und zwischen August 1942 und Mai 1943 insgesamt 45.200 Juden nach Treblinka deportiert. Vgl. BROWNING, Ordinary Men (wie Anm. 11), S. 191f.

nämlich, wo von Erpressern und von Helden (diesen sprichwörtlichen „gesellschaftlichen Randerscheinungen“ der Kriegshistoriographie) die Rede ist. Der Holocaust an den polnischen Juden bildet nach meiner Ansicht einen zentralen Gegenstand der polnischen Geschichte des Zweiten Weltkriegs und kann nicht für irgendeine gesonderte Behandlung abgetrennt werden.

Es ist nichts Neues, dass die Juden in der ersten Hälfte des 20. Jahrhunderts von den christlichen Bevölkerungen der europäischen Gesellschaften als „die anderen“ angesehen wurden. Polen stellte hier keine Ausnahme dar. Der berühmte Untergrundkurier Jan Karski berichtete während seiner ersten Reise vom besetzten Polen ins Ausland, dass es beiden von den Deutschen durchgeführten antijüdischen Maßnahmen (er kam im Frühling 1940 am Sitz der polnischen Exilregierung in Frankreich an, also lange bevor man auch nur die leiseste Ahnung von einer „Endlösung“ haben konnte) eine „enge Brücke“ gemeinsamen Interesses zwischen der polnischen Bevölkerung und den deutschen Besatzern gebe. Und wie wir in den späteren Besatzungsjahren sahen, nahmen manchmal Einheimische, die durch die Verfolgung der Juden – und auch die eigene – empfindungslos geworden waren, am Prozess der Vernichtung selbst teil. Aber dies hinderte die Polen nicht daran, in dem Schicksal, das die polnischen Juden heimsuchte, ein *memento mori* zu erkennen. Die Untergrundpresse war voller Warnungen und Ermahnungen: Was hier den Juden angetan wird, kündigt nur an, was auch den Polen bevorsteht. Die Menschen waren durch diese Entwicklungen verroht und zutiefst entwurzelt.

2. Das Problem der Kollaboration

Wie war es also mit der Kollaboration? Gab es in Polen Kollaboration? Um solche Fragen aufzugreifen, müssen wir zunächst den Begriff selbst betrachten.

Der Ausdruck „Kollaboration“ kommt in der speziellen Bedeutung, um die es hier geht, im Kontext des Zweiten Weltkriegs in Gebrauch. Die Autorität der Lexikographen bürgt dafür, dass dieser enge Wortsinn, der die Bedeutung des Begriffs „Kollaboration“ auf die Umstände deutscher Besatzungen während des Zweiten Weltkriegs beschränkt, eigentlich alles enthält, was der Begriff in verschiedenen europäischen Sprachen meint.[18]

Die einmütige Beschränkung des Sprachgebrauchs auf eine so eng umschriebene Bedeutung ist einigermaßen überraschend. Wir können damit beginnen, den Ausdruck selbst und seine Anwendung in Frage zu stellen, indem wir von einer Überlegung des gesunden Menschenverstandes ausgehen: Ein neuer, klar abgegrenzter Begriff entsteht eigentlich nur, um ein neues, abgegrenztes Phänomen zu bezeichnen. Angesichts der Tatsache, dass bewaffnete Auseinandersetzungen, Eroberungen, Kriege, Besetzungen, Unterwerfungen, territoriale Expansionen und deren Begleitumstände so alt sind wie die Geschichte der Menschheit, fragt man sich, was am Phänomen der deutschen Besatzung während des Zweiten Weltkriegs so neuartig ist, dass es die Entstehung eines ganz neuen Begriffs erforderlich macht. Ich lasse diese Frage zunächst unbeantwortet.

Meine eigene erste Auseinandersetzung mit dem Problem der Kollaboration fiel in die Zeit, als ich meine Dissertation über die polnische Gesellschaft unter deutscher Besatzung schrieb. Mit dem Sinn eines Doktoranden für gut aussehende Formeln schloss ich, dass eine Besatzungsmacht – in ihren offiziellen, institutionellen Kontakten zu einer unterworfenen Gesellschaft – drei Arten von „Gütern" suchen wird, die zum Beherrschen des Landes erforderlich sind: Autorität, Sachwissen und Arbeitskräfte. Und innerhalb dieser dreiteiligen Gliederung, so verkündete ich, bezeichnet der Ausdruck „Kollaboration" am treffendsten das erfolgreiche Einsetzen von Autorität.[19]

---

18 So gibt etwa die letzte Vorkriegsausgabe (1933) des *Oxford English Dictionary* für das Wort „Kollaboration" in dem Sinne, wie er uns hier interessiert, keine Bedeutung an. Kollaboration wird dort (Bd. 2, S. 613 des Nachdrucks von 1961) allgemein als „Arbeit in Verbindung mit einem oder mehreren anderen, bes. in literarischer oder künstlerischer Produktion, o.ä." definiert. Roberts Wörterbuch von 1953 gibt die folgende Erklärung für eine Sonderbedeutung von „Kollaboration" (die sich sonst im Französischen auch auf gemeinsames Tun in künstlerischen Dingen bezieht) an: „*Mouvement des Français qui durant l'occupation allemande (1940-1944) desiraient travailler au redressement de la France en coopération avec l'Allemagne*" (S. 819). Bataglia führt in seinem Wörterbuch der italienischen Sprache von 1964 als vierte Bedeutung von „Kollaboration" (Bd. 3, S. 279) die Unterstützung von Besatzungsmächten und besonders der deutschen während des Zweiten Weltkrieges an („*per lo più con riferimento al periodo d'occupazione tedesca durante la Seconda Guerra Mondiale*"). Die Brockhaus-Enzyklopädie von 1970 (Bd. 10, S. 350) definiert den Ausdruck in erster Linie in Bezug auf die Tätigkeit von Petains Regierung in Frankreich. In Kleindruck informiert sie den Leser auch darüber, dass das Wort allgemeiner verwendet werden kann.

19 JAN T. GROSS, Polish Society Under German Occupation: Generalgouvernement, 1939-1944, Princeton, NJ, 1979.

Wie ich später feststellte, führte dieser Gebrauch des Begriffs zu einer interessanten Einsicht: Insofern Kollaboration ein Beziehungsgeflecht zwischen den Besatzern und den Besetzten bezeichnet, *das durch eine Reihe offiziell existierender Einrichtungen vermittelt wird*, muss sie ein Besatzer-gesteuertes Phänomen sein. Und im Unterschied zu vielen anderen Arten von Beziehungen, die mit den vitalen Interessen der beiden Seiten zu tun haben – etwa dem Schwarzmarkt oder dem Widerstand –, muss etwas, was Kollaboration heißen soll, die ausdrückliche Zustimmung der Besatzungsmacht haben.

Natürlich war es die Sache der Besatzungsmacht, die Amtsinhaber für jene Posten bestimmen, die in besetzten Ländern üblicherweise mit politischem Einfluss versehen sind. Dann war folglich auch die Tatsache, dass es einen Hácha, einen Quisling, einen Pavelić, einen Petain oder einen Tiso gegeben hat, in erster Linie Ausdruck des deutschen Willens und nicht des Willens der Franzosen, der Tschechen, der Kroaten, der Slowaken oder der Norweger. Das bedeutet auch, dass der Hinweis auf das Nichtvorhandensein von Kollaboration – etwa in der oft gehörten Wendung „natürlich gab es in Polen keinen Quisling" –, nur begrenzten heuristischen Wert hat. Es zeigt uns nur, dass die Deutschen dort das entsprechende Angebot nicht machten.

Wenn wir also von Kollaboration sprechen, denken wir an das Vorhandensein einer landesweiten Bürokratie, die mit einheimischer Bevölkerung besetzt und mit Zustimmung der Besatzungsmacht eingerichtet ist. Wie sollen wir aber dort, wo es eine solche Organisation nicht gab (wie z.B. in Polen), die Rolle und Funktion von Bürokratien auf niederer Ebene – z.B. in den Stadtverwaltungen – beurteilen? Allein in Warschau, wo diese Verwaltung Zehntausende von Angestellten umfasste, war sie nicht sehr viel kleiner als die Verwaltung des gesamten Protektorats Böhmen und Mähren unter Hácha. Und wie soll man das Phänomen der Judenräte, die in den von den Nazis eingerichteten Gettos in Vorbereitung der Endlösung eingesetzt wurden, einschätzen? Wie soll man weiter, in Antwort auf die *divide et impera*-Strategie totalitärer Sozialkontrolle, konzeptionell die Rolle und das Verhalten eines gewissen Teils der einheimischen Bevölkerung gegenüber einem anderen fassen, der von den neuen Herren für radikalere Unterdrückungsmaßnahmen vorgesehen und abgesondert wurde als jede andere Gruppe? All diese Strukturen und das damit verbundene menschliche Verhalten erklären sich nicht ausschließlich aus persönlicher Angst oder persönlicher Gewinnsucht. Sie sind auch verankert in normativen Rechtfertigungen. So möchte ich also zunächst einmal festhalten, dass ein eng gefasster Begriff von

Kollaboration die Tatsache nicht berücksichtigt, dass Autorität über die gesamte Gesellschaft verteilt ausgeübt wird und dass es demnach mehrere Kontexte gibt, in denen wir versuchen müssen, das Phänomen erfolgreichen Einsetzens von Autorität durch die Besatzungsmacht zu verstehen.

Wenn wir Kollaboration als Besatzer-gesteuert denken, so bedeutet dies – mit den Worten eines Wissenschaftlers –, dass wir die „Geschichte der Kollaboration ... immer zugleich auch [als] eine Geschichte der Besatzungsmacht" begreifen[20], was die Angelegenheit entschieden kompliziert. Und zwar deswegen, weil die deutsche Besatzungspolitik sehr schwierig zu verfolgen oder systematisch darzulegen ist. Man kann sogar behaupten, dass sie nie festgelegt worden ist und dass sie sich in einer Weise entwickelte, die von ihren Hauptarchitekten nicht vorhergesehen wurde. So sagte Goebbels im April 1940 vor einer Gruppe von Journalisten:

> „Wenn heute einer fragt, wie denkt Ihr Euch das neue Europa, so müssen wir sagen, wir wissen es nicht. ... Haben wir erst die Macht, so wird man schon sehen, und auch wir werden schon sehen, was wir daraus machen können. ... Heute sagen wir: ‚Lebensraum'. Jeder kann sich vorstellen, was er will. Was wir wollen, werden wir zur rechten Zeit schon wissen."[21].

Aber die „Wir", in deren kollektivem Hirn sich diese Vorstellungen herausbilden sollten – die Goerings, die Bormanns, die Himmlers oder die Goebbels' – waren ein eitler und streitsüchtiger Haufen. Sie wetteiferten um den größeren Einfluss und um Hitlers Gunst innerhalb eines Rahmens geopolitischer Optionen, deren Grenzen nur durch den Hass des Führers abgesteckt wurden.

Ohne übermäßig zu vereinfachen kann man davon ausgehen, dass es – abgesehen von der Judenvernichtung und der Zerschlagung des bolschewistischen Regimes – fast keine politischen Zielsetzungen gab, die das Verhalten der Naziführer und der nationalsozialistischen Einrichtungen gelenkt hätten. Wenn außerdem solche einmal mit einiger Klarheit für eine gewisse Zeit festgelegt wurden, dann wurden sie – wegen der ständigen bitteren Selbstbehauptungskämpfe, die in den besetzten Gebie-

---

20 GERHARD HIRSCHFELD, Nazi Rule and Dutch Collaboration, Berg 1988, S.5. (Die Übersetzung folgt dem Wortlaut der Originalausgabe: GERHARD HIRSCHFELD, Fremdherrschaft und Kollaboration, Die Niederlande unter deutscher Besatzung 1940-1945 [Studien zur Zeitgeschichte 25], Stuttgart 1984, S. 8.)

21 HIRSCHFELD, Fremdherrschaft und Kollaboration (wie Anm. 20), S. 25.

ten zwischen der Wehrmacht, der deutschen Zivilverwaltung und den Sicherheitsapparaten der SS und der Polizei geführt wurden – nur selten konsequent umgesetzt. Die Lage wurde noch komplizierter, als sich im Laufe der Zeit das Kräfteverhältnis unter den verschiedenen institutionellen Trägern nationalsozialistischer Politik und damit unter verschiedenen politischen Ausrichtungen veränderte.

Warum also wurde nun der Ausdruck „Kollaboration" in dem Sinne neu geprägt, dass er die Zusammenarbeit zwischen den deutschen Besatzern und den einheimischen Verwaltungen bezeichnet? Ich glaube, dies geschah, weil sich die nationalsozialistische Besatzung durch eine krasse Diskrepanz auszeichnete, nämlich zwischen dem, was zu Beginn als ihre möglichen und wahrscheinlichen Ergebnisse erschien, und den letztlichen Ergebnissen. Was das Phänomen des *engagement* mit dem deutschen Besatzer während des Zweiten Weltkriegs so einzigartig machte (d.h. was diese Verwicklungen zu „Kollaboration" werden ließ), war – meine ich – die Kluft, der Abgrund zwischen der ersten Verpflichtung (so weit sie zu der Zeit zu ermessen waren) und dem Ergebnis, das diejenigen, die sich der neuen Ordnung angepasst hatten, dann entdecken ließ, wozu sie einen Beitrag geleistet hatten. Die Entfernung zwischen Ausgangs- und Endpunkt war unerhört groß. Ebenso beispiellos war die Tatsache, dass sie in innerhalb weniger Jahre zurückgelegt wurde.

Hannah Arendt schrieb:

> „Jene, die die ersten Helfershelfer der Nazis und ihre besten Assistenten waren, wussten nicht, was sie taten und auch nicht, mit wem sie es zu tun hatten."[22]

Aus Warschau haben wir das Zeugnis von Yitzak Zuckerman, dem letzten Kommandanten der Jüdischen Kampforganisation:

> „Damals war unsere Einstellung zum Judenrat noch anders. Wir sahen ihn noch nicht als Verkörperung des Verrats. Der Judenrat von 1941 war nicht der Judenrat von 1940, und der von 1942 war gewiss nicht der von 1941."[23]

In Osteuropa war die Verbindung zwischen der selbst ausgeübten Polizeigewalt, worin die Funktion der Judenräte im deutsch besetzten Europa anfänglich bestand, und der Selbstvernichtung, als deren Teilnehmer sie sich schließlich wieder fanden, für die Betroffenen unvorstellbar. Wir

---

22 HANNAH ARENDT, Organized Guilt and Universal Responsibility, in: Essays in Understanding, 1930-1954, New York 1994, S. 126.

23 YITZHAK ZUCKERMAN, A Surplus of Memory. Chronicle of the Warsaw Ghetto Uprising, Los Angeles 1993, S. 320.

kennen natürlich den Mechanismus der zunehmenden Verstrickung und wissen, wie der stufenweise Abstieg auf der Leiter der menschlichen Anständigkeit funktioniert. Und doch erhellt dies nicht die Notwendigkeit der gesamten Abfolge, weil es mit jeder Stufe dringlicher wurde, den Abstieg zu unterbrechen und nicht weiterzugehen. Sowohl die späteren Opfer als auch ihre Wärter thematisierten diese Tatsache immer wieder (die Ersteren, um einen Rest gesunden Menschenverstandes zu bewahren, die Letzteren, um besser zu täuschen). Die Bedingungen jeden Sicheinlassens mit den deutschen Besatzern veränderten sich im Verlauf des Krieges rapide und radikal, und in dem Maße, wie sich die Ziele der deutschen Besatzung (soweit sie enthüllt wurden) veränderten und die Mittel ihrer Durchsetzung radikaler wurden, entwickelten sich auch die sozialen Konstruktionen, welche die Bedeutung solcher Verwicklungen zu erklären versuchten.

Was leistet also der Begriff der Kollaboration, wenn wir uns bemühen, eine verständliche und weiterführende Darstellung der Kriegsjahre in Europa zu entwickeln? Meines Erachtens tut er dasselbe – und diese Antwort mag nicht sehr überraschen –, was tonangebende Historiographien in den letzten vier Jahrzehnten auch getan haben: Er legt eine Art Schleier über eine sehr komplexe Realität. Er hilft beispielsweise nicht zu erkennen, dass jede Art Kontakt zur Besatzungsmacht zeitlich sehr genau festgemacht werden muss, weil sonst sein Charakter nicht angemessen zu verstehen ist. Indem er außerdem die Aufmerksamkeit auf das Verhalten der politischen Eliten lenkt (was den Begriff für seine Anwendung auf das besetzte Osteuropa besonders ungeeignet macht, weil die örtlichen Eliten dort unter der deutschen Besatzung vorsätzlich ausgelöscht wurden), beeinträchtigt er unsere Fähigkeit, die vielschichtigen Verflechtungen zwischen den Besatzern und den Besetzten zu erfassen, die sich auf viele andere institutionelle Kontexte erstreckten und Berufsgruppen und soziale Milieus an verschiedenen Punkten der gesellschaftlichen Hierarchie beteiligten. Es mag sein, dass es keinen einzelnen Begriff gibt, der geeignet wäre, den sich rapide und *radikal* verändernden Charakter jeglichen Sich-Anpassens an die Realität deutscher Besatzung umfassend zu bezeichnen. So gelange ich zu der Überzeugung, dass wir uns in erster Linie mehrerer Zwischentermini bedienen müssen, um die Erfahrung des Krieges und der Besatzung in Polen treffender zu fassen: Kooperation, geheimes Einverständnis, Willfährigkeit, Komplizenschaft. Sie alle gehören in das Feld zwischen Kollaboration und Widerstand.

Es ist also nicht überraschend, dass das klassische Thema der Kollaboration in der polnischen Historiographie zur Okkupationszeit nicht zu finden ist. Und doch wurden, als Hitler im Juni 1941 seinen *Blitzkrieg* gegen die UdSSR begann, die deutschen Soldaten von der Bevölkerung der ehemals polnischen Gebiete (die 1939 der Sowjetunion angeschlossen worden waren) als eine Armee von Befreiern empfangen! Tatsächlich wurde mehr als die Hälfte des Vorkriegsterritoriums des polnischen Staates im Juni und Juli 1941 in diesem Sinne befreit – nämlich von der bolschewistischen Herrschaft – , und die örtliche Bevölkerung (je nach geographischer Lage vorwiegend ukrainisch, polnisch oder weißrussisch) – mit Ausnahme der Juden, natürlich – würdigte dies, indem sie die einmarschierende Wehrmacht mit offenen Armen willkommen hieß. Sie richtete unverzüglich örtliche Verwaltungen ein, die den deutschen Wünschen entsprachen, und schloss sich dem Vernichtungskrieg gegen die „Juden und die Kommissare“[24] an.

Der Nationalsozialismus, um mit dem deutschen politischen Philosophen Eric Voegelin zu sprechen, ist ein Regime, das die schlechten Instinkte der Menschen anzapft. Nicht nur, weil er den „Pöbel“ in Machtpositionen hebt, sondern auch wegen des „einfachen Mannes, der ein anständiger Mensch ist, solange die Gesellschaft als ganze in Ordnung ist, der aber den Kopf verliert und nicht weiß, was er tut, wenn irgendwo Unordnung entsteht und die Gesellschaft aus den Fugen gerät.“[25] Während des Zweiten Weltkriegs, oder, um genauer zu sein, während der Zeit der sowjetischen und der deutschen Besatzung, die er mit sich brachte, war die polnische Provinz erstmals dem *modus operandi* totalitärer Regime ausgesetzt. Es überrascht nicht, dass eine so belastete Gesellschaft dem nicht besonders gewachsen war und dass diese beiden kollektiven Erfahrungen zu einer tiefen Demoralisierung führten. Wir brauchen nicht einmal feinsinnige Diagnosen heranzuziehen, um uns über diesen Sachverhalt zu informieren, etwa die unübertroffene Studie zur Wirkung des Krieges auf die polnische Gesellschaft von Kazimierz Wyka, auf die ich schon verwiesen habe. Es reicht, sich an die Plage des Bandenwesens im Kriege und des Alkoholismus zu erinnern, von denen praktisch alle zeitgenössischen Quellen zeugen, und zur weiteren Illustration einen Blick in die Sammlung der Erinnerungen von Bauern zu werfen, die 1948 anlässlich eines öffentlichen, vom Verlagshaus „Czytelnik“ in Polen organisierten Wettbewerbs eingereicht wurden. Krystyna Kersten

---

24 Vgl. z.B. eine Photographie, die auf S. 67 des Ausstellungskatalogs „Vernichtungskrieg. Verbrechen der Wehrmacht 1941 bis 1944“ dargestellt ist und mit dem Text „Bewirtung durch ukrainische Frauen“ versehen ist (hrsg. vom Hamburger Institut für Sozialforschung, Hamburg 1996).

25 Eric Voegelin, Hitler and the Germans, Columbia / London 1999, S. 105.

und Tomasz Szarota haben unter dem Titel „Wieś polska [Das polnische Dorf] 1939–1948“ vier dicke Bände veröffentlicht.[26]

Aber die Demoralisierung führte außer zur Verunsicherung der Normen individuellen Verhaltens auch zu Akten kollektiver Gewalt. Im Kontext der von den Nazis initiierten Progrome nach dem 21. Juni 1941 war der Mechanismus einfach und klar: Indem ein Einwohner dieser Gebiete an der Verfolgung der Juden im Sommer 1941 teilnahm, konnte er sich gleichzeitig bei den neuen Herrschern beliebt machen, materiellen Nutzen aus seinen Handlungen ziehen (es versteht sich, dass sich aktive Progromteilnehmer bei der Aufteilung zurückgelassenen jüdischen Eigentums zuerst bedienten), und der unter den ortsansässigen Bauern traditionellen Animosität gegenüber den Juden nachgeben. Wenn wir die Ermutigung durch die Nazis hinzunehmen und das leicht zu suggerierende Gefühl, dass man unter dem Schlagwort „Juden-Kommune“ alte Rechnungen für unter der sowjetischen Besatzung erlittene Demütigungen beglich – wer konnte dann einem so starken, teuflischen Gemisch widerstehen? Natürlich setzte dies schon eine Brutalisierung der zwischenmenschlichen Beziehungen, eine Demoralisierung und allgemeine Freigabe des Gebrauchs von Gewalt voraus. Dies waren genau jene Methoden und Mechanismen, die von beiden Besatzungsmächten eingeführt und benutzt wurden.

Dieselben Menschen, die anfänglich an antijüdischen Gewaltakten teilgenommen hatten, sollten das Wohlwollen der Nazis bald verlieren. Sie wurden nun selbst Opfer von Ausbeutung und Zwangsverpflichtung zum Arbeitsdienst in Deutschland, bis sie schließlich in die geheimen Untergrundorganisationen getrieben – oder aber in Konzentrationslager gesteckt wurden. In all diesen Kontexten war es ihre vorherrschende Lebenserfahrung, dass sie unmittelbarer Gewalt oder ihrer Androhung ausgesetzt waren.

Aber die Zeit blieb im Jahre 1941 nicht stehen. Wenn wir den Beginn und die Festigung der kommunistischen Herrschaft in Polen in den Jahren 1945-1948 betrachten, können wir feststellen, dass in diesem Prozess der Machtübernahme durch ein weiteres totalitäres Regime auf der örtlichen Ebene nun jene Menschen die natürlichen Verbündeten der KP waren, die sich während der deutschen Besatzung kompromittiert hatten.

Wir wissen natürlich, dass die Hinwendung zum Kommunismus für viele Menschen ein sehr authentisches Anliegen war und viele nach dem

---

26 Wieś polska 1939-1948. Materiały konkursowe (Das polnische Dorf. Materialien eines Wettbewerbs), hrsg. v. KRYSTYNA KERSTEN und TOMASZ SZAROTA, 4 Bde., Warszawa 1971.

Krieg die Kommunistische Partei unterstützten, weil sie echte Gläubige waren, und nicht weil sie Konformisten waren oder weil die Rote Armee im ganzen Land stationiert war. Aber über den Kreis derer hinaus, die die Sache aus Prinzip und Idealismus unterstützten, benutzten die totalitären Systeme des zwanzigsten Jahrhunderts immer auch Menschen anderer Art. Unter ihren wertvollsten operativen Mitarbeitern und Mitwissern gab es auch Menschen ohne jegliche Prinzipien. Hierauf haben viele Totalitarismusforscher hingewiesen.

Warum sollte Voegelins „Pöbel", der die schmutzige Arbeit der Nazis im besetzten Polen getan hatte, nicht fünf Jahre später als Rückgrat des stalinistischen Machtapparats wieder aufgetaucht sein? Ich denke dabei an die äußere Schicht, die den inneren Kern der überzeugten Kommunisten (von welchen es, wie wir wissen, in Polen nur einige wenige gab) umgab. Im Namen welcher geheiligter Prinzipien sollten sie sich geweigert haben, einem neuen Herrn zu dienen? Warum sollten sie auf die Privilegien verzichtet haben, welche die Teilhabe am örtlichen Macht-(sprich: Terror-)apparat mit sich bringt? Warum sollten sie lieber ins Gefängnis gegangen sein als auf eine Polizeischule?

Dieses Problem kann am besten als eine Frage formuliert werden, die durch empirische Forschung zu beantworten ist. Aber in seinem jetzigen Stadium legt es eine bestechende Hypothese nahe, die ein eingefahrenes Klischee über diese Zeit auf den Kopf stellt, dass es nämlich Antisemiten waren – und nicht Juden –, die nach dem Krieg in Polen das kommunistische Regime errichten halfen. Schließlich gab es nach dem Krieg in zahlreichen Wojewodschaften, Kreisen, Kleinstädten und Städten der polnischen Provinz keine Juden mehr, weil die wenigen Überlebenden geflohen waren, sobald sie konnten. Aber im Verlauf der Errichtung „Volkspolens" musste überall im Lande jemand das Geschäft in die Hand nehmen. Wer nahm also wen in die Hand – „kto kogo?", wie Vladimir Ilič Lenin vor fast hundert Jahren fragte. Schon wegen der Richtung, welche die ideologische Entwicklung des kommunistischen Regimes in Polen nahm und dann im März 1968 in einem Ausbruch von offiziellem Antisemitismus kulminierte, würde ich die Annahme nicht ganz von der Hand weisen, dass es einheimisches „Lumpenproletariat" war – und nicht die Juden –, das nach dem Krieg in Polen als gesellschaftliches Rückgrat des Stalinismus diente.

Mit der Niederlage Nazi-Deutschlands kam die ersehnte und teuer bezahlte Befreiung Polens, aber nicht in der Weise, wie sie von der Mehrzahl der Menschen gewünscht wurde. Die Entrüstung darüber, was die unberechenbare Hand der Geschichte wieder einmal für ihr Land vorgesehen hatte, klang noch jahrzehntelang unter den Polen nach.

> „Als ich zum ersten Mal nach Polen kam," schreibt Timothy Garton Ash im Eröffnungssatz seiner hervorragenden Geschichte der Solidarność, „hörte ich immer wieder ein seltsames Wort. ‚Yowta' seufzten meine neuen Bekannten, ‚yowta!', und das Gespräch versank in melancholischem Schweigen. Hieß ‚yowta' ‚Schicksal', fragte ich mich, oder bedeutete es so etwas wie ‚so ist das Leben'? ‚Jalta' (das polnische ‚Jałta' ergibt in englischer Aussprache ‚yowta') ist der Punkt, an dem die Geschichte der Solidarność einsetzt. ‚Jalta' bedeutet für die Polen, dass – nachdem ihre Armee die erste gewesen war, die Hitler Widerstand geleistet hatte, nachdem Großbritannien zur Verteidigung der polnischen Unabhängigkeit in den Krieg eingetreten war und polnische Soldaten bei der Verteidigung Großbritanniens tapfer gekämpft hatten, nachdem über sechs Millionen ihrer Landsleute (jeder fünfte Bürger der polnischen Republik vor dem Kriege) im Krieg gestorben war –, dass nach alledem ihr Land von seinen westlichen Verbündeten, Großbritannien und Amerika, der bekanntermaßen zärtlichen Fürsorge von ‚Uncle Joe' Stalin ausgeliefert wurde."[27]

Ich fürchte, die Polen werden noch einige Jahrzehnte brauchen, bis sie das Vermächtnis des Zweiten Weltkriegs aufgearbeitet und verkraftet haben.

---

27 TIMOTHY GARTON ASH, The Polish Revolution: Solidarity, London 1999, S. 3.

Edmund Dmitrów

Vergangenheitspolitik in Polen 1945-1989

Die einzelnen Aspekte einer polnischen „Vergangenheitspolitik“ werden in dieser Skizze vor allem im Kontext des Zweiten Weltkrieges und der deutsch-polnischen Beziehungen in den Jahren 1939-1945 erörtert. Der Begriff der „Vergangenheitspolitik“ wird hierbei in einem weiteren Sinne verwendet als in der Arbeit von Norbert Frei,[1] was in der unterschiedlichen Situation Polens und Deutschlands nach dem Zweiten Weltkrieg begründet ist. Ich bezeichne damit alle im Rahmen des politischen Systems der Volksrepublik Polen realisierten Aktivitäten, die politisch, juristisch und intellektuell auf die materiellen und nichtmateriellen Hinterlassenschaften des Krieges und der deutschen Besatzung bezogen waren. Den Hauptgegenstand unseres Interesses bilden dabei die „von oben“ gesteuerten Aktivitäten der staatlichen Machthaber (im weiteren Sinne) in den Jahren 1945-1989. An zweiter Stelle werden die Phänomene berücksichtigt, welche die Einstellung der Gesellschaft zum Ausdruck bringen, darunter auch der oppositionellen Kreise.

1. Die deutsche Besatzungspolitik und das Deutschland-Bild in der polnischen Gesellschaft

Erst in Kenntnis der Folgen des Zweiten Weltkrieges wird verständlich, warum die Zeit 1939-1945 in den nächsten fünfzig Jahren von so großer Bedeutung für die Polen war und warum sie auch weiterhin eines der wichtigsten Elemente der polnischen Nationaltradition darstellt. Die unmittelbaren und mittelbaren Folgen des Krieges können nur aufgelistet

---

1 NORBERT FREI, Vergangenheitspolitik. Die Anfänge der Bundesrepublik und die NS-Vergangenheit, München 1996, poln. Ausgabe Warszawa 1999.

werden: Nahezu fünf Millionen polnischer Staatsbürger, die durch den Krieg oder als Opfer von Verbrechen der deutschen Besatzer ihr Leben verloren (darunter etwa drei Millionen polnische Juden), eine tiefgreifende Verschlechterung des körperlichen und psychischen Gesundheitszustandes der Gesellschaft, ungeheure materielle Verluste sowie die Vernichtung eines beträchtlichen Teils des kulturellen Erbes, eine Verschiebung der Staatsgrenzen (Verlust eines Viertels des Gesamtterritoriums) und damit verbundene Umsiedlungen (darunter Zwangsaussiedlungen und Vertreibungen) von Millionen von Menschen, insbesondere Polen und Deutschen, sowie der Verlust der Souveränität und die erzwungene Einführung des kommunistischen Systems infolge der Eingliederung Polens in die sowjetische Einflusssphäre, was einerseits neue Opfer mit sich brachte und andererseits für 45 Jahre eine Entwicklung nach den Standards der westeuropäischen Zivilisation verhinderte.

Leon Kruczkowski, eine wichtige Persönlichkeit im kulturellen Establishment der Volksrepublik Polen, äußerte bereits 1949:

> „Eines der größten Verbrechen des Hitlerfaschismus, welches keineswegs geringer einzuschätzen ist als die physische Vernichtung von Millionen von Menschen, bestand darin, dass viele europäische Völker und darunter besonders die Polen für eine längere Zeit die Überzeugung gewinnen mussten, die Deutschen seien Verbrecher – alle Deutschen, die gesamte deutsche Nation."[2]

Die Soziologin Anna Pawełczyńska hat dieses Phänomen folgendermaßen erklärt:

> „Die Verbrechen des Hitlerstaates bewirkten, dass im Bewusstsein der Menschen in den besetzten Ländern Europas und insbesondere im Bewusstsein der Polen, die langjährigem Terror ausgesetzt waren und zahlreiche Massenmorde an der Zivilbevölkerung erlebt hatten, die Vorstellung vom ‚deutschen Banditen' entstand, welche auf alle Deutschen bezogen wurde. Sie enthält ein moralisches Urteil über die unmittelbar beobachteten Verhaltensweisen und stellt eine Reaktion auf die verbrecherischen Taten dar, welche die ganze Besatzungszeit hindurch systematisch begangen wurden."[3]

---

[2] Aus einem Presseinterview 1949. Adam-Mickiewicz-Literaturmuseum in Warschau, Leon-Kruczkowski-Archiv, Dok. 30, Blatt 20-21.

[3] ANNA PAWEŁCZYŃSKA, Wartości a przemoc. Zarys socjologiczny problematyki Oświęcimia [Werte und Gewalt. Ein soziologischer Abriß der Auschwitz-Problematik], Warszawa 1973, S. 18f.

Kruczkowskis 1949 in Polen aufgeführtes Theaterstück „Niemcy" („Die Deutschen"), das bald darauf auch in der DDR aufgeführt und dort unter dem Titel „Die Sonnenbrucks" auch verfilmt wurde, sollte ursprünglich „Die Deutschen sind auch Menschen" heißen. Der Verfasser gehörte einer Minderheit an, die in der traumatischen Zeit gleich nach dem Kriege versuchte, aus verschiedenen ideologischen und politischen Beweggründen – angefangen vom christlichen Humanismus bis hin zu einem unterschiedlich verstandenen sozialistischen Humanismus – das Bild des Deutschen in den Augen der Polen „wieder zu vermenschlichen". Besonders vor 1948 erbrachte diese Strömung eine Reihe tiefgründiger, moralisch und psychologisch wichtiger Reflexionen. Später wurde sie vom Regime fast völlig kanalisiert und auf das propagandistische Schema der „positiven Deutschen" aus der DDR zugeschnitten.

Einschneidend belasteten die Erfahrungen der Jahre 1939-1945 das Verständnis der gesamten Geschichte der polnisch-deutschen Beziehungen. Ständig wurde diese jetzt in den Rahmen eines Schemas gepresst, dem zufolge Polen – als Repräsentant oder sogar Bollwerk des Slawentums – seit tausend Jahren mit „immer den gleichen Deutschen" kämpfen musste. Auch wenn dies keine neue Sicht der Dinge darstellte (sie stammte aus der Denkschule des polnischen Nationalismus, die seit Jahrzehnten eine breite Anhängerschaft besaß), gewann sie jetzt einen unwiderstehlichen Einfluss.

Die Kriegserfahrungen entluden sich am gewalttätigsten in der Konfrontation der Polen mit der deutschen Bevölkerung. Hier ist nicht der Ort, näher auf die komplizierte Problematik der polnisch-deutschen Beziehungen innerhalb der neuen Staatsgrenzen in den Jahren 1945-1949 einzugehen. Überhaupt ist es sehr schwierig, die damaligen Überzeugungen, Haltungen und Verhaltensweisen zu quantifizieren. Allerdings lassen sie sich beim jetzigen Stand der Forschungen etwas besser qualifizieren. Wesentlich war die Überzeugung, die Deutschen hätten durch ihr Verhalten bewiesen, dass sie ein gefährliches Volk seien, mit dem man nicht innerhalb der Grenzen eines Staates zusammenleben könne. Das Bedürfnis nach Gerechtigkeit äußere sich in einer Vielzahl von Haltungen; sehr häufig reduzierten sie sich allerdings auf den Willen zur Revanche und Rache für all das Leid und Unrecht, das den Polen von deutscher Seite zugefügt worden war. Auch Chaos und Armut, die kriegsbedingte starke Demoralisierung, das Gefühl der Vorläufigkeit und Straflosigkeit, die Willkür der sowjetischen Truppen und die Schwäche der polnischen Organe sind hierbei in Betracht zu ziehen. Wichtig waren einerseits die

Prämissen und Ziele der kommunistischen Machthaber und andererseits die Umsetzung ihrer Politik auf den unteren Ebenen des Regimes; hier ließ sich z.B. eine Duldung der Kriminalität beobachten. Die Lage der Deutschen wurde besonders durch niedrige Motive in der polnischen Umgebung wie Habgier und Willen zur illegalen Bereicherung erschwert.

2. Die juristische Verfolgung deutscher Kriegsverbrechen

Die Politik Deutschlands im besetzten Polen war so stark als Unrecht empfunden worden, dass die Hoffnung auf einen Sieg der Gerechtigkeit und die Bestrafung der Schuldigen zu einem wichtigen Überlebensfaktor wurde. Besonders die Widerstandsbewegung bemühte sich, diese Hoffnung aufrechtzuerhalten, und sammelte Beweismaterial für eine gerechte Bestrafung der Kriegsverbrecher nach dem Kriege. Im Untergrund wurde auch eine eigene Gerichtsbarkeit organisiert, die bestimmte Delikte deutscher Funktionäre des Besatzungsapparates sowie ihrer polnischen Helfer untersuchte. Ihre Urteile eichten von Warnungen oder der Aberkennung der Ehrenrechte bis hin zur Todesstrafe. Einige davon wurden in der konspirativen Presse veröffentlicht.[4] Die polnische Exilregierung versuchte ihrerseits, dem Problem der Bestrafung der Kriegsverbrecher eine entsprechende völkerrechtliche Bedeutung zu verleihen; zu diesem Ziel wurde u.a. eine Reihe gemeinsamer Deklarationen der Staaten der Anti-Hitler-Koalition verabschiedet.

Seit 1944 nahmen in dem von der deutschen Besatzung befreiten Teil des Landes Staatsanwaltschaft und Gerichte ihre Tätigkeit auf, die von den kommunistischen Behörden unter der Aufsicht sowjetischer Berater organisiert wurde. Sie sollten selbstverständlich als Grundlage des neuen Regimes dienen. Die Kommunisten verstanden dabei sehr wohl, welch große Bedeutung die Bestrafung der Kriegsverbrechen für die Bevölkerung besaß. So griffen die Behörden „von unten" ausgehende Initiativen zur Selbstreinigung der Gesellschaft auf und kündigten gegen Ende 1944

4 Siehe dazu: LESZEK GONDEK, Polska karząca. Polski podziemny wymiar sprawiedliwości w okresie okupacji niemieckiej [Strafendes Polen. Die polnische Untergrundjustiz in der Zeit der deutschen Besatzung], Warszawa 1988; PAWEŁ MARIA LISIEWICZ, W imieniu Polski Podziemnej. Z dziejów wojskowego sądownictwa specjalnego Armii Krajowej [Im Namen Polens im Untergrund. Zur Geschichte der militärischen Sondergerichte der Heimatarmee], Warszawa 1988.

im befreiten Teil Warschaus eine Aktion gegen Kollaborateure an. Diese wurde allerdings schnell wieder abgebrochen.[5] Wenn sich die Kommunisten für eine Verfolgung und Bestrafung der Kriegsverbrecher und Kollaborateure aussprachen, dann konnten sie damit lautstark ihre Verbundenheit mit dem Volkswillen demonstrieren. Gleichzeitig instrumentalisierten sie diese Frage zynisch zur Festigung ihrer Macht; die damit einhergehenden Fälschungen und Manipulationen erreichten in den Jahren 1944-1956 ihren Höhepunkt.

In Bezug auf Verbrechen aus der Zeit des Krieges gründete sich das Gerichtswesen auf eine Reihe von Rechtsakten, in erster Linie auf das Dekret vom 31.8.1944 „Über die Strafbemessung für die hitlerfaschistischen Verbrecher, die der Tötung und Misshandlung der Zivilbevölkerung und der Kriegsgefangenen schuldig sind, sowie für Verräter an der polnischen Nation" – das sog. Augustdekret, das in den Jahren 1945-1949 fünfmal novelliert wurde. Dieses Gesetz lieferte den Behörden die Grundlagen zur Aburteilung von Deutschen, die wegen Kriegsverbrechen angeklagt waren, von polnischen Kollaborateuren sowie von wirklichen und angeblichen politischen Feinden des Systems.

Es ist schwierig, die Tätigkeit der Gerichte statistisch zu erfassen, da einerseits die Quellen nur noch unvollständig überliefert sind, und andererseits das Justizwesen in den Kampf mit dem sog. reaktionären Untergrund verstrickt war. Dies stellt die Richtigkeit vieler damaliger Urteile heute in Frage. Die in der Literatur genannten Zahlen der aufgrund des Augustdekrets in den Jahren 1944-1949 verurteilten Personen reichen von zehn- bis fast zwanzigtausend – darunter etwa 5.500 Personen deutscher Abstammung.[6] Darunter befanden sich 1.817 aus dem besetzten Deutschland nach Polen ausgelieferte Personen; 1.670 von ihnen standen schließlich vor polnischen Gerichten (101 davon wurden freigesprochen, 193 zum Tode verurteilt, der Rest erhielt Gefängnisstrafen). Die Gesamtzahl der Personen, gegen die auf der Grundlage des Augustdekrets Er-

---

[5] EDMUND DMITRÓW, Niemcy i okupacja hitlerowska w oczach Polaków. Poglądy i opinie z lat 1945-1948 [Die Deutschen und die hitlerdeutsche Okkupation in den Augen der Polen. Ansichten und Meinungen aus den Jahren 1945-1948], Warszawa 1987, S. 149.

[6] LESZEK KUBICKI, Zbrodnie wojenne w świetle prawa polskiego [Die Kriegsverbrechen im Lichte des polnischen Rechts], Warszawa 1963, S. 180-184. Vgl. ELŻBIETA KOBIERSKA-MOTAS, Ekstradycja przestępców wojennych do Polski z czterech stref okupacyjnych Niemiec 1946-1950 [Die Auslieferung von Kriegsverbrechern aus den vier Besatzungszonen Deutschlands nach Polen 1946-1950], Teil 2, Warszawa 1992, S. 6-18.

mittlungsverfahren eingeleitet wurden, wird auf 80.000-100.000 geschätzt.[7]

Im Jahre 1945 wurde ein besonderes Amt geschaffen, das sich mit dem Problem der Kriegsverbrechen befassen sollte – die „Hauptkommission zur Untersuchung der deutschen Verbrechen". Allein schon die Tatsache, dass diese Bezeichnung 1949 – im Zusammenhang mit der Gründung der DDR – in „Hauptkommission zur Untersuchung der hitlerfaschistischen Verbrechen" und 1991 in „Kommission zur Untersuchung der Verbrechen gegen das polnische Volk" umbenannt wurde, veranschaulicht die Verschiebung der Schwerpunkte auf diesem Gebiet der Vergangenheitspolitik.

3. Das heikle Problem der Kollaboration

Alle Funktionäre der polnischen Polizei aus der Besatzungszeit (wegen der Farbe ihrer Uniformen als „blaue Polizei" bezeichnet) mussten sich einem Rehabilitierungsverfahren unterziehen. Dafür waren die Gerichte sowie eine Spezialkommission zuständig. Deren Angaben von Ende 1946 zufolge wurden von 5.382 eingegangenen Anträgen 113 negativ beschieden.[8] In den Jahren 1945-1948 fanden zudem mehrere Aufsehen erregende Prozesse gegen Personen statt, die der Kollaboration – meistens mit dem Propagandaapparat der Nazis – bezichtigt wurden. Ein Teil davon endete mit Freisprüchen, womit die öffentliche Meinung sehr unzufrieden war. Mit ähnlichen Fällen befassten sich auch spezielle Standesgerichte oder Überprüfungskommissionen in einzelnen Berufsgruppen wie z.B. bei den Schauspielern. 1948 wurde im Justizministerium ein Sonderbeauftragter für die Strafverfolgung von Personen berufen, die der Kollaboration mit den Deutschen verdächtig waren.

Die Beurteilung der Haltungen aus der Besatzungszeit sowie die Geschichte der Nachkriegsabrechnung mit der Kollaboration wird bis heute kontrovers diskutiert.[9] Mit Schuld daran war die „von oben" ge-

---

7 Ebd., S. 19.

8 DMITRÓW, Niemcy i okupacja hitlerowska (wie Anm. 5), S. 146f.

9 TOMASZ SZAROTA, Referat auf der Konferenz in Rom (April 1998): Kolaboracja z okupantem niemieckim i sowieckim w oczach Polaków – wówczas, wczoraj i dziś [Die Kollaboration mit den deutschen und sowjetischen Okkupanten in den Augen der Polen – damals, gestern und heute], S. 10-14. Dieser Text wird demnächst in italienischer Sprache erscheinen. Ich danke dem Verfasser, der mir das Typoskript zur Verfügung gestellt hat. Vgl. die redak-

steuerte Instrumentalisierung dieser Problematik, die übrigens auch nach 1956 weitergeführt wurde. Nun traten aber auch opportunistische Rücksichten stärker in den Vordergrund, die den Behörden nahe legten, solche Fragen eher ruhen zu lassen. Vorrang hatte die Aufrechterhaltung der zerbrechlichen inneren Ruhe; zudem war der Verdacht, es mit neuen Manipulationen zu tun zu haben, ständig gegenwärtig. Andererseits existierten auch Tendenzen, jene Erfahrungen aus dem kollektiven Gedächtnis zu verdrängen, die nicht zu dem Bild Polens als eines „Landes ohne Quisling" passten. Im Prinzip entsprach diese Bezeichnung der Wahrheit – in Polen gab es während der deutschen Besatzung weder eine Kollaborationsregierung noch auf Seiten des Dritten Reiches kämpfende militärische Verbände –, gleichzeitig verbarg sich dahinter jedoch ein idealisiertes Geschichtsbild. Es wurden zwar Versuche unternommen, persönliche Haltungen während des Krieges nach wissenschaftlichen Kriterien zu beurteilen (insbesondere im Künstlermilieu),[10] aber generell wurde das Kollaborationsthema in der polnischen Historiographie nur selten aufgegriffen.

4. Der doppelte Sieg der Kommunisten über Deutschland und die polnische Vorkriegsordnung

Weil die Kommunisten die Unterstützung der Gesellschaft gewinnen wollten, neigten sie durchaus zu Pragmatismus und Opportunismus, soweit dies ihre Macht festigen konnte; sie passten sich den gesellschaftlichen Stimmungen an und griffen Elemente fremder Konzeptionen, bestimmte Phrasen oder Symbole auf. Eine der wenigen Ebenen, auf denen sie eine gewisse Anerkennung als Repräsentanten der nationalen Interessen finden konnten, bildete die Problematik der Deutschen und der polnisch-deutschen Beziehungen. Die deutsche Frage ermöglichte ihnen einen Dialog mit der Gesellschaft sowie eine Integration unter nationa-

---

tionelle Diskussion in: Pamiętnik Teatralny 46 (1997), S. 4-35.

10 Siehe Pamiętnik Teatralny, Ausgabe Oktober 1963. Zu den Ergebnissen einer Neuinterpretierung früherer Befunde und neuerer Untersuchungen siehe: EDWARD KRASIŃSKI, Działalność komisji weryfikacyjnych ZASP 1945-1949 [Die Tätigkeit der Überprüfungskommissionen des Verbandes Polnischer Bühnenkünstler in den Jahren 1945-1949], in: Pamiętnik Teatralny 46 (1997), S. 36-112; JANINA HERA, Losy aktorów w Generalnym Gubernatorstwie (wrzesień 1939 – 1 sierpień 1944) [Schauspielerschicksale im Generalgouvernement (September 1939 – 1. August 1944)], ebd., S. 315-398.

len, patriotischen Vorzeichen. In der Anknüpfung an die Vergangenheit – und unter Ausklammerung anderer Bereiche – konnten die Kommunisten zwar noch weitere Berührungspunkte finden, aber keiner eröffnete solche Möglichkeiten wie dieser. An dieser Stelle muss noch eine weitere, wenn auch verdeckte Funktion der deutschen Frage hervorgehoben werden: Sie erfüllte eine wichtige Rolle bei der Milderung der antisowjetischen Einstellung der Polen und bei der Entschärfung der in der Gesellschaft populären „Theorie von den zwei Feinden" Polens (Deutschlands und der UdSSR).

Einerseits lehnten die Kommunisten das überkommene polnische Geschichtsbild ab, andererseits jedoch übernahmen sie bestimmte Elemente der nationalen Tradition. Ihre Kritik richtete sich insbesondere gegen die aufständisch-romantische Tradition sowie die gesellschaftlichen und politischen Eliten der polnischen Nation. Die Rolle der Kirche, des Klerus und der Religion in der Vergangenheit wurde als reaktionär gebrandmarkt. Dagegen exponierten die Kommunisten eine plebejische und laizistische Kultur sowie die Rolle der Volksmassen; besonders verherrlicht wurde die – übrigens verfälschte – Tradition der Arbeiterbewegung.

Die Niederlage des Warschauer Aufstandes von 1944 hatte – neben anderen fatalen Folgen – eine Krise in der Gesellschaft ausgelöst.

> „Sie verursachte tiefe Niedergeschlagenheit sowie eine Krise des Glaubens an den Westen und machte das ganze Ausmaß der Abhängigkeit von Russland deutlich. Außerdem schmälerte sie auch die Autorität der Führer des Untergrunds und der Londoner Exilregierung."[11]

Weitere Beweise dafür, dass die (auf eine Verteidigung der traditionellen Werte zielende) Politik der Exilregierung ein Fiasko erlitt, lieferten die Entscheidungen von Jalta, die in Polen allgemein als Ausverkauf der polnischen Interessen an Stalin durch die westlichen Alliierten verstanden wurden, und später die faktische Zustimmung Großbritanniens und der Vereinigten Staaten zur sowjetischen Willkür. Unter diesen Bedingungen entbrannte der seit dem 19. Jahrhundert geführte Streit zwischen dem aufständisch-romantischen und dem positivistisch-realistischen Modell des polnischen Patriotismus mit neuer Kraft. Die Wirklichkeit lieferte den Befürwortern des Realismus starke Argumente; es galt,

---

[11] ANDRZEJ FRISZKE, Opozycja polityczna w PRL 1945-1980 [Die politische Opposition in der Polnischen Volksrepublik 1945-1980], Londyn 1994, S. 9.

angestrebte Ziele und vorhandene Kräfte gegeneinander abzuwägen und zur Rettung der nationalen Existenz dem Idealismus abzuschwören. Schon früher, unter dem Einfluss der Niederlage im September 1939, hatte sich eine Welle der Kritik an der Staatsführung und am politischen System der Zweiten Republik erhoben; in zusehends breiteren Kreisen sah man die Notwendigkeit von Reformen hin zu einem mehr „auf das Volk bedachten" Polen. In der Bevölkerung gärte es, was einerseits von der kommunistischen Agitation gefördert wurde, andererseits aber auch von einem zunehmenden staatsbürgerlichen Bewusstsein bei den Arbeitern und Bauern sowie von einer authentischen Furcht vor einer Rückkehr des „herrschaftlichen" Polen zeugte. In ganz unterschiedlichen Gesellschaftsgruppen entstand ein Bedürfnis nach einer Neubewertung der nationalen Geschichte, in der bestimmte Aspekte lange wenig beachtet worden waren. Auch deshalb ging der Vorstoß der Kommunisten gegen die historischen Traditionen keineswegs ins Leere.

Er richtete sich gegen die zwanzigjährige Geschichte der Zwischenkriegszeit und setzte den damaligen polnischen Staat in ein denkbar ungünstiges Licht. Den früheren Machthabern wurden nicht nur jegliche positive Errungenschaften abgesprochen, sondern man warf ihnen zudem einen antinationalen Charakter vor; die Regierungen der sog. *Sanacja*-Zeit (1926-1939) wurden geradezu als faschistisch bezeichnet. Das überzeugendste Argument für den Bankrott der Zweiten Republik und ihrer Eliten bildete die Niederlage im Krieg mit den Deutschen im September 1939.

Als wichtigstes Angriffsfeld gegen die historischen Traditionen galt die Geschichte des Zweiten Weltkrieges. Heftig kritisierten die Kommunisten die Tätigkeit der polnischen Exilregierung sowie die Arbeit der ihr unterstehenden Strukturen im besetzten Polen. Es ging darum, (1) die Übereinstimmung der politischen und militärischen Konzeptionen des Exils mit den nationalen Interessen zu negieren; (2) seine Errungenschaften und Verdienste im Krieg in Frage zu stellen und schließlich (3) die Legitimation der Exilregierung zur Führung der Nation generell in Zweifel zu ziehen. Gegen die Heimatarmee (AK) wurden schwerste Anklagen vorgebracht. Sie wurde als reaktionäre militärisch-politische Kraft hingestellt, die lediglich „Gewehr bei Fuß" stand, den Kampf gegen die Besatzer hemmte und noch dazu diejenigen Untergrundorganisationen bekämpfte, welche eine Strategie des „sofortigen Kampfes" realisierten (damit waren natürlich die Kommunisten gemeint); man schreckte auch nicht davor zurück, sie der Zusammenarbeit mit den

Deutschen zu bezichtigen. Besonders scharf verurteilt wurden die Politiker und Militärs, welche die Entscheidung für den Warschauer Aufstand getroffen hatten; sie wurden des Verbrechens gegen die Nation beschuldigt und für den Untergang Warschaus verantwortlich gemacht.

Indem die Kommunisten die Vorstellungen von einer „verbesserten" polnischen Geschichte mit ihrer eigenen Geschichtsmythologie verknüpften, präsentierten sie eine spezifische Version des Geschichtsverlaufs, die ihre Herrschaft stärken und patriotisch legitimieren sollte. Von entscheidender Bedeutung war dabei die Instrumentalisierung des Sieges der Koalition gegen Nazideutschland. Die Kommunisten stilisierten das Kriegsende zum Untergang des alten und zur Geburt eines neuen Polen. Während sie sich an der Seite der mächtigen sowjetischen Schutzmacht präsentierten, nahmen sie andererseits für sich in Anspruch, die besten Erben der polnischen nationalen Traditionen zu sein. Ihre Herrschaft erschien so als die vernünftigste Lehre aus den Erfahrungen der Geschichte.

Der Tag des Sieges, der von den Machthabern Volkspolens zur Erinnerung an den 9. Mai 1945 (nach sowjetischem Stil) eingeführt wurde, besaß einen hohen Rang in der Hierarchie staatlicher Rituale. Im Zusammenhang mit der Neugestaltung des Bildes der Vergangenheit wurden die staatlichen Feiertage der Vorkriegszeit aus dem offiziellen Festkalender gestrichen, wie z.B. der Jahrestag der Wiedererlangung der Unabhängigkeit (11. November 1918) oder der Jahrestag der Annahme der Verfassung von 1791 am 3. Mai. Ersetzt wurden sie durch den Feiertag der Wiedergeburt Polens am 22. Juli zur Erinnerung an die (fiktive) Proklamierung des Manifestes der ersten kommunistischen Regierung („Polnisches Komitee für die Nationale Befreiung") im Jahre 1944, sowie durch den Tag der Arbeit am 1. Mai.

Der anlässlich der Feiern zum Jahrestag des 9. Mai geweckte Stolz auf den Sieg sollte nach Absicht der Machthaber das Gefühl der Niederlage, Demütigung und Knechtung überwinden helfen, das durch den Krieg und die Sowjetisierung Polens nach 1945 hervorgerufen war. Mit Pathos und Triumphalismus wurde die Beteiligung von Einheiten der polnischen Armee in Stärke von weniger als 20.000 Soldaten (bei einer halben Million Teilnehmer des Sturmangriffs) bei der Einnahme der Hauptstadt Deutschlands dargestellt. Dabei wurde betont, dass durch die Einbeziehung polnischer Einheiten bei dieser Operation den Polen – zumindest symbolisch – historische Gerechtigkeit widerfahren sei, die sie deshalb verdient hätten, weil sie vom ersten bis zum letzten Kriegstag gekämpft und große Opfer gebracht hätten. Der Mai 1945 sei die Revanche für die Niederlage im September 1939. Zentrales Element der Siegessymbolik war die „über den Ruinen von Berlin wehende" polnische Flagge. Ein häufig reproduziertes Foto zeigt, wie diese Flagge von polnischen Soldaten auf der Siegessäule aufgepflanzt wurde.

Die Interpretation der Vergangenheit als Geschichte des Sieges legitimierte das Regime, weil sich die Kommunisten in der Rolle der alleinigen Sieger und Vollstrecker der historischen Gerechtigkeit präsentierten. Ihnen war die Überwindung des ewigen Feindes – der Deutschen – sowie die Eingliederung der Gebiete an Oder und Neiße zu verdanken. Die territorialen Gewinne im Westen und Norden wurden von der Bevölkerung allgemein als der vielleicht einzige, aber dennoch wichtige Erfolg Polens empfunden. Um die historische Bedeutung ihrer eigenen Erfolge herauszustreichen, griffen die Kommunisten mit quasi-historischen Begriffsverbindungen bedenkenlos auf Ausdrucksformen und Symbole des polnischen Nationalismus zurück. In der Sprache der Propaganda und in der historischen Erziehung der Bevölkerung wurde der Kampf um Berlin seit 1945 jahrzehntelang mit dem Sieg von Grunwald (Tannenberg) im Jahre 1410 gleichgesetzt, gleichsam als eine neue, bessere Version dieses Sieges, die endlich der tausendjährigen Bedrohung Polens ein Ende setzte. Ergänzt wurden die bis zum Überdruss wiederholten historischen Reminiszenzen durch den noch aus dem 19. Jahrhundert stammenden und jetzt entsprechend zugeschnittenen Gedanken der slawischen Solidarität. Alles zusammen mündete in das Lob der Waffenbrüderschaft mit der Sowjetunion im gemeinsamen Kampf gegen den germanischen „Drang nach Osten"; das neue Bündnis beanspruchte, eine Geburtsurkunde aus dem Mittelalter zu besitzen.

Eine Brücke von der Vergangenheit zur Gegenwart konnte auch über die Traditionen des Kampfes um den gesellschaftlichen Fortschritt in Polen geknüpft werden, welche die Kommunisten ausschließlich für sich in Anspruch nahmen. Ihrer Geschichtsdeutung zufolge hatte Polen während des Krieges mit zwei Feinden kämpfen müssen – mit Deutschland und mit der polnischen Ausbeuterklasse –, um zwei Ziele zu erreichen: die nationale und die soziale Befreiung. Auf diese Weise wurde ein *Junktim* zwischen dem Sieg im Krieg und der Einführung der kommunistischen Ordnung geschaffen.

5. Das offizielle Bild von der Vergangenheit und die Konsolidierung der kommunistischen Herrschaft

Der von den Kommunisten monopolisierte Sieg wurde gleichzeitig als ein fortwährend bedrohtes Gut dargestellt. Das Interpretationsschema „Sieg im Mai 1945 = Oder-Neiße-Grenze = Frieden = Sozialismus = Bündnis mit der UdSSR“ ermöglichte in Verbindung mit der Bedrohungsthese weitreichende Manipulationen. Bei der Bekämpfung tatsächlicher oder erfundener politischer Gegner war man bemüht, sie mit „deutschen Verbindungen“ zu belasten. Als äußere Bedrohung figurierte vor allem Deutschland, das seit den fünfziger Jahren in einer doppelten Rolle auftrat: die Bundesrepublik wurde als Erbin des Nationalsozialismus und einer seit ewigen Zeiten polenfeindlichen germanischen Politik dargestellt, die Deutsche Demokratische Republik dagegen verkörperte jetzt die Rolle einer „Garantin des Friedens“, d.h. der Oder-Neiße-Grenze. In der antiamerikanischen Propaganda stand im Mittelpunkt, dass die USA als Schutzmacht der Bundesrepublik das in ihr wurzelnde Übel unterstützen würden. Ende der sechziger Jahre erweiterte sich die Reihe der Feinde um Israel. Auf der Suche nach Möglichkeiten einer Nobilitierung des Antisemitismus wurde damals die These von einer angeblichen Achse Tel Aviv-Bonn aufgebracht.

Auf gesellschaftlicher Ebene nahm die kollektive Erinnerung an den Krieg in gewissem Ausmaß die Form eines öffentlichen Diskurses an. Die Abrechnungen mit der Zeit 1939-1945 waren anfangs spontan, und die verschieden Gruppen der Bevölkerung konnten – mit Ausnahme der offenen Gegner des Systems – verhältnismäßig frei ihre Meinungen äußern. In der öffentlichen Meinung fand das martyrologische und heroische Bild des Krieges, welches das Leiden, den unbeugsamen Widerstand, den heroischen Kampf und die Solidarität der Polen in den Vordergrund stellte, starken Widerhall. Ein Nebenmotiv in der Diskussion bildete die Überwindung der Vergangenheit, welche im Namen der psychischen und moralischen Gesundung der Nation notwendig sei. Vertreter verschiedener intellektueller Kreise forderten, die Reflexion über die Geschichte des Krieges zu vertiefen, moralische, psychologische und geschichtsphilosophische Schlussfolgerungen daraus zu ziehen und die tragischen Erfahrungen jener Zeit zu verarbeiten.

Von Anfang an war der Missklang zwischen der kollektiven Erinnerung der Gesellschaft und der von den Kommunisten verkündeten Version der Geschichte offensichtlich. Von den öffentlichen Abrechnungen blieb vor allem all das ausgeschlossen, was die Polen unter der Herrschaft der Sowjetunion erlitten hatten: in den 1939-1941 besetzten polnischen Gebieten, dann nach 1944 (bis 1989 durfte nicht von „sowjetischer Okkupation" gesprochen werden), aber auch tief in der UdSSR. Tabu waren insbesondere die massenhaften Repressionen und Verbrechen des sowjetischen Terrorapparates. „Weiße Flecken" bedeckten auch die Geschichte der deutsch-sowjetischen Beziehungen in den Jahren 1939-1941.

Das Geschichtsbild der Bevölkerung einerseits und das offiziell propagierte andererseits divergierten am stärksten während der Jahre des Stalinismus 1948-1956, als sich die Kommunisten die schnelle und vollständige Umgestaltung des Bewusstseins der Gesellschaft zum Ziel gesetzt hatten. Ein Signal zur Radikalisierung der Vergangenheitspolitik – und in der weiteren Perspektive der gesamten Innenpolitik – bildete die Einschätzung der kommunistischen Führung, die Beschäftigung mit der Kriegsmartyrologie würde die Aufmerksamkeit der Gesellschaft allzu sehr in Anspruch nehmen. Allerdings bedeutete der Appell eines bekannten Parteiaktivisten, die Polen müssten sich „brutal und mit Gewalt" von ihrer noch frischen Vergangenheit losreißen,[12] keinen Befehl zum Vergessen. Darin kam eher das Bestreben zum Ausdruck, die kollektive Erinnerung nach kommunistischem Muster umzugestalten. Die Darstellung des Krieges sollte sich jetzt ausschließlich auf Motive des „aktiven Kampfes" und des Sieges konzentrieren sowie auf die „von oben" angewiesenen Helden der Roten Armee, der unter sowjetischer Führung operierenden polnischen Armee sowie der kommunistischen Partisanenbewegung. Das Bild der Vergangenheit wurde völlig der Grundprämisse für die Errichtung des Kommunismus in Polen untergeordnet, der „Umschmiedung der Seelen".

Die zweite Stoßrichtung dieser Politik richtete sich gegen die Traditionen der nationalen Unabhängigkeit sowie gegen ihre Träger in der Gesellschaft. Bereits 1944 hatten Kampagnen zur „Entlarvung der Zusammenarbeit" der Heimatarmee (AK) mit den Nazis eingesetzt. Aus taktischen Gründen lockerten die Kommunisten dann vorübergehend ihren Kurs und schufen den Anschein nationaler Eintracht. Die Politik wechselte zwischen Repression und Amnestie und zerschlug so sowohl die illegale (1945 erreichte der antikommunistische Untergrund 80.000

---

12 JERZY BOREJSZA, Obrachunki na węzłowej stacji [Abrechnungen an einem Knotenpunkt], in: Kuźnica Nr. 50 vom 24. Dezember 1946.

Personen) als auch die legale Opposition (die größte oppositionelle Partei, die Polnische Bauernpartei PSL, zählte im Frühjahr 1946 mindestens eine halbe Million Mitglieder). Dabei diente der Vorwurf der Kollaboration mit den Deutschen regelmäßig zur Bekämpfung der politischen Gegner. Zum Beispiel lieferte er den Vorwand dafür, dass im Rahmen der Kampagne zur Vorbereitung der Gesellschaft auf die Parlamentswahlen im Januar 1947, deren Ergebnisse später von den Kommunisten ohnehin gefälscht wurden, etwa eine halbe Million Bürger ihres Stimmrechts beraubt wurden. Die Gefängnisse waren gefüllt mit Zehntausenden ehemaliger Untergrundkämpfer aus der Zeit des Krieges, denen es gelungen war, der Ermordung durch die Deutschen zu entgehen. In Geheimprozessen wurden sie der Zusammenarbeit mit dem Feind beschuldigt und aufgrund gefälschter Beweismittel zum Tode oder zu langjährigen Gefängnisstrafen verurteilt. Von der Propaganda als Faschisten und Gestapoagenten gebrandmarkt, lebten sie im günstigsten Fall mit dem Status von Bürgern dritter Klasse. Zum Symbol dieses Kapitels der Vergangenheitspolitik wurden Plakate mit Aufschriften wie: „Die Heimatarmee – der geifernde Zwerg der Reaktion" oder „Schmach den faschistischen Bütteln der Heimatarmee".

Mitte der fünfziger Jahre vollzog sich eine Wende in der Innenpolitik. In einem liberaleren politischen Klima wurden die schlimmsten Formen des Terrors beendet und die meisten politischen Gefangenen freigelassen. Damit wurde der erste Schritt zu einer von Verlogenheit freien Sicht auf die Geschichte des Krieges ermöglicht. Dieses „Tauwetter" innerhalb des Systems blieb allerdings ohne größeren Einfluss auf das Verhältnis zu Deutschland. Dieses blieb auch weiterhin von Furcht dominiert, welche durch die Remilitarisierung der Bundesrepublik noch angeheizt wurde. „Die Überzeugung, dass die Westgrenze des Landes bedroht sei, war in Polen geradewegs zu einer Zwangsvorstellung geworden."[13] Zum Anwachsen des Bedrohungsgefühls trug auch die Stärkung der Position der DDR innerhalb des Sowjetblocks bei. Andererseits galt die Sowjetisierung Ostdeutschlands bei den Polen, die dem Kommunismus und besonders der Sowjetunion gegenüber negativ eingestellt waren, durchaus als gerechte Strafe für den Nationalsozialismus.

---

[13] JERZY HOLZER, Uraz, nacjonalizm, manipulacja. Kwestia niemiecka w komunistycznej Polsce [Trauma, Nationalismus, Manipulation. Die deutsche Frage im kommunistischen Polen], in: Rocznik polsko-niemiecki 1(1992), S. 7-17, hier S. 13.

Die Bereitschaft der volkspolnischen Führung zu Konzessionen an die kollektive Erinnerung lebte in den sechziger Jahren erneut auf, als sich nach einigen Jahren der Stabilisierung die nächste Systemkrise abzuzeichnen begann. Seit 1964 hatten in einem Teil des Partei- und Staatsapparats nationalistische Tendenzen an Einfluss gewonnen. In ihrem Bestreben, die schwächer werdenden Verbindungen mit der Gesellschaft aufrechtzuerhalten, unternahm die Partei

> „[...] den Versuch, bestimmte Elemente der Geschichte und Tradition zu adoptieren, ja geradezu zu vereinnahmen sowie ein mythologisches Geschichtsbild der kommunistischen Widerstandsbewegung im Kanon der nationalen Tradition zu schaffen. Das Ergebnis war ein inkohärentes Konglomerat von Symbolen und Werten, die aus unterschiedlichen ideologischen Systemen einschließlich des nationalistischen stammten."[14]

Allerdings durfte das Paradigma der Geschichte des Krieges keinesfalls als Ganzes in Frage gestellt werden. Es gehörte nämlich zu den fundamentalen Bezugspunkten für die Geschichte der „Volksmacht", die nicht einmal unter dem Druck einer tiefen Krise einer Umwertung unterliegen durften. In der Sprache der zeitgenössischen Theorien kollektiver Identität könnte man formulieren, dass es eine Basis für den Gründungmythos der Volksrepublik Polen bildete.

Dabei wurde – wie in einer offiziellen Verlautbarung aus dem Jahre 1965 – mit Bedauern festgestellt, dass in der Gesellschaft weiterhin das Bewusstsein der Martyrologie der Besatzungszeit lebendiger war als das als des ungeheuren Beitrages der „fortschrittlichen Kräfte" (d.h. der Kommunisten und der UdSSR) zum Sieg, deren heldenhafter Kampf eben kein „vergebliches Duldertum" und „Aufwerfen von Steinen zu einer Barrikade" war, sondern die Umsetzung der einzig richtigen Konzeption darstellte.[15] Unfreiwillig bestätigte dies, dass die Tradition der Heimatarmee den gefährlichsten Schlag von Seiten des Systems überlebt hatte. Man war jedoch auch weiterhin bemüht, sie zu unterdrücken oder wenigstens mit Hilfe einer eigenen Version einer heroischen Tradition zu neutralisieren.

---

14 KRYSTYNA KERSTEN, Między wyzwoleniem a zniewoleniem. Polska 1944-1956 [Zwischen Befreiung und Knechtung. Polen 1944-1956], Londyn 1993, S. 177.

15 Äußerung des Mitglieds des Politbüros des Zentralkomitees der Polnischen Vereinigten Arbeiterpartei Marian Spychalski für die Zeitung „Trybuna Ludu" Nr. 126 vom 8. Mai 1965.

In dieser Situation entwickelten sich zwei Historiographien der neuesten Geschichte und insbesondere des Zweiten Weltkrieges – eine im Lande selbst, die andere in der Emigration. Das Monopol der Machthaber der Volksrepublik auf die Gestaltung der Sicht der Vergangenheit wurde Mitte der siebziger Jahre gebrochen, als Kreise der illegalen Opposition illegal (im sog. „zweiten Umlauf") Übersetzungen ausländischer Literatur sowie im Ausland entstandener Arbeiten polnischer Autoren herauszugeben begannen.

6. Die Legitimierung der Eingliederung der ehemaligen deutschen Ostgebiete

Das politische forcierte Ausblenden gewisser Aspekte der Vergangenheit lastete besonders schwer auf der Wahrnehmung der Geschichte Polen eingegliederten Gebiete ehemaligen deutschen Ostgebiete. In öffentlichen Begründungen für die Grenzverschiebung wurde das entscheidende Argument, dass es sich hierbei um eine Entschädigung für den Verlust der östlichen Hälfte des polnischen Vorkriegsterritoriums zugunsten der UdSSR handele, als anstößig empfunden und verschwiegen. In den Vordergrund rückte statt dessen eine historische Argumentation mit dem Dogma, Polen sei lediglich in „uralte piastische Gebiete" zurückgekehrt. Auf diese Weise wurde auf Ideen zurückgegriffen, die bereits vor 1939 in gewissen, mit der Nationalpartei (Stronnictwo Narodowe, SN) verbundenen Kreisen der polnischen Rechten formuliert worden waren. Bei der Beschreibung dieser ideologischen Symbiose zwischen Kommunisten und ihren geschworenen Gegnern verweist Włodzimierz Borodziej mit Recht auf die unvergleichliche Funktionalität der Theorie von den „die Wiege des Vaterlandes bildenden Gebieten" sowie auf ihre Konsequenzen im sprachlichen Bereich. Bekanntlich stellten die Orts- und Landschaftsbezeichnungen einen besonders umstrittenen Punkt in den polnisch-westdeutschen Beziehungen nach 1945 dar.

> „Vor dem Krieg galten Pommern und Schlesien als ‚die Wiege des Vaterlandes bildende Gebiete', nach dem Zweiten Weltkrieg wurden sie als ‚wiedergewonnene Gebiete' bezeichnet. Weil sie früher einmal zum Staat der Piasten gehört hatten, wurde ihre Polonisierung zur ‚Repolonisierung'. Und weil die deutsche Präsenz in diesen Gebieten gleichsam nur vorläufig war – dass diese ‚Vorläufigkeit' vom Mittelalter bis zur Mitte des 20. Jahrhunderts dauerte,

war unwichtig –, wurden die ausgesiedelten Deutschen zu ‚Repatrianten', d.h. zu Personen, die in ihr eigentliches Vaterland zurückkehrten, wobei diese Formulierung ursprünglich für die Polen benutzt worden war, die aus den früheren polnischen Ostgebieten in das Territorium der Polnischen Volksrepublik umgesiedelt wurden."[16]

Der Logik dieser Konzeption entsprechend wurden in der Darstellung der Geschichte Ostpreußens, Schlesiens oder Pommerns vor 1945 die polnischen Aspekte übermäßig herausgestellt, während gleichzeitig alle Informationen über die deutsche Vergangenheit einzelner Städte und Regionen reduziert oder geradezu ausgelöscht wurden. Ein Beispiel dafür liefert das Stichwort „Opole" in einem populären Lexikon, wo der Leser höchstens anhand der erwähnten Namen der polnischen Organisationen (wie z.B. des „Polnischen Pfadfinderverbandes in Deutschland") darauf kommen konnte, dass nicht nur die genannten Organisationen dort, sondern auch die ganze Stadt Oppeln einst zu Deutschland gehört hatte. Das Verwischen aller Spuren der deutschen Vergangenheit bildete einen der wichtigsten Bestandteile der Polonisierungspolitik und führte zur Zerstörung aller sichtbaren Formen des deutschen Kulturerbes bzw. verurteilte sie durch mangelnde Fürsorge zum Untergang. Robert Traba erinnert in diesem Zusammenhang daran, dass die gezielte Zerstörung der polnischen Kultur während der deutschen Besatzung das entscheidende Argument in der Diskussion lieferte, ob alte, d.h. „ehemals deutsche" Kulturdenkmäler aufgebaut und erhalten werden sollten.[17]

In der offiziellen Version der Geschichte wurden nur rudimentäre, oft ganz einfach falsche Informationen über die Geschicke der deutschen Bevölkerung innerhalb der neuen Grenzen Polens gegeben. Borodziejs Analyse zur Historiographie in der Volksrepublik Polen enthält eine

---

16 Kompleks wypędzenia – raport końcowy [Der Vertreibungskomplex – Schlussbericht], hrsg. von WŁODZIMIERZ BORODZIEJ und ARTUR HAJNICZ, Warszawa 1996, S. 43. Eine vertiefte Analyse des Begriffs der „Vertreibung" und verwandter Begriffe im Verständnis der deutschen und der polnischen Geschichtsschreibung findet sich bei WŁODZIMIERZ BORODZIEJ, Historiografia polska o „wypędzeniu" Niemców [Die polnische Historiographie über die „Vertreibung" der Deutschen], in: Polska 1944/45-1989. Studia i materiały, Bd. 2, Warszawa 1997, S. 249-269, hier S. 255.

17 ROBERT TRABA, Mogiły wrogów? Wschodniopruskie cmentarze wojenny w perspektywie przemian kulturowych 1915-1995 [Gräber der Feinde? Die ostpreußischen Soldatenfriedhöfe in der Perspektive der kulturellen Veränderungen von 1915 bis 1995], in: Przegląd Zachodni 53 (1997), Nr. 3, S. 55-69.

lange Liste verschwiegener oder unwahr dargestellter Themen.[18] Wenn wir uns hier auf die wichtigsten Beispiele beschränken, müssen zahlreiche Fragen gestellt werden: In welchem Zustand befanden sich die Gebiete und die Bevölkerung, die 1945 von den polnischen Behörden übernommen wurden, welche Rolle erfüllten die sowjetischen Institutionen und insbesondere die Rote Armee; diskutiert werden müssen die Maßnahmen der polnischen Behörden gegen die Deutschen – einschließlich der Politik gegenüber den sog. Autochthonen und Volksdeutschen –, die Haltung der deutschen Bevölkerung, der Situation der am stärksten benachteiligten Gruppen (Frauen, Kinder und Greise), die Beziehungen zwischen den Deutschen (bzw. den als Deutsche geltenden Gruppen) und der eingewanderten Bevölkerung, die Frage nach Revanche und Rache an den Deutschen, darunter auch die Problematik der Repressionen und Verfolgungen (insbesondere das Thema der Zwangsarbeitslager), Fragen der Verpflegung, auftretender Krankheiten und der hohen Sterblichkeitsrate unter der deutschen Bevölkerung sowie die Bedingungen und der Verlauf der Zwangsaussiedlungen.

Borodziej systematisiert die polnische Historiographie entsprechend ihren inhärenten „Interpretationsmustern", welche die Vertreibung der deutschen Bevölkerung erklären sollten. Die Verfasser solcher Arbeiten verwendeten für dieses Phänomen in der Regel natürlich nicht den Begriff „Vertreibung", was in Borodziejs Studie einen besonderen Gegenstand der Reflexion darstellt. Alle dargestellten Interpretationen – die „minimalisierende", die „Potsdamer" und die „Migrationsthese" – führten zu einer einseitigen Geschichtsschreibung, die das Bild der Vergangenheit mehr oder weniger verzerrte. Sie zeichnete sich durch willkürliche und tendenziöse Quelleninterpretation aus, beschränkte sich in der Regel auf polnische Dokumentationen, und blendete vor allem alle diejenigen Aspekte aus, welche die polnische Seite in einem ungünstigen Licht erscheinen ließen. Das Bild von Polen und Deutschen folgte Schwarz-Weiß-Stereotypen; die Deutschen wurden als eine für Polen fortwährend gefährliche Nation dargestellt. Nicht reflektiert wurde, dass es sich bei den Vertriebenen um wehrlose Menschen handelte, die in ihrer Mehrheit keine persönliche Schuld am Nationalsozialismus trugen. Das Verhalten der Polen gegenüber der deutschen Bevölkerung wurde idealisiert. Die für die Deutschen ungünstigen Umstände der Aussiedlung

---

[18] BORODZIEJ, Historiografia polska (wie Anm. 16).

erklärten die Autoren dieser Arbeiten meist mit objektiven Ursachen und mit der Haltung der Ausgesiedelten selbst.

Borodziejs Schlussfolgerung ist zuzustimmen, dass es sich hierbei nur teilweise um wissenschaftliche Literatur handelte:

> „Gleichzeitig war es im zumindest gleichen Maße politische Überzeugungsliteratur, die den Leser von der Unrichtigkeit oder gar Grundlosigkeit der Vorwürfe an Polen und die Polen überzeugen wollte, die von der westdeutschen Literatur im Zusammenhang mit der ‚Vertreibung' erhoben wurden; diese Literatur war übrigens von recht ähnlichen Regeln geprägt."[19]

Die offizielle Historiographie konnte bis zum Ende der achtziger Jahre nicht viel Neues liefern. Aber auch die außerhalb der Zensur publizierte Historiographie sowie die in der Emigration entstandenen Arbeiten beschäftigten sich nicht mit der polnisch-deutschen Problematik, sondern konzentrierten sich eher auf andere Lücken in der Geschichte, insbesondere auf die Geschichte der Volksrepublik und der polnisch-sowjetischen Beziehungen.

7. Nichtkommunistische Interpretationen des deutsch-polnischen Verhältnisses

Eine wichtige Rolle bei der Überwindung der Barriere des feindlichen Schweigens zwischen Polen und Deutschen spielten die Initiativen christlicher Kirchen in Deutschland (zuerst seitens der evangelischen Kirche), dann von polnischer Seite das „Schreiben der polnischen Bischöfe an ihre deutschen Brüder in Christus" vom 18.11.1965. Entgegen der in Polen landläufigen Überzeugung von der ewigen Feindschaft erinnerte dieses Dokument auch daran, was beide Nationen in ihrer tausendjährigen Geschichte miteinander verband; erwähnt wurden auch die deutschen Opfer des Nationalsozialismus, und das Leid der deutschen Flüchtlinge und Vertriebenen aus den Polen zugesprochenen Gebieten wurde anerkannt. Die polnischen Bischöfe verwendeten den Begriff „Vertriebene" in der Bedeutung, die er in Deutschland besaß, und zugleich entgegen dem bisherigen Sprachgebrauch in Polen. Ihr Schreiben würdigte insbesondere die deutschen Kämpfer und Märtyrer der antinazi-

---

19 Ebd., S. 262.

stischen Widerstandsbewegung in Deutschland; Informationen zu diesem Thema wurden im offiziellen Bildungswesen in Polen erst in den siebziger Jahren für breitere Kreise zugänglich. Die Einladung zum Dialog an die deutschen Bischöfe (und mit ihnen an die deutschen Katholiken) basierte also auf einem anderen Verständnis der kollektiven Erinnerung in Polen als dies bis zu diesem Zeitpunkt von der Staatsführung festgelegt und – auch das muss gesagt werden – von der Gesellschaft akzeptiert wurde. Gleichzeitig kam sie der deutschen Sensibilität entgegen. Die Worte „Wir vergeben und bitten um Vergebung“ stellten allerdings für die Polen eine außerordentlich schwierige Herausforderung dar.

Obwohl die historische Bedeutung dieses Schreibens bis zum heutigen Tag gut dokumentiert ist, gehen die Urteile über seine Rezeption in der polnischen Gesellschaft immer noch weit auseinander. Der Wahrheit am nächsten kommt wohl die Diagnose, dass die Reaktionen der meisten Polen lange „zwischen Ablehnung und Unverständnis“ der Intention dieses Briefes schwankten.[20] Vorwürfe der staatlichen Propaganda, die den Episkopat des Verrats an der polnischen Staatsräson bezichtigten, hielt die Mehrheit der Bevölkerung für begründet. Andererseits mobilisierten die Angriffe gegen die Kirche einen Teil der öffentlichen Meinung zu Solidaritätsbekundungen, womit zugleich eine Distanzierung gegenüber dem System deutlich wurde. Aber dies bedeutete noch keinen Durchbruch in den Anschauungen über die Vertreibung oder eine Revision des Verhältnisses zu den Deutschen.

Erst langfristig erfüllte der Schritt der Bischöfe die Rolle eines moralischen Wegweisers. Zunächst war er nur für engumrissene Eliten verständlich, deren politisch, religiös, moralisch oder historisch motiviertes Bestreben zur Anknüpfung eines Dialogs nicht die öffentliche Meinung widerspiegelte. Deshalb kann das Verdienst der unabhängigen Intelligenz – wie der Klubs der Katholischen Intelligenz oder der Kreise der demokratischen Opposition – bei der Herausbildung eines neuen Denkens über Deutschland gar nicht hoch genug gewürdigt werden.

Erinnert werden muss insbesondere an einen Wegbereiter dieses Prozesses, den Moralisten Jan Józef Lipski. In seinem 1981 veröffentlichten Essay über „Größenwahn und Fremdenfeindlichkeit der Polen“[21]

---

[20] Kompleks wypędzenia (wie Anm. 16), S. 46.

[21] JAN JÓZEF LIPSKI, Dwie ojczyzny – dwa patriotyzmy. Uwagi o megalomanii narodowej i ksenofobii Polaków [Zwei Vaterländer – zwei Patriotismen. Bemerkungen zur nationalen Megalomanie und Xenophobie der Polen], in: Powiedzieć sobie wszystko. Eseje o sąsiedztwie polsko-niemieckim / Wir müssen uns alles sagen. Essays über die polnisch-

legte er überzeugend die Notwendigkeit dar, die Mythen und falschen Vorstellungen in der polnischen Wahrnehmung der Geschichte der Beziehungen mit Deutschland von Lügen zu befreien. Dieses Thema war – so Lipski – auf Beispiele der Feindschaft reduziert worden, während all das unberücksichtigt blieb, was die Polen den Deutschen in kultureller und zivilisatorischer Hinsicht zu verdanken hatten. Verdrängt wurde auch die eigene Schuld im Zusammenhang mit der Vertreibung der Deutschen. Die Polen müssten zugeben, dass sie, selbst wenn sie das unmöglich zu vermeidende geringere Übel wählen mussten, dieses Übel dennoch nicht „gut" nennen dürfen, sowie dass das Zufügen von Leid „eine moralische Verpflichtung schaffe."[22] Dies gebiete u.a., das von den Deutschen hinterlassene kulturelle Erbe zu schützen – ohne Lügen und ohne Verschweigen, dass es sich dabei um Errungenschaften der deutschen Kultur handele. Die Anerkennung der Vertreibung als ein Übel bilde ein moralisches Gebot, das für jeden Christen bindend sei. Auf dieser – durch pragmatische und historische Prämissen ergänzten – Grundlage sollten sich die Polen mit den Deutschen aussöhnen.

Lipskis Ansichten setzten den moralischen Standard für die Reflexion über die polnisch-deutschen Angelegenheiten bzw. präzisierten diesen – im Kontext des vorangegangenen Schreibens der polnischen Bischöfe – genauer. Dieser Standard sollte von nun ab in den Kreisen der demokratischen Opposition als Vorbild fungieren. Bei den Historikern stießen seine Thesen hingegen auf kein größeres Interesse.

Die seit den siebziger Jahren entstehenden unabhängigen und oppositionellen Gruppen warfen den kommunistischen Machthabern vor, sie würden die Beziehungen zu Deutschland instrumentell behandeln und die Gesellschaft mittels der deutschen Frage manipulieren, um ihre Aufmerksamkeit von der Krise des Kommunismus abzulenken, so dass sie kein Recht hätten, im Namen der Nation zu sprechen. Vor allem das Problem der Grenze würde – wie betont wurde – zur Verteidigung des Regimes und der Vorherrschaft der UdSSR instrumentalisiert. Gleichzeitig verteidigten sowohl sozialdemokratisch als auch nationalistisch oder konservativ orientierte Gruppen einhellig die Unverletzlichkeit der Grenze an Oder und Lausitzer Neiße. Bei der Begründung wiederholten

---

deutsche Nachbarschaft. Gliwice / Warszawa 1996, S. 36-81, hier S. 45. Die Ausgabe bietet den Text in polnischer und deutscher Fassung.

22 Ebd., S. 44.

sie bemerkenswerterweise auch Argumente, die seit 1945 von den Machthabern der Volksrepublik vorgebracht wurden.

Zu Fragen der Vergangenheit der polnisch-deutschen Beziehungen, zur Beurteilung der deutschen Nation sowie über die Schlussfolgerungen für die Zukunft gab es dagegen durchaus Meinungsverschiedenheiten. Im Verständnis der Sozialdemokraten gehörte der Krieg der Vergangenheit an, die weitgehend überwunden war oder deren Überwindung heranreifte und deshalb heute nicht mehr so viel Aufmerksamkeit erforderte. Es seien die Kommunisten, die immer wieder an die Besatzungszeit erinnerten, um das Gefühl der Bedrohung aufrechtzuerhalten und das *Junktim* zwischen dem Sozialismus und der Sicherheit Polens zu wahren. Indessen hätten die Westdeutschen mit dem Nationalsozialismus abgerechnet, Wiedergutmachung geleistet und die westlichen Werte übernommen. Man müsse ihnen vergeben, und was die Geschichte betreffe, dürfe man auch die Leiden der deutschen Bevölkerung im Zusammenhang mit den Aussiedlungen nicht vergessen. Nicht das deutsche Volk sei der Feind der Polen, sondern der Faschismus – schließlich waren nicht alle Deutschen Nazis. Ähnlich sei es jetzt: Die Polen kämpften nicht gegen die Völker der UdSSR, sondern gegen den Kommunismus, der zusammen mit dem Faschismus die Zwillingsgestalt des Totalitarismus bilde. Durch einen Bruch mit Stereotypen und eine Umwertung ihrer Sicht der polnischen Geschichte müssten sich die Polen von den historischen Belastungen befreien und sich im Namen der Idee eines vereinigten Europa mit Deutschland aussöhnen.

Die konservativen und nationalen Kreise gingen in ihren Betrachtungen von Kategorien aus, die in der polnischen nationalistischen Bewegung seit Beginn des 20. Jahrhunderts entstanden waren, z.B. von der Überzeugung, dass die polnisch-deutschen Beziehungen unverändert auf dem Prinzip des Kampfes basierten und nur dessen Form sich wandle. Die Antwort dieser Gruppen auf die entscheidende Frage, ob und inwieweit Polen im gegenwärtigen Augenblick bedroht sei, fiel unterschiedlich aus. Generell beurteilte man die Veränderungen innerhalb der deutschen Nation skeptisch, besonders was die Abrechnung mit der nationalsozialistischen Vergangenheit betraf. Die Möglichkeit einer Versöhnung wurde von zahlreichen Vorbehalten abhängig gemacht, wenn auch im Allgemeinen nicht geleugnet wurde, dass Deutschland auf eine Politik der Stärke verzichtet habe. Als Haupthindernis in den gegenseitigen Beziehungen galt das Erbe des Krieges und oft auch die Unterschiede im Nationalcharakter von Polen und Deutschen.

Krystyna Rogaczewska fasst ihre Untersuchungen über die intellektuellen Resultate der oppositionellen Gruppen in dem Urteil zusammen, dass sie keine tiefgreifendere Auseinandersetzung mit der Vergangenheit der polnisch-deutschen Beziehungen enthielten. In ihrer Sicht des Zweiten Weltkrieges beschränkten sie sich auf Stellungnahmen zum Problem der NS-Verbrechen, während die Frage der Verantwortlichkeit des deutschen Volkes als solches im Prinzip übergangen werde, obwohl diese zu den wichtigsten Themen im polnischen Denken nach 1945 gehört habe.[23]

Zutreffend scheint Rogaczewskas Feststellung zu sein, dass die Ansichten über Deutschland in den Äußerungen der Opposition ein Ausdruck ihres Kampfes gegen den Kommunismus waren und insbesondere eine Reaktion auf die instrumentelle Deutschfeindlichkeit des Regimes darstellten. In diesem Zusammenhang hat die Opposition das der Bevölkerung von der offiziellen Propaganda unentwegt vorgehaltene Schwarz-Weiß-Bild der beiden deutschen Staaten gewissermaßen umgedreht. In ihrem Verständnis waren die guten Eigenschaften auf Westdeutschland beschränkt, das gleichsam idealisiert wurde, während den Deutschen aus der DDR solche positiven Eigenschaften völlig abgesprochen werden. Diese Einstellung beinhaltete das Risiko , die Deutschfeindlichkeit mit Hilfe des Antisowjetismus überwinden zu wollen, wobei die historische Reflexion gegenüber der moralischen zurück trat.

Was dagegen die politischen Konzeptionen betrifft, so wurden vor 1989 – mit ganz wenigen Ausnahmen – eigentlich keine programmatischen Vorschläge entwickelt (jedenfalls sind solche nicht veröffentlicht worden), welche die Außenpolitik, die polnisch-deutschen Beziehungen, die Frage der deutschen Wiedervereinigung oder überhaupt Fragen der internationalen Politik betrafen. Selbst wenn manche Kreise der demokratischen Opposition den Zusammenhang zwischen den Konsequenzen der Überwindung der „Ordnung von Jalta" für Polen und Deutschland schon früher schweigend akzeptiert hatten, so waren die Mitglieder der „Allianz für die polnische Unabhängigkeit" (PPN) zweifellos Wegbereiter dieses Gedankens. Diese Gruppierung vertrat bereits Ende der siebziger Jahre die damals schockierende These, dass es zur Wiedervereinigung Deutschlands kommen müsse, wenn Polen sich nach Westen orientieren soll.

---

23 KRYSTYNA ROGACZEWSKA, Niemcy w myśli politycznej polskiej opozycji w latach 1976-1989 [Deutschland im politischen Denken der polnischen Opposition in den Jahren 1976-1989], Wrocław 1998, S. 115.

8. Nachlassende Intensität des negativen Deutschland-Bildes nach 1970

Der Warschauer Vertrag von 1970 mit der Festschreibung der Unverletzlichkeit der Oder-Neiße-Grenze reduzierte in Polen die Ängste vor dem deutschen Revisionismus. Dadurch wurde das Ausspielen der deutschen Karte als Instrument der Innenpolitik unwirksam, und die sowjetischen Garantien verloren ihren Stellenwert als einzige Sicherung dieser Grenze. Die Beschränkungen durch die Zensur (d.h. ideologisch-politische Determinanten) vereitelten andererseits eine umfassende Aufklärung über die Bedeutung dieses Normalisierungsabkommens. So wurde z.B. in der propagandistischen Begründung des Einmarsches der Warschauer Paktstaaten in die Tschechoslowakei im Sommer 1968 das Argument benutzt, ein Sieg der „Konterrevolution" würde die Bedrohung dieser Grenze noch verstärken, weil dann ein deutsch-tschechisches Bündnis entstehen würde. Einen beredten Beweis dafür, wie wenig funktional die Grenzproblematik in der Hand der Partei inzwischen war, lieferte der Ausbruch sozialer Unruhen an der Ostseeküste im Dezember 1970 und der Sturz Gomułkas unmittelbar nach seinem großen Erfolg – der Unterzeichnung des Abkommens mit Brandt.

Sowohl der Stand der bilateralen Beziehungen als auch die Entspannung in den Ost-West-Beziehungen ließen die deutschfeindliche Propaganda wirkungslos werden. Ein Grund dafür lag in der Kompromittierung der Parolen der sog. (materiellen) Erfolgspropaganda. Mit ihrer Hilfe – sowie mit u.a. in der Bundesrepublik Deutschland aufgenommenen Anleihen – versuchte die 1970 angetretene Führung die abreißende Verbindung mit den Massen wiederherzustellen. Größeren Einfluss auf die Phantasie breiter Massen der Gesellschaft hatte in den siebziger Jahren die bis dahin unbekannte Entwicklung persönlicher Kontakte zwischen Polen und Deutschen.

Auch die Propaganda gegen die Vertriebenenverbände verstummte – die Behörden strebten jetzt eine Marginalisierung dieser Frage an. Es scheint, dass die Amnesie, die eigentlich von Anfang an die Geschichte der heutigen polnischen Westgebiete umfasste, nicht nur den Interessen der Machthaber diente, sondern auch den neuen Bewohnern half, ihre psychologischen Probleme zu lösen, und ihre soziale und kulturelle Anpassung erleichterte. Wahrscheinlich bestand dabei ein Zusammenhang zwischen dem Schweigen über die Vertreibung der Deutschen und dem Verschweigen der Vertreibung der Polen aus ihrer Heimat in Ostpolen. In diesem Kontext wird auch die Rolle der „Piasten-Theorie“ als einer geschichtsphilosophischen Prothese verständlicher, welche die amputierten Teile der Geschichte ersetzen musste. Das „von oben“ verordnete oder wenigstens erlaubte Vergessen ermöglichte offensichtlich, peinliche Fragen nach der eigenen Beteiligung, Verantwortung und Schuld in der Vergangenheit zu vermeiden. Aber wahrscheinlich werden wir auf der Suche nach den Quellen und Motiven dieser kollektiven Amnesie auch im Syndrom des schlechten Gewissens keine erschöpfende Antwort finden. Die Leichtigkeit des Vergessens hatte ihren Grund nämlich auch darin, dass die Menschen endlich „eine Heimat“ haben wollten und deshalb Angst vor einer Rückkehr der Deutschen hatten.

In den achtziger Jahren wurden letzte Versuche einer Stabilisierung und Reintegration der Gesellschaft in das System unternommen, die auch auf dem Gebiet der Vergangenheitspolitik erkennbar wurden. Gleich nach der Einführung des Kriegsrechts im Dezember 1981 versuchte die Staatsführung noch einmal, das Schreckgespenst des deutschen Revisionismus in Dienst zu nehmen, aber das machte keinen größeren Eindruck mehr auf die Menschen. Ein positives Echo löste dagegen in breiten Kreisen der Gesellschaft die Paketaktion der Jahre 1982-1983 aus, die zweifellos zu einer weiteren positiven Veränderung des Bildes von Westdeutschland beitrug. Die Propaganda griff jetzt stärker als vorher auf nationale Traditionen zurück, besonders in Bezug auf die Geschichte des Zweiten Weltkriegs. Dies zeigte einerseits die Erschöpfung aller Überredungskünste, andererseits entsprang es aber in gewissem Maße auch den Ideen der Equipe um General Wojciech Jaruzelski, den Sozialismus zu reformieren, um ihm ein mehr polnisches Antlitz zu geben. Tomasz Szarota ist der Ansicht, dass diese Gruppe

> „[...] die Notwendigkeit einer Liberalisierung des politischen Kurses, einer Milderung der Zensur, einer wahrheitsgemäßen Erklärung z.B. der Zusatzprotokolle zu den deutsch-sowjetischen Abkommen vom August und September 1939 oder der Verbrechen von Katyn sowie der Zuerkennung eines *suum cuique* an die den Polen so teure Heimatarmee durchaus erkannten. Daher war die Zensur [historischer Themen] in Volkspolen paradoxerweise gerade in der Zeit des Kriegsrechts am liberalsten. Zweifellos waren die Machthaber bemüht, die Unterstützung der Gesellschaft gerade

durch das Demonstrieren ihres Patriotismus zu gewinnen – was ihnen bekanntlich nicht gelungen ist."[24]

Eine der letzten Manifestationen dieser Politik bildete die Erklärung aus Anlass der Feiern zum Tag des Sieges am 9. Mai 1989, d.h. buchstäblich in den letzten Wochen der kommunistischen Regierung, dass allen polnischen Kämpfern aus der Zeit des Krieges gleichermaßen Huldigung gebühre.

9. Zusammenfassende Bemerkungen

In der Vergangenheitspolitik in Volkspolen gab es starke Spannungen, die sowohl aus dem außergewöhnlichen Charakter der Vergangenheit in den Jahren 1939-1945 resultierten als auch aus der Art und Weise ihrer Interpretation und ihrer Funktionalisierung – einerseits durch die Machthaber und andererseits durch die Bevölkerung selbst. Machthaber wollen bekanntlich nie auf ihre Herrschaft über die in der Erinnerung der Gesellschaft eingeprägte Vergangenheit verzichten. Für die Kommunisten war die Eroberung dieser Herrschaft eine Bedingung *sine qua non* für die Umsetzung der Idee der totalen Macht, deshalb behandelten sie die Geschichte, besonders bis 1956, als Hauptfront im Kampf um die Veränderung des Bewusstseins – um die „Umschmiedung der Seelen" der Polen. Auf diese Weise wurde gleichzeitig der Verlauf der Front zur Verteidigung der nationalen Identität der Polen vorgegeben. So schloss sich das System widersprüchlicher Bestrebungen – einerseits zur Inbesitznahme und Monopolisierung der historischen Traditionen durch die Machthaber und auf der anderen Seite zu ihrer Verteidigung und Rückgewinnung durch die Gesellschaft.

Die Kommunisten verstanden die Vergangenheit in erster Linie als Instrument zur Realisierung ihrer Ziele. Ihre Version der Geschichte, die in ihren entscheidenden Aspekten zu einer Mythologie des Sieges im Zweiten Weltkrieg wurde, erfüllte eine ganze Reihe politischer Funktionen. Innenpolitisch hingen diese vor allem mit der Legitimierung des Systems und darüber hinaus mit der Mobilisierung der Gesellschaft und

---

24 TOMASZ SZAROTA, Życie z historią lub „żywa historia". II wojna światowa w świadomości Polaków po 50 latach [Leben mit der Geschichte oder „lebendige Geschichte". Der Zweite Weltkrieg im Bewusstsein der Polen nach 50 Jahren], in: Polska 1944/45-1989 (wie Anm. 16), S. 235-247, hier S. 238.

der Bekämpfung der Opposition zusammen. Eine Schlüsselrolle spielte dabei die deutsche Frage, die als funktionale Ebene für eine zugleich nationale wie systembezogene Integration der Gesellschaft genutzt wurde. Außenpolitisch wurde die Erinnerung an den Krieg und das negative Bild von den Deutschen zur Bekämpfung der Bundesrepublik Deutschland instrumentalisiert. Die Deutschfeindlichkeit sollte auch bei der Überwindung der Antipathien der Polen gegenüber der UdSSR helfen. Dazu diente jedoch vor allem die Fälschung und Tabuisierung anderer Bereiche der Geschichte, die im kollektiven Gedächtnis der Polen tief eingeprägt waren.

Es wäre jedoch zu einfach zu sagen, dass die Stimmungen der Furcht und Feindschaft gegen die Deutschen, deren Ursprung in der Erinnerung an den Krieg lagen, in Polen einzig durch die kommunistische Propaganda an Einfluss gewannen. Sie waren durchaus auch von der Politik der Bundesrepublik Deutschland und der Einstellung der westdeutschen Gesellschaft abhängig, die von der Propaganda der Volksrepublik Polen allerdings auf recht tendenziöse Weise dargestellt wurde.

Die Vergangenheitspolitik der Kommunisten besaß ihre innere Dynamik, die sich u.a. im Aufgreifen von Elementen der patriotischen Tradition zeigte. Dadurch konnte zwar die Niederlage der Kommunisten im Kampf um die „Seele der Nation" nicht vermieden werden, aber es war unmöglich, dass diese Politik keine Spuren im Bewusstsein der Gesellschaft hinterließ. Im Endeffekt verschmolzen Vorstellungen unterschiedlicher Herkunft oft in mythisierter Form miteinander.

Der Krieg war für die Polen in den Jahren 1945-1989 lebendige und immer wieder in Erinnerung gerufene Geschichte. Sein Bild verfestigte sich am stärksten in Form einer heroisch-martyrologischen Tradition. Indem die Gesellschaft die nationalen Traditionen verteidigte, konservierte sie zugleich die darin enthaltenen Mythen und Vorurteile, wie das Stereotyp von den „guten Polen" und den „bösen Deutschen", trotzte den Umwertungen ihrer Geschichte und konzentrierte ihre Energie auf politische Forderungen. Die Polen, die mit Recht die Außergewöhnlichkeit ihrer Geschichte betonten, wussten zumeist nicht viel von den Erlebnissen, Leiden und Verdiensten der anderen Nationen im Kriege.

Oppositionelle Milieus und Gruppen begannen sich der instrumentellen Behandlung der Vergangenheit seitens der Machthaber sowie den Denkschemata der Polen über die Geschichte der polnisch-deutschen Beziehungen immer mehr zu widersetzen. Sie schwächten das Stereotyp des Deutschen als Erbfeind ab oder verwarfen es generell. Die Deutschen wurden in einem neuen Licht als Europäer dargestellt und die polnisch-deutsche Versöhnung als eine Bedingung für den Aufbau eines vereinigten Europa verstanden. Auf diese Weise bahnten sie den Weg zu einer Wende in den polnisch-deutschen Beziehungen und zu einer neuen polnischen Vergangenheitspolitik nach der Wiedererlangung der Souveränität.

Aus dem Polnischen übersetzt von Herbert Ulrich

Literaturhinweise

Stanisław T. Bębenek, Myślenie o przeszłości [Denken über die Vergangenheit]. Warszawa 1981 (beschreibt die Veränderungen im Geschichtsbewusstsein in Polen von 1947 bis 1966, auf der Basis gesellschaftspolitischer und kultureller Presseartikel).

Włodzimierz Borodziej, Historiografia polska o „wypędzeniu" Niemców [Die polnische Historiographie über die „Vertreibung" der Deutschen]. In: Polska 1944/45-1989. Studia i materiały. Bd. 2. Warszawa 1997 (eine kritische Analyse der polnischen Historiographie zum Thema der Vertreibung der Deutschen).

Kompleks wypędzenia – raport końcowy [Der Vertreibungskomplex – Schlussbericht]. Hrsg. von Włodzimierz Borodziej/Artur Hajnicz. Warszawa 1996 (Schlussbericht zur Realisierung des Programms „Der Vertreibungskomplex" mit einer Reihe von Konferenzen, Seminaren und Untersuchungen, an dem etwa 200 Personen aus einem Dutzend wissenschaftlicher Zentren in Polen und der Bundesrepublik Deutschland teilnahmen).

Edmund Dmitrów, Niemcy i okupacja hitlerowska w oczach Polaków. Poglądy i opinie z lat 1945-1948 [Die Deutschen und die hitlerdeutsche Okkupation in den Augen der Polen. Ansichten und Meinungen aus den Jahren 1945-1948]. Warszawa 1987 (Studie zu den Hauptproblemen der öffentlichen Auseinandersetzung mit dem Krieg in Polen, u.a. Interpretationen des Nationalsozialismus, zur Charakteristik der deutschen Nation, zur Frage der Verantwortlichkeit für den Nationalsozialismus sowie über die Vergangenheitspolitik der kommunistischen Machthaber).

Jerzy Holzer, Uraz, nacjonalizm, manipulacja. Kwestia niemiecka w komunistycznej Polsce [Trauma, Nationalismus, Manipulation. Die deutsche Frage im kommunistischen Polen]. In: Rocznik polsko-niemiecki 1 (1992), S. 7-17 (Analyse zur Funktionalisierung der deutschen Frage in der Innen- und Außenpolitik der Volksrepublik Polen)

Krystyna Kersten, Między wyzwoleniem a zniewoleniem. Polska 1944-1956 [Zwischen Befreiung und Knechtung. Polen 1944-1956]. Londyn 1993 (Sammlung von Essays aus den Jahren 1985-1990 über die Rolle, die Geschichte, Tradition und Erinnerung in den Haltungen der polnischen Gesellschaft gegenüber dem Kommunismus spielte).

Jan Józef Lipski, Powiedzieć sobie wszystko. Eseje o sąsiedztwie polsko-niemieckim / Wir müssen uns alles sagen. Essays über die polnisch-deutsche Nachbarschaft. Gliwice / Warszawa 1996 (zweisprachige Sammlung von Essays über das historische Bewusstsein und die Haltungen der Polen gegenüber anderen Völkern wie den Deutschen, den Russen und den Juden. Der Essay „Zwei Vaterländer – zwei Patriotismen. Bemerkungen über nationalen Größenwahn und Xenophobie der Polen" von 1981 (S. 36-81) spielte für die Meinungsbildung der demokratischen Opposition in den achtziger Jahren eine wichtige Rolle).

Anna Pawełczyńska, Żywa historia – pamięć i ocena lat okupacji [Lebendige Geschichte – Gedächtnis und Bewertung der Jahre der Besatzung]. Warszawa 1977 (empirische Analyse der Ergebnisse von Befragungen einer repräsentativen Stichprobe der polnischen Bevölkerung 1975 über ihre Erinnerungen aus den Jahren des Krieges und der Besatzung; auf dieser Basis wurden allgemeine Funktionsmechanismen der kollektiven Erinnerung interpretiert).

Krystyna Rogaczewska, Niemcy w myśli politycznej polskiej opozycji w latach 1976-1989 [Deutschland im politischen Denken der polnischen Opposition in den Jahren 1976-1989]. Wrocław 1998 (Präsentation der Ansichten der verschiedenen Strömungen der antikommunistischen Opposition zu Deutschland und den polnisch-deutschen Beziehungen im Kontext der Projekte eines künftigen Europa; Konzeptionen der Aussöhnung mit dem deutschen Volk).

Tomasz Szarota, Życie z historią lub „żywa historia". II wojna światowa w świadomości Polaków po 50 latach [Leben mit der Geschichte oder „lebendige Geschichte". Der Zweite Weltkrieg im Bewusstsein der Polen nach 50 Jahren]. In: Polska 1944/45-1989. Studia i materiały.

Bd. 2. Warszawa 1997, S. 235-247 (Studie über den 2. Weltkrieg im Bewusstsein der heutigen Polen und den Stellenwert der Kriegsproblematik in der polnischen Geschichtstradition).

Jürgen Danyel

Vergangenheitspolitik in der SBZ/DDR 1945-1989

Die Distanzierung vom NS-Regime und seinen Verbrechen bildete einen zentralen Bezugspunkt des politischen Handelns der in der SBZ/DDR dominierenden kommunistischen Funktionäre und prägte entscheidend das politisch-ideologische Selbstverständnis des 1949 gegründeten ostdeutschen Staates. Die Auffassungen der verschiedenen kommunistischen Gruppierungen, die aus dem Exil bzw. aus der Haft und der Illegalität ins Nachkriegsdeutschland zurückkehrten, über die politische Zukunft eines Deutschland nach Hitler, über die wirksamsten Strategien der Auseinandersetzung mit dem Nationalsozialismus und über die Haltung der ehemaligen Verfolgten und Opfer des Regimes gegenüber der deutschen Bevölkerung, waren unmittelbar nach 1945 keineswegs einheitlich. Hinzu kam, dass die ordnungs- und vergangenheitspolitischen Vorstellungen der KPD/SED zunächst noch in einer relativ offenen politischen Situation artikuliert und propagiert wurden. Sicherlich besaßen die Kommunisten in der ihnen wohlgesonnenen sowjetischen Besatzungsmacht einen starken Rückhalt, doch sie bewegten sich mit ihren Vorstellungen zunächst noch in einer Konkurrenzsituation zu den anderen politischen Parteien und zu weiteren Opfer- und Verfolgtengruppen. Entsprechend oszillierten die programmatischen und tagespolitischen Äußerungen der Partei zwischen einem gesinnungsethischen Fundamentalismus auf der einen Seite, mit dem die konsequente Abrechnung mit den Trägerschichten des NS-Staates und mit seiner Ideologie sowie deutsche Sühneleistungen für die vom NS-Regime begangenen Verbrechen in Aussicht gestellt werden, und auf der anderen Seite taktischen Rücksichtnahmen mit Blick auf den eigenen Rückhalt in der Bevölkerung. Zugleich hatte sich die KPD/SED immer wieder den oft in sich widersprüchlichen politischen Direktiven der sowjetischen Besatzungsmacht unterzuordnen. Dies betraf etwa den Umgang mit bestimmten Tätergruppen, das Tempo der ordnungspolitischen Eingriffe, die an die Sowjetunion zu leistenden Reparationen, Fragen der Deutschlandpolitik und die Prämissen der Bündnispolitik der KPD/SED im Rahmen der „antifaschistisch-demokratischen Umwälzung“.

Die Situation in der Sowjetischen Besatzungszone Deutschlands (SBZ) war in den ersten Jahren nach 1945 widersprüchlich. Sie wurde einerseits durch einen allerdings nur kurz andauernden Konsens der verschiedenen politischen und gesellschaftlichen Gruppen geprägt, die mit durchaus unterschiedlichen Vorstellungen für einen demokratischen Neubeginn eintraten. Fragen der Vergangenheitspolitik wurden damals in der Öffentlichkeit und auch innerhalb der KPD/SED noch relativ offen und kontrovers diskutiert. Gleichzeitig finden sich bereits in dieser frühen Periode zahlreiche Belege dafür, dass die Kommunisten versuchten, andere Opfer- und Verfolgtengruppen in den Hintergrund zu drängen und den lautstark propagierten „antifaschistisch-demokratischen“ Neuanfang für ihre machtpolitischen Interessen zu missbrauchen.

1. Schuldfrage und Elitenaustausch

In einer ihrer ersten öffentlichen Stellungnahmen, dem Aufruf vom 11. Juni 1945, räumte die KPD ein, dass auch ihr politisches Scheitern zur Durchsetzung des Nationalsozialismus beigetragen habe und die Frage nach der Schuld der Deutschen insofern auch eine Frage der selbstkritischen Aufarbeitung kommunistischer Politik sei:

> „Wir deutschen Kommunisten erklären, daß auch wir uns schuldig fühlen, indem wir es trotz der Blutopfer unserer besten Kämpfer infolge einer Reihe unserer Fehler nicht vermocht haben, die antifaschistische Einheit der Arbeiter, Bauern und Intelligenz entgegen allen Widersachern zu schmieden, im werktätigen Volk die Kräfte für den Sturz Hitlers zu sammeln, in den erfolgreichen Kampfzuführen und jene Lage zu vermeiden, in der das deutsche Volk geschichtlich versagte.“[1]

---

1 Vgl. Aufruf des ZK der KPD an das deutsche Volk zum Aufbau eines antifaschistisch-demokratischen Deutschlands vom 11. Juni 1945, in: Um ein antifaschistisch-demokratisches Deutschland. Dokumente aus den Jahren 1945-1949, Berlin 1968, S. 58. Allerdings klammert auch dieses Schuldeingeständnis die Frage der verfehlten Widerstandsstrategie der Kommunisten nach 1933, die stalinistischen Säuberungen unter den Exilanten und die verheerenden Folgen der sowjetischen Außenpolitik (Hitler-Stalin-Pakt) aus und blieb daher halbherzig.

Diese Einsicht trat in dem Maße in den Hintergrund, in dem sich die KPD/SED gegenüber den Christdemokraten, den Liberalen und den Nationaldemokraten in der SBZ als konsequenteste antifaschistische Kraft zu profilieren suchte. Zugleich instrumentalisierte die Partei die Vergangenheitsaufarbeitung für ihre Politik eines weitreichenden Elitenaustausches. Auch hier wurde das frühe Bekenntnis der deutschen Kommunisten zu einer Mitverantwortung für das NS-Regime eher hinderlich und spielte folgerichtig eine immer geringere Rolle. Auf dem Feld der personalpolitischen Entscheidungen in Verwaltung und öffentlichem Leben der SBZ betonten die politischen Direktiven und Stellungnahmen der KPD/SED, dass ein konsequenter Antifaschismus die entscheidende Handlungsorientierung der neuen Führungskader in Politik und Gesellschaft sein müsse. In den Auseinandersetzungen um die Verteilung der politischen Macht in der SBZ stellte sich die SED als die alleinige politische Kraft dar, aus deren Reihen die Träger einer solchen neuen Führungsschicht hervorgehen könnten. Die Widerstandsbiographien der kommunistischen „Kader der ersten Stunde" wurden zu dem entscheidenden politischen und moralischen Argument für diesen Anspruch:

> „Den Mitgliedern, insbesondere aber den Funktionären der SED, sind jetzt Aufgaben gestellt, die nur von einem neuen Typus des Funktionärs gelöst werden können. Nur überzeugte Antifaschisten, die aus der Vergangenheit und den früher gemachten Fehlern gelernt haben; [...] können solche Aufgaben meistern. Die SED hat bewiesen, daß sie diese neuen Menschen besitzt und dass sie fähig ist, sie ständig aus ihren Reihen zu entwickeln und sie überall dorthin zu stellen, wo die neuen Aufgaben der Gegenwart tüchtige und zuverlässige Menschen erfordern."[2]

In der Phase der Entnazifizierung und des politisch induzierten Elitenwechsels in der SBZ ermöglichte dieses Auswahlkriterium einen schnellen und jederzeit legitimierbaren Zugriff auf wichtige Führungsfunktionen in der SBZ. Nahezu allen ehemaligen Veranwortungsträgern, selbst in den untergeordneten Bereichen der Verwaltung, Wirtschaft und des sozialen und kulturellen Lebens, konnte unabhängig von den Entnazifizierungsregelungen der Alliierten mindestens eine moralische Belastung nachgewiesen oder konstruiert werden. Demgegenüber vermochten sich die Kommunisten als unbelastet und moralisch integer gegenüber dem

---

2 Vgl. FRANZ DAHLEM, Der neue Typus des Funktionärs der SED, in: Einheit 1 (1946), S. 193.

Rest der deutschen Bevölkerung zu geben.[3] Das öffentlich artikulierte antifaschistische Selbstverständnis der KPD-Kader[4] legitimierte insofern den von der SED aus machtpolitischen Gründen betriebenen Zugriff auf die Schaltstellen von Politik und Gesellschaft sowohl gegenüber den Restbeständen der alten Eliten als auch gegenüber der politischen Konkurrenz. In der unmittelbaren Nachkriegszeit diente der Antifaschismus also nicht nur der weltanschaulich-politischen Positionierung der KPD/SED, sondern war ein funktionaler Bestandteil der Personalpolitik und damit der gesellschaftspolitischen Neuordnung in der SBZ und der frühen DDR. Die KPD/SED mit ihrer Widerstandstradition verfügte trotz ihrer beträchtlichen personellen Verluste über das größte Reservoir an potenziellen Führungskräften mit einer antifaschistischen Vergangenheit. Die frühzeitig beginnende Zurückdrängung sozialdemokratischer, bürgerlicher und konservativer NS-Gegner begünstigte diese personelle Überlegenheit. Zugleich verhielt sich die KPD/SED in personalpolitischen Dingen ähnlich wie die sowjetische Besatzungsmacht ausgesprochen pragmatisch. Schon bald stand die SED-Führung vor dem Problem, dass sie das zunächst stark betonte Merkmal einer antifaschistischen Biographie für die von ihr positionierten Kader modifizieren musste. Entprofessionalisierungstendenzen und ernste Probleme in Wirtschaft und Verwaltung zwangen die KPD/SED zu personalpolitischen Kurskorrekturen. Immer dann, wenn die Funktionsfähigkeit der Versorgung oder die Reparationslieferungen an die Sowjetunion gefährdet waren, griff man auf das alte belastete Fachpersonal zurück, allerdings unter der Voraussetzung, dass sich dieses loyal zur neuen Ordnung verhielt.

2. Erinnerungsarbeit in der VVN

Eine wichtige Rolle für die öffentliche Erinnerung an die Verbrechen des Nationalsozialismus und für die geistige Auseinandersetzung mit dessen Ideologie in der SBZ/DDR spielte die 1947 als gesamtdeutsche Organisa-

---

3 Zum elitären Selbstverständnis der deutschen Kommunisten siehe ARND BAUERKÄMPER/JÜRGEN DANYEL/PETER HÜBNER, „Funktionäre des schaffenden Volkes"? Die Führungsgruppen der DDR als Forschungsproblem, in: Gesellschaft ohne Eliten? Führungsgruppen in der DDR, hrsg. von DENS. und SABINE ROSS, Berlin 1997, S. 41ff.

4 Vgl. RALF KESSLER/HARTMUT R. PETER, Antifaschisten in der SBZ. Zwischen elitärem Selbstverständnis und politischer Instrumentalisierung, in: Vierteljahrshefte für Zeitgeschichte 43 (1995), S. 611-633.

tion gegründete Vereinigung der Verfolgten des Nazi-Regimes (VVN).[5] Der Verband verstand sich zunächst als eine Art über den Parteien stehendes moralisches Gewissen der deutschen Nachkriegsgesellschaft. Seine Mitglieder leiteten aus ihrer Beteiligung am Widerstand und aus den leidvollen Erfahrungen von Verfolgung und Haft ein besonderes Mitspracherecht bei der politischen Neuordnung nach 1945 ab. Obwohl der Einfluss der KPD/SED in der Organisation von Anfang an groß war, wies die von dem Verfolgtenverband geleistete Erinnerungs- und Aufklärungsarbeit in den ersten Jahren eine beachtliche Breite auf. In der VVN arbeiteten neben den Kommunisten auch zahlreiche Sozialdemokraten, Vertreter des Widerstandskreises um die Attentäter des 20. Juli 1944, der Kirchen, der Westemigration und der jüdischen Gemeinden mit. Eines der vorrangigen Ziele der Organisation bestand darin, Material und Erinnerungsberichte über die deutsche Widerstandsbewegung zu sammeln,[6] um dieses Wissen in der deutschen Bevölkerung zu verbreiten. Einen ersten Höhepunkt dieser Bemühungen bildete die im September 1948 im ehemaligen Reichspräsidentenpalais in Berlin eröffnete Ausstellung „Das andere Deutschland. Eine Schau der deutschen Widerstandsbewegung gegen das NS-Regime". Die Mitglieder des Verbandes unternahmen zahlreiche Anstrengungen zur Ermittlung und Bestrafung von ehemaligen NS-Funktionsträgern, die Verbrechen begangen hatten. Darüber hinaus bemühte sich der Verfolgtenverband um die Herstellung von Verbindungen zu den Organisationen ehemaliger politischer Häftlinge in den Nachbarländern und zu der auf polnische Initiative gegründeten *Fédération Internationale des Anciens Prisonniers Politiques* (FIAPP). Eine wichtige Rolle spielten dabei persönlichen Verbindungen führender Mitglieder der VVN aus der gemeinsamen Haftzeit mit politischen Häftlingen aus den von den von Deutschland im Zweiten Weltkrieg besetzten Ländern. Besonders Franz Dahlem verfügte als ehemaliges Mitglied des Internationalen Lagerkomitees im KZ Mauthausen über gute Kontakte zum Exekutivkomitee der FIAPP und zum polnischen Ministerpräsidenten Józef Cyrankiewicz. Mit der Aufnahme in den Internationalen Verband auf dessen Warschauer Tagung im Mai 1948 konnte die VVN einen wichtigen außenpolitischen Erfolg verbuchen, der auch den staatlichen

---

5 Zur Geschichte der Verfolgtenorganisation siehe ELKE REUTER/DETLEV HANSEL, Das kurze Leben der VVN 1947 bis 1953, Berlin 1997.

6 Vgl. JÜRGEN DANYEL, Bilder vom „anderen Deutschland". Frühe Widerstandsrezeption nach 1945, in: Zeitschrift für Geschichtswissenschaft 42 (1994), S. 611-621.

Beziehungen zwischen der SBZ/DDR und der VR Polen den Weg ebnete. In einem Artikel in der VVN-Zeitschrift „Unser Appell“ vom August 1948 verwies Dahlem auf die besondere Verantwortung der deutschen VVN-Mitglieder gegenüber den ehemaligen politischen Häftlingen aus den Nachbarländern:

> „Beim Verweilen vor den Hinrichtungsstätten in den Straßen Warschaus oder auf den Friedhöfen, wo die Reste der Ermordeten zusammengetragen und gebettet worden sind, erlebten wir die große Pietät gegenüber den Toten –, und dabei dachten wir daran, daß wir in Deutschland die Ehrenpflicht haben, die Todesstätten so vieler unserer internationalen Kameraden würdig zu gestalten und zu pflegen. Viele ausländische Delegationen werden jetzt nach Deutschland kommen, und man wird viele Fragen an uns stellen“.[7]

Zugleich ging der Beitrag auf ein heikles Thema ein, das offenbar die Beziehungen zu den ausländischen Verfolgtenverbänden belastete:

> „Bedenken, die sowohl in den Ländern West- wie Osteuropas früher gegen die Aufnahme der Deutschen in der FIAPP bestanden, beruhten in dem Mißtrauen, ob sich in der VVN nicht auch solche ehemaligen Kzler befinden, die in den Lagern als Kapos oder als Zuträger Bütteldienste für die SS leisteten, ob die deutsche Organisation rein von Chauvinisten, Militaristen und antisemitischen Elementen sei ...“[8]

Die ambivalente Stellung der deutschen kommunistischen Funktionshäftlinge in den Lagern und die politisch motivierten Praktiken der „Kaderschonung“ und des „Opfertauschs“ veranlassten auch die SED ab 1946 zu umfangreichen internen Untersuchungen, die sich besonders auf die „roten Kapos“ in Buchenwald konzentrierte. In der Öffentlichkeit jedoch wurde dieses Problem weitestgehend tabuisiert[9].

---

7 Vgl. FRANZ DAHLEM, Internationale Kampfsolidarität, in: Unser Appell 2 (1948), Nr. 10 v. 1.8.1948, S. 1.

8 Ebenda, S. 2.

9 Siehe dazu: Der „gesäuberte“ Antifaschismus. Die SED und die roten Kapos von Buchenwald, hrsg. von LUTZ NIETHAMMER, Berlin 1994.

3. „Kämpfer" versus „Opfer". Die Debatte um die Entschädigung

Gravierende Folgen für die Vergangenheitspolitik in der SBZ/DDR hatte auch die widersprüchliche Haltung der KPD/SED in der Frage der Anerkennung und Entschädigung der Opfer des NS-Regimes. Die Tendenz vieler Kommunisten, welche unter den Überlebenden die größte Gruppe der Opfer und Verfolgten des NS-Regimes bildeten, den 1945 gebildeten Hauptausschuss „Opfer des Faschismus" und später die VVN als einen Verband ehemaliger politischer Kämpfer gegen das NS-Regime zu profilieren, grenzte die großen Opfergruppen der aus rassischen Gründen verfolgten Juden, der Sinti und Roma und der wegen ihres Glaubens verfolgten Bibelforscher und Zeugen Jehovas aus. Besonders negativ wirkte in diesem Bereich die von führenden Funktionären des Verbandes vorgenommene Unterscheidung zwischen „Kämpfern" und bloßen „Opfern" des NS-Regimes.[10] In der Praxis führte diese Position dazu, dass eine Regelung der Entschädigung dieser Gruppen immer wieder verzögert wurde und oft sogar ausblieb. Das Recht auf Entschädigung und Wiedergutmachung wurde in der Folgezeit immer enger an die Loyalität der Betroffenen gegenüber dem politischen System in der DDR gebunden. Einer ganzen Reihe von Personen, u.a. ehemaligen Angehörigen der Kommunistischen Partei Opposition (KPO), unbequemen Sozialdemokraten, kritischen Pfarrern, Vertretern des 20. Juli 1944 oder ganzen Gruppen, wie den 1950 in der DDR verbotenen Zeugen Jehovas wurde der Status eines „Opfers des Faschismus" aus politischen Gründen wieder aberkannt.

Verhängnisvolle Auswirkungen für den öffentlichen Umgang mit dem Holocaust in der DDR hatte der stalinistische Antisemitismus in der Sowjetunion zu Beginn der fünfziger Jahre. Die von Stalin angeordneten Verhaftungen, die sich u.a. gegen das Jüdische Antifaschistische Komitee richteten, der Prager Slanský-Prozess und die „Aufdeckung" der so genannten „Ärzteverschwörung" schufen ein Klima der Verdächtigungen und der Denunzierung jüdischer Interessen als „Kosmopolitismus" und „zionistische Verschwörung". Zum einen führte dies dazu, dass Fragen der jüdischen Geschichte und die Erinnerung an den Holocaust immer

---

10 Siehe dazu OLAF GROEHLER, Integration und Ausgrenzung von NS-Opfern. Zur Anerkennungs- und Entschädigungsdebatte in der Sowjetischen Besatzungszone Deutschlands 1945 bis 1949, in: Historische DDR-Forschung. Aufsätze und Studien, hrsg. von JÜRGEN KOCKA, Berlin 1993, S. 105-129.

mehr aus dem öffentlichen Leben des ostdeutschen Staates verdrängt wurden.[11] Zum anderen richtete sich die politische Kampagne besonders gegen die Westemigranten, darunter insbesondere gegen jüdische Kommunisten, die wegen ihrer Herkunft und Verbindungen als verdächtig galten.[12] Die Spionagehysterie des Kalten Krieges tat ein Übriges. Ihren traurigen Höhepunkt erreichte diese politische Kampagne in der DDR mit dem berüchtigten Beschluss des ZK der SED über die Lehren des Slanský-Prozesses und der Entmachtung und anschließenden Verhaftung von Paul Merker, der dem engeren Kreis der SED-Führung angehört hatte. Merker hatte sich bereits im mexikanischen Exil für Entschädigungs- und Wiedergutmachungsleistungen an die unter den Nationalsozialisten verfolgten Juden erklärt und diese zu einer moralischen Verpflichtung für ein Deutschland nach Hitler erhoben.[13]

Während sich die Bundesrepublik mit der Unterzeichnung des Luxemburger Abkommens im September 1952 zu finanziellen Wiedergutmachungsleistungen an den Staat Israel und die Jewish Claims Conference bereit erklärte, lehnte die DDR solche Forderungen kategorisch ab. Der ostdeutsche Staat ordnete sich mit dieser Linie der sowjetischen Außenpolitik unter, die auf einen Konfrontationskurs gegenüber Israel als Teil des westlichen Bündnisses eingeschwenkt war. Auf der anderen Seite musste die SBZ und später die DDR unfreiwillig die gesamte Last der Wiedergutmachungsleistungen an die Sowjetunion tragen, die als Teil der Anti-Hitler-Koalition die meisten materiellen Kriegsverluste und Menschenopfer zu beklagen hatte.

4. Die Oder-Neiße-Grenze und das Verhältnis zu den polnischen Nachbarn

Die Frage, wie sich die ostdeutschen Kommunisten und später die DDR zu den von Hitlers Eroberungs- und Vernichtungskrieg betroffenen Ländern verhalten sollen, bildete auch jenseits der Entschädigungsproblematik einen wichtigen Dreh- und Angelpunkt der vergangenheits-

---

[11] Vgl. MARIO KESSLER, Die SED und die Juden – zwischen Repression und Toleranz. Politische Entwicklungen bis 1967, Berlin 1996

[12] Vgl. dazu ANGELIKA TIMM, Hammer, Zirkel, Davidstern. Das gestörte Verhältnis der DDR zu Zionismus und Staat Israel, Bonn 1997, S. 111.

[13] Zum Fall Merker siehe u.a. JEFFREY HERF, Zweierlei Erinnerung. Die NS-Vergangenheit im geteilten Deutschland, Berlin 1998.

politischen Diskussion. Hinsichtlich der Beziehungen zum benachbarten Polen erlangte das Problem der Oder-Neiße-Grenze besondere Brisanz und sorgte für Konfliktstoff innerhalb der SED. In der unmittelbaren Nachkriegszeit war die Haltung führender KPD/SED-Funktionäre zur Oder-Neiße-Grenze widersprüchlich.[14] Obwohl sich die Partei mit offiziellen Stellungnahmen in dieser Frage zurückhielt, gab es unter den Mitgliedern nicht wenige Stimmen, welche die Grenzziehung als problematisch und veränderungsbedürftig betrachteten. Oft waren dafür wahltaktische Überlegungen ausschlaggebend. Die KPD/SED sah sich gezwungen, Rücksicht auf die große Gruppe der Flüchtlinge und Vertriebenen aus den Gebieten jenseits der Oder und Neiße zu nehmen.

Ab 1948 – nicht zuletzt unter dem Druck der sowjetischen Politik – bekannte sich die SED schließlich zu einer bedingungslosen Anerkennung der Grenze als einer „Friedensgrenze" und sprach sich für gutnachbarliche Beziehungen und einen Bruch mit den antipolnischen Traditionen aus. Dieser Tenor bestimmte auch das Auftreten führender SED-Politiker im Rahmen des ab 1948 einsetzenden Austausches von offiziellen Delegationen zwischen der SBZ und der VR Polen, wobei wiederum Franz Dahlem aufgrund seiner antifaschistischen Reputation in Polen eine Schlüsselrolle zukam. In Abgrenzung zu den Westzonen präsentierte sich die SBZ dabei als jener Teil Deutschlands, der allein der polnischen Seite die Sicherheit geben könne, dass sich die von Feindschaft und Aggression geprägte Vergangenheit nicht wiederholen könne. In diesem Sinne versuchte die SED durch eine Reihe von Maßnahmen, alles zu vermeiden, was zu einer erneuten Belastung der beiderseitigen Beziehungen führen könnte. Neben den periodischen Garantieerklärungen für die Oder-Neiße-Grenze verstärkte die SED insbesondere ihre Propaganda unter den „Umsiedlern", wie die Flüchtlinge und Vertriebenen in der offiziellen Sprachregelung ausschließlich genannt wurden. Durch deren beschleunigte Einbürgerung und wirtschaftliche Integration in die SBZ sollte ein schwelendes Konfliktpotential für die Beziehung zu Polen und der Tschechoslowakei entschärft werden. Die über vier Millionen Umsiedler in der SBZ sollten und müssten erkennen – so forderte Wilhelm Pieck auf einer Kundgebung im August 1949 –,

> „welches infame Spiel mit ihrer Not und Heimatliebe von solchen Politikanten bürgerlicher Parteien und der Sozialdemokratie getrie-

---

[14] Vgl. ANDREAS MALYCHA, Die SED und die Oder-Neiße-Grenze, in: Deutschland Archiv 33 (2000), S. 193-206.

> ben wird, die ihnen vorgaukeln, daß die Oder-Neiße-Grenze keine endgültige, sondern eine provisorische sei".[15]

Die politische Loyalität gegenüber der polnischen Seite in der Grenzfrage blieb jedoch mit einer Hypothek belastet. Die Erfahrungen der Millionen Flüchtlinge und Vertriebenen spielten in der öffentlichen Erinnerung der DDR keine Rolle und wurden weitestgehend tabuisiert. Obwohl auch die Betroffenen im Osten Deutschlands Probleme mit der territorialen Neuordnung nach 1945 gehabt haben dürften, ließen die politischen Kontrollinstanzen des SED-Staates keinerlei kritische Stimmen zu den Verbrechen während der Vertreibung oder gar Revisionsforderungen zu. Damit verhinderte die SED, dass sich unter den „Umsiedlern" in ihrem Einflussbereich Revanchegedanken und Gebietsansprüche öffentlich artikulieren und organisieren konnten. Bemühungen, die Erfahrungswelt der Betroffenen zu verarbeiten, fehlten jedoch in der SBZ/DDR weitgehend.

In den ersten Jahren nach dem Kriegsende und in der Frühphase der DDR gab es zumindest in Teilen der SED-Führung noch ein Bewusstsein darüber, dass die Annäherung an Polen und die anderen verbündeten „Volksdemokratien" nur erfolgreich sein könne, wenn die in der deutschen Bevölkerung vorhandenen antipolnischen Stereotype durch eine gründliche Umerziehung überwunden würden. In einem Bericht über das „neue Polen" in der SED-Monatsschrift „Einheit" vom März 1947 verwies Herbert Osten darauf, dass die Zusammenarbeit „zwischen einem neuen demokratischen Deutschland und dem neuen demokratischen Polen" nur dann erfolgreich sein könne, wenn sich die deutsche Seite „zur Einsicht in die historische Verpflichtung des deutschen Volkes gegenüber dem polnischen" entschließen könne, „das von Deutschland jahrhundertelang gequält und gemartert wurde, von den Teilungen Polens über die Wegnahme des Bodens durch die preußischen Junker bis zu den Gaskammern von Auschwitz und die Ausrottung von Millionen Polen".[16] In einem ebenfalls in der „Einheit" erschienenen Beitrag vom November 1948 forderte Walter Bartel eine Auseinandersetzung mit „rückständigen Ideologien in der Arbeiterklasse", wobei er sich insbesondere gegen einen „gedankenlosen" Umgang mit der Sprache wandte, bei dem Ausdrücke benutzt würden, welche die „reaktionäre Überheblichkeit der

---

[15] WILHELM PIECK, Wer hilft den Umsiedlern?, in: DERS., Reden und Aufsätze. Auswahl aus den Jahren 1908-1950, Bd. 2, Berlin 1952, S. 274.

[16] Vgl. HERBERT OSTEN, Das neue Polen, in: Einheit 2 (1947), S. 291.

Deutschen gegenüber anderen Nationen" spiegelten und an die „barbarische Rassenüberheblichkeit der Nazis" erinnern würden.[17]

Ab 1948 begannen die SED und die PPR/PVAP im Bereich der Umerziehung jener deutschen Kriegsgefangenen zusammenzuarbeiten, die sich in Lagern auf polnischem Gebiet befanden und insbesondere im oberschlesischen Kohlerevier zur Arbeit eingesetzt waren. Von deutscher Seite wurde dieses Vorhaben von Karl Wloch koordiniert, der 1948 zu diesem Zweck im Auftrag der SED nach Warschau reiste. Wloch hatte wegen seiner Betätigung im kommunistischen Untergrund mehrere Jahre in verschiedenen Konzentrationslagern verbracht und war als Angehöriger des Strafbataillons 999 zu den jugoslawischen Partisanen übergelaufen, wo er erstmals mit deutschen Kriegsgefangenen gearbeitet hatte. Diese Aufklärungsarbeit, die u.a. auch die Herausgabe der von Kriegsgefangenen redigierten Zeitschrift „Die Brücke" beinhaltete, wurde von polnischer Seite finanziell und personell unterstützt.[18]

Auch unter der eigenen Bevölkerung begann die SED ab Mitte 1948 eine Informationskampagne über die Nachkriegsentwicklung in Polen. Wiederholt berichtete das „Neue Deutschland" über die Entwicklung in den polnischen Westgebieten, wobei insbesondere die sich verstärkende wirtschaftliche Zusammenarbeit der SBZ mit Polen betont wurde. Die sich nunmehr häufenden Staatsbesuche[19] – im Oktober 1948 weilte eine SED-Delegation mit Walter Ulbricht an der Spitze in Polen – lieferten die Gelegenheit für ausführliche Stellungnahmen der SBZ-Presse zum deutsch-polnischen Verhältnis und zur „Friedensgrenze". Auf kulturellem Gebiet widmete sich die 1948 gegründete „Helmut von Gerlach-Gesellschaft für kulturelle, wirtschaftliche und politische Beziehungen mit dem neuen Polen" dem Gedanken einer deutsch-polnischen Verständigung. Mit Konzerten, Filmveranstaltungen, Theaterinszenierungen und der von ihr herausgegeben Zeitschrift „Blick nach Polen" versuchte sie „das deutsche Volk, das noch so wenig über Polen weiß" mit dem

---

17 Vgl. WALTER BARTEL, Rückständige Ideologien in der Arbeiterklasse, in: Einheit 3 (1948), S. 1046.

18 Siehe dazu HARRI CZEPUCK, Meine Wendezeiten. Erinnerungen, Erwägungen, Erwartungen, Berlin 1999, S. 110ff. Harri Czepuck gehörte ebenso wie der Schriftsteller Hermann Kant zur Redaktion der Zeitschrift „Brücke".

19 Einen Überblick über die Entwicklung der wirtschaftlichen, politischen und kulturellen Zusammenarbeit der SBZ/DDR mit der VR Polen liefert FRANZ SIKORA, Sozialistische Solidarität und nationale Interessen. Polen, Tschechoslowakei, DDR., Köln 1977.

kulturellen und politischen Leben des Nachbarlandes bekannt zu machen.[20]

Mit der Inszenierung von Leon Kruczkowskis Stück „Die Sonnenbrucks" am Deutschen Theater im Jahre 1950 wurde das deutsche Publikum erstmals mit einem Werk konfrontiert, das die polnische Sicht auf das Versagen der Deutschen gegenüber dem Nationalsozialismus thematisierte. Das Drama zeigte den der „reinen Wissenschaft" verschriebenen Göttinger Professor Sonnenbruck, der den Nationalsozialismus im Inneren ablehnt, aber blind gegenüber dessen Verbrechen wird. In der Konfrontation des Professors mit einem seiner ehemaliger Assistenten, der aus dem KZ geflohen ist und seinen einstigen Lehrer vergeblich um Hilfe ersucht, gestaltete Kruczkowski die inneren Konflikte, die persönliche Schuld und die späten Einsichten eines deutschen Intellektuellen während des Nationalsozialismus. Der Stoff wurde von der DEFA in einer deutsch-polnischen Koproduktion unter der Regie von Georg C. Klaren verfilmt und der Streifen wurde am 1. März 1951 mit beachtlicher öffentlicher Resonanz und wohl wollender Kritik uraufgeführt. Auf Kritik stieß allerdings der vom Stück abweichende aktualisierende Schluss, in dem der gewandelte Professor an eine Universität im Osten geht, denn „gegen die Remilitarisierung Deutschlands" müsse „an der Stelle gekämpft werden, an der jeder steht."[21]

Neben diesen wichtigen Ansätzen zeigte sich jedoch in vielen Stellungnahmen der SED zum deutsch-polnischen Verhältnis schon sehr früh eine Sichtweise, welche die gewünschte Gemeinsamkeit beider Länder eher aus den Parallelen der gesellschaftspolitischen Entwicklung in Richtung Sozialismus ableitete als aus der Notwendigkeit der Aufarbeitung der NS-Vergangenheit. Aus dieser Perspektive bildeten allein schon die „objektiven Gemeinsamkeiten" beim Aufbau des Sozialismus in beiden Ländern die hinreichende Grundlage für eine Freundschaft zwischen beiden Völkern. In dem Maße wie sich diese Sicht durchsetzte, trat in der SBZ/DDR eine breite gesellschaftliche Auseinandersetzung in den Hintergrund, welche die in der Geschichte beider Völker akkumulierten Spannungen, die wechselseitigen Vorurteile und Stereotype offen thematisiert und weiter abgebaut hätte.[22] Unter der Decke des offiziellen Anti

---

20 Vgl. Neues Deutschland v. 16.11. 1949

21 Vgl. Die „Sonnenbrucks im Film", in: Neues Deutschland v. 3.3.1951.

22 Siehe dazu CHRISTOPH KLESSMANN, Die politischen Beziehungen zwischen der DDR und der VR Polen (1949 bis 1989), in: Die lange Nachkriegszeit. Deutschland und Polen von 1945 bis 1991, hrsg. v. d. Gemeinsamen deutsch-polnischen Schulbuchkommission, Braun-

faschismus und der Freundschaftspropaganda blieben jene oft erhalten oder wurden lediglich an der Oberfläche durch „politisch korrekte" Sprachregelungen kaschiert. Diese Tendenz wurde durch die Spannungen zwischen der DDR und Polen ab 1956 verstärkt. Sie resultierten nicht zuletzt aus den unterschiedlichen Haltungen der SED-Spitze unter Ulbricht und der polnischen Führung unter Gomułka zur Frage der Auseinandersetzung mit dem Stalinismus und zum Stellenwert nationaler Interessen. Auf beiden Gebieten entwickelte die polnische Seite aufgrund ihrer leidvollen Erfahrung in der Vergangenheit eine eigenständige politische Linie, die von der SED mit politischem Argwohn verfolgt und mit einer deutlichen Abkühlung der Beziehungen zwischen beiden Ländern beantwortet wurde.[23] Dabei blieb die SED-Führung nicht frei von der Versuchung, die in der eigenen Bevölkerung vorhandenen antipolnischen Ressentiments für ihre ideologisch motivierte Distanzierung zur polnischen Entwicklung zu nutzen.[24]

5. Die Teilung der Vergangenheit. Konkurrenz und Abgrenzung zur Bundesrepublik

In dem Maße, wie die politische Entwicklung in Deutschland, angeheizt durch die Spannungen zwischen den ehemals verbündeten Siegermächten des Zweiten Weltkrieges, auf die Teilung Deutschlands und damit die Bildung zweier deutscher Staaten hinauslief, veränderten sich auch die Rahmenbedingungen für den Umgang mit der nationalsozialistischen Vergangenheit in der SBZ/DDR. Mit der staatlichen Teilung wurden die DDR und die Bundesrepublik zu Konkurrenten auf dem Gebiet der Vergangenheitspolitik. In den Propagandaschlachten des Kalten Krieges wurde die NS-Vergangenheit zu einem zentralen Feld der politischen Auseinandersetzung zwischen beiden deutschen Staaten. Sowohl nach innen als auch gegenüber dem Ausland versuchten sich beide als das Bessere und einzig legitime Deutschland nach Hitler zu profilieren: die DDR als eine Gesellschaft, in der man den Nationalsozialismus mit seinen „ökonomischen Wurzeln" beseitigt habe, die Bundesrepublik als

---

schweig 1995, S. 86.

23 Siehe dazu SIKORA, Sozialistische Solidarität (wie Anm. 19), S. 132 ff.

24 Vgl. LUDWIG MEHLHORN, Die Sprachlosigkeit zwischen Polen und der DDR: Eine Hypothek, in: Deutsche und Polen. 100 Schlüsselbegriffe, hrsg. von EWA KOBYLIŃSKA, ANDREAS LAWATY und RÜDIGER STEPHAN, München 1992, S. 522-528.

antitotalitäre parlamentarische Demokratie und damit Alternative zu jeder Form der Diktatur. Die Auseinandersetzung um die Vergangenheit wurde somit zu einem Teil der Beziehungsgeschichte beider deutscher Staaten.[25] Das führte häufig zu einer Polarisierung der Positionen und einem entsprechenden Abgrenzungsverhalten. Mit zahlreichen Kampagnen „gegen ehemalige Nationalsozialisten in Bonner Diensten" versuchte die DDR in den fünfziger und sechziger Jahren zu belegen, dass nur im Osten Deutschlands ein konsequenter Bruch mit dem Nationalsozialismus vollzogen worden war.[26] Die Aktionen des „Ausschusses für deutsche Einheit" und der Westkommission des ZK der SED gegen den Bundesvertriebenenminister Theodor Oberländer,[27] gegen belastete Richter in der bundesdeutschen Justiz und gegen Adenauers Kanzleramtschef Hans Globke stießen in der Tat in manches Wespennest. Auch wenn die ostdeutschen Kampagnen zur Entlarvung der „braunen" Bundesrepublik die neonazistischen Gefährdungen im Westen überzogen darstellten, trafen sie einen wunden Punkt der Personalpolitik in der Ära Adenauer. Dies blieb nicht ohne Wirkungen im Ausland, wo die DDR mit ihrem antifaschistischen Image auch bei denjenigen, die ihr politisches System ablehnten, Achtungserfolge erzielen konnte. Im Gegenzug betonte die bundesdeutsche Seite den Diktaturcharakter des Herrschaftssystems der SED und seine strukturellen Ähnlichkeiten mit dem NS-Regime.

Die vergangenheitspolitische Konkurrenzsituation beider deutscher Staaten zeigte sich auch auf dem Gebiet der Beziehungen beider deutscher Staaten zu den osteuropäischen Ländern, insbesondere zu Polen. Die polnische Seite wusste die von der DDR mit dem Görlitzer Abkommen erfolgte Bestätigung ihrer territorialen Integrität durchaus zu schätzen. Sei es unter sowjetischem Druck oder getragen von eigenen

---

25 Vgl. JÜRGEN DANYEL, Die beiden deutschen Staaten und ihre nationalsozialistische Vergangenheit: Elitenwechsel und Vergangenheitspolitik, in: Deutsche Vergangenheiten – eine gemeinsame Herausforderung. Der schwierige Umgang mit der doppelten Nachkriegsgeschichte, hrsg. von CHRISTOPH KLESSMANN, HANS MISSELWITZ und GÜNTER WICHERT, Berlin 1999, S. 128-138.

26 MICHAEL LEMKE, Instrumentalisierter Antifaschismus und SED-Kampagnepolitik im deutschen Sonderkonflikt 1960-1968, in: Die geteilte Vergangenheit. Zum Umgang mit Nationalsozialismus und Widerstand in beiden deutschen Staaten, hrsg. von JÜRGEN DANYEL, Berlin 1995, S. 61-86.

27 Im Fall Oberländer kam es zu einer gemeinsamen Propagandaaktion zwischen der DDR und der VR Polen; vgl. Oberländer. A study in German East Policies, hrsg. von ALEKSANDER DROŻDŻYŃSKI und JAN ZABOROWSKI, Poznań / Warszawa 1960.

Nützlichkeitserwägungen, blieb die VR Polen auch nach den ersten Krisen in den beiderseitigen Beziehungen an einer stabilen Partnerschaft zur DDR interessiert. Dies hinderte die Polen jedoch nicht daran, eine eigenständige Haltung zur deutschen Frage zu entwickeln. Deren ungelösten Zustand empfand Warschau trotz der sowjetischen und ostdeutschen Garantien als eine permanente Gefährdung der nationalen Interessen Polens und suchte nach einer gesamteuropäischen Lösung. Von der DDR wurden solche Vorstöße wie der Rapacki-Plan von 1957 oder die polnischen Kontakte zur Bundesrepublik stets gebremst bzw. zurückgewiesen. Die SED koppelte dabei ihre Loyalität zur Oder-Neiße-Grenze an die Bedingung, dass die polnische Seite in der deutsch-deutschen Arena allein auf die DDR setzen müsse.

Die vergangenheitspolitische Fixierung der DDR auf den Westen führte auch dazu, dass die Auseinandersetzung mit der NS-Vergangenheit im Innern der ostdeutschen Gesellschaft an Bedeutung verlor. Diese spezifisch ostdeutsche Schlussstrichmentalität stützte sich auf die trügerische Überzeugung, dass der Nationalsozialismus durch einen weitreichenden Elitenaustausch und die Eingriffe in die soziale und wirtschaftliche Ordnung bereits überwunden oder, wie es in der offiziellen Propaganda hieß, „mit seinen sozialökonomischen Wurzeln ausgerottet" sei. Diese kurzschlüssige Interpretation spiegelte sich auch in dem in der DDR vorherrschenden Bild vom Faschismus. Die kanonisierte marxistische Deutung des Phänomens interpretierte den Nationalsozialismus einseitig als Ergebnis der Politik kleiner imperialistischer, monopolkapitalistischer und militärbürokratischer Eliten. Sein Charakter als Massenbewegung, die durch die Mehrheit der deutschen Bevölkerung und große Teile der Arbeiterschaft getragen wurde, wurde demgegenüber unterschätzt. Während die Kontinuitätsmomente zwischen Kapitalismus und Nationalsozialismus überstrapaziert wurden, blieb dessen rassistische Komponente unterbelichtet. Mit der These, dass die Mehrheit der deutschen Bevölkerung von Hitler verführt worden sei, versuchte sich die DDR als „Arbeiter- und Bauernstaat" mit ehemaligen Widerstandskämpfern an der Spitze außerhalb des durch das NS-Regime und seine Verbrechen vorgegebenen Schuld- und Verstrickungszusammenhangs zu definieren. Diese Mentalität führte auch dazu, dass die SED aus mangelnder Sensibilität gegenüber der NS-Vergangenheit auf politische Rituale, Symbole und Inszenierungen zurückgriff, die bei Teilen der eigenen Bevölkerung und im Ausland Assoziationen zur nationalsozialistischen Vergangenheit weckten. Als die polnische Bevölkerung u.a. bei gemeinsamen Manövern der Armeen des Warschauer Vertrages auf polnischem Territorium mit den Uniformen und militärischen Ritualen der NVA konfrontiert wurde, löste dies beträchtliche Irritationen aus. Wie eine überlieferte Anfrage Gomułkas an Ulbricht zeigt, erweckten die ostdeutschen Uniformen nicht nur bei der einfachen Bevölkerung Erinnerungen an die deutsche Wehrmacht.[28] Die aus der Vergangenheit rührende polnische Empfindlichkeit gegenüber jeglichem (ost)deutschen Stärke- und Überlegenheitsgebaren richtete sich dabei auch gegen Erscheinungen, die auf den ersten Blick nichts mit der deutsch-polnischen Vergangenheit zu tun hatten. Als zu Beginn der fünfziger Jahre z.B. die Stadtplaner in Frankfurt (Oder) die dringend notwendige Erweiterung des grenznahen Stadtzentrums u.a. mit Hochhausbauten diskutierten, reagierte die polnische Seite mit der Andeutung, dass sie dies als einen „revanchistischen" Anspruch bewerten würde.[29]

6. Die Integration der ehemaligen NS-Anhänger

Auch auf einem anderen Gebiet lassen sich die vergangenheitspolitischen Entwicklungen in der SBZ/DDR in den fünfziger und frühen sechziger Jahren nicht ohne den Blick auf die deutsch-deutsche Beziehungsgeschichte und die Ost-West-Konfrontation verstehen. Mit dem Kalten Krieg und der aus der deutschen Teilung resultierenden Konkurrenz zwischen der DDR und der Bundesrepublik erhöhten sich der Druck auf beide Gesellschaften, sich nach innen zu konsolidieren. Für die SED, die ihre Politik immer wieder mit autoritären Mitteln gegen ganze Gruppen der ostdeutschen Gesellschaft durchsetzte, erlangte diese Frage besondere Brisanz. Auch die Mehrheit der ostdeutschen Bevölkerung gehörte zu den ehemaligen Anhängern und Mitläufern des NS-Regimes. Im Interesse der inneren Stabilisierung des ostdeutschen Staates musste diese große Gruppe der ehemaligen NSDAP-Mitglieder, der Soldaten und Offiziere der Wehrmacht in die Gesellschaft integriert werden. Dazu wurde ihr von der Politik das Angebot unterbreitet, das eigene moralische Versagen in der Vergangenheit durch die Beteiligung am soziali-

---

28 Vgl. SIKORA, Sozialistische Solidarität (wie Anm. 19), S. 161.

29 Vgl. DAGMARA JAJESNIAK-QUAST/KATARZYNA STOKLOSA, Geteilte Städte an Oder und Neiße. Frankfurt (Oder) – Słubice, Guben – Gubin und Görlitz – Zgorzelec 1945-1995, Berlin 2000, S. 70.

stischen Aufbau zu kompensieren.[30] Die SED begann ihr Werben um die Ehemaligen nicht erst seit der Gründung des ostdeutschen Staates. Bereits ab 1946 gaben führende Funktionäre der Partei entsprechende Signale. Den Kommunisten gelang es mit der in der Bevölkerung viel diskutierten Frage, wie man die einfachen NSDAP-Mitglieder behandeln solle, gegenüber den anderen Parteien in die Offensive zu gehen. In der Frühphase der DDR wurden diese Integrationsbemühungen noch einmal verstärkt und gesetzgeberisch flankiert: Bereits kurz nach der Gründung des ostdeutschen Staates verabschiedete die Volkskammer der DDR ein Gesetz über den „Erlaß von Sühnemaßnahmen und die Gewährung staatsbürgerlicher Rechte für ehemalige Mitglieder und Anhänger der Nazipartei und Offiziere der faschistischen Wehrmacht". Damit erhielt dieser Personenkreis das aktive und passive Wahlrecht sowie die Erlaubnis zur freien Betätigung auch im öffentlichen Dienst und in den demokratischen Organisationen (mit Ausnahme der inneren Verwaltung und der Justiz). Im Oktober 1952 folgte das „Gesetz über die staatsbürgerlichen Rechte der ehemaligen Offiziere der Wehrmacht und der ehemaligen Mitglieder und Anhänger der Nazi-Partei", mit dem die noch geltenden Beschränkungen für Personen mit geringen NS-Belastungen aufgehoben wurden. Mit dem politischen Konzept der „Nationalen Front für ein demokratischen Deutschland" schuf dies SED ein organisatorisches Dach für die breite Einbeziehung der „Ehemaligen" in die Gesellschaft. Allerdings führte dieser Kurs der Staatspartei zu beträchtlichen Irritationen an der Mitgliederbasis und innerhalb der Vereinigung der Verfolgten des NS-Regimes. Viele ehemalige Opfer und Verfolgte des NS-Regimes empfanden die Aufforderung, sich aktiv an dieser politischen Linie zu beteiligen, als eine Zumutung. Als es der SED und auch der Führung der VVN nicht gelang, den Verband auf den Integrationskurs einzuschwören, wurde er im Februar 1953 gegen den Willen seiner Mitglieder aufgelöst. An seine Stelle trat als ein loyaler Traditionsverband das „Komitee der antifaschistischen Widerstandskämpfer".

Zum entscheidenden Kriterium dafür, inwiefern sich jemand von seiner Prägung durch das NS-Regime entfernt hatte, wurde nicht die individuelle Auseinandersetzung mit der eigenen Vergangenheit, sondern das Engagement für die „Sache des Sozialismus". Dies führte zu einer

---

30 Siehe dazu JÜRGEN DANYEL, Die SED und die „kleinen Pg's. Zur politischen Integration der ehemaligen NSDAP-Mitglieder in der SBZ/DDR. In: Helden, Täter und Verräter. Studien zum DDR-Antifaschismus, hrsg. von ANNETTE LEO und PETER REIF-SPIREK, Berlin 1999, S. 177-196.

kollektiven Verdrängung, die unter den Bedingungen einer kontrollierten Öffentlichkeit in der DDR nur sehr schwer bzw. erst sehr spät thematisiert werden konnte. Die Ähnlichkeiten zur Entwicklung in der Bundesrepublik[31] in den fünfziger und sechziger Jahren liegen auf der Hand: Beide Gesellschaften wollten sich nach vorne orientieren und offerierten den „Ehemaligen" Möglichkeiten, ihre individuelle Schuld zu kompensieren. Im Westen wurde die Akzeptanz der neuen gesellschaftspolitischen Ordnung durch die wirtschaftliche Prosperität erleichtert. Da die Bundesrepublik mehr von den ehemaligen NS-Funktionsträgern und damit Tätern abbekommen hatte, waren hier auch mehr Kompromisse zu machen. Es blieb der nachfolgenden Generation vorbehalten, diese gesellschaftliche Atmosphäre des Vergessens und des Arrangements mit den Tätern in der frühen Bundesrepublik aufzubrechen. In der DDR vollzog sich dieser Prozess unter größeren Schwierigkeiten und erst wesentlich später.

7. Verlust an innerer Differenzierung: Antifaschismus als verordnete Minderheitserfahrung

Die Veränderungen, die sich auf dem Weg von den frühen vergangenheitspolitischen Debatten in der unmittelbaren Nachkriegszeit hin zum staatstragenden Antifaschismus der DDR vollzogen, bewirkten einen enormen Verlust an innerer Differenzierung in der Erinnerung an Widerstand und Nationalsozialismus. Der ideelle Gehalt des nunmehr als verbindliches Normen- und Wertegefüge funktionierenden Antifaschismus wurde entscheidend durch das Weltbild jener kommunistischen Funktionäre geprägt, die während der NS-Zeit in die Sowjetunion emigriert waren. Diese Gruppe mit Walter Ulbricht an der Spitze dominierte die politische Klasse der frühen DDR und verdrängte allmählich andere Gruppen der kommunistischen Tradition aus den Spitzenpositionen von SED und DDR-Staat. Jene Kommunisten, die den Nationalsozialismus in der Illegalität im Inneren Deutschlands überlebt hatten, im Zuchthaus oder KZ inhaftiert gewesen waren, sich am spanischen Bürgerkrieg beteiligt hatten, in westliche Länder wie England, die USA oder nach Lateinamerika emigriert waren, brachten andere Erfahrungen in der

31 Vgl. NORBERT FREI, Vergangenheitspolitik. Die Anfänge der Bundesrepublik und die NS-Vergangenheit, München 1996.

Auseinandersetzung mit dem Nationalsozialismus mit. Dieses kulturelle Kapital ging im Zuge der kommunistischen Machtkämpfe verloren oder wurde in gesellschaftliche Nischen gedrängt. Hinzu kam, dass viele linke Intellektuelle, die zunächst hoffnungsvoll in die SBZ wegen ihrer konsequent antifaschistischen Orientierung gekommen waren, die DDR bald schon wieder wegen ihrer unerträglichen politischen Atmosphäre verließen bzw. von den politischen Saubermännern der SED förmlich hinausgeekelt wurden.

Der Antifaschismus der DDR wurde hinsichtlich seines Gehalts von der Mentalität, den Erfahrungen und lebensgeschichtlichen Prägungen einer bestimmten Generation kommunistischer Funktionäre geprägt. Sie wurden in den zugespitzen Auseinandersetzungen der späten Weimarer Republik sozialisiert, sahen sich durch die NS-Verfolgung in ihrer individuellen und kollektiven Existenz als politische Organisation bedroht und hatten danach das „Exil im Stalinismus" erfahren. Diese kommunistische Führungsschicht war in ihrem Denken stark von Feindbildern beherrscht und definierte sich über die Abgrenzung von anderen Gruppen und Ideen. Der Antifaschismus diente ihr insofern immer auch zur Denunzierung oppositioneller und kritischer Gruppen im eigenen politischen Einflussbereich und blieb daher bewusst vieldeutig. Diese Generation war durch ihre Erfahrungen mit dem Terror des NS-Regimes und den stalinistischen Säuberungen in doppelter Weise verhärtet. Der Fortbestand der Idee und das Überleben der eigenen Partei galten ihr mehr als ein Einzelschicksal. Die den Betroffenen durch die Logik der Verdächtigungen, Verhaftungen, Verhöre und Prozesse in Stalins Sowjetunion aufgezwungenen Überlebens- und Verhaltensstrategien führten zu einer Verrohung des politischen Stils, der auch das Herrschaftssystem der SED prägte. Der Antifaschismus diente insofern nicht nur der Auseinandersetzung mit der NS-Vergangenheit, sondern blieb ein Kampfinstrument in innerparteilichen und innergesellschaftlichen Konflikten. Kritiker und Gegner der SED konnten je nach tagespolitischem Bedarf als „faschistisch" abqualifiziert werden, wie nicht zuletzt die offizielle Bewertung des Arbeiteraufstandes vom 17. Juni 1953 als „faschistischer Putsch" zeigte.

Viele Kommunisten, die in der DDR Führungsaufgaben übernahmen, fühlten sich gegenüber dem Rest der Bevölkerung in einer Position der moralischen Überlegenheit: Während die Mehrheit der Deutschen Hitler unterstützt und zugejubelt hätten, gehörten sie von Anfang an zu den entschiedenen Gegnern des NS-Regimes. Hinzu kommt, dass sich die im Gefolge der Roten Armee nach Deutschland zurückgekehrten Funktionäre nachträglich zum Bestandteil der siegreichen Anti-Hitler-Koalition erklärten. Das aus der NS-Zeit resultierende Misstrauen vieler Kommunisten gegenüber der Bevölkerung bestimmte auch das Denken und Handeln der SED-Machtelite. Daraus resultierte die Überzeugung, dass die Menschen einer ständigen politisch-pädagogischen Beeinflussung und Massenmobilisierung ausgesetzt werden müssten. Die Vergangenheitspolitik wurde in der DDR immer wieder in diese Herrschaftsstrategie eingebunden und diente der politischen Propaganda, sozialistischen Erziehung und der Mobilisierung der Bevölkerung für die langfristigen und tagespolitischen Ziele der SED.

Gleichzeitig teilten viele Kommunisten trotz ihrer Selbstinszenierung als „progressive Kraft" die für die deutsche Gesellschaft typischen sozialen Ressentiments gegenüber gesellschaftlichen Rand- und Außenseitergruppen. Diese Vorbehalte bestimmten auch die Erinnerung an die nationalsozialistischen Verbrechen im Rahmen des offiziellen Antifaschismus. In der DDR gehörten ähnlich wie in der Bundesrepublik die Euthanasie-Opfer, die Sinti und Roma, die „Asozialen", die Homosexuellen und andere Minderheiten zu den lange vergessenen Opfergruppen.

Als Erfahrungsbestand und Weltsicht einer Minderheit wurde der Antifaschismus zum verbindlichen Wertesystem einer Bevölkerung, die mit dem Nationalsozialismus, dem Krieg und der anschließenden Befreiung Deutschlands durch die Alliierten ganz andere Erfahrungen und Erlebnisse verband. In diesem spezifischen Sinne handelte es sich beim DDR-Antifaschismus um einen „verordneten" Antifaschismus. Die Kriegserfahrung der deutschen Bevölkerung u.a. auch mit den sowjetischen Besatzern, die subjektive Erinnerungswelt der ehemaligen Soldaten und Offiziere der Wehrmacht, die Gedankenwelt der Flüchtlinge und Vertriebenen hatten im öffentlichen Gedenken der DDR keinen Platz.[32] Den führenden SED-Kadern war diese Erfahrungswelt fremd bzw. suspekt. Sie wurde, wie die Erinnerung an die Bombardierung Dresdens in der DDR zeigt, lediglich dann aufgegriffen, wenn sie sich in die gegen den Westen gerichtete Propaganda der SED einbauen ließ. Ansonsten wurde diese Erfahrungswelt weitestgehend verdrängt bzw. konnte sich lediglich im privaten Bereich artikulieren. Eine gewisse

---

32 Vgl. JÜRGEN DANYEL, Die Erinnerung an die Wehrmacht in beiden deutschen Staaten. Vergangenheitspolitik und Gedenkrituale, in: Die Wehrmacht. Mythos und Realität, im Auftrag des Militärgeschichtlichen Forschungsamtes hrsg. von ROLF-DIETER MÜLLER und HANS-ERICH VOLKMANN, München 1999, S. 1139-1149.

Ausnahme bildete dabei der Versuch, mit der von der sowjetischen Besatzungsmacht gegründeten Nationaldemokratischen Partei Deutschlands (NDPD) eine spezifische Vergangenheitspolitik gegenüber ehemaligen Wehrmachtsangehörigen zu praktizieren. Ziel der Partei in den späten vierziger und fünfziger Jahren war es, die „Frontgeneration" mit einer nationalen Orientierung an die Politik der SED zu binden und für eine Einheit Deutschlands unter sozialistischem Vorzeichen zu mobilisieren.

Auch nach außen zeitigte die Tatsache, dass die altkommunistische Führungsriege der DDR-Bevölkerung ihre antifaschistisches Selbstverständnis und die damit verbundene Erfahrungswelt verordnete, negative Wirkungen. Aus der subjektiven Perspektive der ehemaligen Widerstandskämpfer und Verfolgten des NS-Regimes mag es durchaus nachvollziehbar gewesen sein, dass sich diese Gruppe nicht in einer persönlichen Verantwortung für die deutschen Verbrechen während des Nationalsozialismus sah. Indem die SED-Spitze jedoch diese Haltung auch praktizierte, wenn sie die DDR und ihre Bevölkerung nach außen politisch repräsentierte, stahl sie sich damit letztlich aus der historischen Verantwortung. Diese Tatsache wog etwa im Verhältnis zu den osteuropäischen Nachbarn umso schwerer, als sich im Zuge der neuen Ostpolitik die Bundesrepublik seit Beginn der siebziger Jahre zunehmend dieser Verantwortung stellte und dies wie etwa durch den Kniefall von Willi Brandt vor dem Denkmal für die Widerstandkämpfer des Warschauer Gettos im Dezember 1970 auch durch vielbeachtete symbolische Gesten dokumentierte.

Die Auseinandersetzung mit dieser Haltung der SED gehörte nach dem Herbst 1989 zu den vordringlichen Amtshandlungen der ersten frei gewählten Volkskammer der DDR. In einer gemeinsamen Erklärung aller Fraktionen vom 12. April 1990 bekannte sich das Parlament zur Verantwortung der Deutschen gegenüber der eigenen Geschichte:

> „Durch Deutsche ist während der Zeit des Nationalsozialismus den Völkern der Welt unermessliches Leid zugefügt worden. Nationalismus und Rassenwahn führten zum Völkermord, insbesondere an den Juden aus allen europäischen Ländern, an den Völkern der Sowjetunion, am polnischen Volk und am Volk der Sinti und

> Roma. Diese Schuld darf niemals vergessen werden. Aus ihr wollen wir unsere Verantwortung für die Zukunft ableiten."[33]

Mit Blick auf Polen bekräftigten die ostdeutschen Abgeordneten die bedingungslose Anerkennung der deutsch-polnischen Grenze und erhoben Letztere auch zur Aufgabe für ein gesamtdeutsches Parlament:

> „Insbesondere das polnische Volk soll wissen, daß sein Recht, in sicheren Grenzen zu leben, von uns Deutschen weder jetzt noch in Zukunft durch Gebietsansprüche in Frage gestellt wird. Wir bekräftigen die Unverletzbarkeit der Oder-Neiße-Grenze zur Republik Polen als Grundlage des friedlichen Zusammenlebens unserer Völker in einem gemeinsamen europäischen Haus. Dies soll ein künftiges gesamtdeutsches Parlament vertraglich bestätigen."[34]

8. Geschichtsmythen, Symbole und Rituale

Der ostdeutsche Antifaschismus, wie er sich in der Selbstdarstellung des Staates DDR nach außen und gegenüber der eigenen Bevölkerung, im Erziehungs- und Bildungssystem, in der öffentlichen Erinnerungsarbeit in Museen und Gedenkstätten, in der politischen Literatur und nicht zuletzt in der DDR-Historiographie präsentierte, beruhte auf einer eigenen Geschichtskonstruktion. Dazu gehörten der bereits genannte Faschismusbegriff mit seiner Deutung der Entwicklung des Nationalsozialismus, die Tradierung der eigenen Parteigeschichte und schließlich ein bestimmtes Bild der Sowjetunion, bei deren Sieg über Hitler es sich der offiziellen Deutung nach um eine historische Gesetzmäßigkeit gehandelt habe.

Den Mittelpunkt der Geschichtserzählung des DDR-Antifaschismus bildete dabei die stark überhöhte und von ihren realen Widersprüchen bereinigte Schilderung des kommunistischen Widerstandes gegen das NS-Regime. Die KPD wurde darin zur konsequentesten Kraft der Opposition gegen Hitler stilisiert, deren politisch-motivierter, organisierter und zentral gelenkter Kampf gegen den Nationalsozialismus allen anderen Formen und Gruppen des Widerstandes überlegen gewesen sei. Ein

---

33 Zit. nach: MARKUS MECKEL, Die Außenpolitik der DDR in der Zeit der frei gewählten Volkskammer 1990, in: Mandat für die deutsche Einheit. Die 10. Volkskammer zwischen DDR-Verfassung und Grundgesetz, hrsg. von RICHARD SCHRÖDER und Hans MISSELWITZ, Opladen 2000, S. 77.

34 Ebenda, S. 80.

zusätzliches Argument für diese Bewertung bildeten die hohen Opferzahlen, die die Kommunisten zu beklagen hatten. Im Ergebnis entstand ein stark geschöntes Geschichtsbild, das sich zuweilen auch der Geschichtsfälschung bzw. -manipulation bediente. Alle anderen politischen Richtungen des Widerstandes wurden von dieser Werteskala aus beurteilt und folgerichtig abgewertet, sofern sie sich nicht als Bündnispartner der Kommunisten auf deren „Höhe“ begeben hatten. Auch die Denkmalsarchitektur des DDR-Antifaschismus spiegelt diese Tendenz: Deren bestimmende und omnipräsente Symbole wurden der stilisierte rote Winkel der politischen Häftlinge in den Konzentrationslagern, die geballte Faust des kommunistischen Grußes und die mannigfaltigen bildhauerischen Variationen der Kämpfergestalt.

Aus der in der Realgeschichte letztlich gescheiterten und an den eigenen Widersprüchen aufgeriebenen kommunistischen Opposition wurden im antifaschistischen Mythos die „Sieger der Geschichte“. Der Preis für diese Geschichtsfiktion waren unzählige „weiße Flecken“, die problematische Ereignisse, Niederlage und in Ungnade gefallenen Personen je nach politischer Konjunktur aus der Erinnerung verbannten, um sie dann erneut zu rehabilitieren.

Der Rückgriff auf die Geschichte stützte auch die legitimatorische Funktion des DDR-Antifaschismus: Der Widerstand habe ein gemeinsames Ziel verfolgt, das in der antifaschistischen Propaganda zum politischen Vermächtnis der vielen Opfer des Nationalsozialismus stilisiert wurde. Der ostdeutsche Staat und seine gesellschaftspolitische Ordnung galten als dessen Verwirklichung. Kampf und Opfertod erhielten so einen nachträglichen Sinn, der auf die Bestätigung des realsozialistischen Status quo hinauslief. Diese Konstruktion mit starken Anklängen an religiöse Heils- und Erfüllungsmotive zog sich durch zahlreiche öffentliche Stellungnahmen führender Repräsentanten der SED und des DDR-Staates:

> „Wir haben hier im Osten Deutschlands die Lehren aus der unheilvollen Vergangenheit gezogen. Das Vermächtnis der Toten (...) und die großen Ideen des antifaschistischen Freiheitskampfes sind hier Wirklichkeit geworden. Wir haben zum ersten Mal in der Geschichte unseres Volkes das feste, unzerstörbare Fundament des Humanismus und Sozialismus errichtet. ... Wir erziehen eine neue lebensverbundene Jugend, die nach dem Vorbild der antifaschistischen Widerstandskämpfer lernt und arbeitet. Die Deutsche Demokratische Republik wurde zum Vaterland für alle Deutschen,

die Faschismus und Krieg hassen und in Frieden und Freundschaft mit allen Völkern leben wollen."[35]

9. Die „besseren Deutschen" und die deutsch-polnische Freundschaft

Die antifaschistische DDR empfahl sich gegenüber ihren östlichen Nachbarn stets als Garant der europäischen Nachkriegsordnung und einer friedlichen Entwicklung. Seit dem Grenzvertrag zwischen der DDR und der Volksrepublik Polen von 1950 sprach die SED immer wieder von einer „historische[n] Wende in den Beziehungen zwischen Deutschland und Polen"[36]. Die bei dieser Gelegenheit behauptete „tiefgreifende Wandlung im Bewußtsein des deutschen Volkes in der Einstellung zum polnischen Volk" als Ergebnis der antifaschistisch-demokratischen Wiederaufbauarbeit entsprach ebenso wie die Feststellung, in der DDR würde das polnische Volk die „wahre Vertretung des deutschen Volkes"[37] sehen, eher dem Wunschdenken der ostdeutschen Parteiführung. Hinzu kam, dass die von ostdeutscher Seite aufgestellten Prämissen für das deutsch-polnische Verhältnis, die „gemeinsame Freundschaft zur Sowjetunion" und der ostdeutsche „Alleinvertretungsanspruch" in Abgrenzung zur „revanchistischen" Bundesrepublik kaum dazu geeignet waren, die widersprüchliche Geschichte beider Völker und ihrer Beziehungen in den Blick zu nehmen. Im Alltag der Beziehungen zwischen beiden Bevölkerungen ließ sich die Tragfähigkeit der offiziellen Freundschaftsformeln kaum prüfen, da die deutsch-polnische Grenze bis zur Einführung des visa- und passfreien Verkehrs im Jahre 1972 immer erst nach Überwindung bürokratischer Hürden passierbar war. Als Erfolgsmaßstab der beiderseitigen Beziehungen galten für die DDR-Seite die zahlreichen auf staatlicher Ebene abgeschlossenen Kooperationsverträge und der Austausch von offiziellen Delegationen. Ohne eine Normalität der alltäglichen Begegnung zwischen Polen und DDR-Bürgern mussten

---

35 Vgl. ROSA THÄLMANN, Rede zur Weihe der Nationalen Mahn- und Gedenkstätte Ravensbrück. In: Komitee der antifaschistischen Widerstandskämpfer der DDR (Hrsg.), Ravensbrück / Berlin o.J., S. 19.

36 Vgl. OTTO GROTEWOHL, Die Bedeutung der deutsch-polnischen Freundschaft für den Frieden in Europa, in: OTTO GROTEWOHL, Im Kampf um die einige Deutsche Demokratische Republik. Reden und Aufsätze. Auswahl aus den Jahren 1945-1953, Bd. 2, S. 299.

37 Ebd., S. 302.

deren Beziehungen ein Verhältnis weitestgehender Sprachlosigkeit[38] bleiben.

Als mit der Grenzöffnung erstmals für größere Bevölkerungsgruppen eine solche Begegnung möglich war, zeigte sich dann sehr schnell, wie zählebig die wechselseitigen Vorurteile waren bzw. wie schnell die innergesellschaftlichen Widersprüche in beiden Ländern solche Vorurteile wieder aufleben ließen: Wenn (Ost-)Deutsche die neuen Reisemöglichkeiten u.a. auch dazu nutzten, um erstmals wieder ihre einstigen Haushalte und Bauernhöfe anzusehen, so erzeugte dies auf beiden Seiten gemischte Gefühle, welche die unterdrückten Erfahrungen der Vergangenheit lebendig werden ließen.[39] Auf der anderen Seite machten die Polen bereits bei den Grenzkontrollen auf der DDR-Seite Erfahrungen mit den Deutschen, welche die Vorurteile der älteren Generation und die Vorbehalte der Jüngeren bestätigten. Zu Irritationen auf beiden Seiten führte auch das Kaufverhalten der Touristen, mit dem diese versuchten, die jeweiligen Versorgungsengpässe zu kompensieren. Beiderseitige Unzufriedenheit reproduzierte erneut die alten Stereotypen. Für die SED wurde das polnische Nachbarland mit der 1980 einsetzenden Streikbewegung und der Entstehung der Gewerkschaftsbewegung Solidarität erneut zu einem Dorn im Auge. Die größere geistige und kulturelle Freizügigkeit in Polen hatte die SED bereits seit längerem beunruhigt. Nicht zuletzt deshalb, bemühte sie sich, die Zahl der nichtoffiziellen Kontakte zwischen den Menschen erneut zu begrenzen bzw. zu kontrollieren. Wie bereits 1956 reagierte die DDR-Seite mit Abschottung und einer Begrenzung des Reiseverkehrs. Im Inneren versuchte die SED die Streikbewegung der polnischen Arbeiter zu diskreditieren, indem sie das alte Stereotyp von den „fleißigen Deutschen“ und den „Polen, die nicht arbeiten können“ in einer sozialistisch verbrämten Form bediente: Die DDR als wirtschaftlich leistungsfähiger Staat mit einer umfassenden sozialen Absicherung und wachsenden Konsummöglichkeiten für seine Bürger bedürfe keiner Streiks wie in Polen. Die Bemühungen einzelner Gruppen etwa im Bereich der Kultur und Literatur oder im Bereich der Kirche um eine wirkliche Verständigung und Geschichtsaufarbeitung stießen so immer wieder auf beträchtliche Schwierigkeiten. Die Bezie-

---

38 Vgl. MEHLHORN, Die Sprachlosigkeit (wie Anm. 24), S. 525.

39 Vgl. JAJESNIAK-QUAST/STOKLOSA, Geteilte Städte (wie Anm. 29), S. 83.

hungen zwischen beiden Staaten[40] blieben damit von Reibungen beherrscht, „mal stärker, mal in latenter Form, doch letzten Endes immer mit politischem Charakter"[41].

10. Antifaschismus als Legitimationsersatz

Wie kaum einen anderen politischen Wertbegriff benötigte der ostdeutsche Staat die antifaschistische Legitimation zur Selbsterhaltung nach innen und außen. Die Tatsache, dass sich die in der Propaganda immer wieder behauptete Überlegenheit der sozialistischen Gesellschaftsordnung gegenüber dem Westen auf sozialem, wirtschaftlichem und kulturellem Gebiet aus der Sicht der Bevölkerung nie so recht einstellen wollte, machte aus dem Antifaschismus eine Art Notnagel, mit dem die SED das bröckelnde realsozialistische Gebäude im Falle von Krisensituationen zusammenzuhalten suchte. Diese kompensatorische Funktion der Vergangenheitspolitik reichte bis in die letzten Tage der DDR, als eine bereits entmachtete SED mit dem Gespenst einer neonazistischen Gefahr den untergehenden ostdeutschen Staat noch einmal zu retten suchte.

Mit ihrer zunehmenden Funktionalisierung für den tagespolitischen Bedarf wurde die öffentliche Erinnerung an Nationalsozialismus und Widerstand zu einer weitgehend abstrakten und entdifferenzierten Geste. Besonders deutlich spiegeln diese Tendenz die großen Ende der fünfziger/Anfang der sechziger Jahre entstandenen Nationalen Mahn- und Gedenkstätten in Buchenwald, Sachsenhausen und Ravensbrück, mit denen sich die DDR als antifaschistischer Staat in Szene setzte. Die an den Orten ehemaliger Konzentrationslager installierte monumentale und raumgreifende Denkmalsarchitektur erdrückte oder verdrängte die wenigen erhalten gebliebenen baulichen Reste der authentischen Orte und ersetzte deren Rekonstruktion.[42] Das reale historische Geschehen in den Lagern, die Grenz- und Überlebenssituation der Häftlinge gerieten in den didaktisch aufgeladenen musealen Präsentationen zur bloßen Illustration

---

40 Zum bündnispolitischen Aspekt der Beziehungen zwischen der DDR und Polen siehe BEATE IHME-TUCHEL, Das „nördliche Dreieck". Die Beziehungen zwischen der Tschechoslowakei und Polen in den Jahren 1954 bis 1962, Köln 1994.

41 Ebenda, S. 97.

42 Siehe dazu u.a. VOLKHARD KNIGGE, Buchenwald, in: Das Gedächtnis der Dinge. KZ-Relikte und KZ-Denkmäler 1945-1995, hrsg. von DETLEF HOFFMANN, Frankfurt a.M. / New York 1998, S. 92-174.

einer Geschichtslegende, die fast ausschließlich von historischen Gesetzmäßigkeiten und kollektiven politischen Subjekten geprägt war. In eine ähnliche Rolle wurden die überlebenden Zeitzeugen in der „antifaschistischen Traditionspflege" gedrängt. Sie wurden zu Kronzeugen einer geschichtspolitischen Botschaft, welche die Erfahrungen und Erlebnisse der eigentlichen Akteure nur noch als zusätzliche Bestätigung benötigte.

Die öffentliche Erinnerungsarbeit in der DDR wurde maßgeblich durch eine ganze Reihe fest gefügter politischer Rituale bestimmt, die über Jahrzehnte nach kaum veränderten Szenarien abliefen. Zum Schlüsseldatum für die ostdeutsche Wahrnehmung des Zweiten Weltkrieges wurde der 8. Mai 1945, der jährlich als „Tag der Befreiung" nach dem politischen Muster der sowjetischen Siegesfeiern begangen wurde. Die Schauplätze der aus Anlass des Tages veranstalteten organisierten Kundgebungen und Kranzniederlegungen bildeten die zahlreichen sowjetischen Ehrenmale und Ehrenfriedhöfe. Die monumentale Denkmalsanlage des sowjetische Ehrenmahls in Berlin-Treptow wurde dabei zum zentralen symbolischen Ort einer geschichtspolitischen Deutung des Krieges, die insbesondere den deutschen Vernichtungskrieg gegen die Sowjetunion, deren Opfer und Verluste und die Rolle der siegreichen Roten Armee betonten.

Die Erfahrung der Bevölkerung in den von Deutschland besetzten Ländern und deren Kampf gegen die deutsche Besatzung blieben in der Wahrnehmung der DDR demgegenüber lange Zeit unterbelichtet. Wenn sie thematisiert wurden, so geschah dies unter der Prämisse der kultischen Verehrung der sowjetischen Siegermacht. Erst 1972 wurde in Ostberlin mit dem „Denkmal für den gemeinsamen Kampf polnischer Soldaten und deutscher Antifaschisten"[43] erstmalig ein Erinnerungsort eingeweiht, der auf den Kampf der Polen gegen die deutsche Besatzung Bezug nahm. Allerdings erfolgte dies unter ständiger Betonung der Tatsache, dass es sich dabei um einen Kampf „Seite an Seite mit den Soldaten der Sowjetarmee" gehandelt habe.[44]

Auf den Beginn des Zweiten Weltkrieges im Jahre 1939 und den europäischen Widerstand gegen den NS-Regime nahm der „Internationale Gedenktag für die Opfer des faschistisches Terrors und Kampftag

---

43 Das von polnischen und DDR-Bildhauern geschaffene Denkmal am Volkspark Friedrichshain besteht aus einem stilisierten Flaggenmast mit dem polnischen Wappen auf der Vorderseite und einem Relief, das einen Sowjetsoldaten, einen polnischen Soldaten und einen deutschen Antifaschisten „Seite an Seite" darstellt.

44 Vgl. Neues Deutschland v. 15.5.1972.

gegen Faschismus und Krieg“ Bezug, der jährlich auf dem Platz neben der Deutschen Staatsoper in Berlin durchgeführt wurde. Auch dieser Gedenktag erhielt mehrfache politische Sinngebung. Als Weltfriedenstag bot er der SED die Gelegenheit, ihre friedensstiftende Rolle und ihre jeweiligen außen- und abrüstungspolitischen Initiativen zu propagieren. Zugleich erinnerte der Ort an die nationalsozialistische Bücherverbrennung. Einen festen Platz in dieser öffentlich inszenierten Erinnerung nahm auch die 1969 zum „Mahnmal für die Opfer des Faschismus“ umgestaltete Schinkelsche Neue Wache Unter den Linden ein.

Obwohl die politische Funktionalisierung des Antifaschismus über die gesamte Existenzdauer der DDR anhielt, veränderten sich einzelne Inhalte und Schwerpunktsetzungen der Erinnerungsarbeit, auch wenn diese Entwicklungen von außen nur sehr schwer wahrgenommen werden konnten. Die Faktoren, die solche neuen Akzentsetzungen in der öffentlichen Erinnerung bewirkten, waren unterschiedlich. Zum einen zwangen außenpolitische Rücksichten die SED zu Kurskorrekturen auf dem Gebiet der Vergangenheitspolitik. Die mit den siebziger Jahren einsetzende Entspannung im Verhältnis der DDR zur Bundesrepublik und zum Westen führte dazu, dass die innergesellschaftliche Dimension der Auseinandersetzung mit der NS-Vergangenheit wieder an Bedeutung gewann. Auch personelle Veränderungen in der SED-Führung hatten vergangenheitspolitische Konseqenzen: Mit dem Machtwechsel von Walter Ulbricht zur Erich Honecker, der die NS-Zeit in der Illegalität und im Zuchthaus überlebt hatte, wurde den Traditionen und Erfahrungen des inneren Widerstandes in Deutschland wieder größere Aufmerksamkeit geschenkt, nicht zuletzt mit der Schaffung regionaler Traditionsverbände der ehemaligen Widerstandskämpfer. In den achtziger Jahren versuchte sich die DDR als „sozialistische Nation“ durch den Rückgriff auf die gesamte deutsche Geschichte zu legitimieren. Neben der ostdeutschen Vereinnahmung Preußens führte dies auch zu einem entspannteren Verhältnis der SED gegenüber dem nationalkonservativen und militärischen Widerstand des 20. Juli 1944. Allerdings löste diese im Westen eher mit Wohlwollen betrachtete Rückbesinnung der DDR auf die gesamte deutsche Geschichte bei den osteuropäischen Nachbarn alles andere als Begeisterung aus. Manche der Traditionsbestände, die seinerzeit in der

DDR wieder aufgegriffen wurden, sah man etwa auf polnischer Seite als antipolnisch an.[45]

Weit wichtiger als die vergangenheitspolitischen Kurskorrekturen von oben war jedoch die Tatsache, dass die verordneten antifaschistischen Rituale und Geschichtslegenden immer auch auf Widerstand in der DDR-Gesellschaft stießen, die sich dem Herrschaftsanspruch der SED nie vollständig unterordnete. Bis in die SED hinein konnten sich, wenn auch unter Schwierigkeiten, einzelne Gruppen und Milieus behaupten, deren Erinnerung sich durch ihre Akzentsetzung von der offiziellen Geschichtspropaganda unterschied.[46] Wichtige und nicht selten eigenwillige Akzente bei der Auseinandersetzung mit den nationalsozialistischen Verbrechen und hinsichtlich der künstlerischen Verarbeitung des Widerstandsthemas setzten die Literatur und Kunst in der DDR. Autoren wie Christa Wolf, Franz Fühmann, Jurek Becker u.a., aber auch zahlreiche DEFA-Filme plädierten für eine differenziertere Sicht auf die NS-Vergangenheit und thematisierten öffentlich verdrängte Kapitel der Geschichte. Wie die Geschichte der Verfilmung von Hermann Kants Roman „Der Aufenthalt" zeigt, konnte diese Hinwendung von Literatur, Film und Kunst zu den sensiblen vergangenheitspolitischen Themen im Einzelfall jedoch nicht nur innenpolitischen Zündstoff liefern, sondern auch für außenpolitische Verwicklungen, hier im Verhältnis zu Polen sorgen. Kants mit autobiographischen Zügen behafteter Roman beschrieb die Erlebnisse eines jungen deutschen Kriegsgefangenen, der von den polnischen Untersuchungsbehörden für einen SS-Mann und Mörder gehalten wurde. In der doppelten Konfrontation, einerseits mit seinen polnischen Anklägern, anderseits mit seinen in Kriegsverbrechen verstrickten deutschen Mitgefangenen, muss er erkennen, dass es kein Entrinnen aus der Verantwortung für die deutschen Verbrechen gibt. Der gleichnamige unter der Regie von Frank Beyer entstandene DEFA-Film sollte 1983 als Wettbewerbsbeitrag der DDR auf der Berlinale laufen. Völlig überraschend zog die DDR den Film jedoch kurz vor dem Festival ohne offi-

---

45 Vgl. KLAUS ZIEMER, Die DDR – Polens ungeliebter aber notwendiger Partner, in: Das Profil der DDR in der sozialistischen Staatengemeinschaft. Zwanzigste Tagung zum Stand der DDR-Forschung in der Bundesrepublik Deutschland, 9. bis 12. Juni 1987, Köln 1987, S. 55.

46 Siehe dazu die Beiträge von SIMONE BARCK, CHRISTOPH CLASSEN und THOMAS HEIMANN, In: Geschichte als Herrschaftsdiskurs. Fallanalysen zum Umgang mit der Vergangenheit in der frühen DDR, hrsg. von MARTIN SABROW (Zeithistorische Studien, Bd. 14), Köln / Weimar / Wien 1999.

zielle Begründung zurück.[47] Der Grund für diesen Schritt der ostdeutschen Filmverantwortlichen war, wie sich später herausstellen sollte, eine politische Intervention von polnischer Seite, die Anstoß an der Darstellung der polnischen Soldaten im Film nahm und darin eine antipolnische Tendenz zu erkennen glaubte. Die daraufhin hinter den Kulissen einsetzenden hektischen Versuche der Klärung und Schadensbegrenzung reichten bis in die obersten Führungsgremien der SED und PVAP.[48] Obwohl selbst führende SED-Vertreter keine antipolnische Tendenz in dem Film erkennen konnten, verordnete die Parteispitze gegen den Widerstand der beteiligten Künstler die Zurücknahme des Films. Dieser Vorfall zeigte einmal mehr, wie wenig belastbar das (ost)deutsch-polnische Verhältnis auf vergangenheitspolitischem Terrain war.

Literaturhinweise

Włodzimierz Borodziej: Od Poczdamu do Szklarskiej Poręby. Polska w stosunkach międzynarodowych 1945-1947 [Von Potsdam nach Schreiberhau. Polen in den internationalen Beziehungen 1945-1947]. Londyn 1990.

Włodzimierz Borodziej: Polen und Deutschland seit 1945, in: Aus Politik und Zeitgeschichte B 53/97, S. 11-20.

Elżbieta Dzikowska: Gedächtnisraum Polen in der DDR-Literatur. Fallstudien über verdrängte Themen. Wrocław 1998.

Der „gesäuberte" Antifaschismus. Die SED und die roten Kapos von Buchenwald, hrsg. von Lutz Niethammer, Berlin 1994

Christoph Kleßmann, Die politischen Beziehungen zwischen der DDR und der VR Polen (1949 bis 1989), in: Die lange Nachkriegszeit. Deutschland und Polen von 1945 bis 1991, hrsg. v. d. Gemeinsamen deutsch-polnischen Schulbuchkommission, Braunschweig 1995, S. 85-93

Volkhard Knigge, Buchenwald, in: Das Gedächtnis der Dinge. KZ-Relikte und KZ-Denkmäler 1945-1995, hrsg. von Detlef Hoffmann, Frankfurt a.M. / New York 1998, S. 92-174.

Lesław Koćwin: Polityczne determinanty polsko-wschodnioniemieckich stosunków przygranicznych 1949-1990 [Politische Determinanten der

---

47 Vgl. WOLFGANG JACOBSEN, Berlinale, Berlin 2000, S. 363f.

48 Ebenda.

polnisch-ostdeutschen Grenzbeziehungen 1949-1990]. Wrocław 1993. (Materialreiche Monographie, welche die (häufig Nicht-) Zusammenarbeit im grenznahen Bereich in den breiteren Kontext der Beziehungen Polen - DDR stellt).

Andreas Malycha, Die SED und die Oder-Neiße-Grenze, in: Deutschland Archiv 33 (2000), S. 193-206. (Stellt die anfangs sehr ambivalente Haltung der KPD/SED zur Oder-Neisse-Grenze bis 1951 dar.)

Theo Mechtenberg (unter Mitarbeit von Bernd Schäfer): Engagement gegen Widerstände. Der Beitrag der katholischen Kirche in der DDR zur Versöhnung mit Polen. Leipzig 1998.

Heinrich Olschowsky: Lektüremuster. Polnische Literatur in der Literaturkritik der DDR, in: Weimarer Beiträge, Heft 3, 1989, S. 357-382. (Zeigt die für DDR-Verhältnisse erstaunliche Weltoffenheit der polnischen Literatur).

Franz Sikora, Sozialistische Solidarität und nationale Interessen. Polen, Tschechoslowakei, DDR. Köln 1977. (Standardwerk für die Beziehungen zwischen der SBZ/DDR und Polen von 1945 bis Anfang der 70er Jahre, allerdings auf der Basis der damals zugänglichen Quellen).

Philipp Ther: Vertriebene in der SBZ/DDR und in Polen 1945-1956. Berlin 1997. (Zeigt u.a. die (Nicht-) Behandlung des Problems Oder-Neisse-Grenze und der damit verbundenen Bearbeitung der Vergangenheit in der DDR).

Mieczysław Tomala: Patrząc na Niemcy. Od wrogości do porozumienia, 1945-1991 [Blick auf Deutschland. Vor der Feindschaft zur Verständigung 1945-1991]. Warszawa. 1997 (Enthält aus der Sicht eines auf polnischer Seite als Dolmetscher und politischer Berater beteiligten Akteurs zahlreiche Informationen zu den tatsächlichen Beziehungen zwischen der DDR und Polen vor allem unter Gomułka).

Klaus Ziemer, Die DDR – Polens ungeliebter aber notwendiger Partner, in: Das Profil der DDR in der sozialistischen Staatengemeinschaft. Zwanzigste Tagung zum Stand der DDR-Forschung in der Bundesrepublik Deutschland, 9. bis 12. Juni 1987, Köln 1987, S. 46-58. (Zum Stand der Beziehungen zwischen der DDR und Polen in den siebziger und achtziger Jahren).

Jörg Hackmann

Vergangenheitspolitik in der Bundesrepublik Deutschland und das Verhältnis zu Polen

In der Diskussion über die nationalsozialistische Vergangenheit hat sich in der Bundesrepublik der Begriff „Vergangenheitsbewältigung" durchgesetzt. Bereits 1945 begannen publizistisch-politische Debatten um den Umgang mit dem Nationalsozialismus, die bis heute andauern und mit wachsendem zeitlichen Abstand keineswegs an Aktualität eingebüßt haben. Im Zentrum dieser Debatten steht zum einen die Forderung nach einem „Schlussstrich" und zum anderen der vor allem moralische Vorwurf der „unbewältigten Vergangenheit", der seit Ende der fünfziger Jahre in der westdeutschen Öffentlichkeit an Bedeutung gewann. Seine wohl schärfste Formulierung fand er in Ralph Giordanos 1987 zugespitzt vorgetragener These von der „Zweiten Schuld",[1] die er in der Verdrängung der NS-Geschichte in der Bundesrepublik sah. Als Reaktion auf die Kritik, dass die NS-Vergangenheit „verdrängt" worden sei, haben sich Stimmen erhoben, die betonen, dass die „Vergangenheitsbewältigung" eine zentrale Leistung der frühen Bundesrepublik sei.[2] Nach 1989 hat dieser Begriff eine neue Bedeutung und eine neue Konjunktur erhalten, denn er richtet sich nun auch auf die DDR-Geschichte beziehungsweise generell auf die Aufarbeitung diktatorischer Geschichte.

Zugleich aber ist der Begriff „Vergangenheitsbewältigung" selbst in die Kritik geraten, die sich einerseits gegen seine politische und moralische Aufladung als Schlagwort in den öffentlichen Debatten der Bundesrepublik und andererseits gegen die in ihm enthaltene Vorstellung richtet, die NS-Vergangenheit könne abschließend, womöglich durch einen „Schlussstrich", verarbeitet werden. Spätestens die Diskussionen

1 RALPH GIORDANO, Die zweite Schuld oder Von der Last, Deutscher zu sein, Hamburg 1987.
2 MANFRED KITTEL, Die Legende von der „Zweiten Schuld". Vergangenheitsbewältigung in der Ära Adenauer, Berlin 1993.

seit dem „Historikerstreit" Mitte der achtziger Jahre haben jedoch gezeigt, dass mit den Diskursen über die NS-Vergangenheit gewichtige politische Interessen verbunden sind und dass sich die Beschäftigung mit dem Nationalsozialismus folglich nicht auf ein Problem wissenschaftlicher Analysen durch professionelle Historiker reduzieren lässt. „Vergangenheit, die nicht vergehen will", lautete der Titel von Ernst Noltes Beitrag in der Frankfurter Allgemeinen Zeitung, der diese Diskussion auslöste.[3] Wenn also die NS-Vergangenheit nicht zu „bewältigen" ist, dann ist dieser Begriff unangemessen. Man wird daher sinnvoller von Vergangenheitspolitik als „historisch-politische Auseinandersetzung mit den ererbten Lasten und den alliierten Vorentscheidungen"[4] oder von Geschichtspolitik sprechen, wenn es um „öffentlich symbolisches Handeln" und Diskurse über Geschichtsbilder geht.[5]

Die Eckpunkte in den Kontroversen um die NS-Vergangenheit sind auf der einen Seite die kritische öffentliche und insbesondere die strafrechtliche Auseinandersetzung und auf der anderen Seite ein öffentliches Beschweigen der Vergangenheit, um die Integration belasteter Personen zu erleichtern. Diese zweite Position hat Hermann Lübbe 1983 prägnant formuliert, als er von einer „gewisse(n) Zurückhaltung in der öffentlichen Thematisierung individueller oder auch institutioneller Nazi-Vergangenheiten, die die Frühgeschichte der Bundesrepublik kennzeichnet", sprach. Sie sei „eine Funktion der Bemühung (...), zwar nicht diese Vergangenheiten, aber doch ihre Subjekte in den neuen demokratischen Staat zu integrieren."[6]

---

3 Neu gedruckt in: Historikerstreit. Die Dokumentation der Kontroverse um die Einzigartigkeit der nationalsozialistischen Judenvernichtung, München 1987, S. 39-47.

4 NORBERT FREI, NS-Vergangenheit unter Ulbricht und Adenauer. Gesichtspunkte einer „vergleichenden Bewältigungsforschung", in: Die geteilte Vergangenheit. Zum Umgang mit Nationalsozialismus und Widerstand in beiden deutschen Staaten, hrsg. von JÜRGEN DANYEL (Zeithistorische Studien, 4), Berlin 1995, S. 125-132, hier S. 125; vgl. auch PETER DUDEK, „Vergangenheitsbewältigung". Zur Problematik eines umstrittenen Begriffs, in: Aus Politik und Zeitgeschichte 42 (1992), B 1-2, S. 44-53.

5 EDGAR WOLFRUM, Geschichtspolitik in der Bundesrepublik Deutschland 1949-1989. Phasen und Kontroversen, in: Umkämpfte Vergangenheit. Geschichtsbilder, Erinnerung und Vergangenheitspolitik im internationalen Vergleich, hrsg. von PETRA BOCK und EDGAR WOLFRUM, Göttingen 1999, S. 55-81, hier S. 59.

6 HERMANN LÜBBE, Der Nationalsozialismus im deutschen Nachkriegsbewußtsein, in: Historische Zeitschrift 236 (1983), S. 587. Diese These ist nicht unwidersprochen geblieben, s. ALEIDA ASSMANN/UTE FREVERT, Geschichtsvergessenheit – Geschichtsversessenheit. Vom Umgang mit deutschen Vergangenheiten nach 1945, Stuttgart 1999, S. 33, S. 77f. und DETLEF GARBE, Äußerliche Abkehr, Erinnerungsverweigerung und „Vergangenheitsbewältigung": Der Umgang mit dem Nationalsozialismus in der frühen Bundesrepublik, in:

Die öffentlichen Debatten, aber auch die juristischen wie historischen Folgeprobleme der NS-Vergangenheit, die zum Teil mit dem Ende des Ost-West-Konflikts an Aktualität gewannen, verleihen dem Problem Vergangenheitspolitik seine Bedeutung bis heute. Mit einigem Recht könnte man behaupten, dass wir es mit einem Phänomen zu tun haben, das Michael Endes Riesen Turtur gleicht: Mit wachsendem zeitlichen Abstand nimmt die NS-Zeit heute einen zunehmend größeren Platz im kollektiven Gedächtnis der Deutschen ein, ohne dass die Kontroversen an Schärfe und eruptiver Kraft verlieren.[7]

Der Begriff Vergangenheitspolitik wird hier weiter gefasst, als dies Norbert Frei in seiner gleichnamigen Studie getan hat, denn mit Blick auf die deutsch-polnischen Beziehungen zeigt sich noch eine weitere Seite: Die Kontroversen in der Bundesrepublik um das „Beschweigen" oder „Bewältigen" des nationalsozialistischen Unrechts vor und während des Zweiten Weltkriegs waren von Anfang an eng verknüpft mit der Haltung gegenüber dem von der Sowjetunion, Polen und der Tschechoslowakei den deutschen Vertriebenen zugefügten Unrecht. Diese Diskussionen oszillierten zwischen der Beharrung auf dem Rechtsanspruch auf Deutschland „in den Grenzen von 1937" einerseits und der Anerkennung der Gebietsverluste östlich von Oder und Neiße (wie auch der deutschen Teilung) als Folge des deutschen Überfalls auf Polen andererseits. Die nationalsozialistische Okkupationspolitik und die Vertreibung der Deutschen – die Traumata der deutsch-polnischen Beziehungen seit 1939 – standen in der bundesdeutschen Vergangenheitspolitik in einem engen Zusammenhang.[8] Die Amnestie von NS-Verbrechern und ihre Integration in die Gesellschaft der Bundesrepublik bei ideologischer Abgrenzung von nationalsozialistischen und revanchistischen Ideen prägten als vergangenheitspolitische Zielsetzung der ersten Nachkriegsjahre beide Problemfelder.[9] In der Folgezeit bezog sich Vergangenheitspolitik auf die Frage der deutschen Einheit wie auf die innenpolitische Rolle der Vertriebenen. Seit 1989 geht es vor allem um offene Fragen der Wiedergutmachung.

Modernisierung im Wiederaufbau. Die westdeutsche Gesellschaft der 50er Jahre, hrsg. von AXEL SCHILDT und ARNOLD SYWOTTEK (Politik- und Gesellschaftsgeschichte 33), Bonn 1993, S. 693-716, hier S. 711.

7 ASSMANN/FREVERT, Geschichtsvergessenheit – Geschichtsversessenheit (wie Anm. 6), S. 21.

8 Vgl. MICHAEL SCHWARTZ, Vertreibung und Vergangenheitspolitik. Ein Versuch über geteilte deutsche Nachkriegsidentitäten, in: Deutschland Archiv 30 (1997), S. 177-195.

9 NORBERT FREI, Vergangenheitspolitik. Die Anfänge der Bundesrepublik und die NS-Vergangenheit, München 1996, S. 14.

1. Nach Kriegsende

Die Zeit unmittelbar nach Kriegsende war von der Absicht der alliierten Besatzungsmächte wie demokratischer deutscher Kräfte geprägt, mit der nationalsozialistischen Vergangenheit radikal zu brechen und einen demokratischen Neuanfang zu machen. Die Prozesse vor dem Internationalen Militärgerichtshof in Nürnberg, die Entnazifizierungs- und die Umerziehungs-Politik (*Re-Education*) bestimmten den Umgang mit der NS-Vergangenheit in den ersten Nachkriegsjahren.

Die maßgebliche Haltung der westlichen Alliierten, die auch Eingang in die Beschlüsse der Potsdamer Konferenz fand, formulierte die amerikanische Direktive 1067 der Joint Chiefs of Staff vom 26. April 1945 an General Eisenhower. In ihr hieß es:

> „Es muß den Deutschen klargemacht werden, daß Deutschlands rücksichtslose Kriegsführung und der fanatische Widerstand der Nazis die deutsche Wirtschaft zerstört und Chaos und Leiden unvermeidlich gemacht haben, und daß sie nicht der Verantwortung für das entgehen können, was sie selbst auf sich geladen haben."

Zu den Mitgliedern der NSDAP ordnete diese Direktive an:

> „Alle Mitglieder der Nazipartei, die nicht nur nominell in der Partei tätig waren, (...) sollen entfernt und ausgeschlossen werden aus öffentlichen Ämtern und aus wichtigen Stellungen in halbamtlichen und privaten Unternehmungen"

wie Wirtschaft, Verbänden, Presse und Bildungswesen.[10]

Im Zentrum der Aufarbeitung des Nationalsozialismus standen zunächst die Kriegsverbrecherprozesse vor dem Internationalen Militärgerichtshof in Nürnberg. Der Hauptprozess wurde am 20.11.1945 eröffnet. Nach 218 Verhandlungstagen wurden am 1. Oktober 1946 unter anderen Hermann Göring, Alfred Rosenberg, Hans Frank und Julius Streicher zum Tode verurteilt, Rudolf Heß erhielt eine lebenslängliche Freiheitsstrafe. Die nachfolgenden zwölf Nürnberger Kriegsverbrecherprozesse bis 1949, die nun unter der amerikanischen Besatzungsbehörde stattfanden, richteten sich gegen Ärzte und Juristen, gegen SS-Einsatzgruppen und die Verwaltung der SS und schließlich gegen das Auswärtige Amt. In drei Prozessen wurde gegen Industriekonzerne, gegen

---

10 Entnazifizierung. Politische Säuberung und Rehabilitierung in den vier Besatzungszonen 1945-1949, hrsg. von CLEMENS VOLLNHALS, München 1991, S. 98-100, Dok. 10.

Flick, I.G. Farben und Krupp, verhandelt. Insgesamt wurden in Nürnberg Urteile gegen 199 Angeklagte gefällt. Einschließlich der Nürnberger Verfahren wurden in den Westzonen von alliierten Gerichten über 5.000 Personen angeklagt und ca. 670 zum Tode verurteilt. Dazu kamen Prozesse vor deutschen Gerichten, in denen bis Ende 1950 5.228 Personen rechtskräftig verurteilt wurden.[11] Die Zahl der Prozesse ging danach jedoch rapide zurück, die Zahl der Verurteilten betrug ab 1954 stets weniger als 50 pro Jahr. [12] Außerdem lieferten die Alliierten bis 1949 über 1.800 Personen als Kriegsverbrecher an Polen aus,[13] unter ihnen auch den Kommandanten von Auschwitz, Rudolf Höß.

Hinsichtlich der Entnazifizierungspolitik waren die Schritte, die westlichen Besatzungsmächte unternahmen, von differierenden Überlegungen geprägt. Während die Amerikaner unter einem starken Druck ihrer Öffentlichkeit standen und ab Sommer 1945 mit einem 131 Fragen umfassenden „großen Fragebogen" zu einer rigiden Entlassungspolitik griffen, verfolgte die britische Besatzungsmacht, obschon sie sich an den amerikanischen Richtlinien orientierte, einen eher pragmatischen Kurs. Die Direktive 24 des Alliierten Kontrollrats vom 12. Januar 1946 enthielt eine genaue Beschreibung der Personengruppen, die aus Ämtern und verantwortlichen Stellungen zu entfernen seien.[14] In der amerikanischen Zone wurde im März 1946 die Durchführung der Entnazifizierung an deutsche Behörden übergeben und Spruchkammern eingerichtet, welche die gesamte erwachsene Bevölkerung überprüfen und in fünf Kategorien einteilen sollten, die vom Alliierten Kontrollrat in der Direktive 38 im Oktober 1946 übernommen wurden: Hauptschuldige, Belastete, Minderbelastete, Mitläufer und Entlastete. Neben formalen Kriterien sollte dabei nun auch die individuelle Verantwortlichkeit überprüft werden. Die britische Militärregierung übernahm das Spruchkammerverfahren erst Anfang 1947, verzichtete aber auf eine Überprüfung der gesamten Bevölkerung ihrer Zone. Insgesamt wurden in den drei Westzonen über 3,6 Millionen Fälle bearbeitet; von ihnen wurden 1.667 Personen als Haupt-

---

11 Zahlen nach ADALBERT RÜCKERL, Die Strafverfolgung von NS-Verbrechen 1945-1978. Eine Dokumentation (Recht, Justiz, Zeitgeschehen 31), Heidelberg / Karlsruhe 1979, S. 28f.

12 Ebd., S. 125.

13 Angaben nach CZESŁAW PILICHOWSKI, Es gibt keine Verjährung, Warszawa 1980, S. 175. Vgl. den Beitrag von EDMUND DMITRÓW in diesem Band, S. 235-364.

14 Entnazifizierung (wie Anm. 10), S. 107-118, Dok. 15.

schuldige, 23.060 als Belastete, 150.425 als Minderbelastete, 1.005.854 als Mitläufer und 1.213.873 als Entlastete eingestuft.[15]

Die Unterschiede, Kurswechsel und Widersprüche in der Entnazifizierung führten letztlich dazu, dass die Intention der amerikanischen Besatzungsmacht kaum erreicht wurde. Dazu trugen objektive Probleme bei, etwa dass sich die Spruchkammern sich zunächst mit den einfacheren, weniger bedeutenden Fällen befassten, die Verfahren gegen die erheblich Belasteten dann aber in die Zeit fielen, als der aufkommende Ost-West-Gegensatz bei den West-Alliierten zu einer Revision der Entnazifizierungspolitik führte. Wichtiger aber noch waren die psychologischen Widerstände in der westdeutschen Gesellschaft gegen die Fragebögen und Spruchkammerverfahren, denn sie führten zu wachsenden Gegenreaktionen und zu einer Solidarisierung der Bevölkerung gegen die vorgebliche alliierte Bevormundung. Die Spruchkammern wurden so durch zahlreiche Einsprüche und „Persilscheine" zu „Mitläuferfabriken".

Ähnliche Reaktionen stellten sich gegen die Umerziehungspolitik ein, die vor allem unmittelbar nach Kriegsende darauf zielte, mittels Presse, Rundfunk, Filmen und Plakaten die Verbrechen in den Konzentrationslagern den Deutschen vorzuhalten und durch diese Schocktherapie Schuldgefühle zu erzeugen. Allerdings besaßen die Nürnberger Prozesse über ihre Urteilssprüche hinaus eine kaum zu überschätzende Bedeutung, ließen doch die dort vorgelegten Beweise (Zeugenaussagen, Filme, Fotos) ein Bestreiten der Tatsachen in der deutschen Öffentlichkeit nicht zu. Solche Versuche blieben auf rechte Randgruppen beschränkt. Stattdessen wurde der Schuldvorwurf mit Entschuldigungsstrategien zurückgewiesen, die hellsichtige Beobachter bereits frühzeitig beschrieben haben. So führten die Prozesse und Entnazifizierungsverfahren zu einer Trennung von Tätern und Mitläufern. Der Berliner „Tagesspiegel" kommentierte die Nürnberger Prozesse mit den Worten:

> „Die Schächer sitzen ja auf der Anklagebank; mit jedem Dokument, das der Ankläger vorlegt, schwindet ein Fleck mehr von der Seele des Durchschnittsdeutschen, und indem die Galerie von

---

15 Zahlen nach Deutschland unter alliierter Besatzung: 1945-1949/55, hrsg. von WOLFGANG BENZ, Berlin 1999, S. 117, vgl. KLAUS-DIETMAR HENKE, Die Trennung vom Nationalsozialismus. Selbstzerstörung, politische Säuberung, „Entnazifizierung", Strafverfolgung, in: Politische Säuberung in Europa. Die Abrechnung mit Faschismus und Kollaboration nach dem Zweiten Weltkrieg, hrsg. von KLAUS-DIETMAR HENKE und HANS WOLLER, München 1991, S. 41; zur Problematik dieser Zahlen vgl. auch CHRISTOPH KLESSMANN, Die doppelte Staatsgründung. Deutsche Geschichte 1945-1955, Göttingen ^{5}1991, S. 91.

Göring bis Keitel so schwarz wie mit Tinte übergossen erscheint, strahlt der Durchschnittsdeutsche so blank wie ein romantischer Vollmond über dem Schlosse von Heidelberg."[16]

Und der Philosoph Karl Jaspers konstatierte in einer Heidelberger Vorlesung im Winter 1945/1946 eine Stimmung, „als ob man nach so furchtbarem Leid gleichsam belohnt, jedenfalls getröstet werden müßte, aber nicht noch mit Schuld beladen werden dürfte."[17] Auf den Schuldvorwurf reagierte die westdeutsche Nachkriegsgesellschaft also in erster Linie mit Schuldabwehr. So argumentierte man häufig, man habe während des Nationalsozialismus von nichts gewusst und habe erst nach Kriegsende von den nationalsozialistischen Verbrechen erfahren, folglich könne einen keine Schuld treffen. Indem man die Verantwortung für die nationalsozialistischen Verbrechen auf wenige Hauptverantwortliche projizierte, polemisierte man zugleich gegen die These einer deutschen Kollektivschuld.[18] Diese erfüllte in erster Linie die Funktion eines Feindbildes und wurde so zu einer Metapher für das den Deutschen nach dem Zweiten Weltkrieg angeblich zugefügte Leid und Unrecht.[19] Neben diesen in der Öffentlichkeit der ersten Nachkriegsjahre dominierenden Strategien war aber auch die Vorstellung anzutreffen, man könne „durch Aufklärung der echten Wahrheit" Deutschland „vom Alb seiner jüngsten Vergangenheit befreien", wie es Gerhard Ritter auf dem ersten Historikertag nach dem Krieg in München 1949 formulierte.[20] Auch dieser aufklärerische Ansatz ging folglich von der Annahme aus, dass die Vergangenheit bewältigt werden könne.

In der westdeutschen Nachkriegsgesellschaft dominierte freilich der Blick auf das selbst erfahrene Leid, und so ergab sich ein Zusammenhang

---

16 Zitat nach PETER STEINBACH, Nationalsozialistische Gewaltverbrechen. Die Diskussion in der deutschen Öffentlichkeit nach 1945 (Beiträge zur Zeitgeschichte 5), Berlin 1981, S. 27.

17 KARL JASPERS, Die Schuldfrage, Heidelberg 1946, S. 29.

18 Dazu ASSMANN/FREVERT, Geschichtsvergessenheit – Geschichtsversessenheit (wie Anm. 6), S. 82-86, frühzeitig auseinandergesetzt mit diesem Problem hat sich JASPERS, Die Schuldfrage (wie Anm. 17).

19 WOLFGANG BENZ nach ASSMANN/FREVERT, Geschichtsvergessenheit – Geschichtsversessenheit (wie Anm. 6), S. 117. Vgl. WOLFGANG BENZ, Zum Umgang mit der nationalsozialistischen Vergangenheit in der Bundesrepublik, in: Die geteilte Vergangenheit (wie Anm. 4), S. 47-60, hier S. 51f.

20 GERHARD RITTER, Gegenwärtige Lage und Zukunftsaufgaben deutscher Geschichtswissenschaft, in: Historische Zeitschrift 170 (1950), S. 1-22, hier S. 19; Vgl. PETER REICHEL, Zwischen Dämonisierung und Verharmlosung: Das NS-Bild und seine politische Funktion in den 50er Jahren. Eine Skizze, in: Modernisierung im Wiederaufbau (wie Anm. 6), S. 679-692.

mit der Vertreibung der Bevölkerung aus dem ehemaligen Ostdeutschland.[21] In der Vertreibung und Aussiedlung der Deutschen sah man ein weltgeschichtlich beispielloses Ereignis und ein unfassbares Schicksal, das über die östlichen Deutschen hereingebrochen sei. Auch wenn die Aufnahme der Flüchtlinge in den Westzonen nicht frei von Konflikten mit der einheimischen Bevölkerung blieb und nicht alle Westdeutschen die Flüchtlingsgeschichten hören wollten, so hatten sie doch eine verbindende Funktion, indem sie die Deutschen als Opfer sowjetischer Soldaten, der polnischen und tschechoslowakischen „Vertreiberstaaten" und der Alliierten als für die Potsdamer Beschlüsse Verantwortlichen darstellten. Die Zahl der Flüchtlinge und Vertriebenen betrug in der britischen und amerikanischen Zone im Frühjahr 1947 über 6 Millionen und stieg auf etwa 8 Millionen in der Bundesrepublik 1950. Nachdem bereits im Juni 1945 der spätere Vorsitzende des „Zentralverbandes der vertriebenen Deutschen" Linus Kather eine „Notgemeinschaft der Ostdeutschen" gegründet hatte, untersagten die westlichen Alliierten den Vertriebenen von Mai 1946 bis Anfang 1948 zur Verhinderung irredentistischer Bestrebungen, eigene Interessenvertretungen zu gründen und Versammlungen abzuhalten. Daher spielten in den ersten Nachkriegsjahren kirchliche Verbindungsstellen, Hilfskomitees und Wohlfahrtsverbände eine wichtige Rolle bei der Betreuung und gesellschaftlichen Organisation der Vertriebenen.

Neben dieser Hilfsbereitschaft für die Flüchtlinge aus dem Osten ist jedoch die politische Dimension des Vertreibungsproblems nicht zu übersehen. So gab es seit 1946 verdeckte deutsche Bestrebungen, eine Revision der Ostgrenze bzw. Argumentationen für den deutschen Anspruch auf die verlorenen Gebiete für eine Friedenskonferenz vorzubereiten und die westlichen Alliierten für diese Positionen einzunehmen. So hatte sich etwa der „Göttinger Arbeitskreis" 1946 konstituiert, um ein Gutachten zu erstellen „über die Bedeutung und Unentbehrlichkeit Ostpreußens für Deutschland", das „die westlichen Alliierten für die erste Außenminister-Konferenz in Moskau im April 1947 anforderten". Nicht ohne Stolz schrieb man weiter, diese Denkschrift habe den amerikanischen Außenminister „zum erstenmal aus wirtschaftlichen Gründen

---

[21] Bereits deutlich gesehen von WALTER DIRKS und EUGEN KOGON, Verhängnis und Hoffnung im Osten. Das Deutsch-Polnische Problem. Betrachtungen im Mai 1947, in: Die Vertreibung der Deutschen aus dem Osten. Ursachen, Ereignisse, Folgen, hrsg. von WOLFGANG BENZ, Frankfurt a. Main 1985, S. 125-142 [Zuerst erschienen in: Frankfurter Hefte 2 (1947), S. 470-487].

eine Revision der Oder-Neiße-Linie" fordern lassen.[22] Zwar beruhte diese Einschätzung auf einem Wunschdenken, aber die Diskussionen in den internationalen Verhandlungen über mögliche Veränderungen der deutsch-polnischen Grenze und über den in Potsdam festgehaltenen Friedensvertragsvorbehalt gaben Stimmen für eine deutsche Revisionspolitik Auftrieb, auch wenn die offizielle Haltung der Westalliierten eindeutig auf deren Verhinderung ausgerichtet war. Während sich der „Göttinger Arbeitskreis" vor allem mit Ostpreußen befasste, zielte die Tätigkeit der „Arbeitsgemeinschaft für Ostfragen", die sich 1946 in Bad Nenndorf gegründet hatte, auf Schlesien. Von diesen beiden Institutionen gingen auch die ersten Initiativen zur Gründung des „Deutschen Büros für Friedensfragen" in Stuttgart aus, das anfangs die deutschen Ansprüche im Kampf gegen das „Unrecht von Potsdam" koordinieren sollte, um Fehler, wie sie deutscherseits bei der Versailler Friedenskonferenz 1919 gemacht worden seien, zu vermeiden.[23]

Nach der Lockerung und Aufhebung des alliierten Koalitionsverbots kam es 1948 zu den ersten Zusammenschlüssen der Vertriebenen. So hatte am 18. Mai eine Pommersche „Exilvolksgruppe" eine „Abgeordnetenversammlung" organisiert, die sich als Interessenvertretung der Pommern verstand. Auf Versammlungen in Bad Homburg und Bad Godesberg entstanden 1948/49 die „Vereinigten Ostdeutschen Landsmannschaften", und zur selben Zeit wurde der „Zentralverband vertriebener Deutscher" gegründet; sie bildeten die ersten zentralen Organisationen als Vorläufer der späteren Vertriebeneninstitutionen. Bereits die Diskussionen um die Bezeichnung „Vertriebene" als Oberbegriff anstelle von „Flüchtlingen", die etwa in der Flüchtlingsverwaltung beim Länderrat der amerikanischen Besatzungszone 1946 begegnen, oder „Umsiedlern" wie in der Sowjetischen Besatzungszone, zeigten den westdeutschen vergangenheitspolitischen Anspruch, denn der Begriff „Vertriebene" verstand sich „gleichsam als fortlaufender Protest gegen das Unrecht der Vertreibung".[24] Der Begriff beinhaltete nicht nur das persönlich

---

22 Zitatnachweise bei JÖRG HACKMANN, „An einem neuen Anfang der Ostforschung". Bruch und Kontinuität in der ostdeutschen Landeshistorie nach dem Zweiten Weltkrieg, in: Westfälische Forschungen 46 (1996), S. 232-258, hier S. 239.

23 MATHIAS BEER, Im Spannungsfeld von Politik und Zeitgeschichte. Das Großforschungsprojekt „Dokumentation der Vertreibung der Deutschen aus Ost-Mitteleuropa", in: Vierteljahrshefte für Zeitgeschichte 46 (1998), S. 345-389, hier S. 358.

24 HEINRICH ROGGE, Vertreibung und Eingliederung im Spiegel des Rechts in: Die Vertriebenen in Westdeutschland. Ihre Eingliederung und ihr Einfluß auf Gesellschaft, Wirtschaft, Politik und Geistesleben, hrsg. von EUGEN LEMBERG und FRIEDRICH EDDING, Kiel 1959, Bd.

erlittene Unrecht derjenigen, die vertrieben oder ausgewiesen wurden, sondern auch dasjenige, das die Flüchtlinge erfuhren, die nicht mehr in die Gebiete jenseits der deutsch-polnischen Grenze zurückkehren konnten.

2. Die Zeit des „Kalten Krieges"

Mit der Gründung der Bundesrepublik 1949 verfestigte sich die Vergangenheitspolitik und konzentrierte sich auf die Themen, die Konrad Adenauer bereits in seiner Regierungserklärung vom 20. September benannt hatte: eine Amnestie für NSDAP-Mitglieder und ihre Integration in die Nachkriegsgesellschaft einerseits sowie die Integration der Vertriebenen und die Aufrechterhaltung des Anspruchs auf die Grenzen Deutschlands von 1937 andererseits. Größere Bedeutung als die Verfolgung nationalsozialistischen Unrechts hatte nun die Forderung nach einer Amnestie und Regelung für die vertriebenen und entlassenen Beamten.

> „Der Krieg und auch die Wirren der Nachkriegszeit haben eine so harte Prüfung für viele gebracht und solche Versuchungen, daß man für manche Verfehlungen und Vergehen Verständnis aufbringen muß",

argumentierte Adenauer vor dem Bundestag.[25] Bereits eines der ersten Gesetze der Bundesrepublik, das Gesetz über die Gewährung von Straffreiheit vom 31.12.1949, regelte eine Amnestie für Straftaten, für die Strafen von nicht mehr als einem halben Jahr zu erwarten waren. Von dieser Regelung profitierten offensichtlich Zehntausende von kleineren NS-Verbrechern, die so der Verantwortung für Straftaten bis hin zu Körperverletzung und Totschlag enthoben wurden.[26] Es ist in diesem Zusammenhang kaum verwunderlich, dass es ab 1949 mit der westdeutschen Teilsouveränität zu keinen weiteren Auslieferungen von Kriegsverbrechern an Polen kam; lediglich der Gauleiter von Ostpreußen und Reichskommissar für die Ukraine, Erich Koch, wurde von den Briten 1950 an Polen überstellt.

1, S. 174-245, hier S. 190; WERNER MIDDELMANN, Entstehung und Aufgaben der Flüchtlingsverwaltung, in: ebd., S. 276-299, hier S. 287f.

25 Regierungserklärungen 1949-1973, hrsg. von PETER PULTE, Berlin / New York 1973, S. 7-29, hier S. 21.

26 FREI, Vergangenheitspolitik (wie Anm. 9), S. 51f.

Ihren Höhepunkt fand die Politik der Abkehr von der Entnazifizierungspolitik in dem am 11. Mai 1951 verabschiedeten Gesetz zur Regelung der unter Artikel 131 des Grundgesetzes fallenden Personen; er befasste sich mit den Rechtsverhältnissen von Personen (einschließlich Flüchtlingen und Vertriebenen), die bei Kriegsende im öffentlichen Dienst standen. Obwohl die durch Entnazifizierungsmaßnahmen „verdrängten" Beamten nicht die Mehrheit dieses Personenkreises bildete, war doch ihre Wiedereinstellung durch die Rücknahme der alliierten Besatzungspolitik ein zentrales Motiv.[27] Die Integration der „Verdrängten" wurde vom Gesetzgeber als „Wiedergutmachung" verstanden und gleichzeitig mit einem Gesetz zur Wiedergutmachung nationalsozialistischen Unrechts verkündet. Auch wenn durch das Gesetz zu Art. 131 GG keineswegs nur belastete Beamte wiedereingestellt wurden, so befanden sich unter den vertriebenen Beamten zahlreiche Personen, die sich in ihrer Belastung nicht von den durch die Entnazifizierungsmaßnahmen in den Westzonen betroffenen unterschieden.

Die Integration der Vertriebenen hatte Adenauer als die erste Aufgabe der Bundesregierung in seiner Regierungserklärung vom 20. September angeführt und die außenpolitische Bedeutung der Vertriebenen sowie die Verantwortung der Alliierten unterstrichen. Diese Frage könne nicht von Deutschland allein gelöst werden, sondern sei eine internationale Aufgabe, die eine Antwort erfordere, wenn, so Adenauer, „man nicht Westdeutschland für lange Zeit hinaus zu einem Herd politischer und sozialer Unruhe werden lassen will". [28]

Diese Leitlinie der Eingliederung unter Vorbehalt der Rückkehr prägte auch die „Charta der deutschen Heimatvertriebenen", die am 5. August 1950 auf einer Großkundgebung von dem „Unbekannten Heimatvertriebenen"[29] verkündet wurde. Die Kernaussagen dieser Charta waren der Verzicht auf Rache und Vergeltung und die Forderung nach Anerkennung des „Rechts auf die Heimat als eines der von Gott geschenkten Grundrechte der Menschheit". Dieses Recht auf Heimat beginne bei dem Unrecht der Vertreibung, insofern sahen sich die deutschen

---

27 Ebd., S. 19, S. 69f.

28 Regierungserklärungen (wie Anm. 25), S. 12, S. 24 (Zitat).

29 So die stereotyp wiederholte Erläuterung zu der Charta, s. Die Vertriebenen in Westdeutschland (wie Anm. 24), Bd. 3, S. 662f. und den Druck mit den Unterschriften der Sprecher der Landsmannschaften der Vertriebenen, in: Die Ostdeutschen. Eine dokumentarische Bilanz 1945-1995, hrsg. von WILFRIED SCHLAU (Studienbuchreihe der Stiftung Ostdeutscher Kulturrat 12), München 1996, S. 57.

Vertriebenen als prädestinierte Vertreter dieses Menschenrechts. Da in diesem Dokument allein von dem Leid der deutschen Vertriebenen, nicht aber von dem der von der deutschen Besatzungspolitik im Zweiten Weltkrieg betroffenen Völker die Rede war, blieb die Frage offen, was denn unter einem freien und geeinten Europa zu verstehen sei, in dem das Recht auf Heimat verwirklicht werden sollte. Zwar wurden in der damaligen Diskussion auch die nationalsozialistischen Vertreibungen in Polen wahrgenommen, bezeichnenderweise wurde ihre Einbeziehung in den deutschen Vertreibungskomplex aber mit dem Hinweis zurückgewiesen, dass diese Verbindung ein Ausfluss der „Kollektivschuld"-These sei.

Freilich war diese einer christlichen Ethik verpflichtete Haltung des Verzichts auf Rache und Vergeltung, wie sie zuvor schon auf Flüchtlingswallfahrten zum Ausdruck gekommen war, in den Organen der einzelnen Landsmannschaften nicht überall zu spüren. So hatte etwa die Pommersche Landsmannschaft am 15. Mai 1950 eine Entschließung verabschiedet, in der es hieß:

> „Die pommersche Landsmannschaft ist die staatsrechtliche Körperschaft des aus seiner Heimat vertriebenen und seines Staatsgebietes beraubten Staatsvolkes des Landes Pommern."[30]

Außerdem gab es in den einzelnen Landsmannschaften zahlreiche Forderungen nach Rückgabe der verlorenen Gebiete und nach Entschädigung.[31] Die späteren Verlautbarungen des Bundes der Vertriebenen, etwa am 8. Mai 1959 in Kassel, als vor einem „Diktatfrieden" mit dem Hinweis auf die „Folgen von Versailles" gewarnt wurde, sprachen eine andere Sprache als die Stuttgarter Charta, der so die Rolle einer Alibifunktion gegen den Revanchismusvorwurf zukam.[32] Auch wenn die Landsmannschaften nicht den von den Pommern geforderten öffentlich-rechtlichen Status erlangt haben, so führte doch die Wirkung des Friedensvertragsvorbehaltes dazu, dass Vorstellungen von einer Revision der Oder-Neiße-Grenze auch durch Gesetzestexte bekräftigt werden konnten. So enthält die Präambel des Lastenausgleichsgesetz vom 14. August 1952 den Vorbehalt, dass die Leistungen keinen Verzicht auf die Ansprüche auf Rückgabe „des von den Vertriebenen zurückgelassenen Vermögens"[33] bedeu-

---

30 MAX HILDEBERT BOEHM, Gruppenbildung und Organisationswesen, in: Die Vertriebenen in Westdeutschland (wie Anm. 24), Bd. 1, S. 521-605, hier S. 542.

31 Belege bei HANS W. SCHOENBERG, Germans from the East. A study of their migration, resettlement, and subsequent group history since 1945, The Hague 1970, S. 181ff.

32 Ebd., S. 164.

33 Zitat nach: Die Vertriebenen in Westdeutschland (wie Anm. 24), Bd. 3, S. 665.

ten. Damit blieb wie bereits in früheren Gesetzestexten die Möglichkeit einer Restitution des Besitzes nicht ausgeschlossen. Wenn sich in der Formulierung des Gesetzes juristische Überlegungen äußerten, so prägte der Rechtsanspruch auf die Grenzen Deutschlands das politische Bewusstsein und war angesichts von 8 Millionen Vertriebenen in Westdeutschland eine innenpolitische Frage ersten Ranges.

Nach der Aufhebung des Zwangs zur Lizensierung von Parteien durch die Alliierten 1950 bildete sich eine Partei der Vertriebenen, der „Block der Heimatvertriebenen und Entrechteten“ (BHE). Der BHE trat zuerst bei der Landtagswahl in Schleswig-Holstein im Juli 1950 an, wo er mit 23,4 % der Stimmen einen Überraschungserfolg erzielte und mit der CDU eine Koalition einging. Bei der Bundestagswahl 1953 schaffte er als Gesamtdeutscher Block/BHE den Einzug in den Bundestag und stellte zwei Minister in Adenauers zweitem Kabinett, Theodor Oberländer übernahm das Vertriebenenministerium. 1957 scheiterte der BHE dann aber an der Fünf-Prozent-Hürde und verlor anschließend an Bedeutung. Zwischen dem Anspruch der Vertriebenenorganisationen einerseits und der gesellschaftlichen wie außenpolitischen Realität andererseits tat sich freilich ein Widerspruch auf, wie der Soziologe Eugen Lemberg bereits 1949 mit einem Pathos, das für viele der Texte dieser Jahre charakteristisch ist, festgestellt hatte:

> „Es muß solche geben, die das Erbe der alten Heimat pflegen und die Verbindung zu ihr wachhalten, sonst ist diese Heimat aufgegeben und mit Recht verloren. Allein, gäbe es nur solche, so würden die Ostvertriebenen dieses oder jenes Stammes zu einer Art Sekte, zu einem Veteranenverband, der das Gesicht rückwärts gewandt hat, von großen Erinnerungen lebt und unvermerkt, aber unausweichlich, in das Brackwasser der Geschichte gerät. Einmal zur Tat aufgerufen, werden diese Leute zu Trägern einer Restauration. Sie werden die Geschichte ihrer Heimat an der Stelle wieder aufnehmen wollen, an der sie sie seinerzeit verlassen haben. Sie werden sie nach einem Konzept aufbauen, über das die Geschichte längst hinweggegangen ist. Die Geschichte ist aber unerbittlich. Sie läßt nie eine Restauration wirklich gelingen.“[34]

---

[34] EUGEN LEMBERG, Die Ausweisung als Schicksal und Aufgabe. Zur Soziologie und Ideologie der Ostvertriebenen, in: Die Ostdeutschen (wie Anm. 29), S. 23-56 [zuerst erschienen: Adalbert-Stifter-Verein, Kleine Schriften der wissenschaftlichen Abteilung, München 1949], Zitat S. 49.

Dass sich das Ziel der Revision der Oder-Neiße-Grenze außenpolitisch nicht durchsetzen ließ, zeigte sich spätestens 1951 in den Diskussionen um den Deutschlandvertrag. In den Verhandlungen drängte Adenauer darauf, die Gebiete östlich von Oder und Neiße in die Zielvorstellung für die Wiedervereinigung Deutschlands einzuschließen. Zu einer solchen Verpflichtung zur Wiederherstellung des deutschen Staates in den Grenzen von 1937 waren die Westalliierten jedoch nicht bereit; stattdessen wurde in den Vertrag nur die unverbindliche Formulierung aufgenommen, dass „die endgültige Festlegung der Grenzen Deutschlands" bis zu einer friedensvertraglichen Regelung aufgeschoben werde. Es ist kontrovers diskutiert worden, welches Ziel Adenauer hier verfolgte oder ob er gar zu einem Verzicht auf die Ostgebiete gezwungen wurde. Offensichtlich hat aber Adenauer das Thema von sich aus angeschnitten und damit versucht, Handlungsfreiheit in dieser Frage zu demonstrieren, in der er ohnehin keine Ansatzpunkte für eine eigene Politik sah. In diesem Zusammenhang lässt sich erkennen, dass Adenauers öffentliches Beharren auf der Zugehörigkeit der Gebiete östlich von Oder und Neiße zu Deutschland nicht nur innenpolitischen Erwägungen folgte, sondern auch die außenpolitische Funktion hatte, Wiedervereinigungsvorschläge der DDR und der Sowjetunion zurückzuweisen.[35] Insofern kann man hier von einer revisionistischen Haltung ohne eine revisionistische Politik sprechen.[36]

Die innenpolitische Relevanz des Themas wurde deutlich, als Außenminister Heinrich von Brentano 1956 bei einem Pressegespräch von einem „problematischen Anspruch" auf die Gebiete östlich von Oder und Neiße sprach, denn er löste damit in Vertriebenenkreisen einen Sturm der Entrüstung aus. Hier zeigte sich der politische Mechanismus des Rechtsanspruchs auf die Gebiete östlich von Oder und Neiße, der bereits Anfang der fünfziger Jahre zu einer Funktion anderer politischer Ziele geworden war. Durch ihn sicherten sich einerseits die Vertriebenenverbände die Gefolgschaft ihrer Mitglieder, und andererseits versicherten sich die Parteien des Wohlwollens der Vertriebenenverbände. Außerdem eignete sich der Rechtsanspruch zur Abgrenzung von der DDR. Wenn der Rechtsanspruch auf die Grenzen Deutschlands von 1937 somit vor

---

35 AXEL FROHN, Adenauer und die deutschen Ostgebiete in den fünfziger Jahren, in: Vierteljahrshefte für Zeitgeschichte 44 (1996), S. 485-525, hier S. 503.

36 WILFRIED LOTH nach DIETER BINGEN, Die Polenpolitik der Bonner Republik von Adenauer bis Kohl 1949-1991 (Schriftenreihe des Bundesinstituts für ostwissenschaftliche und internationale Studien, Köln, 33), Baden-Baden 1998, S. 31.

allem eine innen- und deutschlandpolitische Funktion hatte, blieb die Diskrepanz zu den außenpolitischen Wirkungen auf Polen für die Bundesrepublik solange nebensächlich, als durch den Ost-West-Gegensatz Beziehungen mit der Volksrepublik Polen nicht auf der Tagesordnung standen. Zugleich wachten die deutschen Behörden genau, dass der Anspruch auf die Grenzen von 1937 nicht durch eine Einordnung der Vertreibungsprozesse in den Gesamtzusammenhang des Zweiten Weltkriegs in Frage gestellt wurde. Anfang der fünfziger Jahre hatte das Vertriebenenministerium die groß angelegte Dokumentation der „Vertreibung der Deutschen aus Ost-Mitteleuropa" veranlasst und gefördert. Als dazu der wissenschaftliche Begleitband, der die Publikation der Dokumentation begleiten sollte, im Manuskript fertig gestellt war, verhinderte das Ministerium jedoch seine Veröffentlichung, da die dort vorgesehene historische Einbettung der Ereignisse vom Vertriebenenministerium als „Entschuldigungszettel" für die Vertreibung der Deutschen interpretiert wurde.[37]

Außenpolitisch relevant war schließlich die Frage der Wiedergutmachung. Entschädigungs- und Wiedergutmachungsregelungen waren mit Israel und der *Jewish Claims Conference* 1952 getroffen worden, 1953 dann auch für weitere Opfer des Nationalsozialismus. Dagegen hatte die Bundesregierung schon 1950 erwogen, Forderungen osteuropäischer Staaten abzulehnen mit dem Hinweis auf Völkerrechtsverletzungen durch die Vertreibung der Deutschen. Nach dem Londoner Schuldenabkommen 1953, das die Prüfung der Reparationsforderungen bis zu einer Friedensvertragsregelung zurückstellte, hatte die Sowjetunion und auf ihre Veranlassung hin auch Polen am 23. August 1953 auf weitere Reparationen gegenüber der DDR verzichtet.[38] Die Bundesrepublik hat diesen Verzicht so interpretiert, dass er auf ganz Deutschland bezogen sei und dass er individuelle Ansprüche ausschließe, während Polen von der Zulässigkeit solcher Ansprüche ausgeht. Diese Unterschiede in der Interpretation sind bis heute nicht gänzlich ausgeräumt. Zudem schloss das Bundesentschädigungsgesetz 1956 Zahlungen ins Ausland aus. Zwar konnten Israel und die *Jewish Claims Conference* eigene Regelungen mit Deutschland treffen, nicht jedoch die osteuropäischen Staaten, mit denen

---

37 BEER, Im Spannungsfeld (wie Anm. 23), S. 379.

38 ULRICH HERBERT, Nicht entschädigungsfähig? Die Wiedergutmachungsansprüche der Ausländer, in: Wiedergutmachung in der Bundesrepublik Deutschland, hrsg. von LUDOLF HERBST und CONSTANTIN GOSCHLER (Schriftenreihe der Vierteljahrshefte für Zeitgeschichte, Sondernummer), München 1989, S. 273-302, hier S. 282.

die Bundesrepublik keine diplomatische Beziehungen unterhielt.[39] Stattdessen zog sich die Bundesregierung in der Entschädigung für Opfer des Nationalsozialismus auf die Position zurück, es handele sich um Reparationen, auf die Polen gegenüber Deutschland verzichtet hatte.

Wenn Polen in den fünfziger Jahren in der westdeutschen Gesellschaft überhaupt wahrgenommen wurde, so sah man es als kommunistisches Land und als „Vertreiberstaat". Der Historiker Herbert Ludat fragte daher 1960 kritisch: „Liegt Polen noch in Europa?"[40] Die Einstellungen der bundesdeutschen Politik gegenüber Polen sind zum einen aus der Situation des Kalten Kriegs, abweichenden Rechtspositionen und der Hallstein-Doktrin zu deuten, die Nichtbeachtung Polens enthielt aber gewiss auch traditionelle Elemente negativer Polenpolitik. So hatte Adenauer die Wirkung seiner Ernennung zum Ritter des Deutschen Ordens im März 1958 auf Polen offensichtlich kalkuliert und wollte damit sein Missfallen gegen den Rapacki-Plan für eine atomwaffenfreie Zone in Mitteleuropa ausdrücken.[41] Dieses Ereignis zeigt exemplarisch, wie tief die Gräben zwischen beiden Staaten waren. Es war zunächst die Initiative einzelner, die sich um erste Schritte zur Verständigung bemühten. So legte etwa Carlo Schmid auf einer Privatreise im März 1958 einen Kranz am Warschauer Gettodenkmal nieder und trug sich in das Besucherbuch der Gedenkstätte im Gestapo-Gefängnis Pawiak ein,[42] und Berthold Beitz reiste 1960 und 1961 zweimal zu Gesprächen nach Warschau.[43] Wichtige Impulse gab es dagegen außerhalb der Politik. Der Oldenburger Studienrat Enno Meyer hatte 1956 deutsch-polnische Schulbuchgespräche angeregt und 47 Thesen zur Geschichte der deutsch-polnischen Geschichte vorgelegt.[44] Diese Initiative demonstrierte ebenso wie etwa das Engagement von Karl Dedecius für die Verbreitung polnischer Literatur in Deutschland, dass sich Ende der fünfziger Jahre in der bundesrepublikanischen Gesellschaft ein Interesse an der Aussöhnung mit Polen formierte.

---

39 HERBERT KÜPPER, Die Wiedergutmachung nationalsozialistischen Unrechts in den Staaten Osteuropas, in: Osteuropa 46 (1996), 758-769.

40 Liegt Polen noch in Europa?, hrsg. von HERBERT LUDAT, Giessen 1960.

41 BINGEN, Die Polenpolitik (wie Anm. 36), S. 62.

42 HELENE THIESEN, Zeichen der Versöhnung. Das deutsch-polnische Verhältnis im Spiegel politischer Begegnungen, in: Annäherungen. Deutsche und Polen, hrsg. vom Haus der Geschichte der Bundesrepublik Deutschland, Düsseldorf 1996, S. 111-117, hier S. 112f.

43 BINGEN, Die Polenpolitik (wie Anm. 36), S. 71-74.

44 ENNO MEYER, Über die Darstellung der deutsch-polnischen Beziehungen im Geschichtsunterricht, in: Internationales Jahrbuch für Geschichtsunterricht 5 (1956), 225-243.

3. Die sechziger Jahre

In dieser Zeit zeichnete sich auch eine neue Phase des Umgangs mit der nationalsozialistischen Vergangenheit ab. Nachdem die Strafverfolgung von NS-Verbrechern nach 1949 praktisch zum Erliegen gekommen war, führte vor allem der Ulmer Einsatzgruppenprozess 1958 der deutschen Öffentlichkeit vor Augen, dass die deutschen Verbrechen während des Zweiten Weltkrieg mitnichten bewältigt waren, und ließ den Widerspruch gegen die Forderungen nach einem „Schlussstrich" zunehmen. Verbotsirrtum und Befehlsnotstand, wie sie zuvor überwiegend als Ausreden angeführt wurden, wurden immer weniger akzeptiert. Zu dem Prozess war es gekommen, weil der frühere Polizeichef von Memel auf Wiedereinstellung als „131er" geklagt hatte. 1958 wurde die Ludwigsburger Zentralstelle zur Aufklärung nationalsozialistischer Gewaltverbrechen eingerichtet, die nun die Ermittlungen bei NS-Verbrechen übernahm.[45] Zur gleichen Zeit begannen die Debatten um die Verjährung nationalsozialistischer Verbrechen mit der Debatte um die Verjährungsfrist für Totschlag, die 1960 tatsächlich eintrat. Die folgenden Verjährungsdebatten, die noch dreimal um die Frage der Verjährung von Mord geführt wurden, brachten zunächst 1965 eine Verlängerung der Verjährungsfrist bis 1969 und dann noch einmal um weitere 10 Jahre bis 1979, bis schließlich die Verjährung von Mord endgültig aufgehoben wurde.

Die NS-Prozesse, vom Eichmann-Prozess in Israel 1961 und dem Frankfurter Auschwitz-Prozess von 1963 bis 1965 bis zu dem Majdanek-Prozess, der 1981 endete, wurden von einer intensiven öffentlichen Diskussion begleitet, die nach der Verantwortung der „Schreibtischtäter" wie der „Mitläufer" fragte. Im Mittelpunkt dieses Diskurses standen psychologische Fragen nach dem „autoritären Charakter", der die Mordbefehle ohne Widerspruch ausführte. Wenn man ein Wiederholen der Verbrechen verhindern wolle, so schrieb Theodor Adorno in dem Essay „Erziehung nach Auschwitz", „müsse man ein allgemeines Bewußtsein

---

[45] Kontrovers diskutiert wird in der Forschung, ob ihre Einrichtung als Kehrtwende im Umgang mit der NS-Vergangenheit oder aber als Fortsetzung der Vergangenheitspolitik zu sehen ist, s. dazu STEINBACH, Nationalsozialistische Gewaltverbrechen (wie Anm. 16), S. 48; GARBE, Äußerliche Abkehr (wie Anm. 6), S. 707; FREI, Vergangenheitspolitik (wie Anm. 9), S. 399.

jener Mechanismen erwecken, die die Menschen zu solchen Taten befähigten.[46]

Der Diskurs der unbewältigten NS-Vergangenheit griff seit den sechziger Jahren vor allem auf die psychoanalytische Kategorie der Verdrängung zurück. Alexander und Margarete Mitscherlich konstatierten 1967 eine kollektive „Unfähigkeit zu trauern"[47] in der deutschen Gesellschaft, die es versäumt habe, die nationalsozialistische Vergangenheit durchzuarbeiten; stattdessen werde ihr Verhalten von unbewusst wirksamen Verleugnungen geprägt. Dagegen hatte Adorno aber 1959 darauf hingewiesen, dass das Vergessen kein psychopathologisches Phänomen sei, sondern einer rationalen Einschätzung der allgemeinen gesellschaftlichen Situation entspringe.[48] Wenn die Mitscherlichs und viele andere nach ihnen eine kollektive Neurose konstatierten und Trauerarbeit einforderten, so wurde die Auseinandersetzung mit dem Nationalsozialismus in der Bundesrepublik lange Zeit vor allem als ein therapeutisches Problem betrachtet, hinter dem die Frage nach den historischen Ursachen für die nationalsozialistischen Verbrechen zurücktrat.

In den Debatten über die NS-Vergangenheit wurde vor der „neuen Ostpolitik" Willy Brandts der Stellenwert Polens und des erheblich belasteten deutsch-polnischen Verhältnisses jedoch kaum wahrgenommen. Zum gesellschaftlichen Wandel des deutschen Verhältnisses zu Polen trugen in den sechziger Jahren die Evangelische und Katholische Kirche bei. Hier entstand das Konzept einer ins Gegenteil gewendeten Vergangenheitspolitik, die nicht mehr die deutschen Verbrechen während des Zweiten Weltkriegs verschweigen wollte, sondern die aus der deutschen Schuld die moralische Pflicht zur Verständigung und Aussöhnung mit Polen – wie für die anderen von der deutschen Besatzungs- und Vernichtungspolitik betroffenen Nationen – ableitete. Ein wichtiger Schritt in diese Richtung war die Gründung der „Aktion Sühnezeichen" 1958, die deutsche Freiwillige in den von der deutschen Kriegspolitik betroffenen Ländern Friedensdienst leisten lässt. In Polen, mit Einsätzen von Freiwilligen in den KZ-Gedenkstätten Auschwitz, Majdanek und

---

46 THEODOR W. ADORNO, Erziehung nach Auschwitz, in: ders., Erziehung zur Mündigkeit. Vorträge und Gespräche mit HELLMUT BECKER 1959-1969, hrsg. von GERD KADELBACH, Frankfurt a. Main 1971, S. 88-104, hier S. 90.

47 ALEXANDER und MARGARETE MITSCHERLICH, Die Unfähigkeit zu trauern. Grundlagen kollektiven Verhaltens, München 1967.

48 THEODOR W. ADORNO, Was bedeutet Aufarbeitung der Vergangenheit, in: ders., Erziehung zur Mündigkeit (wie Anm. 46), S. 10-28, hier S. 14.

Stutthof, konnte Aktion Sühnezeichen ihre Aktivitäten allerdings erst 1968 beginnen.

In der öffentlichen Diskussion ging ein wichtiger Impuls für die Verständigung mit Polen von dem „Tübinger Memorandum“ vom 24. Februar 1962 von acht protestantischen Laien aus, zu denen Carl-Friedrich von Weizsäcker und Klaus von Bismarck zählten. Sie verlangten ausdrücklich die Anerkennung der Oder-Neiße-Grenze und kritisierten die politischen Parteien, da „sie dem Volk die Wahrheit, die es hören muß, vielfach vorenthalten.“[49] Am 15. Oktober 1965 folgte dann eine theologisch-ethische Begründung in der Denkschrift des Rates der Evangelischen Kirche in Deutschland über „Die Lage der Vertriebenen und das Verhältnis des deutschen Volkes zu seinen östlichen Nachbarn“. Dort wurde eine Aussöhnung und eine Regelung der Oder-Neiße-Grenze gefordert und die Frage erörtert, welche Rolle den Rechten der Vertriebenen zukomme. Dazu hieß es:

> „In diesem Dialog geht es konkret um die Fragen, wieweit die Vertriebenen ein Recht auf Rückkehr in die alte Heimat haben und wieweit ein Recht auf Rückgabe der abgetrennten Gebiete besteht. Es ist unvermeidlich, beide Fragen in den gehörigen politischen und geschichtlichen Gesamtzusammenhang von heute zu stellen. Eine künftige haltbare Friedensordnung kann im Verhältnis des deutschen Volkes zu seinen östlichen Nachbarn nur im Zeichen eines neuen Anfanges verwirklicht werden. Über den gegenwärtigen Zustand einer so gut wie völligen Entfremdung und gegenseitiger Furcht und Hassgefühle hinaus muss es zu einer Versöhnung kommen, die auch zwischen Völkern möglich ist.“[50]

Am 18. November 1965 sandten die katholischen Bischöfe Polens eine Botschaft an ihre deutschen Amtskollegen, in der sie diese zur Teilnahme an den Milleniumsfeiern der Katholischen Kirche in Polen einluden. Zugleich nahm der Brief zur Aussöhnung zwischen Deutschen und Polen Stellung, und so kann man ihn auch als eine unausgesprochene Reaktion auf die EKD-Denkschrift auffassen. In dem Brief schrieben die polnischen Bischöfe:

---

49 EDITH HELLER, Macht Kirche Politik. Der Briefwechsel zwischen den polnischen und deutschen Bischöfen im Jahre 1965, Köln 1992, S. 84.

50 Zitat nach Ungewöhnliche Normalisierung. Beziehungen der Bundesrepublik Deutschland zu Polen, hrsg. von WERNER PLUM, Bonn 1984, S. 129-131, vgl. HELLER, Macht Kirche Politik (wie Anm. 49), S. 85f.

„Trotz dieser fast hoffnungslos mit Vergangenheit belasteten Lage, gerade aus dieser Lage heraus, hochwürdige Brüder, rufen wir Ihnen zu: Versuchen wir zu vergessen! Keine Polemik, kein weiterer kalter Krieg, aber der Anfang eines Dialogs", und weiter: „gewähren wir Vergebung und bitten um Vergebung".[51]

Die deutsche Antwort auf diesen Brief wurde am 5. Dezember 1965 verfasst. Dort hieß es:

„Furchtbares ist von Deutschen und im Namen des deutschen Volkes dem polnischen Volk angetan worden. Wir wissen, daß wir Folgen des Krieges tragen müssen, die auch für unser Land schwer sind. Wir verstehen, daß die Zeit der deutschen Besatzung eine brennende Wunde hinterlassen hat, die auch bei gutem Willen nur schwer heilt."

Allerdings bekräftigten die deutschen Bischöfe zugleich das Heimatrecht der Vertriebenen und schrieben:

„Wenn diese Deutschen von ‚Recht auf Heimat' sprechen, so liegt darin – von einigen Ausnahmen abgesehen – keine aggressive Absicht."[52]

Gewiss führten die Briefe und Denkschriften nicht sofort zu einer Überwindung der historischen Hypotheken, sie schlugen jedoch einen neuen Ton an, der in der Bundesrepublik die „neue Ostpolitik" vorbereitete. „Versöhnung geht vor Rechtsanspruch" – diese Forderung auf einem Transparent bei einer Demonstration von Theologiestudenten in Bonn 1966 am Rande einer Vertriebenenveranstaltung kennzeichnete die Gegensätze in der deutschen Öffentlichkeit und zeigte die Haltung auf, welche die neue Ostpolitik beförderte.

4. Im Zeichen der „Neuen Ostpolitik"

„Wir müssen (...) die Moral als politische Kraft erkennen", sagte Willy Brandt in seiner Fernsehansprache aus Warschau im Dezember 1970. Wiedergutmachung gegenüber Polen und der Versuch, die Wunden, die

---

51 HELLER, Macht Kirche Politik (wie Anm. 49), S. 104f., das Dokument ebd., S. 203-214, Zitat S. 212f.; vgl. dazu den Beitrag von EDMUND DMITRÓW in diesem Band, S. 235-264.

52 HELLER, Macht Kirche Politik (wie Anm. 49), S. 115, S. 117, das Dokument S. 215-220, Zitat S. 216f.

der Zweite Weltkrieg hervorgerufen hatte, zu heilen, war nicht nur ein Leitmotiv bei Brandt, sondern diese Haltung prägte ebenso Helmut Schmidt und Richard von Weizsäcker.[53] Brandts Kniefall vor dem Denkmal für die Helden des Warschauer Gettos während des Staatsbesuchs in Polen im Dezember 1970 zur Unterzeichnung des Warschauer Vertrages wurde zur zentralen vergangenheitspolitischen Geste der Bundesrepublik. Wie Brandt in seinen Memoiren schreibt, war der Kniefall eine spontane Geste, um

> „die Besonderheit des Gedenkens am Ghetto-Monument zum Ausdruck bringen zu müssen. Am Abgrund der deutschen Geschichte und der Last der Millionen Ermordeten tat ich, was Menschen tun, wenn die Sprache versagt."[54]

Wenn die Ostverträge die vergangenheitspolitische Belastung der bundesrepublikanischen Außenpolitik durch eine Normalisierung der außenpolitischen Beziehungen verringern wollten – mit den Verträgen werde nichts preisgegeben, was nicht längst schon verspielt worden sei, so Brandt[55] – so waren ihnen verfassungsrechtlich wie innenpolitisch enge Grenzen gesetzt. Bei der Unterzeichnung des Moskauer Vertrages mit der Sowjetunion wurde diesem ein Brief zur deutschen Einheit beigegeben, in dem die sozialliberale Bundesregierung betonte, der Vertrag stehe nicht in Gegensatz zu dem politischen Ziel, in freier Selbstbestimmung die deutsche Einheit wiederzuerlangen. Der Warschauer Vertrag enthielt in Artikel 1 die Feststellung, dass die Oder-Neiße-Grenze die Westgrenze Polens bildet, die Garantie ihrer Unverletzlichkeit und die Versicherung, dass beide Parteien keine Gebietsansprüche erheben. In Noten an die Westmächte wies die Bundesregierung zugleich darauf hin, dass die Rechte der Vier Mächte für Deutschland als Ganzes dadurch nicht berührt seien. Der Ratifizierung der Ostverträge im Bundestag gingen dramatische parlamentarische Verhandlungen voraus, am 27. April 1972 scheiterte ein Misstrauensvotum gegen Brandt, am 28. April trat jedoch eine Patt-Situation im Bundestag ein, so dass ein Kompromiss mit der CDU Voraussetzung für die Zustimmung des Parlaments zu den Verträgen wurde. Bei der Abstimmung im Bundestag am 17. Mai 1972 stimmten 248 Abgeordnete für den Vertrag, 17 dagegen, 231 übten

---

53 TIMOTHY GARTON ASH, Im Namen Europas. Deutschland und der geteilte Kontinent, München 1993, S. 438f.

54 WILLY BRANDT, Erinnerungen, Berlin / Frankfurt a. Main 1989, S. 214.

55 Ebd., S. 216.

enthielten sich der Stimme.[56] Mit der Gültigkeit der Ostverträge befasste sich das Urteil des Bundesverfassungsgerichts zum Grundlagenvertrag 1973, das die Auffassung bekräftigte, dass das Deutsche Reich in den Grenzen von 1937 fortbestehe, eine förmliche Anerkennung der deutsch-polnischen Grenze also nur von einer gesamtdeutschen Vertretung ausgesprochen werden könne. Der Friedensvertragsvorbehalt war von nun an das zentrale Argument der Vertriebenenverbände, mit dem sie sich gegen den Warschauer Vertrag wie gegen den Prager Vertrag von 1973 stemmten.

Zeitgleich mit den Verhandlungen über den Warschauer Vertrag vereinbarten 1970 die deutsche und die polnische UNESCO-Kommission Gespräche über die Darstellung der deutsch-polnischen Geschichte in Schulbüchern. Die erste Tagung fand im Februar 1972 in Warschau statt. Auf neun Konferenzen wurden bis 1976 Empfehlungen zur Darstellung der Geschichte in deutschen und polnischen Schulbüchern erarbeitet. Sie lösten in der Bundesrepublik lebhafte Diskussionen aus, denn gerade bei der Darstellung der Ereignisse um den Hitler-Stalin-Pakt (der in den Empfehlungen nicht erwähnt wurde) bis zur Vertreibung der Deutschen (die als Bevölkerungsverschiebung und Transfer bezeichnet wurde) konnten ideologische Vorgaben der volkspolnischen Regierung nicht überwunden werden. Den Beteiligten war allerdings auf beiden Seiten bewusst, dass die Empfehlungen nicht unabhängig von den Rahmenbedingungen des Ost-West-Gegensatzes entstehen konnten. Die Schulbuchempfehlungen sind in der Bundesrepublik heftig kritisiert worden, und es wurden Alternativ-Empfehlungen formuliert, die den deutschen Rechtsanspruch deutlich hervorhoben, denen jedoch das Moment des Dialogs fehlte.[57] Die Bedeutung der Schulbuchgespräche für die deutsch-polnische Verständigung wurde in den aktuellen Diskussionen nicht immer wahrgenommen; das veranlasste den Historiker Gotthold Rhode 1977 zu der Feststellung:

---

56 Zu den Vorgängen s. ARNULF BARING, Machtwechsel. Die Ära Brandt – Scheel, Stuttgart 1982, S. 396-447.

57 Siehe dazu: Die deutsch-polnischen Schulbuchempfehlungen in der öffentlichen Diskussion der Bundesrepublik Deutschland. Eine Dokumentation, hrsg. von WOLFGANG JACOBMEYER (Schriftenreihe des Georg-Eckert-Instituts 26), Braunschweig 1979. Die „Empfehlungen für die Schulbücher der Geschichte und Geographie in der Bundesrepublik Deutschland und der Volksrepublik Polen“ wurden vom Georg-Eckert-Institut für internationale Schulbuchforschung in Braunschweig veröffentlicht.

> „Wer 1945 vorausgesagt hätte, daß polnische und deutsche Historiker und Geographen der Kriegsgeneration zwar hart, aber sachlich und höflich-kollegial in Warschau in deutscher Sprache über die Möglichkeit der Versachlichung der Schulbücher und des Geschichtsunterrichts verhandeln würden, wäre für geistesgestört erklärt worden. Derartige Rückblicke zeigen, daß es nicht nötig ist, die Arbeit an einem solchen Werk nur mit Skepsis zu betrachten.“[58]

Nach dem In-Kraft-Treten des Warschauer Vertrages kam ein vergangenheitspolitisches Thema auf, das bis heute einen zentralen Stellenwert besitzt: die Frage der Wiedergutmachung für Häftlinge in Konzentrationslagern wie für Zwangsarbeiter während des Zweiten Weltkriegs. Hier hat die Bundesregierung den Rechtsstandpunkt vertreten, dass durch den Reparationsverzicht Polens von 1953 kein Anspruch auf Entschädigungszahlungen bestehe. Dagegen hatte Polen seit Kriegsende auf dem Standpunkt beharrt, dass individuelle Wiedergutmachungsansprüche vor allem ehemaliger Zwangsarbeiter von staatlichen Reparationsforderungen zu trennen seien.[59] Dennoch wurden 1972 über das Deutsche Rote Kreuz 100 Millionen DM an individueller Wiedergutmachung an Polen gezahlt, die jedoch nicht vollständig an die Betroffenen weitergegeben wurden.[60] Weitere Zahlungen wurden am Rande des KSZE-Treffens 1975 in Helsinki vereinbart.

5. Die achtziger Jahre

Die Unterstützung aus der Bundesrepublik für die Bevölkerung Polens in der wirtschaftlichen Krise seit Ende der siebziger Jahre zeigte, dass mittlerweile in der westdeutschen Gesellschaft der Wille zur Aussöhnung mit Polen – oder zur individuellen Wiedergutmachung für das Polen von Deutschland zugefügte Leid – weit verbreitet war. Materielle Hilfe und die Aufarbeitung der Vergangenheit ergänzten sich vor allem in kirchlichen Kreisen wie in den Deutsch-Polnischen Gesellschaften, etwa wenn eine Arbeitsgruppe von Studenten in der Evangelischen Studentengemeinde Bonn über mehrere Jahre Hilfstransporte nach Polen mit Gesprä-

---

[58] Ebd., S. 229.
[59] HERBERT, Nicht entschädigungsfähig? (Wie Anm. 38), S. 276f.
[60] BINGEN, Die Polenpolitik (wie Anm. 36), S. 146.

chen mit Überlebenden aus Auschwitz verknüpfte. In Freiburg gründeten Studenten 1984 die „Gemeinschaft zur Förderung von Studienaufenthalten polnischer Studierender in Deutschland", um mit selbst eingeworbenen Spenden polnischen Studenten Stipendien für Studienaufenthalte in der Bundesrepublik zu gewähren.

Der Wandel in der Einstellung zur nationalsozialistischen Vergangenheit, der sich hier im Verhältnis zu Polen spiegelt, prägte die Gesellschaft der Bundesrepublik seit den siebziger Jahren. Mit der Ausstrahlung des Spielfilms „Holocaust" 1979 ließ sich in der breiten Öffentlichkeit ein deutlicher Wandel hin zu einer intensiveren Diskussion über die NS-Vergangenheit erkennen. Die Kontroversen nahmen dabei an Schärfe zu. In dem „Historikerstreit", der sich 1986 an der Frage entzündete, ob die nationalsozialistische Judenvernichtung mit anderen Genoziden zu vergleichen sei, ging es vor allem um die Frage, ob das Verhältnis der bundesdeutschen Gesellschaft zur nationalen Geschichte „normalisiert" werden könne oder ob die Erinnerung an die nationalsozialistischen Verbrechen ein zentraler Teil des deutschen Geschichtsbewusstseins bleiben müsse. Diese Debatte, die ihre Fortsetzung bis zu dem Streit zwischen Martin Walser und Ignatz Bubis über Walsers Frankfurter Friedenspreisrede 1998 fand, wird nicht zuletzt deshalb so kontrovers geführt, weil sich in ihr wissenschaftliche, politische und moralische Argumente überlagern. Wenn etwa Martin Broszat und Hans Mommsen eine Historisierung des Nationalsozialismus aus wissenschaftlichen Überlegungen einforderten,[61] so diente diese Argumentation anderen zur Forderung nach „Normalisierung" oder zu deren Ablehnung. Diese geschichtspolitische Debatte fand ihre Entsprechung in der Politik: Während Bundespräsident von Weizsäcker in seiner Rede zum 8. Mai 1985 die Bedeutung der Erinnerung an den Nationalsozialismus unterstrich, so ging es Helmut Kohl in seinen geschichtspolitischen Initiativen um eine Normalisierung der Nationalgeschichte, wie sich etwa an dem umstrittenen Besuch mit dem amerikanischen Präsidenten Reagan auf dem Soldatenfriedhof in Bitburg wenige Tage vor Weizsäckers Rede zeigte.

In diesem Zusammenhang ist auch die Tatsache zu sehen, dass der Regierungswechsel in der Bundesrepublik 1982 der Vergangenheitspolitik der Vertriebenenverbände neuen Auftrieb gegeben hatte. Vor allem um das Schlesiertreffen 1985 entbrannte eine heftige Kontroverse.

---

61 DUDEK, „Vergangenheitsbewältigung" (wie Anm. 4), S. 50; MARTIN BROSZAT, Plädoyer für eine Historisierung des Nationalsozialismus, in: Merkur 39 (1985), S. 373-385.

„Vierzig Jahre Vertreibung – Schlesien ist unser", so sollte der ursprüngliche Titel lauten, der dann nur notdürftig verhüllt abgewandelt wurde zu „Schlesien ist unsere Zukunft – in einem Europa freier Völker". Angeheizt wurde die Diskussion um dieses Treffen schließlich auch dadurch, dass Helmut Kohl auf diesem Treffen auftrat. Außenpolitisch blieb die CDU-Regierung jedoch bei der Ostpolitik der sozialliberalen Koalition. Sie führte damit die Adenauer'sche Politik fort, in dem sie sich gegenüber den Vertriebenen bewusst undeutlich zur Zukunft der ehemals ostdeutschen Gebiete äußerte.

6. Die Wende 1989

Mit der Entstehung des Runden Tisches und der Regierung Mazowiecki in Polen setzte eine vorsichtige Neuorientierung in der Polenpolitik der Bundesregierung ein, welche die vergangenheitspolitischen Belastungen auszuräumen versuchte. Diese Ansätze während des Staatsbesuchs Kohls in Warschau im November 1989 wurden jedoch von den Ereignissen überholt, als die Berliner Mauer fiel. Mit den deutsch-deutschen wie internationalen Verhandlungen über die deutsche Einheit stellte sich nun die Frage der Oder-Neiße-Grenze, deren Diskussion zuvor in starkem Maße ritualisiert war, zum ersten Mal konkret. Allem Anschein nach setzte Kohl auch gegen eine abweichende Haltung von Außenminister Genscher seine Politik fort, die auf ein Hinauszögern der Grenzanerkennung zielte, um die Unterstützung der Wähler aus dem Vertriebenenbereich nicht zu verlieren.[62] So wurde der deutsch-polnische Vertrag „über die Bestätigung der zwischen beiden Staaten bestehenden Grenze" nicht, wie ursprünglich angestrebt, gleichzeitig mit den Pariser Verträgen, sondern erst einen Monat später, am 14. November 1990, von den beiden Außenministern in Warschau ohne jedes Zeremoniell unterzeichnet. Ratifiziert wurde der Vertrag erst nach der Bundestagswahl zusammen mit dem am 17. Juni 1991 unterzeichneten Vertrag „über gute Nachbarschaft und freundschaftliche Zusammenarbeit" am 17. Oktober 1991 im Bundestag; gegen den Grenzvertrag gab es 27 Gegenstimmen und Enthaltungen aus den Reihen der CDU/CSU. Während die Grenzanerkennung in der deutschen Öffentlichkeit auf große Zustimmung stieß, sprach sich der Bund der Vertriebenen explizit gegen den Grenz-

---

62 BINGEN, Die Polenpolitik (wie Anm. 36), S. 265-267.

vertrag aus und entfaltete zunächst eine Abstimmungskampagne „Friede durch freie Abstimmung", bei der die Heimatvertriebenen ähnlich der Volksabstimmung in Ostpreußen 1920 zur Abstimmung berechtigt sein sollten. Zudem schlug er eine Europäisierung der Grenzregion vor, und schließlich forderte er die Beteiligung der deutschen Minderheit in Polen an der ersten gesamtdeutschen Bundestagswahl 1990.[63] Allerdings hatte Helmut Kohl nach den Pariser „2+4-Verhandlungen" vom 17. Juli anlässlich des 40-jährigen Jubiläums der Charta der Heimatvertriebenen Anfang August öffentlich gesagt, dass der Grenzverlauf endgültig sei.[64]

Mit dem Grenzvertrag war ein zentrales Thema der Vergangenheitspolitik, das unter dem Stichwort des Friedensvertragsvorbehalts jahrzehntelang die Diskussionen über das deutsch-polnische Verhältnis geprägt hatte, abgeschlossen. Andere vergangenheitspolitische Themen jedoch sind geblieben und haben neue Aktualität erhalten. Da ist zunächst die Frage, ob die Regelungen des Nachbarschaftsvertrags zu einer neuen Rolle der Vertriebenenverbände als Brücke zwischen beiden Staaten führen. Darüber ist in den vergangenen Jahren viel diskutiert worden, an der Kontroverse um die Entschließung des Bundestages im Mai 1998 zeigt sich jedoch, dass die alten innenpolitischen Verhaltensmuster sich keineswegs gewandelt haben. Vier Monate vor der Bundestagswahl wurde im Bundestag über einen Entschließungsantrag der CDU-Fraktion diskutiert, in dem es unter anderem hieß:

> „Der Deutsche Bundestag hegt die Hoffnung, dass die mit einem Beitritt Tschechiens und Polens zur EU einhergehende Übernahme des gemeinschaftlichen Besitzstandes durch die neuen Mitglieder die Lösung noch offener, bilateraler Fragen erleichtern wird. Dies schließt das Recht auf Freizügigkeit und die Niederlassungsfreiheit ein. Sie sind wesentliche Elemente, um das Ziel eines einigen Europas der Vielfalt zu verwirklichen, in dem Völker und Volksgruppen mit ihren unterschiedlichen Kulturen und Traditionen einträchtig zusammenleben können, unter Berücksichtigung der

---

63 BEATA OCIEPKA, Stanowisko związku wypędzonych wobec zawarcia układów Polska – Republika Federalna Niemiec 1989-1991 [Die Stellung des Bundes der Vertriebenen zum Abschluss der Verträge zwischen Polen und der Bundesrepublik Deutschland 1989-1991], in: Przegląd Zachodni 49 (1993), Nr. 3, S. 103-124.

64 BINGEN, Die Polenpolitik (wie Anm. 36), S. 276f.

historischen Gemeinsamkeiten und bei wechselseitiger Achtung und Förderung der jeweiligen Identität."[65]

Ihre Brisanz erhielt dieser Text durch den Anspruch des Bundes der Vertriebenen, ein Veto gegen die Aufnahme Polens in die Europäische Union einlegen zu können. Zugleich erinnerte die Debatte über die europäische Lösung an die diesbezügliche Unklarheit in den außenpolitischen Konzeptionen der Vertriebenenpolitiker seit der Charta der Heimatvertriebenen von 1950. In dem Kontext sei auch erwähnt, dass seitens des Bundes der Vertriebenen nun Entschädigungsansprüche an die polnische Regierung gestellt wurden. Äußerungen zeigen, dass manche der Vertriebenenpolitiker der These von der „fortwährenden Vertreibung" anhängen.[66] Wenn das „Recht auf Heimat" als Forderung die Wiederherstellung der landsmannschaftlichen Umgebung enthält, so spiegelt sich darin exakt das von Lemberg bereits 1949 beschriebene Dilemma (s. oben, S. 309).

Zu den weiteren offenen Fragen zählt die Rückgabe von Kulturgütern, die infolge des Zweiten Weltkriegs deportiert wurden. Hier decken sich deutsche und polnische Positionen nicht, und an diesen Meinungsverschiedenheiten scheiterte bisher eine Lösung des Problems, auch wenn Art. 28 des Nachbarschaftsvertrags die Bereitschaft beider Seiten zu einer einvernehmlichen Lösung bekräftigt. Schließlich ist die Frage der Entschädigung von polnischen KZ-Häftlingen und Zwangsarbeitern zu nennen. Im Nachbarschaftsvertrag wurde die Einsetzung einer Stiftung „Deutsch-Polnische Versöhnung" mit einem Stiftungskapital von 500 Mio. DM vereinbart, die Hilfeleistungen an polnische NS-Opfer auszahlt. Umstritten – bzw. vor 1989 undenkbar – war bislang die Frage, ob einzelne Personen Ansprüche gegen einen anderen Staat stellen können. Das Bundesverfassungsgericht hat am 13. Mai 1996 entschieden, dass solche Ansprüche zulässig sind, sie aber durch ein deutsches Gericht überprüft werden müssen. In den Verhandlungen um eine einvernehmliche Lösung zwischen Industriebetrieben, die Zwangsarbeiter beschäftigten, und Anwälten von Opferorganisationen hat die Bundesregierung eine Vermittlerrolle übernommen. In den Verhandlungen haben sich die Be-

---

65 Deutscher Bundestag Drucksache 13/10845, Antrag der Fraktionen der CDU/CSU und F.D.P. Vertriebene, Aussiedler und deutsche Minderheiten sind eine Brücke zwischen den Deutschen und ihren östlichen Nachbarn, 27.5.1998. Die Debatte in: Deutscher Bundestag: Plenarprotokoll 13/239 vom 29.5.1998, S. 22023-22046.

66 Markus Mildenberger, Brücke oder Barriere? Die Rolle der Vertriebenen in den deutsch-polnischen Beziehungen, in: Deutschland-Archiv 33 (2000), S. 416-424.

teiligten auf eine Gesamtsumme von 10 Mrd. DM zur Entschädigung geeinigt, die von einer zu errichtenden Stiftung „Erinnerung, Verantwortung und Zukunft“ ausgezahlt werden wird. Die Summe soll zur Hälfte von der Bundesregierung und den in der Stiftungsinitiative der deutschen Wirtschaft zusammengeschlossenen Unternehmen aufgebracht werden. Im Gegenzug sollen deutsche Unternehmen Rechtssicherheit vor anhängigen und zukünftigen Klagen vor amerikanischen Gerichten erhalten. Die Entschädigungszahlungen sollen vorrangig den Sklaven- und Zwangsarbeitern gezahlt werden. Es können aber auch Leistungen in sonstigen, bislang nicht oder nicht angemessen berücksichtigten Fällen von NS-Unrecht gewährt werden, etwa für Personen, die als Kinder in Konzentrationslagern oder in Zwangsarbeitslagern leben mussten, oder für KZ-Häftlinge, die bislang von Leistungen nach dem Bundesentschädigungsgesetz ausgeschlossen waren, sowie Zwangsarbeiter in der Landwirtschaft. Innerhalb der Stiftung soll außerdem ein Fonds „Erinnerung und Zukunft“ gebildet werden, dessen Aufgabe unter anderem darin besteht, Projekte der Völkerverständigung und des Jugendaustauschs zu fördern und die Interessen der Erben und Hinterbliebenen von Opfern nationalsozialistischen Unrechts angemessen zu berücksichtigen. Mit der Verabschiedung des entsprechenden Gesetzes am 6. Juli 2000 hat der Bundestag die Voraussetzung für das Entstehen der Stiftung geschaffen.

Wenn mit Blick auf das deutsch-polnische Verhältnis die vergangenheitspolitische Belastung seit 1990 erheblich zurückgegangen ist, so kann dort ebenso wenig wie in der Aufarbeitung des Nationalsozialismus in der Bundesrepublik von einer Bewältigung oder gar einem Schlussstrich die Rede sein. Ungeachtet der Wirkungsmächtigkeit emotionaler Eruptionen in der deutschen wie polnischen Gesellschaft, die die Vergangenheit nach wie vor auslösen kann und die sich nicht selten wechselseitig bedingen, lässt sich dennoch feststellen, dass es seit Anfang der 1990er-Jahre ein breites Interesse gibt, die vergangenheitspolitischen Problemfelder zu begrenzen.

Literaturhinweise:

Theodor W. Adorno, Erziehung zur Mündigkeit. Vorträge und Gespräche mit Hellmut Becker 1959-1969, hrsg. von Gerd Kadelbach, Frankfurt/Main 1971.

Aleida Assmann, Ute Frevert, Geschichtsvergessenheit – Geschichtsversessenheit. Vom Umgang mit deutschen Vergangenheiten nach 1945, Stuttgart 1999.

Arnulf Baring, Machtwechsel. Die Ära Brandt – Scheel, Stuttgart 1982.

Wolfgang Benz (Hrsg.), Die Vertreibung der Deutschen aus dem Osten. Ursachen, Ereignisse, Folgen, Frankfurt / Main 1985.

Wolfgang Benz, Die Gründung der Bundesrepublik. Von der Bizone zum souveränen Staat, München 5. Aufl. 1999.

Wolfgang Benz (Hrsg.), Deutschland unter alliierter Besatzung: 1945 - 1949/55, Berlin 1999.

Dieter Bingen, Die Polenpolitik der Bonner Republik von Adenauer bis Kohl 1949-1991. (Schriftenreihe des Bundesinstituts für ostwissenschaftliche und internationale Studien, Köln, 33), Baden-Baden 1998.

Petra Bock, Edgar Wolfrum (Hrsg.), Umkämpfte Vergangenheit. Geschichtsbilder, Erinnerung und Vergangenheitspolitik im internationalen Vergleich, Göttingen 1999.

Willy Brandt, Erinnerungen, Berlin – Frankfurt/Main 1989.

Jürgen Danyel (Hrsg.), Die geteilte Vergangenheit. Zum Umgang mit Nationalsozialismus und Widerstand in beiden deutschen Staaten (Zeithistorische Studien, 4), Berlin 1995.

Peter Dudek, „Vergangenheitsbewältigung". Zur Problematik eines umstrittenen Begriffs, in: Aus Politik und Zeitgeschichte 42 (1992), B 1-2, 44-53.

Norbert Frei, Vergangenheitspolitik. Die Anfänge der Bundesrepublik und die NS-Vergangenheit, München 1996.

Timothy Garton Ash, Im Namen Europas. Deutschland und der geteilte Kontinent, München 1993.

Ralph Giordano, Die zweite Schuld oder Von der Last, Deutscher zu sein, Hamburg 1987.

Haus der Geschichte der Bundesrepublik Deutschland (Hrsg.), Annäherungen. Deutsche und Polen, Düsseldorf 1996.

Edith Heller, Macht Kirche Politik. Der Briefwechsel zwischen den polnischen und deutschen Bischöfen im Jahre 1965, Köln 1992.

Klaus-Dietmar Henke, Die Trennung vom Nationalsozialismus. Selbstzerstörung, politische Säuberung, „Entnazifizierung", Strafverfolgung, in: Klaus-Dietmar Henke, Hans Woller (Hrsg.), Politische Säuberung in Europa. Die Abrechnung mit Faschismus und Kollaboration nach dem Zweiten Weltkrieg, München 1991, 21-83.

Ludolf Herbst, Constantin Goschler (Hrsg.), Wiedergutmachung in der Bundesrepublik Deutschland (Schriftenreihe der Vierteljahrshefte für Zeitgeschichte, Sondernummer), München 1989.

Jeffrey Herf, Zweierlei Erinnerung. Die NS-Vergangenheit im geteilten Deutschland, Berlin 1998.

Historikerstreit. Die Dokumentation der Kontroverse um die Einzigartigkeit der nationalsozialistischen Judenvernichtung. (Serie Piper Aktuell 816), München 1987.

Wolfgang Jacobmeyer (Hrsg.), Die deutsch-polnischen Schulbuchempfehlungen in der öffentlichen Diskussion der Bundesrepublik Deutschland. Eine Dokumentation (Schriftenreihe des Georg-Eckert-Instituts 26), Braunschweig 1979.

Karl Jaspers, Die Schuldfrage, Heidelberg 1946.

Manfred Kittel, Die Legende von der „Zweiten Schuld". Vergangenheitsbewältigung in der Ära Adenauer, Berlin 1993.

Christoph Kleßmann, Die doppelte Staatsgründung. Deutsche Geschichte 1945 - 1955, Göttingen [5]1991.

Christoph Kleßmann, Hans Misselwitz, Günter Wichert (Hrsg.), Deutsche Vergangenheiten – eine gemeinsame Herausforderung. Der schwierige Umgang mit der doppelten Nachkriegsgeschichte, Berlin 1999.

Eugen Lemberg, Friedrich Edding (Hrsg.), Die Vertriebenen in Westdeutschland. Ihre Eingliederung und ihr Einfluß auf Gesellschaft, Wirtschaft, Politik und Geistesleben, 3 Bände, Kiel 1959.

Hermann Lübbe, Der Nationalsozialismus im deutschen Nachkriegsbewußtsein, in: Historische Zeitschrift 236 (1983), 579-599.

Krzysztof Malinowski, Polityka Republiki Federalnej Niemiec wobec Polski w latach 1982 - 1991 [Die Politik der Bundesrepublik Deutschland gegenüber Polen in den Jahren 1982-1991] (Studium niemcoznawcze Instytutu Zachodniego 74), Poznań 1997.

Alexander und Margarete Mitscherlich, Die Unfähigkeit zu trauern. Grundlagen kollektiven Verhaltens, München 1967.

Lutz Niethammer, Die Mitläuferfabrik. Die Entnazifizierung am Beispiel Bayerns, Berlin 1982

Werner Plum (Hrsg.), Ungewöhnliche Normalisierung. Beziehungen der Bundesrepublik Deutschland zu Polen, Bonn 1984.

Adalbert Rückerl, Die Strafverfolgung von NS-Verbrechen 1945 - 1978. Eine Dokumentation (Recht, Justiz, Zeitgeschehen 31), Heidelberg, Karlsruhe 1979

Axel Schildt, Arnold Sywottek (Hrsg.), Modernisierung im Wiederaufbau. Die westdeutsche Gesellschaft der 50er Jahre (Politik- und Gesellschaftsgeschichte 33), Bonn 1993.

Wilfried Schlau (Hrsg.), Die Ostdeutschen. Eine dokumentarische Bilanz 1945 - 1995. (Studienbuchreihe der Stiftung Ostdeutscher Kulturrat 12), München 1996.

Peter Steinbach, Nationalsozialistische Gewaltverbrechen. Die Diskussion in der deutschen Öffentlichkeit nach 1945 (Beiträge zur Zeitgeschichte 5), Berlin 1981.

Gerd R. Ueberschär (Hrsg.), Der Nationalsozialismus vor Gericht. Die alliierten Prozesse gegen Kriegsverbrecher und Soldaten 1943 - 1952, Frankfurt/Main 1999.

Clemens Vollnhals (Hrsg.), Entnazifizierung. Politische Säuberung und Rehabilitierung in den vier Besatzungszonen 1945-1949, München 1991.

Abkürzungsverzeichnis

AB-Aktion – Außerordentliche Befriedungsaktion
AK – Armia Krajowa [Heimatarmee]

BBWR – Bezpartyjny Blok Współpracy z Rządem [Parteiloser Block für die Zusammenarbeit mit der Regierung]
BdS – Befehlshaber der Sicherheitspolizei und des SD
BHE – Bund der Heimatvertriebenen und Entrechteten

DDR – Deutsche Demokratische Republik
DEFA – Deutsche Film-AG
DVL – Deutsche Volksliste
DVV – Deutscher Volksverband

EWZ – Einwandererzentralstelle
FIAPP – Fédération Internationale des Anciens Prisonniers Politiques

Gestapo – Geheime Staatspolizei
GG – Generalgouvernement

HSSPF Ost – Höherer SS- und Polizeiführer Ost
HTO – Haupttreuhandstelle Ost

Kedyw – Kierownictwo Dywersji [Leitung des Partisanenkampfes]
KPD – Kommunistische Partei Deutschlands
KPO – Kommunistische Partei Opposition
KPP – Komunistyczna Partia Polski [Kommunistische Partei Polens]
KZ – Konzentrationslager

MAP – Ministerstwo Administracji Publicznej [Ministerium für Öffentliche Verwaltung]
MZO – Ministerstwo Ziem Odzyskanych [Ministerium für die Wiedergewonnenen Gebiete]

NDPD – Nationaldemokratische Partei Deutschlands
NKGB – Narodnyj Komitet Gosudarstvennoj Besupasnosti [Nationales Komitee für Staatssicherheit]
NKWD – Narodnyj Komisariat Vnutrennych Del' [Volkskommissariat des Inneren]
NS- – (in Zusammensetzungen) nationalsozialistisch
NSDAP – Nationalsozialistische Deutsche Arbeiterpartei
NVA – Nationale Volksarmee

OKH – Oberkommando des Heeres

PGR – Państwowe Gospodarstwo Rolne [Staatlicher Landwirtschaftsbetrieb]
PKWN – Polski Komitet Wyzwolenia Narodowego [Polnisches Komitee für Nationale Befreiung]
POW – Polska Organizacja Wojskowa [Polnische Militärorganisation]
PPN – Polskie Porozumienie Niepodległościowe [Allianz für die Polnische Unabhängigkeit]
PPR – Polska Partia Robotnicza [Polnische Arbeiterpartei]

PSL – Polskie Stronnictwo Ludowe [Polnische Bauernpartei]
PUR – Państwowy Urząd Repatriacyjny [Staatliches Repatriierungsamt]
PVAP – Polnische Vereinigte Arbeiterpartei

RAG – Reichsarbeitsgemeinschaft für Raumforschung
RFSS – Reichsführer SS
RKFdV – Reichskommissar für die Festigung deutschen Volkstums
RSHA – Reichssicherheitshauptamt

SA – „Sturmabteilung“
SBZ – Sowjetische Besatzungszone
SD – „Sicherheitsdienst“
SED – Sozialistische Einheitspartei Deutschlands
SN – Stronnictwo Narodowe [Nationalpartei]
SS – „Schutzstaffel“
SSPF – SS- und Polizeiführer
SU – Sowjetunion (= UdSSR)
SZP – Służba Zwycieństwu Polski [Dienst für den Sieg Polens]

UdSSR – Union der Sozialistischen Sowjetrepubliken
UPA – Ukrajins'ka Powstans'ka Armija [Ukrainische Aufständische Armee]
UWZ – Umwandererzentralstelle

VR – Volksrepublik
VVN – Vereinigung der Verfolgten des Nazi-Regimes

ZK – Zentralkomitee
ZPP – Związek Patriotów Polskich [Verband der polnischen Patrioten]
ZWZ – Związek Walki Zbrojnej [Verband für den bewaffneten Kampf]

Karten

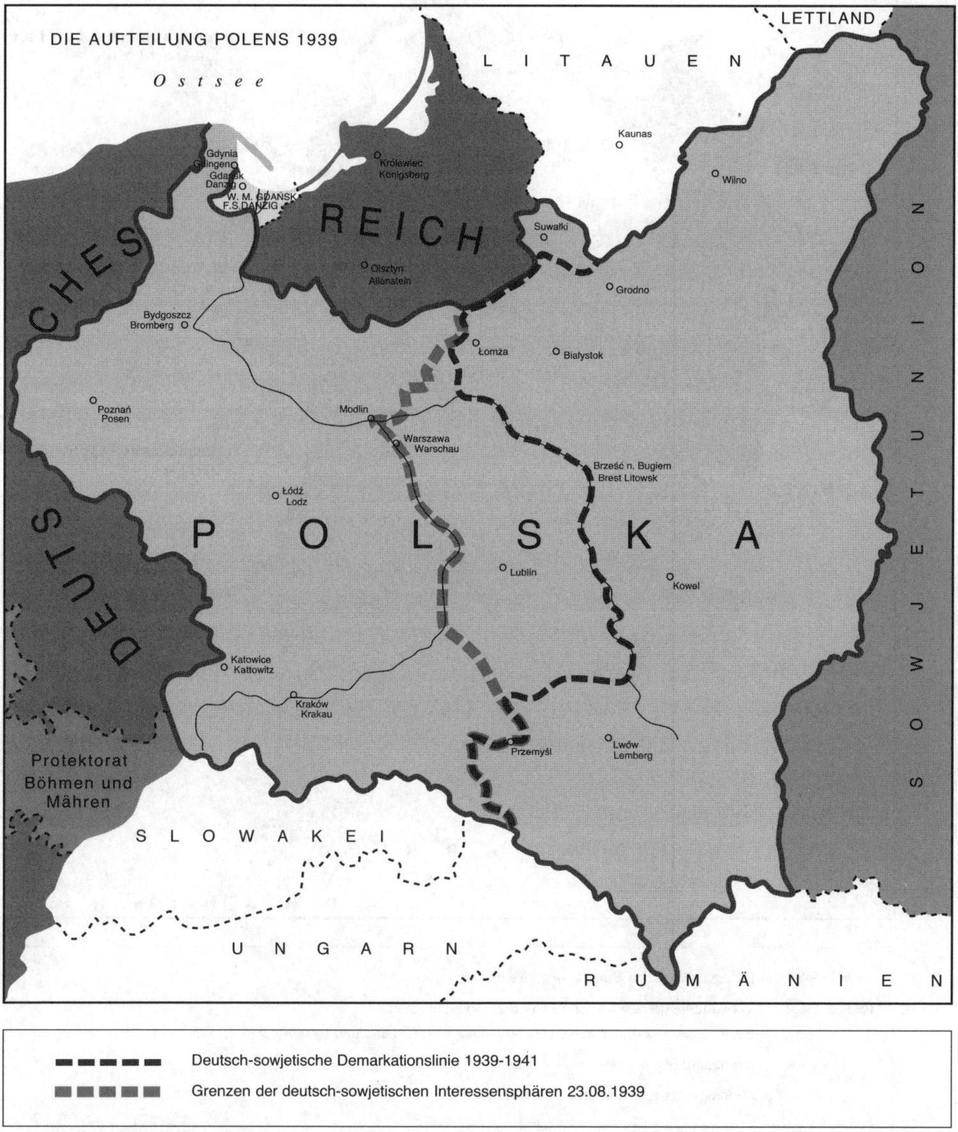

Karte 1: Die Aufteilung Polens 1939

Karte 2: Deutsche Besatzungsgrenzen in Polen 1939-1945

Karte 3: Polen 1939 und 1945

Personenregister

Adenauer, Konrad 278, 306, 307, 309, 310, 312
Adorno, Theodor 313, 314
Aly, Götz 13, 14
Arendt, Hannah 228
Ash, Timothy Garton 233

Baczyński, Krzysztof Kamil 144
Bartel, Walter 274
Beck, Józef 24-29, 32, 33
Becker, Jurek 293
Beethoven, Ludwig van 137
Beitz, Berthold 312
Bertram, Adolf 177
Beyer, Frank 293
Bismarck, Klaus von 315
Bömelburg, Hans-Jürgen 15, 17, 203
Bormann, Martin 227
Borodziej, Włodzimierz 250-253
Brandt, Willy 258, 285, 314, 316, 317
Brauchitsch, Walther v. 38
Broszat, Martin 17, 320
Browning, Christopher R. 16
Bruller, Jean („Vercors“) 144
Brüning, Heinrich von 23
Bubis, Ignatz 320
Bühler, Josef 73
Bytnar, Jan 151

Canaris, Wilhelm 37
Chojnacki, Władysław 144
Churchill, Winston 148, 157
Cyrankiewicz, Józef 270
Czajkowski, Władysław 200
Czerniaków, Adam 124

Dahlem, Franz 269, 270, 273
Daladier, Édouard 30
Danyel, Jürgen 16
Dawes, Charles Gates 22
Dedecius, Karl 312
Długoborski, Wacław 13
Dmitrów, Edmund 16
Dobrzański, Henryk („Hubal“) 96, 149
Dzikowski, Stanisław 136

Eichmann, Adolf 194, 313
Eisenhower, Dwight D. 300
Ende, Michael 299
Esch, Michael G. 15

Forster, Albert 50
Frank, Hans 73-75, 78, 82, 88, 92, 94-96, 300
Frei, Norbert 12, 235, 299
Fühmann, Franz 293

Genscher, Hans-Dietrich 321
Giordano, Ralph 297
Globke, Hans 278
Globocnik, Odilo 92, 120, 198
Goebbels, Joseph 26, 227
Goldhagen, Daniel Jonah 14
Gomułka, Władysław 180, 258, 208, 209, 258, 77, 280
Göring, Hermann 27, 227, 300, 303
Goethe, Johann Wolfgang von 137
Greifelt, Ulrich 193
Greiser, Arthur 50, 70, 120, 196
Groscurth, Helmuth 38
Gross, Jan Tomasz 16
Guderian, Heinz 35

Hácha, Emil 226
Hackman, Jörg 16
Hallstein, Walther 312
Heß, Rudolf 300
Heydrich, Reinhard 33, 37, 193
Himmler, Heinrich 33, 65, 74, 75, 92, 94, 122, 190, 198, 216, 227
Hitler, Adolf 25, 26, 28-33, 35, 36, 38, 39, 44, 45, 47, 49, 51, 71-73, 78, 88, 91, 138, 215, 227, 230, 233, 266, 272, 277, 279, 283, 286, 318
Hlond, August 27
Honecker, Erich 292
Höß, Rudolf 301

Jakubianiec, Alfons 147
Jaruzelski, Wojciech 259
Jaspers, Karl 303
Józewski, Henryk 155

Kamiński, Aleksander 151
Kant, Hermann 293
Karaszewicz-Tokarzewski, Michał 151
Karski, Jan 224
Kather, Linus 304
Keitel, Wilhelm 71, 194, 303
Kersten, Krystyna 230
Klaren, Georg C. 276
Klukowski, Zygmunt 217-220, 222, 223
Koch, Erich 50, 306
Kohl, Helmut 320-322
Komorowski, Tadeusz („Bór") 152
Koppe, Wilhelm 74
Korboński, Stefan 201
Kosmala, Beate 15
Kruczkowski, Leon 236, 237, 276
Krüger, Friedrich-Wilhelm 74
Kutschera, Franz 150

Lasch, Karl 94
Laveleye, Victor de 145
Lemberg, Eugen 309, 323
Lenin, Vladimir Ilič 232
Lipski, Jan Józef 29, 254, 255
Lübbe, Hermann 298
Łuczak, Czesław 13
Ludat, Herbert 312

Madajczyk, Czesław 13
Madajczyk, Piotr 15
Máleter, Pál 158
Manteuffel, Tadeusz 137
Maritain, Jacques 144
Mazowiecki, Tadeusz 321
Merker, Paul 272
Meyer, Enno 312
Meyer, Konrad 196
Mikołajczyk, Stanisław 158
Miłosz, Czesław 144
Mitscherlich, Alexander 314
Mitscherlich, Margarete 314
Mommsen, Hans 320
Mościcki, Ignacy 35, 36
Musial, Bogdan 15, 203
Mussolini, Benito 32

Naujocks, Alfred 34
Negwer, Josef 177
Neurath Konstantin von 25
Nolte, Ernst 298

Oberländer, Theodor 278, 309
Osten, Herbert 274

Pavelić, Ante 226
Pawełczyńska, Anna 236
Petain, Philippe 226
Pieck, Wilhelm 273
Piłsudski, Józef 23, 24, 26, 27, 155
Piontek, Ferdinand 177
Pohl, Dieter 15

Quisling, Vidkun Abraham Lauritz 226, 241

Raczkiewicz, Władysław 36
Rapacki, Adam 279, 312
Rhode, Gotthold 318
Ribbentrop, Joachim von 29-31
Ritter, Gerhard 303
Rogaczewska, Krystyna 257
Rosenberg, Alfred 36, 300
Rowecki, Stefan („Grot") 151, 152
Rydz-Śmigły, Edward 35

Schmid, Carlo 312
Schmidt, Helmut 317
Schulenburg, Fritz-Dietlof von der 50
Schüring, Gisela 137
Semelin, Jean 137
Serov, Ivan 158
Seyß-Inquart, Arthur 73
Sikorski, Władyław 37, 147, 152
Skodvin, Magne 136
Slanský, Rudolf 271, 272
Sławoj-Składkowski, Felicjan 35
Sosnkowski, Kazimierz 152
Stalin, Josef V. 31, 32, 35, 138, 148, 157, 215, 233, 242, 271, 318
Streckenbach, Bruno 195
Streicher, Julius 300
Stresemann, Gustav 22, 23
Szarota, Tomasz 15, 87, 231, 259

Tiso, Jozef 226
Traba, Robert 251
Treviranus, Gottfried 24

Ulbricht, Walter 275, 277, 280, 282, 292

Voegelin, Eric 230, 232

Wagner, Josef 50
Walser, Martin 320
Weizsäcker, Carl-Friedrich von 315
Weizsäcker, Richard von 317, 320
Witkowski, Stefan 147
Wloch, Karl 275
Wolf, Christa 293
Wolski, Władysław 208
Wyka, Kazimierz 230

Zaleski, August 199
Zawadzki, Aleksander 203
Zernack, Klaus 9
Zubrzycki, Franciszek („Mały Frank“) 149, 150
Zuckerman, Yitzak 228

Ortsregister

Albanien 103
Allenstein 181, 204
Amerika 233
Angers 147
Auschwitz 14, 93-95, 121-123, 129, 155, 198, 274, 313, 314, 320

Bad Homburg 305
Bad Godesberg 305
Bad Nenndorf 305
Baltikum 53, 65, 193
Bayern 192
Będzin 38
Belgien 103, 146
Bełżec 91, 121, 123, 219, 220
Berchtesgaden 29
Berlin 20, 25-29, 120, 148, 245, 269, 291, 292,
Bessarabien 197
Białystok 123, 124, 126, 181, 195, 204, 206
Biłgoraj 221, 222
Bitburg 320
Bochnia 96
Böhmen und Mähren (Protektorat), siehe auch Tschechoslowakei 29, 96, 226
Bosnien 197
Breslau 33, 177, 181, 183, 184, 204
Brest (Litovsk) 35
Bromberg 49, 55, 57, 169
Brüssel 143
Buchenwald 270
Bukowina 197
Bulgarien 197
Bundesrepublik Deutschland, siehe auch: Deutschland 246, 248, 258, 261, 272, 277, 278, 280, 282, 284, 285, 288, 292, 297-299, 304, 306, 307, 309, 311, 312, 314-320, 324

Chełmno nad Nerem – siehe Kulmhof
Ciechanów 49, 52, 62, 123, 195
Conradstein (Kocborowo) 56

Dąbrowa-Revier 38, 50, 206
Danzig 19, 25 , 26, 29-31, 52, 67, 181, 204, 206
Danzig-Westpreußen 49, 54-58, 61, 63, 64, 66-68, 71, 116, 117, 168, 195

Deutsche Demokratische Republik (DDR), siehe auch Sowjetische Besatzungszone, Ostdeutschland 182, 185, 237, 240, 246, 248, 257, 265, 268-272, 274, 276-293, 297, 310, 311
Deutschland, Deutsches Reich, siehe auch: Bundesrepublik Deutschland, Deutsche Demokratische Republik, Ostdeutschland, Sowjetische Besatzungszone, Westdeutschland 9, 10, 12, 19-34, 36, 44, 46, 49, 52-54, 62, 65, 72, 73, 78, 79, 84-86, 88-93, 113, 114, 117, 118, 120, 137-140, 142, 146, 148, 150, 156, 165, 166, 172, 174, 175, 179-183, 185, 189, 191, 194, 199, 210, 216, 218, 231, 232, 235, 238, 239, 242, 244-246, 248, 251, 254-257, 241, 265, 269, 270, 272-274, 277, 281, 282, 284, 285, 288, 291, 299, 300, 303, 304, 307, 309-312, 317-319
Dobrudscha 197
Dziekanka 56

England 282
Ermland 19-21, 179, 181
Estland 197
Europa 29, 32, 91, 102, 137, 139, 236, 256, 262, 308, 312
Europäische Union (EU) 322, 323

Frankfurt (Oder) 17, 280
Frankreich 22, 24, 28, 31, 34, 94, 103, 105, 116, 137, 138, 145, 146, 148, 150, 224
Freiburg 320

Galizien 72, 81, 89, 90, 129, 194, 197
„Generalgouvernement für die besetzten polnischen Gebiete“ 43, 45, 51, 57-59, 61, 62, 71-81, 84-101, 116, 117, 120, 121, 123, 129, 137, 141, 148, 150, 151, 194-198, 211
Genf 26
Gleiwitz 33
Gnesen 56
Gostynin 169
Griechenland 103, 197
Gronowo 169, 182
Großbritannien 28, 30, 31, 34, 158, 202, 233,
Großpolen 19, 49, 51, 54
Grunwald, siehe auch Tannenberg 146, 245

Hannover 192
Helsinki 319
Hinterpommern siehe auch Pommern, 34
Hrubieszów 36

Israel 246, 272, 311, 313
Italien 28, 32

Jalta 157, 158, 242, 257, 233
Jaworzno 166
Jozefów 96, 221

Jugoslawien 103, 149

Kalisz 49
Kaltwasser (Zimne Wody) 169
Kassel 308
Kattowitz 52, 181
Katyn 12, 14, 100, 152, 259
Kielce 72, 96, 99
Kocborowo – siehe Conradstein
Kočevje 197
Krakau 48, 72, 94, 96, 116, 120-122, 129, 141, 143, 147
Krasnobród 221
Krim 198
Kulm 57
Kulmhof (Chełmno nad Nerem) 59, 121-123, 129
Kutno 49

Lamsdorf (Łambinowice) 166
Lateinamerika 282
Łęgnowo 169
Lemberg 72, 96, 121, 129, 147
Leslau – siehe Włocławek
Lettland 197
Lidice 105
Litauen 36, 59, 114, 197, 201
Ljubljana 197
Locarno 22, 24
Lodz 34, 48, 49, 51, 58-60, 72, 78 118, 119, 121, 122, 129, 166, 169
London 32, 125 148, 152, 158, 200
Lothringen 210
Lublin 72, 75, 81, 84, 85, 88, 90, 93, 94, 96, 98-100, 116, 120, 121, 123, 126, 129, 198, 219
Luxemburg 103, 145

Madagaskar 116
Majdanek 93 122, 123, 313, 314
Masowien 49
Masuren 19, 20, 176, 178, 179, 181, 183, 204, 206
Mauthausen 270
Memel 313
Memelgebiet 29
Mitteleuropa 312
Modlin 35
Moskau 31, 142, 158, 200, 304
München 28, 29, 31, 303

Narew (Fluss) 31, 197
Neiße (Fluss) 11, 165, 199, 245, 255, 273, 299, 305, 308, 310, 315, 317, 321
New York 144
Niederlande 73, 103, 137
Niederschlesien 178, 181, 182, 185, 206, 210
Nisko 194
Norwegen 136, 145
Nürnberg 300

Obersalzberg 29
Oberschlesien 19-21, 48, 53, 69, 71, 89, 166, 169, 179, 183, 199, 209
Oder (Fluss) 11, 165, 199, 245, 255, 273, 299, 305, 308, 310, 315, 317, 321
Oder-Neiße-Grenze/Oder-Neiße-Linie 246, 258, 273, 274, 279, 286

Oppeln (Opole) 181, 206, 251
Oradour 105
Ostdeutschland, siehe auch Deutsche Demokratische Republik, Sowjetische Besatzungszone 248
Österreich 9, 27, 113, 114
Osteuropa 53, 54, 198, 228
Ostgalizien, siehe auch Galizien 121, 124, 129
Ostmitteleuropa 30, 32, 54, 189, 193
Ostoberschlesien 28, 49-54, 56, 57, 59-62, 64, 66, 67, 70, 116, 117, 122, 129, 168
Ostpolen 12, 89
Ostpreußen 19, 24, 25, 29, 34, 49, 63, 181, 199, 251, 304-306, 322
Ostrów Mazowiecki 48
Owinsk (Owińska) 56

Palikije 81
Paris 37, 144, 147, 151
Peenemünde 148
Pińsk 151
Polen 9-14, 16, 20-35, 37-39, 44-46, 48, 49-51, 53, 54, 65, 72, 73, 77, 78, 86, 93, 95, 99, 102-105, 113, 114, 116-118, 120-125, 128-131, 135-140, 142-146, 148, 149, 151, 153-159, 163, 165, 167, 169-172, 174, 176, 177, 180-183, 185, 189-194, 196, 199-201, 205, 207, 209, 211, 215-217, 224, 226, 230-233, 235-239, 241-245, 247-251, 253, 254, 256-258, 260, 261, 270, 273-275, 277-279, 286, 288, 289, 293, 299, 306, 308, 311, 312, 314-317, 319-323
Polen-Litauen 9
Polesien 123
Pommerellen 49, 169
Pommern, siehe auch Hinterpommern 182, 206, 250, 251, 308
Portugal 148
Posen 19, 48, 52, 57, 104, 204, 206
Potsdam 11, 163, 300, 305
Potulice 169, 182
Prag 28, 30, 96
Preußen 9, 292

Radogoszcz 60
Radom 72, 94, 95, 120, 122, 126, 129
Rapallo 22
Rheinland 27
Rhön 192
Rudak 169
Ruhrgebiet 21, 53, 210
Rumänien 29, 35, 116, 197
Russland, siehe auch Sowjetunion 9, 197, 242

Sachsen 9
Sachsenhausen 151
San (Fluss) 31, 194
Sarnaki 148
Saybusch – siehe Żywiec
Schlesien 25, 34, 49, 174, 176, 177, 179, 181, 185, 195, 203, 204, 250, 251, 305
Schleswig-Holstein 309

Schwetz 56
Schwientochlowitz (Świętochłowice) 166
Serbien 46
Sikawa 166, 169, 182
Slowakei 29, 34, 197
Słubice 17
Sobibór 91, 121, 123, 126, 129
Sochaczew 169
Soldau (Działdowo) 49
Sowjetische Besatzungszone (SBZ), siehe auch Deutsche Demokratische Republik, Ostdeutschland 265, 267-277, 280, 283, 265, 266
Sowjetunion (UdSSR) 11, 22, 24, 27-33, 36, 46, 47, 65, 72, 79, 88, 89, 91, 102, 103, 116, 117, 120, 130, 138, 139, 148, 152, 158, 163, 170, 172, 184, 191, 193, 201, 202, 205, 211, 230, 242, 245-250, 255, 256, 261, 266, 268, 271, 272, 282, 283, 285, 286, 288, 291, 310, 311, 317
Spanien 148
Stettin 181, 185, 204
Stockholm 148
Stolp 172
Stuttgart 305
Stutthof 315
Sudetengebiet 27, 28
Südosteuropa 65, 157, 198
Südostpreußen, siehe auch Ciechanów 48, 53, 54, 56, 59, 60, 63, 67
Suwałkigebiet 49, 59
Szczebrzeszyn 217-219, 221, 223

Tannenberg, siehe auch Grunwald 37, 146, 245
Tarnogród 222
Tel Aviv 246
Teschener Land 50
Thorn 169
Tomaszów 221
Treblinka 91, 99, 122, 123, 126, 129
Tschechien, siehe auch Tschechoslowakei 105, 322
Tschechoslowakei 22, 27-29, 103, 163, 204, 205, 258, 273
Tschenstochau 35, 95

Ukraine 72, 90, 101, 102, 114, 129, 198, 306, 221
Ungarn 35, 158, 163, 205
USA 138, 158, 246, 282

Versailles 19, 20, 45

Warschau 17, 20, 21, 25, 27-29, 32, 34-36, 72, 78, 83, 93, 96, 99, 100, 103-105, 117-119, 122, 124, 125, 141-143, 145-153, 155, 169, 226, 239, 242, 244, 270, 275, 279, 312, 316, 318, 321
Wartheland 49, 52-54, 56-64, 66-71, 116, 117, 120-122, 191, 195-197
Wawer 96
Weichsel 31, 35, 36, 79, 85
Weißrussland 101, 114, 121, 123, 126

Westdeutschland, siehe auch Bundesrepublik Deutschland 257, 259
Westerplatte 26
Westeuropa 146
Westpreußen, siehe auch Danzig-Westpreußen 19, 21, 48, 49
Wien 9, 194
Wilna 153
Wladimir Wołyński 129
Włocławek 70
Włodawa 35
Wolhynien 126, 194, 197, 121, 123, 129

Zakopane 89
Zamość 88, 92, 93, 98, 195, 198, 217-221
Zentralpolen 50, 170, 172
Zichenau – siehe Ciechanów
Zwierzyniec 221, 222
Żywiec (Saybusch) 50

Autorinnen und Autoren

Hans-Jürgen Bömelburg, geb. 1961, Historiker, wissenschaftlicher Mitarbeiter am Deutschen Historischen Institut Warschau.

Włodzimierz Borodziej, geb. 1956, Professor für Zeitgeschichte an der Universität Warschau.

Jürgen Danyel, geb. 1959, Historiker, wissenschaftlicher Mitarbeiter am Zentrum für Zeithistorische Forschung, Potsdam.

Edmund Dmitrów, geb. 1949, Historiker, Dozent am Institut für Politische Studien der Polnischen Akademie der Wissenschaften, Warschau.

Michael G. Esch, geb. 1959, Historiker, Heinrich-Heine-Universität Düsseldorf.

Jan T. Gross, geb. 1947, Soziologe/Historiker, Professor of Politics and European Studies, New York University, New York City.

Jörg Hackmann, geb. 1962, Historiker, wissenschaftlicher Mitarbeiter am Historischen Institut der Ernst-Moritz-Arndt-Universität Greifswald.

Beate Kosmala, Historikerin, wissenschaftliche Mitarbeiterin am Zentrum für Antisemitismusforschung, TU Berlin.

Piotr Madajczyk, geb. 1959, Historiker/Politologe, Wissenschaftlicher Mitarbeiter am Institut für Politische Studien der Polnischen Akademie der Wissenschaften, Warschau.

Bogdan Musial, geb. 1960, Historiker, wissenschaftlicher Mitarbeiter am Deutschen Historischen Institut Warschau.

Dieter Pohl, geb. 1964, wissenschaftlicher Mitarbeiter am Institut für Zeitgeschichte, München.

Tomasz Szarota, geb. 1940, Historiker, Professor am Institut für Geschichte der Polnischen Akademie der Wissenschaften, Warschau.

Klaus Ziemer, geb. 1946, Politologe, Professor für Politikwissenschaft an der Universität Trier; seit 1998 Direktor des Deutschen Historischen Instituts Warschau.

In der gleichen Reihe:

Jürgen Hensel (Hg.)
Polen, Deutsche und Juden
in Lodz 1820–1939
Eine schwierige Nachbarschaft
ISBN 3-929759-41-1
370 S. · 11 Abb. · 1999
(Einzelveröffentlichungen
des DHI Warschau 1)

Das Lodzer Industriezentrum, geprägt von den dort lebenden Polen, Deutschen und Juden, bildete im 19. und frühen 20. Jahrhundert ein einzigartiges Zeugnis für ein fruchtbares, wenn auch nicht konfliktfreies Zusammenleben unterschiedlicher Kulturen auf engem Raum. Die 21 Autoren des Sammelbandes haben sich zum Ziel gesetzt, die spezifische multiethnische Lodzer Gesellschaft in ihren unterschiedlichen Aspekten in politischer, wirtschaftlicher und kultureller Hinsicht auszuloten. Dabei berücksichtigen sie die Entwicklung der Stadt von ihren Anfängen als Industriezentrum bis zum Untergang des multiethnischen Lodz im Jahre 1939.

Valentina Maria Stefanski
Zwangsarbeit in Leverkusen
Polnische Jugendliche
im I.G. Farbenwerk
ISBN 3-929759-43-8
585 S. · 41 Abb., 1 Karte · 2000
(Einzelveröffentlichungen
des DHI Warschau 2)

Die Studie bietet eine differenzierte Sicht auf das Problem Zwangsarbeit. Sie stützt sich gleichermaßen auf das Werksarchiv der Bayer-AG wie auf Interviews mit über 50 Betroffenen in Polen. Der Autorin war es so möglich, die Perspektive von „oben“ mit einem Blick von „unten“ zu kombinieren. Die Zwangsarbeiterinnen und Zwangsarbeiter erscheinen in der Darstellung nicht nur als Opfer, sondern auch als handelnde Personen: Individuelle Strategien mussten entwickelt werden, um sich in Leverkusen zurechtzufinden und zu überleben.

Robert Traba (Hg.)
SELBSTBEWUSSTSEIN UND MODERNISIERUNG
Sozialkultureller Wandel in Preußisch-Litauen vor und nach dem Ersten Weltkrieg
ISBN 3-929759-44-6
196 S. · 2000
(EINZELVERÖFFENTLICHUNGEN DES DHI WARSCHAU 3)

Im Mittelpunkt des Bandes steht die gesellschaftliche Entwicklung eines heute nicht mehr existierenden, bereits vergessenen Landes: „Preußisch-Litauen“ oder „Kleinlitauen“. Die Autoren beleuchten in ihren Beiträgen die kulturellen und sozialen Veränderungen, die Richtungen und Folgen von Akkulturationsprozessen sowie die Schwerpunkte im kollektiven Bewusstsein der Preußisch-Litauer an der Wende zum 20. Jahrhundert.

Sophia Kemlein (Hg.)
GESCHLECHT UND NATIONALISMUS IN MITTEL- UND OSTEUROPA 1848-1918
ISBN 3-929759-45-4
259 S. · 2000
(EINZELVERÖFFENTLICHUNGEN DES DHI WARSCHAU 4)

Welchen Anteil haben Frauen an nationalen Bewegungen? In welchem Verhältnis stehen die Frauenbewegungen zum Nationalismus? Diesen Fragen gehen die Autorinnen in russischen, weißrussischen, lettischen, ukrainischen, polnischen und deutschen Fallbeispielen nach. Sie decken die vielschichtigen Verknüpfungen und Abhängigkeiten der beiden Identitätskonzepte Nation und Geschlecht auf.

fibre

fibre Verlag · Martinistr. 37 · D-49080 Osnabrück
Telefon (05 41) 43 18 38 · Telefax (05 41) 43 27 86
e-mail: info@fibre-verlag.de · www.fibre-verlag.de